최신 장애인복지론

새로운 패러다임의 전개

이경준 · 정종화 · 정준수 · 임수정 · 주영하 · 김성태 · 김승용
김희수 · 박선아 · 박영숙 · 부성은 · 최미영 · 최선자 · 허수경 공저
RI KOREA 사회서비스 전문위원회 기획

Social Welfare ***WITH***
People with Disabilities
- New Paradigm Shift -

학지사

머리말

지난 45년간 우리나라의 장애인복지는 양적 · 질적으로 많은 발전을 거듭해 왔다. 수용에서 자립으로, 보호에서 지원으로 제도적인 변모뿐 아니라 우리 사회의 장애 인식이나 관점도 한층 더 성장하였다고 볼 수 있다. 이러한 발전 배경에는 세 가지 요인이 존재한다고 생각한다.

첫째는 국제화 요인이다. 1981년 UN의 '세계장애인의 해' 선포를 기점으로 세계장애인 10년과 이후, 아시아태평양 장애인 10년 등의 국제적인 이벤트를 통하여 전 세계 국가의 장애인 인권 향상과 장애 인식증진, 권리 향상을 위한 이슈를 제공하면서 국내에도 영향을 끼친 것이다. 또한 WHO가 1981년 장애 개념 정의의 국제적 기틀을 처음 제시한 후 20년간 논의 끝에 2001년 ICF(국제 기능 · 장애 · 건강 분류)를 제시하여 다차원적 요인들의 복합적 영향관계를 통한 장애 개념 정의의 틀을 제시한 것은 장애인복지에서 큰 발전의 밑거름이 아닐 수 없다.

둘째는 장애인 당사자의 참여와 자립생활 운동이다. 2000년 이후, 우리나라의 장애인복지는 시혜와 보호의 차원을 넘어 권리와 지원의 패러다임 전환을 이루어 왔다. 장애인들이 평생 시설의 시혜적인 보호 속에서 수용되었고 자신의 의사결정보다는 시설의 관리 감독을 받아야 했던 시대를 지나, 지역사회 자립생활과 권리 주장의 시대적 상황으로 발전한 것이다. 장애를 가진 사람들이 일반 시민처럼 지역사회로 나와 자립생활을 하면서 동등한 시민의 삶을 살 수 있도록 장애인복지가 발전한 것이다. 아직도 부족하지만, 장애인복지의 기본 인프라를 구축하고 장애인 당사자의 목소리로 개선을 요구하며 정책 반영을 통해 장애인복지가 발전할 수 있었던 것은 장애인 당사자의 조직적 참여와 자립생활 운동의 영향이 크다.

셋째는 장애인복지의 제도적 발전과 학문적 발전을 위한 연구와 교육의 노력이다. 우리나라의 경우, 장애인복지 관련 법률만도 8개 이상 되며 직간접적으로 장애인복지와 관련한 법률이 다른 나라들에 비교하여 상대적으로 많이 존재한다. 그만큼 장애인복지가 부족했기에 이런 법률들이 제정되었다고 볼 수도 있지만, 제도적으로 한층 발전한 것도 사실이다. 이러한 제도적인 발전에 교수와 연구자, 교육자, 현장 실천가 등 장애인복지 관련 분야 전문가들의 노력 또한 큰 역할을 한 것이 사실이다.

이러한 요인에 더한 의미 있는 요인들의 작용으로 지난 45년간 장애인복지는 발전했고, 그 결과로 우리나라는 적어도 아시아에서 장애인복지의 발전에 선두주자로 뛰게 되었다는 것이다. 아직도 가야 할 길이 멀고 힘든 여정이겠지만 장애인복지의 발전을 위한 노력은 계속되어야 할 것이다.

이상과 같은 장애인복지의 흐름과 성취, 향후 발전을 위한 고민 속에서 오늘의 교재 『최신 장애인복지론』은 태동하였다. 단순한 지식 전달을 넘어, 장애인복지의 가치를 탐구하고 현재를 조망하며, 새로운 패러다임의 전개 과제를 다듬어 보는 데 필요한 다양한 요인을 함께 살펴보고자 하는 기획의 의도가 있었음을 먼저 밝힌다.

이 교재는 ㈔한국사회복지교육협의회의 『사회복지 교과목 지침서』(2022. 7. 개정)를 준용하되 장애인복지 특성별 주제 전개와 주차별 수업 여건 등을 고려한 목차 구성으로 3개의 PART와 13개의 장으로 구성하였다.

'PART 01: 장애인복지의 기초적 이해'는 장애의 개념과 장애인복지의 이념, 발달을 시작으로 장애 인구 현황과 유형별 이해, 사회적 인식, 장애인복지의 핵심 이론과 모델, 접근방법, 그리고 생애주기적 접근에 관하여 다루었다(1~5장).

'PART 02: 장애인복지 정책과 실천 이해'는 소득을 비롯한 고용, 교육, 의료, 주거 등 다양한 영역의 장애인복지 정책과 이를 구현하는 행정 및 전달 체계, 그리고 개인, 집단, 지역사회 차원에서 이루어지는 장애인복지 실천방법과 기술을 구체적으로 다루면서, 장애인복지 서비스의 특성과 개요, 시설 및 기관의 종류와 역할을 일목요연하게 소개하였다(6~10장).

'PART 03: 장애인복지 현장의 핵심 이슈와 과제'는 먼저 핵심 이슈 1에서는 장애와 고령화, 성, 결혼과 모 · 부성권, 문화 · 여가 생활, 4차 산업혁명 등 현재 장애인복지 현장의 주요 이슈들을 소개하였고, 이어서 핵심 이슈 2에서는 개인예산제도, 장애인 성년후견, 장애인 평생교육, 최중증발달장애인 통합돌봄서비스와 같은 정책 및 제도 관련 이슈를 중심으로 소개하였다. 마지막으로는 장애 패러다임 변화, 장애 감수성과 인권 기반, 디지털 시대 접근성, 탈시설과 지역사회 통합, 장애인운동 등에 중심을 두고 한국 장애인복지의 나아갈 방향과 과제를 논의하였다(11~13장).

이 교재를 통해 학습의 흥미를 더하고 효과를 높이기 위한 장치로서 각 장 서두에는 학습개요, 학습목표, 키워드를 제시하여 학습자들의 사전 이해를 돕도록 하였다. 본문에서는 텍스트와 함께 이의 설명력과 이해력을 높이기 위한 표나 그림, 탐색하기 등의 자료를 제공하였다. 각 장의 마무리에는 학습요약과 'Issues & Discussions'을 배치하여 학습 내용 환류와 관련 이슈들에 대한 비판적 탐색 기회를 제공하였다. 또한 각 장의 마지막에는 'Workshop'을 추가하여 장애인복지 정보와 이슈에 기반한 토론, 사회조사, 공모전 준비, 카드뉴스 제작, 이슈 페이퍼 작성 등 다양한 체험형 프로그램 사례와 지도 팁을 제공함으로써 교수자와 학습자 모두에게 유용하게 쓰일 수 있도록 하였다.

이 교재의 집필진은 현재 RI KOREA 사회서비스 전문위원회 소속으로서 20년 이상의 국내외 장애인 관련 정책과 실천, 복지 이슈와 관련한 교류와 논의에 핵심적인 활동을 이어 오고 있는 전문가들이다. 국제적으로 RI(Rehabilitation International)는 100년이 넘는 역사를 가지고 장애인복지의 동향을 선도하는 글로벌 전문가 그룹이며, 이의 한국위원회(한국장애인재활협회, RI KOREA)도 70년 역사를 넘긴 우리나라 장애인복지 발전의 산증인 격이다. 그만큼 학문적 성과, 실천 지혜와 경험이 집약된 산물로서 이 교재는 감히 우리 위원회뿐 아니라 RI KOREA의 활동 가치를 한층 더 높이는 계기가 될 것으로 기대한다.

마지막으로, 코로나19 여파와 디지털화로 인한 출판계의 여러 어려움에도 불구하고 이 교재 출판으로 후학 인재 양성을 위한 헌신에 흔쾌히 손을 들어 주신 학지사 김진환 사장님의 헌신에 깊이 감사드린다. 또한 집필 원고 건으로 노심초사하면서도 내색 없이 기다리며 행정지원을 아끼지 않은 영업부 송무성 차장님과 한결같은 꼼꼼함으로 원고의 완성도에 힘써 주신 편집부 정은혜 차장님, 본문 내 장애인 활동 관련 현장 사진 사용을 허락해 주신 ㈔장애인의길벗 김성은 이사장님과 김영준 사무국장님께도 감사 인사를 드린다.

아무쪼록 이 교재가 장애인복지를 연구하고 학습하는 학생들과 실천 전문가들에게 유익하게 활용되길 바라며, 동시에 RI KOREA 사회서비스 전문위원회의 활동 지속에도 자양분이 되기를 기대한다.

2025년 9월

저자 일동

차례

PART 03

장애인복지 현장의 핵심 이슈와 과제

PART 01

장애인복지의 기초적 이해

01
장애와 장애인복지의 개요

이 장에서는 장애 개념의 정의와 관점, 장애인복지의 이념과 성격, 장애인복지의 발달에 대해서 알아본다.

우선 장애의 개념과 관점에서는 장애 이해를 위한 기초적 접근으로 사전적 정의에서부터 그 시대의 사회적 · 문화적 · 정치적 · 환경적 차이에 따른 이해와 관점, 국내외의 법 · 제도적 장애 개념과 세계보건기구(WHO)의 장애 개념 변천을 살펴본다.

장애인복지의 이념과 성격에서는 먼저 기본 이념으로서 인간의 존엄성과 인권, 정상화, 자기결정, 사회정의, 사회통합 및 차별금지를 알아보고, 특성으로서 다양성, 개별성, 복합성, 생애주기성에 대해 학습한다.

마지막으로, 장애인복지의 발달과정은 국내 정책변화의 동향을 먼저 파악하고, 이의 중요한 동력이 되어 온 국제 동향, 특히 장애인 인권 향상을 위한 국제사회의 노력 관점에서 주요 내용을 파악한다.

학습목표

1. 장애 개념을 이해하기 위한 다차원적 요인과 접근을 이해할 수 있다.
2. 우리나라의 장애 개념과 관점을 설명할 수 있다.
3. 세계보건기구의 장애 개념 변천과 핵심적 변화 이슈를 설명할 수 있다.
4. 장애인복지의 이념과 성격을 설명하고, 관련 사례를 파악할 수 있다.
5. 장애인복지의 국내외 발달과정을 이해하고 패러다임 변화를 설명할 수 있다.

키워드

장애 개념/장애인복지의 이념/장애인복지의 발달

1. 장애 개념의 정의와 관점

1) 장애를 어떻게 이해할 것인가

우리나라 표준국어대사전(1999)에 의한 장애의 개념은 “어떤 사물의 진행을 가로막아 거치적거리게 하거나 충분한 기능을 하지 못하게 함”이다. 장애는 어떤 활동이나 기능의 정상적인 진행을 방해하고, 그 기능을 완전히 또는 부분적으로 수행하지 못하게 만드는 상태이다. 이는 장애를 신체적 결함뿐만 아니라, 기능의 제약 또는 활동의 방해에 영향을 미치는 상태를 의미한다.

한자에서 장애(障礙) 개념을 살펴보면, 장(障)은 ‘막다’ ‘가로막다’ ‘방해하다’ ‘제지하다’ ‘둑’ ‘병풍’ ‘칸막이’ 등의 뜻을 가지고, 이는 물리적인 장애물이나 장벽, 구조물을 의미하며, 어떤 일이 진행되지 않도록 방해하고 차단하는 뜻도 내포하고 있다. 애(礙)는 거리낄 애로, ‘거리끼다’ ‘지장을 주다’ ‘방해하다’ ‘막다’ 등의 뜻을 가지며, 이는 직접적으로 어떤 행동이나 과정을 방해하거나, 그것에 어려움을 주는 상황을 나타낸다. 한자에서의 장애의 개념은 일상적 활동이나 삶의 흐름을 막고 방해하는 상태를 말하며, 장애는 단순한 ‘장애물’의 개념을 넘어, 개인의 삶과 사회적 활동을 방해하고 방해받는 상태를 내포하는 의미로 확장된다.

사회복지용어사전(2013)에 의한 장애 개념은 “다른 사람들이 보통 행하는 기능에 대한 개인의 능력을 방해하거나 제한하는 신체적 또는 정신적인 손상”이다. 장애는 걷기, 말하기, 사고하기, 사회적 상호작용하기 등 일상적인 기능을 수행하는데 있어서 신체적 또는 정신적인 손상으로 인해 개인의 능력이 방해되거나 제한되는 상태를 의미한다.

이러한 장애 개념은 사회적 · 문화적 · 정치적 · 환경적 상황에 따라 달라질 수 있으며, 관점에 따라서도 변할 수 있다. 장애 개념은 관점에 따라 변화하는 개념이다. 초기에는 장애를 질병이나 치료의 대상으로 간주되어 장애인의 신체적 결함에 집중하는 경향이 강했으나, 점차 장애는 물리적 · 제도적 · 문화적 장벽으로 인해 발생하는 사회적 장애물로 인식하여 사회 구조와 제도가 장애인을 배제하거나 제한하는 방식에 따라 정의되고 있다. 나아가 장애를 권리와 평등의 문제로 인식하여 사회적 책임으로 다루는 등 장애에 대한 개념은 지속적으로 변화하고 있다.

국가 간 장애 관련 법 제정이나 혹은 장애인 정책 실행에서도 장애 개념은 동일하게 적용되지 않으며, 국가의 상황과 수준, 국가 내 부처, 고용 · 소득 · 서비스 등에서도 장애 개념은 차이가 있다. 또한 국가의 상황과 수준에 따라 달라질 수 있으며, 변화되거나 차이가 있을 수 있다. 특히 장애 개념은 사회보장제도, 고용정책, 차별금지 등에서 밀접하게 관계되어 있다. 소득보장제도 이용을 위한 소득능력 상실의 적합성 결정을 위해, 고용서비스를 이용할 자격을 얻기 위해, 시민적 권리 보호 측면에서 접근성 차별에 노출되는지 확인하기 위해, 공적 서비스 지원을 받기 위해 장애 개념은 이용된다.

'장애'는 개인적인 문제로만 볼 수는 없으며, 사회적 환경도 중요한 역할을 한다. 장애는 개인의 손상뿐만 아니라 사회적 환경이 얼마나 장애인을 지원하는지에 따라 그 영향이 달라지기 때문이다. 이는 개인적 측면과 사회환경 측면의 지원 필요성으로 확장된다. 장애인 개별 욕구와 상황을 반영한 맞춤형 의료적 지원, 재활 프로그램, 교육지원, 복지서비스 등 개인적 측면에서의 지원과, 지역사회에 참여하고 독립적인 삶을 살아가기 위한 물리적 환경(예: 장애인 접근 가능한 시설, 교통수단) 및 제도적 환경(예: 교육 · 고용 · 소득 보장, 「장애인차별금지법」) 등 사회환경 측면에서의 지원이 필요한 것이다.

예를 들어, 평생학습을 위한 공간이라고 가정하자. 청각장애인에게 수어통역사와 같은 인력지원 혹은 문자통역서비스 등 정당한 편의제공이 지원된다면 평생학습에 참여하고 배우는 데 어려움이 없을 것이다. 또한 시각장애인에게 안내견과 함께 참여하도록 지원하거나 점자정보 단말기, 음성 안내장치 등 장애인 보조기기가 지원된다면 장벽 없이 참여할 수 있을 것이다. 이러한 장애인을 위한 정당한 편의제공은 인력 지원, 장애인 보조기기, 장애인 편의시설, 장애를 고려한 환경 조성 등이 포함될 수 있으며, 지역사회에 접근하고 참여하는 데 어려움은 정당한 편의제공을 통해 제거될 수 있다.

2022년 방영된 드라마 〈이상한 변호사 우영우〉를 통해서 우리가 가지고 있는 장애와 장애인의 개념에 대해서 생각해 보자. 이 드라마는 자폐성장애를 가진 주인공이 등장하여 많은 관심을 끌었다. 우영우는 뛰어난 기억력과 논리적 사고를 바탕으로 법률문제를 해결해 나가지만, 동시에 자폐성장애가 있는 우영우는 감각이 예민하고, 걷기, 뛰기, 신발 끈 묶기, 회전문 통과하기가 서툴며, 사회적 상호작용에서 어려움을 겪고 감정 표현이 서툴다는 특징을 가진다.

이 드라마에서는 '장애' 하면 떠오르는 일반적인 이미지인 휠체어, 시각장애인용 삼단 지팡이, 장애인은 무조건 도와줘야 한다는 상황 속 이미지 등은 찾을 수 없었다. 물론 주인공의 감각이 안정될 수 있도록 방 정리가 잘 되어 있기를, 김밥에 어떤 재료가 들어갔는지 잘 보이기를, 새로운 변화가 있을 때 숫자를 세며 천천히 눈을 감고 외치기를, 회전문을 오늘은 무사히 통과하기를 바라면서 드라마를 숨죽여 시청한 것도 사실이다. 주인공은 자신이 가진 장애특성을 이어폰, 반복적 학습, 사회적 지지 등 환경과 상호작용하면서 장애의 장벽을 허물었고, 오랜 친구와 어려움 · 즐거움을 함께 나누며, 좋아하는 사람과 시간을 보내면서 지역사회에 적응하는 청년이었다.

그럼에도 불구하고 이 드라마에 대한 자폐성장애에 대한 여러 가지 복잡한 현실을 충분히 반영하지 못했다는 비판도 존재한다. 특히 우영우의 독특한 능력에 대해 과도하게 강조하거나 자폐성장애에 대한 지나치게 단순화된 묘사, 감정 표현의 부족에 대한 미화 등이 있을 수 있다. 즉, 드라마에서 우영우는 자폐성장애 특성으로 뛰어난 기억력과 특별한 능력을 자주 강조하지만, 자폐성장애인은 우영우처럼 특별한 능력을 발휘하지 않을 수 있으며, 자폐성장애인이 모두 특별한 능력을 가지고 있다는 잘못된 인식을 불러일으킬 수 있다는 것이다. 또한 우영우의 자폐성장애에 대해 지나치게 단순하게 묘사하지만, 자폐성장애는 매우 다양한 스펙트럼을 갖고 있으며 개별적으로 다양한 방식으로 사회에 적응하고 생활하고 있다는 점이다. 우영우는 감정 표현에 서툴러서 불편함을 겪기도 하는데 드라마는 결국 이를 극복하고 사회에 적응하는 과정을 제시하지만, 자폐성장애인 중에서 일부는 감정을 표현하는 데 겪는 어려움이 시간이 지나면서 개선될 수도 있고,

출처: https://ktena.co.kr

출처: https://www.hubbe-cartoons.de (2025. 5. 1. 검색)

[그림 1-1] 장애 인식과 관점

계속 어려움을 겪을 수도 있다. 드라마는 감정 표현의 부족을 극복 가능한 문제로 묘사하여 자폐성장애에 대한 실제적인 이해를 돕기보다는 미화하거나 단순화하였다는 점을 들 수 있다.

이와 같이 장애를 이해하는 데에는 장애에 대한 보다 균형 잡힌 시각이 필요하며 다양한 관점에서의 이야기가 필요한 것이다.

2) 장애 개념의 법 · 제도적 정의와 포용적 관점

우리나라 「장애인복지법」 제2조(장애인의 정의)에서 장애인이란 "신체적 · 정신적 장애로 오랫동안 일상생활이나 사회생활에서 상당한 제약을 받는 자"를 말한다. 이 정의는 장애의 범위를 신체적 장애와 정신적 장애를 포함하고 있고, 장애 상태가 일시적인 상태가 아니라 장기적으로 지속되는 경우를 강조하고 있으며, 실제 일상적인 활동과 사회적 참여가 어려워진 상황을 장애 기준으로 삼고 있다.

「장애인차별금지 및 권리구제 등에 관한 법률」(약칭: 「장애인차별금지법」) 제2조(장애와 장애인)에서 장애는 "신체적 · 정신적 손상 또는 기능상실이 장기간에 걸쳐 개인의 일상 또는 사회생활에 상당한 제약을 초래하는 상태"를 말한다. 이 정의는 개인의 기능 손실뿐만 아니라 사회적 참여에 방해가 되는 사회적 제약과 연결된 상태에 주목하고 있다.

「장애인고용촉진 및 직업재활법」(약칭: 「장애인고용촉진법」) 제2조(정의)에서 장애인이란 "신체 또는 정신상의 장애로 장기간에 걸쳐 직업생활에 상당한 제약을 받는 사람으로서 대통령령으로 정하는 기준에 해당하는 사람"을 말한다. 또한 중증장애인이란 장애인 중 근로 능력이 현저하게 상실된 사람으로서 대통령령으로 정하는 기준에 해당하는 사람을 말한다. 이 정의는 장애인의 고용과 직업 재활을 위한 지원 대상을 명확히 하기 위해, 장애 상태뿐만 아니라 직업 수행의 어려움을 핵심 기준으로 삼고 있다.

「장애인연금법」 제2조(정의)에서 중증장애인이란 "「장애인복지법」 제32조에 따라 등록한 장애인 중 근로능력이 상실되거나 현저하게 감소되는 등 장애정도가 중증인 사람으로서 대통령령으로 정하는 사람"을 말한다. 중증장애인은 장애인 중 근로 능력이 현저하게 상실된 사람으로서 대통령령으로 정하는 기준에 해당하는 사람을 말한다. 중증장애인의 정의는 단순히 장애 상태에 머무르지 않고, 경제적 자립 능력 상실과 장애정도를 결합하여 생계 보호 필요성을 강조하고 있으며, 이를 통해 장애인 연금이라는 소득보장제도가 생계가 어려운 중증장애인에게 우선 지급되도록 근거를 제공하고 있다.

이와 같은 우리나라 장애 개념과 관련된 현행법만 하더라도, 고용정책 혹은 소득보장 정책, 장애 관련 서비스 등을 제공하는 측면에서 장애 개념은 차이가 있음을 알 수 있다.

한편, 국제적으로 「UN장애인권리협약」에서 장애인은 "다양한 장벽과의 상호작용으로 다른 사람들과 동등한 조건으로 완전하고 실질적인 사회참여를 저해하는 장기간의 신체적 · 정신적 · 지적 · 감각적 손상을 가진 사람"이다. 이는 장기간의 신체적 · 정신적 · 지적 · 감각적 손상을 가진 사람, 다른 사람과 동등한 기반에서 사회에 완전하고 효과적으로 참여하는 것에 어려움이 있을 수 있는 사람, 손상을 가진 개인과 태도적 · 환경적 장벽 사이의 상호작용으로 인한 결과로, 장애는 손상, 활동 · 참여의 어려움, 상호작용 결과를 포함한다. 장애는 장애인이 다른 사람들과 동등하게 지역사회에서 완전하고 효과적으로 참여하는 것을 저해하거나 가로막는 다양한 장벽 간의 상호작용으로 만들어진 산물인 것이다. 즉, 다양한 장벽 간의 상호작용과 지역사회에서 완전한 참여를 강조하고 있으며, 사회적 장벽을 허물고 없애는 것을 통해 장애인의 사회활동과 참여를 촉진할 수 있다. 이와 같이 국제적으로 장애 개념은 사회 구성원의 태도나 환경적 장벽으로 인한 사회참여 저해를 장애로 인정하고 있다.

그러나 우리나라의 법적 장애 정의와 비교해서 보면, 우리나라는 장애의 의학적 · 개인적 요소들 외에도 사회나 문화, 경제 여건 등 다양한 요인을 충분히 반영하지 못함으로써 결과적으로 장애 정의도 협소한 개념으로 이해된다. 실제로 「UN장애인권리협약」에 근거해 제출되는 국가보고서의 「UN 최종견해」(2022)를 통해서도 협소한 장애 개념이 지적되고 있다. 따라서 장애에 대한 우리 사회의 포용적 관점 확대를 통해 장애인의 욕구와 권리를 보장할 국가적 책무가 있는 것이다.

이에 대해 우리나라는 관계부처 합동(2024) 제6차 장애인정책종합계획(2023~2027)에서 제시된 '장애인 정책 추진 기반 강화'를 통해 장애 개념 확대를 추진하고 있다. 지금까지 우리나라 장애 개념이 손상, 일상생활, 사회참여에 제약을 받는 잠재적 장애를 포괄하지 못하면서 실질적 장애인복지 정책 수요와 그 대상에 대한 사각지대가 발생하는 비판들에 반응하기 시작한 것이다. 이를 통해서 현행 「장애인복지법」의 장애 정의가 지역사회 포용의 관점에서 다양한 장벽 간 상호작용 차원으로 확대할 것이 더욱 요구된다.

3) 장애 개념의 변천: 국제장애분류

장애 개념은 사회가 변화하고 발전하면서 사회적 인식과 함께 변화하고 있다. 세계보건기구(WHO)는 장애 개념이 세계적으로 통용할 수 있도록 분류체계를 발표하고 있으며, 세계적으로 장애 인식의 변화와 함께 WHO의 장애 관련 분류체계도 변화해 왔다. WHO의 국제장애분류(International Classification of Impairments,

Disabilities and Handicaps: ICIDH)와 국제장애분류-2(International Classification of Impairments, Disabilities and Handicaps-2: ICIDH-2), 국제기능장애건강분류(International Classification of Functioning, Disabilities and Health: ICF)가 대표적이다.

(1) ICIDH를 통한 장애 개념

1980년 WHO는 장애를 ICIDH(International Classification of Impairments, Disabilities and Handicaps)로 설명해 왔으며, 장애를 손상(impairment), 기능장애(disability), 사회적 불리(handicap)로 구분하였다(WHO, 1980). ICIDH는 개인이 접하는 장애를 세 가지 측면으로 설명하고 있다([그림 1-2] 참조).

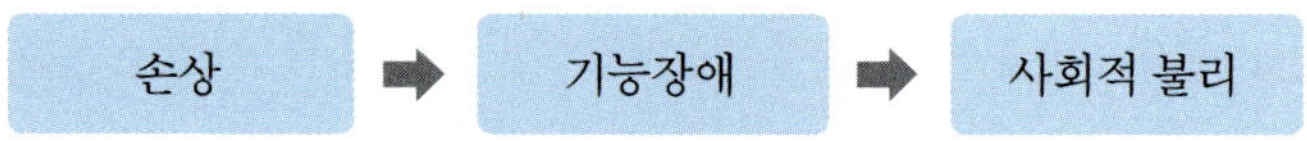

[그림 1-2] ICIDH 모델

출처: WHO (1980).

손상(impairment)이란 장애를 이해하는 가장 기본적인 접근으로 신체적·해부학적 측면에서 생각할 수 있는데, 사지 중의 하나를 절단, 상실하거나 또는 기형인 상태를 말한다. 일반적으로 기능상실을 의미한다. 즉, 심리적·신체적·해부학적 구조나 기능의 손실을 가져다준 영구적 또는 일시적인 병리적 상태를 의미한다.

기능장애(disability)란 생산적인 일상생활을 하기 위한 기능적 능력의 감소를 말하는 것으로서, 이는 정신적·신체적 손상의 결과일 뿐만 아니라 그 상태에 대한 개인의 적응 결과이기도 하다. 대체로 기능의 장애는 각종 기능 상실로 인해서 일상생활이나 취업 행위를 해 나가는 데 받는 제한성 내지는 장애를 의미한다. 그러나 기능 상실이 반드시 기능장애를 수반하지 않는다는 사실과 기능 상실이 일반적으로 영구적인 성질을 가지고 있는 데 비해 기능장애는 적절한 치유에 의해 제거 또는 완화될 수 있다는 점이 차이가 있다.

사회적 불리(social handicap)란 선천적 또는 노령, 질병, 사고 등으로 인하여 신체적 · 정신적 상태가 일시적 또는 영구적으로 손상되고, 그 결과 독립성, 교육, 취직 등이 저해되는 것을 의미한다. 또한 사회적 장애로 인해 야기되는 사회적 결과를 총칭하며, 기능 상실과 사회적 장애는 상대적인 의미를 가지고 있기에 한 개인의 사회적 · 경제적 · 교육적 배경 내지는 성격 구조에 따라서 사회생활을 영위해 나가는 데 제한 요소가 될 수도 있다. 즉, 장애로 인한 신체 손상이 기능장애로 이어져 일반 사회생활에 제약 내지 방해받는 것으로 개인적인 불이익을 포함하고 있다.

그러나 ICIDH는 손상–장애–사회적 불리로 이어지는 일방향성에 대한 비판, handicap은 한계의 의미가 있어 장애인에 대한 부정적인 이미지를 준다는 점, 환경에 대한 영향을 고려하지 않은 점 등에서 보편적으로 받아들여지기에 어려움이 있었다. 이후 ICIDH에 대한 개정이 논의되었다.

(2) ICIDH–2를 통한 장애 개념

1997년 WHO는 장애를 ICIDH–2(International Classification of Impairments, Disabilities and Handicaps–2)를 통해 설명하면서 장애의 개념을 새로운 관점에서 바라보기 시작하였다.

즉, ICIDH–2는 기본적으로 환경과 개인이라는 상황적 요인을 포함하여 장애

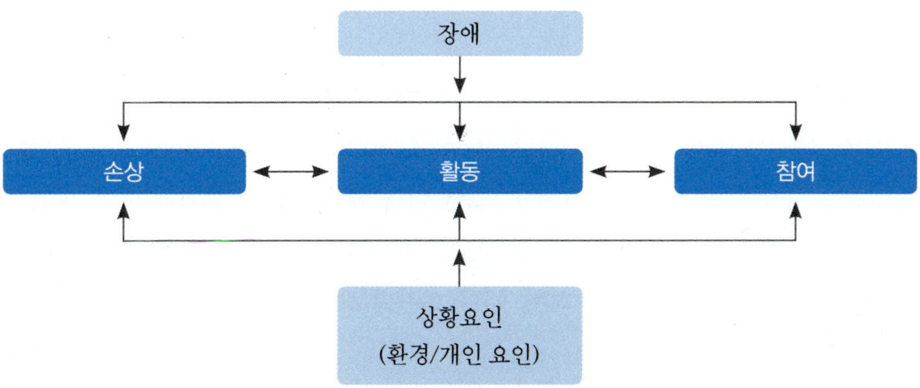

[그림 1–3] ICIDH–2 모델

출처: WHO (1997).

개념을 채택하고 있으며, 손상(impairment), 활동(activities), 참여(participation)라는 세 가지 분류로 장애를 설명한 것이다([그림 1-3] 참조).

손상(impairment)이란 신체 구조나 물리적 · 심리적 기능상의 상실이나 비정상성을 의미한다.

활동(activities) 또는 활동 제한은 개인적 수준에서 기능의 범위와 본질, 일상생활과 관련된 개인의 활동을 의미한다.

참여(participation)는 손상, 활동, 건강 조건, 생활요인과 관련한 일상생활에서 개인의 연관성 정도와 본질로 그 의미를 정의하고 있다.

결과적으로, 손상은 신체 구조나 물리적 · 심리적 기능 상실이나 비정상성을 의미하고, 활동 및 활동 제약은 일상생활에서 행해지는 개인의 통합된 활동으로서 기본적인 일상 활동부터 쇼핑, 여가, 직업 활동 등의 복합적 활동을 포함한다. 또한 사회참여는 손상, 활동, 건강 조건, 생활요인과 관련하여 개인의 연관성 정도를 의미하는 참여 제한으로 수정 · 보완되었다(WHO, 1997).

ICIDH-2는 손상 ↔ 활동 ↔ 참여의 상호관계를 갖는다는 점, 상황요인(환경요인과 개인요인)을 추가한 점에서 중요하겠다. 그러나 상황요인(환경요인과 개인요인)에서 물리적 혹은 사회적 생활에 따른 손상, 활동, 참여의 상호관계는 포함되지 않았다.

(3) ICF를 통한 장애 개념

2001년 세계보건총회(World Health Assembly: WHA)는 WHA 54.21 결의안에서 ICIDH-2를 ICF(International Classification of Functioning, Disability and Health)로 명명하고 승인하였다. ICF는 ICIDH-2를 더욱 체계화하여 장애에 대한 개인적 특성과 사회환경적인 특성을 통합한 모델로 이해된다. 즉, 특정 영역에서의 개인의 기능 수준을 건강상태와 환경 및 개인 요인의 상호작용의 결과로 설명하는 것이다.

ICF는 '건강상태를 구성하는 요인'을 '기능과 장애'와 '배경요인' 두 가지 영역으로 설명하는데, [그림 1-4]는 이 두 영역의 역동적 상호작용을 통한 건강상태를

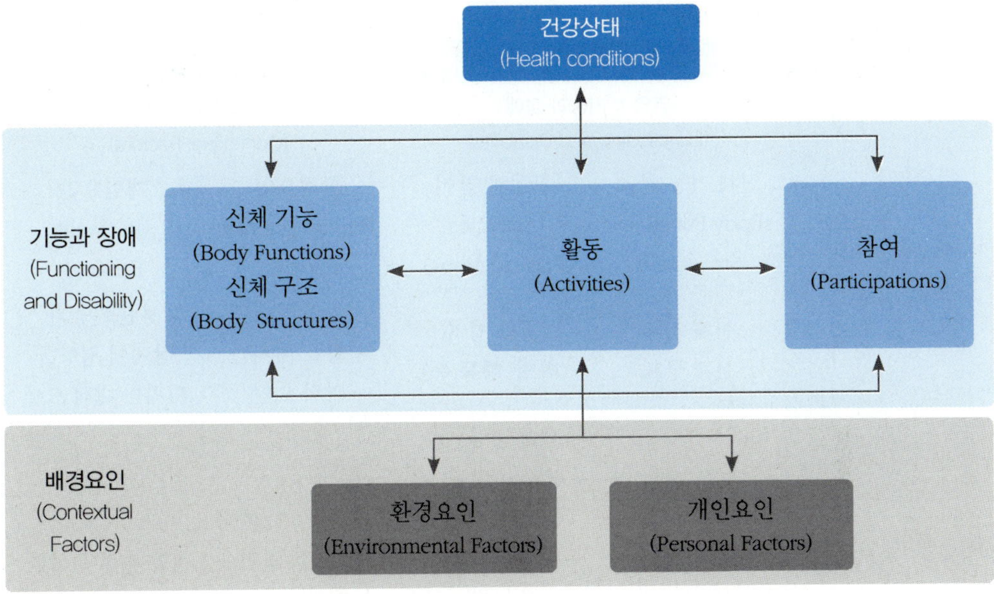

[그림 1-4] ICF 모델

출처: WHO (2001).

보여 준다. 이어서 이를 모델화하여 구조를 요인별로 설명하면 〈표 1-1〉과 같이 설명할 수 있다.

- 영역 1은 '기능과 장애'(Functioning and Disability)로 '신체기능과 신체구조' '활동' '참여'로 설명된다. '기능'은 신체기능, 신체구조, 활동, 참여에 어려움이 없는 상태이며, '장애'는 각 요인에 어려움이 있어 손상, 활동 제한, 참여 제약의 상태를 말한다. 이에 긍정적 측면인 '기능'(Functioning)과 부정적 측면인 '장애'(Disability)로 구분되며, 긍정적 측면은 기능적 · 구조적 통합성, 활동과 참여로 나타나며, 부정적 측면은 신체기능/구조 손상, 활동 제한, 참여 제약으로 나타난다.

'활동과 참여'의 구성개념인 잠재 능력(capacity)은 지역사회에서 과제를 수행하기 위해 잠재적인 최대한의 능력을 설명하는 것이다. 이러한 잠재 능력을 이끌기 위해서는 표준환경이 필요하며, 환경에 적응된 상황이다. 또한 수행 능력(Performance)은 개인이 현재의 환경에서 과제를 수행하는 정도를 설명한다. 개인이 경험하는

표 1-1 ICF 모델의 이해

<table>
<tr><th colspan="5">건강 상태(Health conditions)</th></tr>
<tr><td>구성</td><td colspan="2">영역 1: 기능과 장애
(Functioning and Disability)</td><td colspan="2">영역 2: 배경요인
(Contextual Factors)</td></tr>
<tr><td>구성요소</td><td>신체 기능/구조
(Body Functions/
Structures)</td><td>활동과 참여
(Activities,
Participations)</td><td>환경요인
(Environmental
Factors)</td><td>개인요인
(Personal
Factors)</td></tr>
<tr><td>영역</td><td>신체 기능
신체 구조</td><td>생활 영역
(과업, 행동 등)</td><td>기능과 장애에
영향을 미치는
외적 요인</td><td>생활 기능과
장애에 영향을
미치는 내적 요인</td></tr>
<tr><td>구성개념</td><td>• 신체 기능상 변화 (생리학적)
• 신체 구조의 변화 (해부학적)</td><td>• 잠재 능력(Capacity): 표준환경에서 과제 수행 능력
• 수행 능력(Performance): 현재 환경에서 과제 수행 정도</td><td>물리적 · 사회적 · 인식적 측면에서 촉진 또는 방해하는 요인</td><td>개별 특성에 의한 영향</td></tr>
<tr><td rowspan="2">긍정적
측면</td><td>기능적 · 구조적
통합성</td><td>활동과 참여</td><td rowspan="2">촉진요인</td><td rowspan="2">해당 없음</td></tr>
<tr><td colspan="2">기능
(Functioning)</td></tr>
<tr><td rowspan="2">부정적
측면</td><td>손상</td><td>활동 제한 및
참여 제약</td><td rowspan="2">저해요인</td><td rowspan="2">해당 없음</td></tr>
<tr><td colspan="2">장애
(Disability)</td></tr>
</table>

출처: WHO (2001).

환경 및 생활하는 환경 등을 포함하며, 물리적이고 사회적인 태도도 포함한다. 개인의 현재 환경에서 장애인 편의시설 제공, 근로지원인 지원 등이 가능하다.

- 영역 2는 '배경요인'(Contextual Factors)으로 '환경요인'과 '개인요인'으로 설명되며, 환경 조건이 장애에 미치는 영향을 나타낸다. '환경요인'은 긍정적 측면인

'촉진요인'과 부정적 측면인 '저해요인'으로 작용되는데, '촉진요인'은 환경에서 특정한 요인이 존재하거나 혹은 부재한 상황에서 기능을 향상시키거나 장애를 감소시키는 요인을 말하며, '저해요인'은 환경에서 특정한 요인이 존재하거나 혹은 부재한 상황에서 기능을 제한하거나 장애를 촉진하는 요인을 말한다.

ICF 모델에서 환경요인은 장애 개념을 변화시키는 중요한 요인으로 인식된다. 관련한 예로서 척수손상 장애인이 이동을 위해 전동휠체어 등 장애인 보조기기를 이용하거나, 엘리베이터 등 장애인 편의시설이 갖추어진 접근 가능한 환경이 마련되어 있다면, 전동휠체어 및 엘레베이터는 이동에 대한 기능을 향상시키는 촉진요인이 될 것이다. 만약 장애인 보조기기가 없거나, 장애인 편의시설이 갖추어지지 않은 환경으로 기능이 제한된다면 저해요인이 된다. 또한 정신장애인은 기능적 제한이 없음에도 불구하고 사회적 차별이나 편견으로 일자리를 구할 수 없다면, 차별이나 편견 같은 사회적 인식 및 태도는 저해요인이 된다.

한 단계 나아가서 수행 능력과 환경요인에 대한 예를 들어 보자. 표준환경에서 과제를 수행하는 능력이 높을지라도, 현재 환경에서 촉진요인이 없거나 저해요인이 존재하는 환경이라면, 당연히 과제를 수행하는 능력이 낮아질 것이고 이는 곧 참여 제약으로 이어질 수 있다. 정신질환 병력이 있는 사람의 경우, 표준환경에서 과제를 수행하는 능력이 높을지라도 사회적 차별이나 편견으로 인해 현재 환경에서 과제를 수행하는 능력이 낮아질 수 있으므로, 현재 환경에서 근로지원인 등 인적지원, 스트레스 관리를 위한 건강지원 등 정당한 편의제공과 같은 촉진요인을 통해 활동과 참여를 증진시킬 수 있다. 저해요인이 있다면 제약이 될 것이고, 촉진요인이 있다면 기능이 강화될 것이기에, 촉진요인이 있는 환경의 변화를 통해 수행 능력을 잠재 능력으로 높일 수 있다.

ICIDH가 손상–장애–사회적 불리로 이어지는 일방향성만을 전제하고 장애 수준을 파악하였다면, ICF는 양방향성과 복합성으로 장애 수준을 파악하고 있다. ICF에 의하면, 개인의 신체 기능/구조, 활동, 참여의 세 가지 차원 기능은 건강 조건과 상황적 맥락에 속하는 환경적 요소와 개인적 요소의 양 측면에서 영향을 받는다. 따라서 장애는 개인의 건강 상태와 살고 있는 환경 요인 간의 복합적인 상호

관계로 인식된다. 이러한 상호작용을 통해 장애 개념은 환경적 요소를 적용하여 해결의 방법을 환경에서 찾도록 한다. 환경적 요소는 장애 개념을 변화시킨다.

결과적으로 장애 개념은 개인적인 손상이나 기능상의 제한만을 의미하는 것이 아니라, 개인의 장애와 사회환경 사이의 부적절한 상호작용의 결과로서 나타나는 본질적인 기능 및 활동상의 제한까지 포함되는 것이다. ICF는 사회적 장벽을 제거하거나 사회적 참여를 촉진시킬 수 있는 틀을 제공한다. 장애인의 지역사회 통합을 위해 신체적 구조와 기능은 어떠한지를 확인하고, 필요한 부분을 촉진요인을 적용하여 환경적으로 지원할 수 있다. 장애 개념은 사회정책을 개발하고 시행할 수 있는 도구가 될 수 있고, 사회적 행동을 촉구할 수 있고, 장애 차별 대응, 사회 인식 변화에 적용할 수 있다.

2. 장애인복지의 이념과 성격

1) 장애인복지의 이념

장애인복지의 기본 이념으로 인간의 존엄성, 정상화, 자기결정, 사회정의, 사회통합, 그리고 차별금지 등을 제시할 수 있다. 이러한 장애인복지의 기본 이념은 장애인이 자신의 인권과 권리를 향유하는 데 필수적인 요소이다.

(1) 인간의 존엄성과 인권

인간의 존엄성은 모든 인간은 존엄한 존재로 모든 인간에 대한 평등하고 보편적인 존중의 이념이라고 할 수 있다. 모든 기본권 및 인권의 전제가 된다. 세계인권선언(1948)은 모든 사람은 태어날 때부터 자유롭고 동등한 존엄성과 권리를 가지고 있다고 인간의 존엄성을 규정하였다.

인권이 가지는 특성을 살펴보면 다음과 같다.

- 보편성에 기초한 인권의 특성은 계급이나 신분, 인종, 장애 등 어떠한 차이와 상관없이 누려야 할 권리이며, 해당 사회의 어떠한 법이나 제도보다 우선한다.
- 상대성에 근거한 인권의 특성을 살펴보면, 인권은 개인이 속한 사회나 시대에 따라 다소 차이를 보일 수 있고, 개개인의 지위나 상황에 따라서 다소 차이가 있을 수 있다.
- 고유성에 의거한 인권의 특성을 살펴보면, 인권은 누구라도 어떠한 방법으로 함부로 침해하거나 제한될 수 없으며, 또한 자신의 권리를 타인에게 양도할 수 없다.

이러한 인권의 특성은 장애인복지에도 그대로 적용되어 장애인 당사자의 주체적 요구와 참여를 실현하는 동기이자 수단이 되었고, 결과적으로 장애인 문제의 접근은 복지 관점을 넘어서서 인권과 권리 관점으로 전환되는 과정에 서게 된 것이다.

「UN장애인권리협약」(2006)은 국제사회에서 장애인의 존엄성과 권리를 보장하기 위해 발효되었다. 이 협약은 장애인이 모든 인권과 기본적인 자유를 완전하고 동등하게 향유할 수 있도록 촉진하고 보호하고 보장하는 것이며, 또한 장애인의 천부적인 존엄성에 대한 존중을 촉진하기 위한 것이다. 장애인이 동등한 권리를 누릴 자격이 있음을 선언한다.

우리나라 「헌법」 제10조에 따르면, “모든 국민은 인간으로서의 존엄과 가치를 가지며, 행복을 추구할 권리를 가진다. 국가는 개인이 가지는 불가침의 기본적 인권을 확인하고 이를 보장할 의무를 진다”. 제34조 제1항에서는 “모든 국민은 인간다운 생활을 할 권리를 가진다.”라고 규정하고 있다. 우리나라 국민은 인간의 존엄과 가치인 인권이 존중되어야 하며, 인간다운 생활을 할 권리를 지니고 있는 것이다. 즉, 인간의 존엄성은 장애 여부에 관계없이, 누구에게나 천부적으로 부여받은 인간의 기본적인 권리임을 의미한다. 따라서 인간의 존엄성은 ‘헌법상 보장된 국민의 기본권’과 같이 ‘명시된 권리’일 뿐만 아니라 ‘인간으로서 누구나 누려야 할 보편타당한 천부적인 권리’라고 할 수 있다.

또한 「장애인복지법」 제4조 제1항에 따르면, "장애인은 인간으로서 존엄과 가치를 존중받으며, 그에 걸맞은 대우를 받는다."라고 규정하고 있다. 장애인복지의 기본 이념으로서의 인간의 존엄성은 장애인의 '사람의 권리(rights of man)'뿐만 아니라 우리 사회에서 '사람답게 살 권리(human rights)'를 포함하고 있다. 장애인의 존엄성은 장애인 인권의 기초가 되므로, 장애인이 한 인간으로서 지역사회에서 자유롭고 동등한 존엄성과 권리를 누릴 수 있도록 장애인의 천부적인 존엄성이 존중되어야 한다.

이에 기반하여 장애인복지에서 인권은 인간이기 때문에 당연히 부여받는 천부인권설로서 인간의 존엄성을 뜻한다. 인권은 모든 인간이 가지고 태어나는 것으로, 국가나 실정법에 의해 부여되는 것이 아니라 모든 인간이 태어나면서부터 지니게 되는 '천부적인 인권'을 의미한다. 즉, 인간이기 때문에 갖는 당연한 권리로, '인간의 존엄성을 보장받을 권리'라고 정의할 수 있다. 삶의 어떤 특정 분야에 국한한 제한적 의미가 아니라, 누구에게든 삶의 전반에서 기본적으로 인식되고 지켜져야 하는 보편적 권리의 의미를 지닌다(이경준, 2011).

(2) 정상화

정상화의 개념은 1959년 덴마크의 「정신지체인법(Mental Retardation Act 1959)」에서 태동되어 오늘날 장애인복지의 중요한 기본 이념이 되고 있다. 당시 지적장애인 부모회에서 지적장애인 자녀에 대한 서비스의 문제 제기를 시작으로 대형시설 보호에 대한 반대로 발전되었다.

대표적으로 덴마크의 미켈센(B. Mikkelsen)과 스웨덴의 니르예(B. Nirje)는 지적장애인을 위한 '가능한 한 일상적인 보통의 삶(so normales Leben wie moeglich)'이라는 모토 아래 정상화라는 개념을 주창하였다. 정상화 개념은 모든 지적장애인이 일반적인 환경, 일반적인 삶의 방식에 가능한 한 가깝도록 하는 것으로 매일의 삶의 조건과 삶의 방식에 접근할 수 있도록 하는 것을 의미한다(Nirje, 1980).

니르예는 장애인의 심리학적 측면에서 장애인이 느끼는 일상적인 보통의 생활방식에 중점을 두었으며, 미켈센은 주거, 교육, 직업 및 여가 등을 포함한 삶의 질에 대한 사회적 지표의 질을 강조하였다(Thimm, 1984). 두 사람의 주장을 종합해 보면, 우선 지적장애인에게 인간 생활의 기본 조건인 주거, 교육, 직업, 여가조건 등에 관해서 비장애인과 비교하여 가능한 한 동등한 여건을 마련해야 한다는 것이다. 이것은 주로 장애인의 일상생활에 관계된 것으로, 비장애인과 비슷한 일상생활의 리듬을 찾아 주자는 것이다. 즉, 아침에 일어나서 다른 사람들처럼 보통의 식사 시간을 갖고, 한낮에는 일상적인 자신의 생활과 취미나 여가를 보내다가 저녁에 편안히 잠자리에 드는 지극히 평범한 행위를 포함한 하루 일과에서 '가능한 한 비장애인과 비슷한 생활'을 영위할 수 있게 하자는 것이다. 이러한 일과가 하루하루, 일주일, 한 달, 그리고 일 년의 생활 스케줄이 되어 비장애인과 거의 비슷하게 동등한 생활양식이 되어야 한다는 것이다(이경준, 최윤영, 2020).

이후 울펜스버거(Wolfensberger)는 정상화는 가능한 한 모든 사람에게 가치 있는 사회적 역할을 습득하고 유지하기 위해 문화적으로 가치 있는 수단을 이용하는 것(Social Role Valorization: SRV)이라고 정의하였다(Wolfensberger, 1985). 이는 일반적인 우리의 생활양식과 주류 문화에 대해 설명하면서 지역사회 내에서 장애인이 생활할 수 있는 이념적 초석이 되었다. 가치 있는 사회적 역할을 얻는 주요 수단으로 가치절하를 일으키는 사회적 이미지와 환경을 개선할 것과 동시에 당사자의 능력 고취를 제시하였다. 이를 위해 장애인에 대한 사회나 가정의 역할기대 수준과 지원을 검토하고 낙인화 요소를 배제하며, 역할수행 훈련과 교육 기회 제공이 필요함을 강조하였다.[1)]

(3) 자기결정

자기결정(self-determination)은 개인적인 사항에 관해 국가 공권력으로부터 간섭 없이 자기 스스로 결정할 수 있는 능력이나 권리를 의미하며, 스스로 자신의 삶에 대해서 결정을 내리고, 이러한 자기결정에 대해 다른 사람들은 존중하는 것이다.

1) 이에 대해서는 제3장 장애인복지의 이론과 모델의 제1절 정상화와 사회적 역할 강화에서 구체적으로 다루고자 한다.

우리나라 「헌법」 제10조에서는 인간으로서 존엄과 가치 및 행복 추구권을 규정하여 자기결정권을 헌법적 가치로 제시하고 있다. 헌법상에서는 자기결정권을 "개인의 일정한 사적 사건 및 영역에 관하여 공권력으로부터 간섭받지 않고 스스로 결정할 수 있는 권리"라고 명명하고 있다. 그러므로 자기결정권은 민주 사회에 있어서 장애인, 비장애인 모두에게 부여되는 당연한 권리이다.

자기결정은 개인에 따른 상대적인 개념이라 할 수 있다. 또한 자기결정은 어떠한 표준이나 절대적인 척도가 존재하는 것이 아니다. 일반적으로 자기결정은 자기 스스로 결정하는 능력이나 기능성을 의미하며, 자율이나 자유, 자립, 독립 등의 동의어로 사용된다. 여기서 자율은 의존에 대한 상대적인 개념인 비의존으로 이해되며, 자기실현 측면에서 자신의 법칙에 따른 삶을 영위하는 조건이기도 하다. 하지만 자기결정의 개념은 한 개인이 타인의 도움을 완전히 배제하는 것이 아니라, 타인의 도움 형태와 내용에 대해서 개인이 결정할 수 있음을 의미한다(이경준, 최윤영, 2020).

장애인의 경우, 독립생활은 자신의 장애 특성과 욕구에 필요한 개인적 또는 사회적 · 기술적 · 재정적 지원에 접근하고, 장애인 스스로 이러한 지원을 통제하는 경우를 말한다. 이러한 장애인의 독립은 지원과의 상호 의존 및 공존을 통해 발전한다. 즉, 독립은 언제, 어디서, 어떻게, 얼마나 오래, 어떤 상황에서, 어떤 목적으

"나는 할 수 있다고…… 끙……"

"지금 자기결정적 생활을 실천하는 중이지."

[그림 1-5] 장애인의 자기결정에 대한 오해

출처: https://www.hubbe-cartoons.de (2025. 5. 1. 검색)

로 지원이 제공되는지를 결정할 권리와 능력을 의미한다(Turnbull & Stowe, 2001).

장애인의 자기결정을 확대하고 보장하기 위한 원리로서 이경준(2005)은 장애인 당사자와 원조자 사이의 대화와 협상을 통한 성실한 욕구 파악, 자기선택의 실행과 책임, 상호 대등함과 연대감을 통한 역할수행, 자립생활 원조자 또는 지원 인력의 역할 정립, 정상적인 지역사회 생활환경, 그리고 사회정책과 인식의 변화를 제시하였다. 이와 같이 장애인의 자율적인 선택과 결정을 존중하는 자기결정은 장애인이 지역사회에 전적으로 포함되어 생활하기 위한 장애인정책 및 서비스 등에서 중요하며, 장애인복지에서 강조되는 지역사회 자립생활에 기초가 된다.

한편, 웨마이어(Wehmeyer, 1996)는 자기결정을 위한 행동적 특성을 자율적(Autonomously) 행위(자율성), 자기규칙(Self-Regulate), 심리적 역량(Psychologically Empowered), 자아실현(Self-Realizing) 등 네 가지로 제시하였다. 그에 의하면 자기결정적 행동은 우선 행위자 자신의 역량을 통해서 증진되지만, 동시에 개인이 접하게 되는 기회와 다양한 지원을 통해서도 증진될 수 있다. 전자는 학습과 발달에 의해, 후자는 환경과 경험에 의해 영향을 받는데, 이들은 개인의 지각이나 믿음을 통한 상호 영향을 받는다. 따라서 제시된 네 가지 특성들은 각자 하나만으로는 자기결정적 행동을 구성하거나 형성하는 데 충분하지 않은, 복합적 성격의 기능을 갖는다는 의미이다.

(4) 사회정의

정의는 '진리에 맞는 올바른 도리'라는 사전적 의미를 지닌다. 사회정의는 정의의 하위개념으로, 존 롤스(John Rawls)의 『정의론(A Theory of Justice)』(1971)에서 "사회정의는 모든 이에게 자유를 완벽하게 누릴 수 있도록 하여야 한다는 것이 정의의 첫 번째 원칙이고, 가장 빈곤한 사람들의 복지에 대하여 우선으로 배려하여야 한다는 것이 정의의 두 번째 원칙이고, 결과의 불평등은 존재하되 모든 사람에게 균등한 기회를 주는 것이 세 번째 원칙"이라고 하였다. 이 과정에서 사회정의는 모든 사람에게 자유와 사회적 재화의 공평한 분배가 이루어질 뿐만 아니라, 사회적으로 불이익을 받는 사람들에게 복지를 우선 제공하는 긍정적 의미의 불평등한 분배가 존재하는 차등의 원칙이 적용된다는 것도 포함하고 있다. 즉, 빈곤한 사람에게 복지를 우선 제공하여 불평등을 줄이는 것으로 공정한 관계에 대한 개념을 설명하고 있는 것이다.

사회정의는 최대 다수의 최대 행복을 위해 소수를 희생하는 공리주의를 다른 시각으로 바라볼 수 있으며, 자유와 평등을 조화시켜 극단적인 불평등을 해소하는 복지국가의 이념적 토대를 제공하고 있다. 이후 마이클 샌델(Michael Sandel)의 『정의란 무엇인가(Justice: What's the Right Thing to Do?)』(2010)에서 불평등 문제는 국가가 적극적으로 나서 해결해야 하며, 불평등 문제를 해결하기 위한 공동체를 통한 공론화 과정을 강조하였다.

장애인복지는 장애인의 인간다운 삶을 지원하기 위한 사회적 합의와 연대의식 차원에서 사회정의와 매우 밀접한 관계를 갖는다. 즉, 사회정의는 장애로 인한 불평등 문제를 적극적으로 해결하는 이념이 되며, 장애인복지에서 의미하는 사회정의는 국가와 사회가 장애인의 존엄과 가치를 보장하며, 장애인이 장애 특성과 욕구에 기반한 자유와 평등이 보장되는 사회적 환경과 시스템을 구축하는 것이다. 이를 통해서 장애인의 사회참여 보장과 차별해소, 사회적 인권의식과 책임 증진으로 궁극적인 사회통합에 기여하게 되는 것이다.

(5) 사회통합

사회통합이란 비통합적인 상태에 있는 사회 내 집단이나 개인이 서로 적응함으로써 단일의 집합체로서 통합되어 가는 과정을 의미하며, 가치에 대한 합의와 사회화로부터 얻어지는 사회로의 통합을 의미한다(사회복지대백과사전, 1999). 이는 장애인이 지역사회 구성원으로 함께 살아가는 장애인복지 패러다임의 변화를 가져온 배경으로 장애인이 지역사회 시민들과 함께 활동하고 참여하며 성공적인 자립생활이 이루어지는 것을 말한다(한국장애인복지관협회, 2009).

테일러(Taylor, 1987)는 장애인의 사회통합은 "제한이 없는 환경"으로 정의하였고, 바커(Barker, 1995)는 사회통합을 각각의 사회 구성원들이 "하나의 통합된 전체로 결합을 하는 과정으로, 다양한 사회 및 인종 집단이 결합하여 조화로움을 만

들어 가는 과정"이라고 정의하였다. 이처럼 장애인의 사회통합은 지역사회에서 함께 더불어 살 수 있는 사회, 차별 없는 사회참여를 의미한다.

이에 테일러의 지역 사회통합이 지향하는 네 가지 원칙을 살펴보면 다음과 같다. 첫째, 장애인은 지역사회 내에 거주하며 지역사회의 환경 및 이웃과 함께 통합되어야 한다. 둘째, 장애인은 비장애인들과 마찬가지로 가정과 자연적인 지역사회 내에 거주하여야 한다. 셋째, 지역사회에서의 생활 배치는 소규모의 가족 형태이어야 한다. 넷째, 장애인의 생활 기술과 능력을 발전시키며, 서비스의 계획 및 실시 시 장애인 당사자의 참여가 보장되어야 한다. 장애인의 사회통합 원칙은 지역사회 내에서 가정을 이루거나, 일반 가정과 유사한 환경의 소규모 형태로 거주하면서, 지역사회 내의 구성원들과 상호작용하면서 사회참여를 보장하는 것이다.

장애인복지에서 의미하는 사회통합이란 장애인이 평등의 기초 위에서 사회의 일원이 되어 장애인이 속한 사회문화적 활동에 참여하는 것으로, 비장애인이 영위하는 수준과 동등하게 장애인이 지역사회 내에 존재(presence)하고 참여(participation)하는 정도를 말한다(Mank & Buckley, 1989). 즉, 장애인도 비장애인처럼 차별 또는 배제 없이 자신이 속한 지역사회에서 자신에게 주어진 역할을 수행하면서 사회의 한 구성원으로 인정받고 살아가는 과정을 의미한다. 이러한 사회통합의 개념은 장애인을 사회의 주류에 최대한 포함시키려는 주류화(Mainstreaming), 정상화(Normalization), 사회적 역할 강화(Social Role Valorization) 등을 포함하고 있다. 사회통합은 우리나라 장애인복지의 목적인 동시에 기본 이념이지만, 장애인이 사회의 중심권에서 보편적인 형태로 참여가 보장될 때 비로소 사회통합이 완성된다고 볼 수 있다(이경준, 최윤영, 2020).

(6) 차별금지

차별은 동등한 대우와 기회 균등에 대한 개인의 권리를 침해한다. 동등한 대우일지라도 상황에 따라서 장애인의 참여를 방해한다면 불평등한 기회를 만들 수 있으며 장애인 차별이 발생될 수 있다. 이에 차별금지는 사회참여를 위한 동등한 기회를 요구하는 것으로, 지역사회에 참여하고 혜택을 받을 수 있는 평등한 기회를 촉진하는 것이다(Turnbull, Beegle, & Stowe, 2001).

2006년 UN에서 채택된 「UN장애인권리협약(Convention on the Rights of Persons with Disabilities: CRPD)」은 모든 장애인이 인권과 자유의 완전한 향유를 증진하고 보호하며 보장하는 목적을 가지는 국제 협약으로, 장애인 차별금지는 협약 전반에 걸친 전제가 된다. 다양한 장벽과의 상호작용과 지역사회에 완전하고 효과적인 참여를 강조하면서 장애인은 편견과 차별을 겪는 사회적 약자가 아닌 시민이라는 정당성을 제시하였다.

이런 영향하에 우리나라에서는 2007년 「장애인차별금지 및 권리구제 등에 관한 법률」(이하 「장애인차별금지법」)을 제정하여 장애를 사유로 한 차별에 대항하여 장애인의 평등한 기회와 사회통합을 확보하는 수단으로 적용되기 시작하였다. 장애에 관한 패러다임의 변화 속에서 사회적으로 배제된 집단에 대한 시민권의 완전한 보상 추구는 「장애인차별금지법」이 빠르게 확산되는 배경이 되었다. 장애인에 대한 지속적인 차별대우, 그리고 이에 수반되는 불평등한 제반 요소는 「장애인차별금지법」을 통해 극복되어야 할 과제이다.

차별 행위의 범위는 「장애인차별금지법」상 직접차별과 간접차별, 혐오(harassment)로 구분할 수 있다. 직접차별은 유사한 상황에서 덜 우호적인 처우를 할 때 발생하는 기회의 평등을 강조하는 형식적인 평등으로, 직접차별은 덜 우호적인 처우, 비슷한 상황에 있지만 서로 다른 특성을 가진 다른 사람과의 비교, 과거 또는 가상 직원 등과 비교의 공통적 요소를 말한다. 간접차별은 개인의 차이로 인해 발생하는 결과의 차이를 인정하며 결과의 평등을 강조하는 실질적 평등으로, 간접차별은 의도하지는 않았지만 차별의 결과만 가지고 판단한다는 점에서 차별 피해자의 입장에서는 차별의 존재를 입증할 때 입증 부담이 적을 수 있다. 혐오는 존엄성을 침해하고 협박, 적대적 · 굴욕적 · 모욕적인 환경을 조성하는 장애와 관련된 원하지 않는 행위로, 혐오는 다른 혐오를 유발하는 상황으로 이어지거나 장애인을 대상으로 언어나 놀림 등의 도가 지나친 행동으로 나타나기에 문제가 된다(주영하, 2021; Chopin et al., 2018). 차별에 대한 대응인 차별 구제는 일반적인 사회인식 수준으로 이어지기에 중요하다. 이러한 사회적 인식의 변화를 위한 개인과 가족의 노력, 사회적 책무성 부여, 법 · 제도적인 보완이 필요하다.

2) 장애인복지의 성격

장애인복지의 성격은 장애인복지를 설계하고 실천하는 데 필수적인 요소이자 지향점과도 상통한다. 이를 바탕으로 장애인의 개별적 상황에 맞춘 복지체계를 구축하고, 보다 포괄적이고 지속 가능한 지원을 제공할 수 있는데, 대표적으로 다양성, 개별성, 복합성, 생애주기성을 살펴본다.

(1) 다양성

장애는 신체적 장애와 정신적 장애 등으로 구분되며 15개 장애유형으로 다양하다. 또한 같은 장애유형이라도 원인, 증상, 정도에 따라 매우 다르게 나타날 수 있으며, 이에 따른 지원 방식도 달라져야 한다. 「장애인복지법」에서는 장애유형과 정도에 따른 맞춤형 지원을 강조하며, 다양한 장애인의 필요를 반영하도록 명시하고 있다.

예를 들면, 청각장애는 완전 청각 상실, 부분 청각 상실, 소음 환경에서만 청취가 어려운 경우 등 다양한 상태가 존재한다. 청각장애인에게는 수어 통역을 지원해야 하지만, 보청기로 소리를 들을 수 있는 청각장애인은 자막지원이 더 효과적일 수 있다. 이러한 다양성은 개인의 생활방식, 교육 접근, 고용 기회에 이르기까지 전반적인 삶에 영향을 미치며, 다양성을 이해하고 존중하는 것이 장애인복지의 출발점이다.

(2) 개별성

장애인은 개별적으로 신체적 · 심리적 · 사회적 특성을 지니고 있다. 같은 장애유형을 가진 사람이라도 삶의 배경, 신체적 조건, 사회적 환경에 따라 전혀 다른 욕구와 목표를 가진다. 장애정도와 특성뿐만 아니라 개인의 성격, 주변 지원체계, 문화적 배경 등도 고려되어야 한다. 따라서 장애인의 개별적인 욕구와 상황에 맞춘 맞춤형 지원을 제공해야 한다. 「장애인차별금지법」은 장애인의 개별적 필요에 따른 합리적인 편의를 제공하도록 규정하고 있으며, 이를 위반할 시 차별로 간주할 수 있다.

예를 들면, 손의 움직임이 가능한 뇌병변장애인은 컴퓨터를 사용할 수 있으며, 눈동자 움직임이 가능한 뇌병변장애인은 눈동자를 통해 의사소통하는 장치를 사용하여 의사소통을 할 수 있다. 동일한 뇌병변장애인일지라도 개별적 특성에 따라 다른 보조기기가 필요할 수 있으며 개별적인 특성을 분석하고, 이에 따른 맞춤형 서비스를 제공해야 한다.

(3) 복합성

장애는 단순히 신체적인 문제에 그치지 않고, 심리적 · 사회적 · 경제적인 문제 등 여러 문제가 복합적으로 나타난다. 장애로 인해 발생하는 건강문제, 사회적 고립, 경제적 불안정 등 복합적인 문제는 단일한 서비스만으로 해결하기 어렵기 때문에, 의료, 교육, 고용, 복지 서비스가 유기적으로 연계되어야 한다. 「장애인고용촉진법」은 장애인의 경제적 자립과 고용 안정을 지원하기 위해 직업재활과 고용환경 개선을 규정하고 있다.

예를 들면, 지체장애인이 이동이 불편해 학교나 직장에 다니지 못하면 학습이나 경제적 자립이 어렵고, 이로 인해 사회적 관계가 단절될 수 있다. 따라서 의료, 교육, 고용, 소득, 활동지원서비스, 장애인 보조기기 지원, 심리상담 등 여러 영역이 연계된 통합적인 지원체계가 필요하다.

(4) 생애주기성

장애는 특정 시기에만 영향을 미치는 것이 아니라, 선천적 장애든 후천적 장애든 인간발달의 전 단계, 즉 유아기, 학령기, 청년기, 중장년기, 노년기 등 생애 전반에 걸쳐 다양한 방식으로 삶에 영향을 미친다. 이에 장애인복지는 특정 시기에만 제공되는 것이 아니라, 출생부터 노년까지 생애주기에 따라 변화하거나 새로운 지원이 필요하며, 지속적인 지원체계 마련이 중요하다. 유아기에는 조기진단,

재활 및 부모교육이 중요하고, 학령기에는 통합교육과 학습보조 지원이 필요하며, 성인기에는 직업재활 및 사회참여 지원, 노년기에는 건강관리 및 돌봄지원이 더 중요해진다. 「장애아동 복지지원법」과 「노인복지법」은 장애인의 생애단계별 지원체계를 마련하여, 각 연령대에 맞춘 복지를 제공하도록 명시하고 있다.

예를 들면, 유아기에는 장애 진단을 받고 조기 재활치료와 언어치료를 받을 필요가 있으며, 학령기가 되면 통합교육 지원이 필요하다. 청년기에는 취업을 준비하면서 보조공학기기와 장애인 직업훈련, 장애인 평생교육 등이 필요하고, 중장년기에는 직장에서의 지속적인 고용유지와 장애인 평생교육 지원이 필요하다. 노년기에는 청각장애가 심해져 보청기 지원과 함께 일상생활 지원, 소득지원, 건강지원 등이 필요하다.

3. 장애인복지의 발전

1) 국내 동향

최근의 장애인복지정책 기본 방향은 장애인의 권리에 기반한 자립생활과 사회참여를 보장하는 것이다. 국제적으로 장애인복지정책은 1993년 'UN 장애인의 기회 평등에 관한 표준 규칙' 채택을 통해 경제적 · 사회적 · 문화적 권리를 아우르는 광범위한 권리를 결합하는 방향으로 논의되었고, 2006년 「UN장애인권리협약」 제정으로 장애인의 완전한 사회참여와 차별받지 않을 권리가 국제사회의 합의된 약속으로 자리매김되었다. 이러한 국제사회의 규칙, 협약, 전략 등은 각 국가의 장애인복지정책에 큰 영향을 미쳤다(주영하, 2021; Saleh & Bruyere, 2018). 우리나라의 장애인복지정책은 2007년 「장애인복지법」 전부개정과 2008년 「장애인차별금지법」 시행이 중요한 전환점이 되었으며, 현재는 제6차 장애인정책종합계획(2023~2027)까지 거듭 발전해 왔다.

우리나라 장애인복지정책의 변화과정을 살펴보면, 1980년대 이전 시기에는 보호와 시혜 차원의 단순구호 단계로서 시설수용 보호정책 위주였다. 이후 장애인복지정책의 제도 도입 초기 단계로서 「심신장애자복지법」(1981)의 제정과 재가 장애인을 위한 이용시설 체계를 구축하기 시작하였다. 1988년 서울올림픽과 장애인올림픽을 계기로 장애인 복지정책의 기조 변화가 이루어졌으며 보호와 시혜 차원에서 벗어나 정상화와 사회통합의 정책방향으로 전환되기 시작하였다. 1989년 「심신장애자복지법」을 「장애인복지법」으로 개칭하였고, 국가 및 지방자치단체의 장애발생 예방 등에 필요한 조치 및 장애인의 의료비, 자녀교육비, 생계보조비 등의 지급, 장애인등록제 실시 등 장애인복지 기반 구축 단계로서 장애인 복지증진이 도모되었다. 2003년 동법 개정을 통해 장애범주가 15종으로 확대되었으며, 2024년 동법 개정을 통해 시청각장애인을 위한 의사소통 지원 전문인력인 한국수어 통역사 등 지원을 하도록 하였으며(제35조의2), 장애인의 자립생활 역량을 강화하기 위하여 동료상담, 지역사회의 물리적 · 사회적 환경개선 사업, 장애인의 권익 옹호 · 증진, 장애인 적합 서비스 등을 제공하는 시설로 장애인 자립생활지원시설을 포함하였고(제58조), 누구든지 장애인학대 및 장애인 대상 성범죄 신고인에게 장애인학대범죄 신고 등을 이유로 불이익조치를 하여서는 안 되고, 누구든지 장애인학대 및 장애인 대상 성범죄 신고를 하지 못하도록 방해하거나 장애인학대 및 장애인 대상 성범죄 신고인에게 신고를 취소하도록 강요하여서는 안 된다고 하였다(제59조의5). 또한 학대받은 장애인의 법정대리인, 직계친족, 형제자매, 장애인권익옹호기관의 상담원 또는 변호사는 장애인학대관련범죄의 심리에 있어서 보조인이 될 수 있으며, 변호사가 아닌 경우에는 법원의 허가를 받아야 하고(제59조의8), 장애인학대관련범죄의 피해장애인 및 그 법정대리인은 형사 절차상 입을 수 있는 피해를 방어하고 법률적 조력을 보장하기 위하여 변호사를 선임할 수 있도록 하였다(제59조의15).

그 외에도 1990년 「장애인고용촉진 및 직업재활법」(이하 「장애인고용촉진법」)이 제정되어 고용부담금 및 고용장려금 제도가 만들어졌으며, 2007년에는 「장애인 등에 대한 특수교육법」(이하 「특수교육법」)이 제정되어 장애아동에게도 의무교육이 적용되어 교육권을 확보했고, 2008년에는 「장애인차별금지법」 시행으로 장애인에 대한 시민 권리의 완전한 보장 추구를 목표로 장애인에 대한 차별금지 원칙이 사회적 인식으로 자리 잡게 되었다. 2009년에 우리나라는 「UN장애인권리협약」을 비준함으로써 장애인의 교육, 고용, 이동, 투표권 부여, 정치적 참여 개선, 완전한 법적 능력 보장 등에서 차별금지 등을 위한 사회적 분위기를 더욱 공고히 하는 계기를 마련하였다. 그리고 2010년에는 「장애인연금법」을 제정하여 중증장애인의 생활보장을 위한 생존권 확보를 시도하였으며, 2011년에는 「장애아동 복지지원법」(이하 「장애아동복지법」)을 제정하여 장애아동에 대한 정책적 지원을 실질적으로 보장하는 토대를 마련했고, 2015년 「발달장애인 권리보장 및 지원에 관한 법률」(이하 「발달장애인법」)을 통해 발달장애인 당사자의 권리와 인권옹호의 기틀을 마련하였다. 2016년에는 「한국수화언어법」을 제정하여 한국수화언어가 국어와 동등한 자격을 가진 고유한 언어가 되었고, 2016년 「정신건강증진 및 정신질환자 복지서비스 지원에 관한 법률」(이하 「정신건강복지법」) 제정으로 정신질환자의 재활 · 복지 · 권리보장과 정신건강 친화적인 환경 조성에 기여하고 있다.

한편, 우리나라의 장애인복지는 1998년 제1차 장애인복지발전 5개년 계획(1998~2002)이 수립되면서 정책적 기틀을 마련하게 되었다. 이후 제2차 장애인복지발전 5개년 계획(2003~2007)은 「장애인복지법」 전부개정 및 「장애인 차별금지 및 권리구제 등에 관한 법률」 제정 등 장애인복지정책 패러다임의 전환과 장애인 인권복지의 기반을 마련하였다. 제3차 장애인정책발전 5개년 계획(2008~2012)은 장애인의 권리에 기반한 사회적 모델을 이념적 기반으로 두고, 탈시설화, 정상화, 자립생활, 장애인 차별금지 등 장애인복지의 패러다임 변화에 부응할 수 있도록 계획하였으며, 장애인복지 선진화, 장애인 경제 활동 확대, 장애인 교육문화 증진, 장애인 사회참여 확대 등 4개 분야에서 58개 과제를 추진하였다. 제4차 장애인정책종합계획(2013~2017)에서는 '장애인과 비장애인이 더불어 행복한 사회'를 비전으로 표방하고, 장애인복지 · 건강서비스 확대, 생애주기별 교육 강화, 장애인 경제자립 기반 강화, 장애인의 사회참여와 권익증진을 목표로 채택하였다. 이때 4대 핵심 분야와 19개 중점과제, 그리고 71개 세부추진과제를 목표로 하여 연도별로 구체적인 성과목표를 제시하였다. 제5차 장애인정책종합계획(2018~2022)은 '장

표 1-2 우리나라 정부의 장애인복지정책 변화 개요

구분	1차('98~02)	2차('03~07)	3차('08~12)	4차('13~17)	5차('18~22)
비전	'장애인의 완전한 사회참여와 평등 보장'	'장애인이 대등한 시민으로 통합적 사회 실현'	'장애인의 권리에 기반한 참여 확대와 통합사회 구현'	'장애인과 비장애인이 더불어 행복한 사회'	'장애인의 자립생활이 이루어지는 포용사회'
세부과제	3대 분야 71개 세부과제	7대 분야 103개 세부과제	4대 분야 58개 세부과제	4대 분야 71개 세부과제	5대 분야 70개 세부과제
주요정책	장애범주 확대, 장애인 고용 지원	장애수당 확대, 장애아 무상보육, 문화바우처 도입	장애인연금 도입, 장애인 활동지원 서비스 도입	장애등급제 개편, 맞춤형 서비스 지원 시범사업	권리보장 및 종합지원체계 구축, 탈시설 · 주거 지원
참여부처	3개 부처	5개 부처	12개 부처	12개 부처	12개 부처

출처: 관계부처 합동(2023).

애인의 자립생활이 이루어지는 포용사회'를 비전으로 복지 · 건강, 교육 · 문화 · 체육, 경제적 자립기반, 권익 및 안전, 사회참여 등 5대 분야의 22개 중점과제 및 70개의 세부과제로 구성되어 있다. 특히 여기에는 '장애등급제 폐지' '탈시설지원' '특수학교 및 특수학급 확충' '장애인 권익옹호' 및 '정보통신보조기기 지원'과 '저상버스 보급률 확대' 등을 제시하였다. 이러한 장애인복지정책을 통해 장애인이 지역사회에서 사회통합을 이룰 수 있도록 노력을 기울였다.

2023년 발표된 제6차 장애인정책종합계획(2023~2027)은 '맞춤형 지원으로 장애인의 자유롭고 평등한 삶을 실현하는 행복사회'를 비전으로 9대 정책 분야의 30개 중점과제 및 83개의 세부과제로 구성되어 있다. 특히 여기에는 '장애인 맞춤형 통합지원 및 자립 · 주거 결정권 강화' '지역사회 기반 장애인 보건 의료체계 강화' '생애단계별 맞춤형 교육 지원체계 고도화' '소득보장제도 강화 및 장애인 고용지원 확대' '장애인의 일상생활 속 체육 · 관광 여가 확대' '장애인 문화예술 향유 및

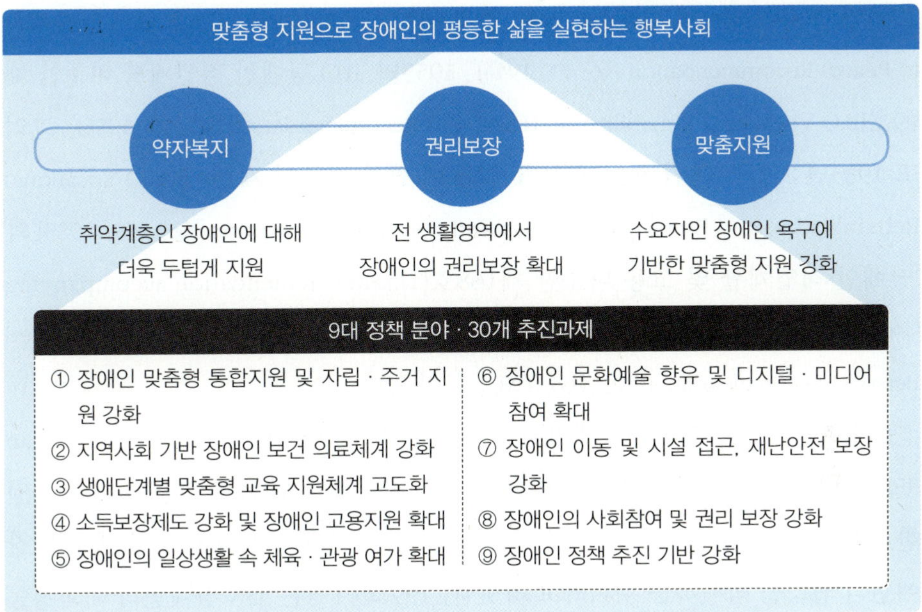

[그림 1-6] 제6차 장애인정책종합계획(2023~2027) 기본 방향

출처: 보건복지부(2023).

디지털 · 미디어 참여 확대' '장애인 이동 및 시설 접근, 재난안전 보장 강화' '장애인의 사회참여 및 권리 보장 강화' 및 '장애인 정책 추진 기반 강화' 등 장애계의 최대 이슈들이 망라되어 있다.

2) 국제 동향: 장애인 인권 향상을 위한 국제사회의 노력

세계보건기구(WHO)의 기준에 따르면, 전 세계적으로 약 6억 5천 명의 사람이 다양한 장애를 가지고 살고 있다. 그리고 인구의 증가, 의학 발달, 노령화 등으로 전 세계의 장애인 인구수는 계속 늘고 있다. 지금까지 장애인 인권 향상을 위해서 노력한 국제사회의 발자취를 살펴보면 다음과 같다.

장애에 기반한 사회의 모든 측면에서 장애인의 포용을 장려하기 위한 장벽을 허무는 행동의 틀은 ILO 국제 노동 기준과 협약에 의해 발전되었다. 여기에는

1944년 '고용(전쟁에서 평화로의 전환) 권고 제71호[Employment(Transition from War to Peace) Recommendation No. 71. 1944]', 1955년 'ILO 장애인 직업재활 비준안 제99호[ILO Vocational Rehabilitation (Disabled) Recommendation No. 99. 1955]', 그리고 1983년 'ILO 장애인 직업 재활 및 고용에 관한 비준안 제159호[ILO Vocational Rehabilitation and Employment (Disabled Persons) Convention No. 159. 1983]'와 '장애인 직업재활 및 고용 비준안 제168호[The Recommendation accompanying Convention No. 159−the Vocational Rehabilitation and Employment (Disabled Persons) Recommendation No. 168. 1983]' 등이 있다.

이후 1993년 비엔나에서 개최된 '세계인권회의(World Conference on Human Rights)'에서 모든 사람은 평등하게 태어나고 삶과 복지, 교육과 고용에 대한 동일한 권리를 가지며, 장애인의 직접적인 차별 또는 기타 부정적인 차별 대우는 장애인의 권리를 침해하는 것이라고 하였다. 1993년 UN은 'UN 장애인의 기회평등을 위한 표준규칙(UN Standard Rules on the Equalization of Opportunities for Persons with Disabilities 1993)'을 채택하고, 장애에 근거한 차별 퇴치에 대한 구체적인 언급으로 장애에 관한 차별금지를 보편적 권리의 문제로 수용하게 되었다. 또한 2000년 'EU 고용평등지침[Employment Equality Directive(2000/78/EC)]'을 통해 장애를 포함한 여러 가지 이유로 직업훈련, 고용, 직업 영역에서 발생하는 직간접적 차별, 괴롭힘 및 차별지시를 금지하는 등 차별금지를 보편적 권리의 문제로 수용하게 되었다.

특히 2006년 채택된 「UN장애인권리협약」은 모든 장애인이 모든 인권과 기본적 자유를 완전하고 평등하게 누릴 수 있도록 보장하고 고유한 존엄성 증진을 목적으로 하는 장애인의 권리에 초점을 맞춘 최초의 법적 구속력 있는 국제 조약으로, 장애인의 교육, 고용, 이동, 투표권 부여, 정치적 참여 개선, 완전한 법적 능력 보장 등에서 동등한 권리를 누릴 자격이 있음을 선언하였다.

2008년 유럽의회(European Council)는 장애인 인권 촉진과 보호를 위해 「UN장애인권리협약」에 서명하고 '장애액션플랜 2006~2015(Disability Action Plan 2006~2015)'를 시행하였으며, 장애인을 제도적 보호, 의료재활, 사회보장 혜택의 문제를 아우르는 차원이 아닌 인권문제로 접근하는 기반을 마련하였다. 2010년에는 장애인이 완전한 권리를 누릴 수 있도록 삶의 장벽을 제거하기 위해 채택된 '유럽장애인 전략 2010~2020(European Disability Strategy 2010~2020)'을 통해 「UN장애인권리협약」 이행을 위한 접근성, 참여, 평등, 고용, 교육 및 훈련, 사회보호, 건강 및 외부 활동의 여덟 가지 영역을 목표로 장애인이 모든 사회활동과 경제활동에 완전히, 동등하게 참여할 권리가 있음을 선언하였다. 2015년에는 '세계를 변화시키다: 지속 가능 발전을 위한 2030 의제'의 17개 지속가능한 개발 목표(Sustainable Development Goals: SDGs)가 마련되었다(주영하, 2021).

요약

1. 장애의 사전적 정의와 다차원적 개념의 이해+법제도적 차원의 장애 개념 정의와 한계

우리나라 「장애인복지법」은 장애를 "신체적 · 정신적 장애로 오랫동안 일상생활이나 사회생활에서 상당한 제약을 받는 자"로 정의하는 것과 비교해서 「UN장애인권리협약」은 장애인을 "다양한 장벽과의 상호작용으로 다른 사람들과 동등한 조건으로 완전하고 실질적인 사회참여를 저해하는 장기간의 신체적 · 정신적 · 지적 · 감각적 손상을 가진 사람"으로 정의함으로써 사회 구성원의 태도나 환경적 장벽으로 인한 사회참여 저해를 장애로 인정하고 있다. 이는 장애의 의학적 측면뿐 아니라 사회적 · 경제적 · 문화적 측면 등의 포괄적 장애 진단과 판정의 필요성과 연관된다.

2. 세계보건기구(WHO)의 장애 개념 모델의 변천: ICIDH(1980)–ICIDH–2(1997)–ICF(2001)

- ICIDH: 장애는 손상–기능장애–사회적 불리로 설명되며, 이는 손상으로 인한 장애와 핸디캡의 순으로 일방향성만 설명 가능하여 당시의 장애 현상에 대한 단선적인 사고를 보여 주고 있다.

- ICIDH−2: ICIDH 모델의 장애 설명 논리를 획기적으로 변화시켜 장애는 손상−활동−참여로 설명하면서, 이들 간 양방향적 영향관계가 가능함을 설명하고 있다. 즉, 장애 현상은 개인 기능 측면에서 신체기능과 구조, 활동, 참여는 환경적 요소 측면에서 건강 조건과 상황적 맥락의 복합적인 상호관계로 인식한다.
- ICF: ICF는 장애를 건강상태, 신체기능/신체구조, 활동, 참여, 환경요인, 개인요인 등 6개 분류로 설명하면서, 이들 간 양방향적 영향관계가 가능함을 설명하고 있다. 긍정적 측면인 '기능'과 부정적 측면인 '장애'로 구분되며, 긍정적 측면은 기능적 · 구조적 통합성, 활동과 참여로, 부정적 측면은 신체기능/구조 손상, 활동 제한, 참여 제약으로 나타난다. 또한 환경 조건은 장애에 영향을 미치며, 환경에서 특정한 요인이 존재하거나 혹은 부재한 상황에서 기능을 향상시키거나 장애를 감소시키거나, 혹은 기능을 제한하고 장애를 촉진하는 요인을 포함하며, 환경 조건이 장애에 미치는 영향을 강조한다.

3. 장애인복지의 이념

기본적으로 인간의 존엄성과 인권에서부터 보편적 삶 지향의 정상화 원리, 인간적 삶의 기본 가치를 내포하고 있는 자기결정, 사회연대적 관점에서의 평등과 권리를 보장하는 사회정의, 궁극의 지향점인 사회통합, 그리고 차별금지 등을 제시할 수 있으며, 이는 장애인이 자신의 인권과 권리를 향유하는 데 필수적인 요소이다.

4. 장애인복지의 성격

다양성, 개별성, 복합성, 생애주기성 등을 제시할 수 있으며, 이를 바탕으로 장애인의 개별적 상황에 맞춘 복지 체계를 구축하고, 보다 포괄적이고 지속 가능한 지원을 제공할 수 있다.

5. 장애인복지의 발달

우리나라의 장애인복지정책은 「장애인복지법」 전부개정과 「장애인차별금지법」 시행, 그리고 「UN장애인권리협약」 비준 등 장애인정책의 커다란 국내외적 변화를 경험해 왔으며, 가장 최근의 제6차 장애인정책종합계획(2023~2027)까지 거듭 발전해 왔다.

Workshop

- **활동주제**: 환경에서의 장애를 허물기 위한 방안 탐색
- **활동내용**: 지역사회에서 장애를 허물기 위한 방안을 위한 브레인스토밍
- **활동형식**: 4~5명씩 조를 구성하여 다음의 절차를 수행한 후 발표 및 피드백
- **활동시간**: 1시간
- **활동절차**

절차	활동내용		시간
1단계	조원 구성하기	• 4~5명 1개 조로 구성	5분
2단계	장애 개념 탐색 및 논의	• 영화 또는 드라마 사례 • 소설 또는 뉴스 보도 사례 • 실제 사례(자원봉사, 실습 등)	10분
3단계	장애를 허물기 위한 방안	**「장애인차별금지법」에서의 영역 구분** • 장애인 고용 • 장애인 교육 • 재화와 용역의 제공 및 이용 • 사법 · 행정 절차 및 서비스와 참정권	20분
4단계	발표 및 피드백		20분
정리 및 총평			5분

2
장애에 대한 이해

이 장에서는 우리나라의 장애 범주 및 유형별 이해, 장애인의 생활실태, 장애에 대한 사회적 인식에 대해 살펴보고자 한다.

우리나라의 현행 「장애인복지법」상 장애범주에 따른 유형과 특성을 파악한다. 우리나라 장애범주는 총 열다섯 가지로 신체적 장애와 정신적 장애로 대분류되며, 각각 외부신체기능의 장애(지체장애, 뇌병변장애, 시각장애, 청각장애, 언어장애, 안면장애) 및 내부기관의 장애(신장장애, 심장장애, 간장애, 호흡기장애, 장루 · 요루장애, 뇌전증장애), 발달장애(지적장애, 자폐성장애) 및 정신장애로 중분류된다.

장애인의 생활실태는 「장애인복지법」에 근거하여 3년마다 실시되는 「2023년 장애인실태조사」의 결과를 바탕으로 일상생활, 사회생활, 경제생활, 복지서비스 등의 실태 중심으로 살펴본다.

장애에 대한 사회적 인식은 지금까지 사회 내지 사회 구성원들에 의한 장애 및 장애인에 대한 낙인과 차별 등 부정적 인식의 실상을 구체적으로 탐색해 보고자 한다.

학습목표

1. 우리나라의 장애 유형과 특성에 대해서 설명할 수 있다.
2. 우리나라 장애인의 생활실태를 주제별로 탐색하고 주요한 문제를 파악할 수 있다.
3. 장애인에 대한 사회적 인식에 대해 논의할 수 있다.

키워드

장애 유형과 특성/장애인의 생활실태/장애에 대한 사회적 인식

1. 장애 인구 현황과 장애범주

1) 장애 인구 현황

2024년 장애인개발원의 「2024 장애통계연보」에 따르면, 2023년 기준 등록장애인 수는 264만 1,896명으로 전체 인구 대비 5.1%로 나타났다. 이는 2010년 이후 약 5% 수준으로 유지되고 있는 것이다. 그런데 우리나라 전체 인구수는 2019년 5천 184만 명으로 정점을 찍고 저출생의 여파로 점차 하락 중인 반면, 장애 인구는 2019년 261만 명에서 2020년 263만 명, 2021년 264만 명으로 지속적으로 증가하고 있음을 보여 준다.

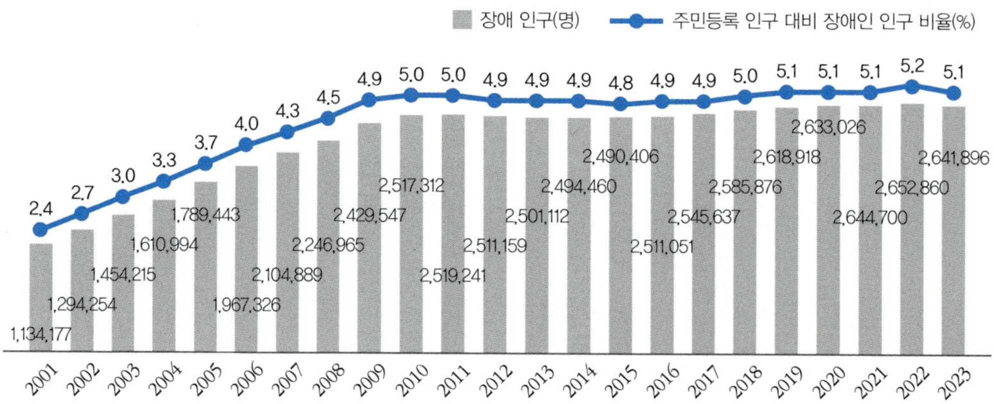

[그림 2-1] 연도별 등록장애인 수 및 장애인구 비율

출처: 장애인개발원(2024).

장애유형별 등록장애인 수는 15개 장애유형 중 지체장애의 비율이 44.3%로 가장 높았다. 다음으로 청각장애(16%), 시각장애(9%), 지적장애(8.5%) 순으로 나타났다. 등록장애인 수가 가장 많이 증가한 장애유형은 청각장애로 2010년 10.3%에서 2022년엔 16%로 5.7%가 증가하였다. 그다음으로는 지적장애로 6.4%에서

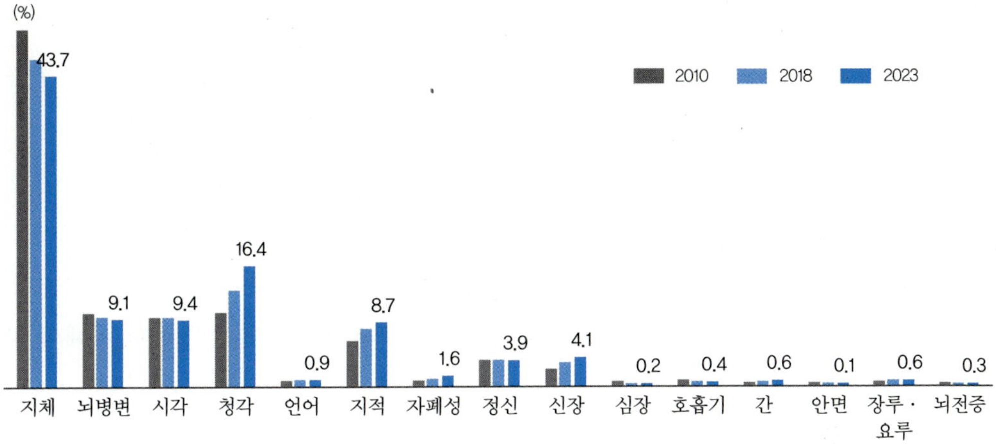

[그림 2-2] 장애유형별 등록장애인 수 및 장애인구 비율

출처: 장애인개발원(2024).

8.5%로 늘었고, 세 번째로 신장장애인이 2010년 2.3%에서 2022년 4%로 거의 2배 가까이 증가하였다.

반면 지체장애인은 53.1%에서 44.3%로, 뇌병변장애는 10.4%에서 9.3%로 감소세를 보였다. 이는 교통사고 등의 감소와 의료기술의 발전으로 지체장애인은 줄고 있지만, 급속한 고령화로 청각장애인 및 신장장애인이 늘어나는 것으로 보인다.

2) 우리나라의 장애범주

우리나라는 1981년 장애인복지에 대한 국민의 관심을 촉구하고 장애인에 대한 올바른 이해와 장애인의 재활의지 고취를 목적으로 「심신장애자복지법」을 최초로 제정하였다. 이로써 장애인복지의 기본 이념과 정책의 기본 방향 및 장애인에 대한 종합적인 지원방안을 시작하였다는 점에서 그 의의를 찾을 수 있으며, 최초의 장애범주는 지체장애, 시각장애, 청각장애, 언어장애, 정신지체 등 다섯 가지로만 분류하였다.

이후 「심신장애자복지법」은 1989년에 「장애인복지법」으로 명칭이 개정되었고, 2000년에 재개정을 거치면서 기존의 장애범주에 신장장애, 심장장애, 발달장애, 뇌병변장애, 정신장애를, 2003년 개정을 통해서는 호흡기장애, 간장애, 안면장애, 요루 · 장루장애, 간질장애 등 다섯 가지 유형을 추가하여 법정장애 범주는 오늘날의 열다섯 가지가 되었다.

2007년 일부개정을 통해 정신지체와 발달장애에 대한 사회적 오해와 편견을 없애기 위해 정신지체는 지적장애로, 발달장애는 자폐성장애로 용어를 변경하였고, 이 두 유형은 다시 현재의 발달장애 범주 내로 조정되었다. 2014년 개정을 통해 간질장애를 뇌전증장애로 용어를 변경함으로써 장애의 명칭에 대한 이해와 의미를 더욱 긍정적으로 접근하고자 노력하였다.

이처럼 법률로 정하는 장애범주는 복지서비스의 법적 수급자격을 의미하며, 전체 장애 인구의 규모와 서비스의 종류, 복지정책 및 재정 등과 밀접한 관련이 있기 때문에 장애인복지에서 매우 중요한 사항이다.

우리나라의 현행 「장애인복지법」에 따른 장애 분류와 범주를 살펴보면 〈표 2-1〉과 같다.

한편, 2021년 「장애인복지법」 하위법령 개정을 통해서 기존 장애범주는 유지하되 10개 질환을 대상으로 장애인정기준이 마련되어 장애등록이 가능하게 되었다. 즉, 세부 장애유형들의 확대가 시행된 것으로, 대표적으로 복합부위통증증후군, 강박장애, 투렛장애, 기면증 등이다.

- 복합부위통증증후군(CRPS): 심각한 만성 통증과 감각 이상을 동반하며, 일상생활에 큰 제약을 초래하는 경우, 지체장애로 등록할 수 있다.
- 강박장애: 지속적이고 반복적인 생각이나 행동으로 일상생활에 현저한 지장을 초래하는 경우, 정신장애로 등록할 수 있다.
- 투렛장애(Tourette disorder): 음성 및 운동 틱이 복합적으로 나타나며, 증상이 심각하여 사회적 · 직업적 기능에 중대한 영향을 미치는 경우, 정신장애로 등록할 수 있다.
- 기면증: 과도한 주간 졸음과 갑작스러운 수면 발작으로 인해 일상생활 수행이 어려운 경우, 정신장애로 등록할 수 있다.

표 2-1 「장애인복지법」에 따른 장애 분류와 범주

대분류	중분류	소분류	세분류
신체적 장애	외부신체 기능장애	지체장애	절단장애, 관절장애, 지체기능장애, 변형 등의 장애
		뇌병변장애	뇌 손상으로 인한 복합적 장애
		시각장애	시력장애, 시야결손장애
		청각장애	청력장애, 평형기능장애
		언어장애	언어장애, 음성장애, 구어장애
		안면장애	안면부의 추상, 함몰, 비후 등 변형으로 인한 장애
	내부기관 장애	신장장애	투석치료 중이거나 신장을 이식받는 경우
		심장장애	일상생활이 현저히 제한되는 심장기능 이상
		간장애	일상생활이 현저히 제한되는 만성, 중증의 간기능 이상
		호흡기장애	일상생활이 현저히 제한되는 만성, 중증의 호흡기 기능 이상
		장루 · 요루장애	일상생활이 현저히 제한되는 장루, 요루
		뇌전증장애	일상생활이 현저히 제한되는 만성, 중증의 뇌전증
정신적 장애	발달장애	지적장애	정신 발육이 항구적으로 지체되어 지적 능력의 발달이 불충분하거나 불완전하고, 자신의 일을 처리하는 것과 사회생활에 적응하는 것이 상당히 곤란한 장애
		자폐성장애	소아기 자폐증, 비전형 자폐증에 따른 언어 및 신체적 표현, 자기조절 및 사회적응 기능 · 능력의 장애
	정신장애	정신장애	조현병, 조현정동장애, 양극성 정동장애 및 재발성 우울, 장애에 따른 감정조절 및 행동 · 사고 · 능력의 장애

이상과 같은 장애 인구 현황과 장애범주에 관련하여 짚어 볼 사안들도 있다. 대표적으로 세계보건기구(WHO)는 2011년 「WHO World Report on Disability(세계장애보고서)」에서 2010년 세계인구 추정치 69억 명을 기준으로 세계 장애인 숫자 추정치는 10억 명이 넘을 것으로 보았다. 이를 세계 15세 이상 인구로 한정하면 세계 장애 인구는 적어도 15~20% 사이가 될 것으로 보이는데, 이런 상황은 세계의 장애인 문제를 소수자의 문제로만 볼 수 없는 현실이 되게 하였다(WHO, 2011). 이를 기준으로 보면, 우리나라 장애 인구는 전체 인구 대비 5.1%로 훨씬 적은 수치를 나타내는 실정으로 여기에는 법정 장애범주의 협소함이나 의료중심의 진단 기준과 같은 한계가 존재함을 인식할 필요가 있다는 것이다.

특히 우리나라의 장애범주는 의료적인 측면에서 판정하다 보니 서구 선진국의 장애범주와는 다소 차이가 난다고 해석할 수 있다. 실제로 복지 선진국들에서는 AIDS, 알코올중독, 의사소통의 어려움을 가진 외국 이민자, 학습장애, 치매 및 사회적 장애 등에 이르기까지 다양한 장애 영역을 포괄하고 있음을 볼 때, 우리의 장애범주도 지금까지의 개인적 · 의료적 관점에서 벗어나 다양한 사회환경적 요인에 대한 인정을 통해 장애범주를 확대할 필요가 있다. 따라서 장애범주 확대는 단순히 장애인의 양적 증가와 복지수혜 증대라는 측면보다는 특정한 개인 · 사회적 장애 현상들로 인해 더욱 제한적인 삶을 살 수밖에 없는 소수 대상자들에게 합리적인 사회적 배려와 연대를 보여 주고, 동등한 시민으로서의 권리를 부여하는 인권적 차원의 의미가 있음을 인식해야 할 것이다(이경준, 최윤영, 2020).

표 2-2 장애출현율과 장애범주의 국제 비교

국가 (기준연도)	장애 인구(%) (적용 연령)	장애 범주 및 유형
한국 (2023)	5.1 (전 연령)	• 지체장애, 시각장애, 청각장애, 언어장애, 뇌병변장애, 안면장애 • 신장장애, 심장장애, 호흡기장애, 간장애, 장루 · 요루장애, 뇌전증장애 • 지적장애, 정신장애, 자폐성장애

일본 (2023)	7.6 (16세 이상)	• 지체장애, 시각장애, 청각장애, 언어장애 • 지적장애, 정신장애 • 내부장애: 심장, 호흡기, 신장, 방광 및 직장, 소장의 기능장애
미국 (2022)	13.4 (전 연령)	• 신체장애: 지체, 시각, 청각, 언어, 외형적 추형, 신경계, 근골격계, 감각기관장애 • 정신질환, 발달장애, 정서장애, 학습장애, 알코올장애 • 내부장애: 생식기, 소화, 비뇨기, 피부, 혈액, 내분비계, 암, AIDS
독일 (2023)	28.2 (16세 이상)	• 신체장애: 지체, 시각, 청각, 언어, 안면장애 • 정신장애: 지적장애, 정신질환, 정서장애 • 내부장애: 호흡기, 심장, 소화기, 비뇨기, 신장, 생식기, 혈관, 피부, 순환기, 신진대사 등
호주 (2022)	21.4 (전 연령)	• 신체장애: 지체, 시각, 청각, 언어, 안면기형 • 지적장애, 정신장애, 정서장애, 알코올장애, 약물중독 • 내부장애: 심장, 신장, 호흡기, 당뇨, 암, AIDS 등
스웨덴 (2023)	22.6	• 신체장애: 지체, 시각, 청각, 언어장애 • 지적장애, 학습장애, 정신장애, 정서장애, 약물 · 알코올 중독 • 내부장애: 폐질환, 심장질환, 알레르기, 당뇨 • 사회적 장애: 의사소통이 어려운 외국이민자, 타인 의존자 등

출처: 보건복지부(2024), 한국장애인개발원(2024) 참고하여 재구성.

2. 장애유형별 이해

1) 신체적 장애: 외부신체기능장애

(1) 지체장애

'지체장애'는 사지(팔과 다리)와 몸통을 의미하는 지체에 운동기능 장애를 갖는 것을 말한다. 운동기능장애는 중추신경계, 근육 및 골격, 관절 등의 부상이나 질병으로 인하여 장기간 일상생활이 곤란한 상태를 의미한다(권선진, 2005).

「장애인복지법」은 지체장애를 뇌병변장애와 구분하고 있다. 즉, 지체장애는 지체기능장애, 관절장애, 절단장애, 변형장애로 나뉘며, 뇌병변장애는 뇌 손상으로 인한 복합적 장애를 말한다. 이러한 지체장애를 유발하는 요인으로는 소아마비, 절단, 근육질환, 척수손상, 관절염, 신경근골격계 손상 등이 있다.

장애정도에 따라 '장애의 정도가 심한 지체장애'와 '장애의 정도가 심하지 않은 지체장애'로 구분한다. 이러한 지체장애인은 「장애인복지법 시행규칙」의 장애정도 기준과 관련하여 〈표 2-3〉과 같이 규정하고 있다.

표 2-3 지체장애의 장애정도 기준

가. 신체의 일부를 잃은 사람
나. 관절장애가 있는 사람
다. 지체기능장애가 있는 사람
라. 척추장애가 있는 사람
마. 신체에 변형 등의 장애가 있는 사람(장애의 정도가 심하지 않은 장애인에 해당함)

지체장애의 각 유형을 구체적으로 살펴보면 다음과 같다(권육상 외, 2005; 김종인 외, 2004; 황희숙, 2021).

① 절단장애

절단장애는 상지의 일부분이 절단된 상지절단과 하지의 일부분이 절단된 하지절단으로 나뉜다. 절단이란 상지나 하지의 일부분을 잃어버린 상태를 말한다. 절단 부위에 따라 상완절단(어깨와 팔꿈치 사이), 전완절단(팔꿈치와 손목 사이), 수지절단(손가락), 대슬절단(무릎 위), 하슬절단(무릎과 발목 사이) 등으로 나뉜다. 절단의 원인은 혈관장애에 의한 절단, 산업재해, 교통사고 등 외상에 의해 발생하는 경우가 대부분이다.

② 관절장애

관절장애는 관절경직, 완전경직, 부분경직의 증상으로 뼈와 뼈를 연결하고 있는 관절의 운동 범위가 제한되어 있는 것을 말한다. 즉, 해당 관절의 강직, 근력의 약화 또는 마비 관절의 불안정이 있는 경우와 완전경직은 전혀 움직일 수 없는 경우이며 부분경직은 약간의 관절 운동이 가능한 경우를 말한다.

③ 지체기능장애

지체기능장애란 중추신경 또는 말초신경에 장애가 와서 생기는 팔 또는 다리의 마비, 관절의 강직으로 기능에 장애가 있는 경우와 척추의 병변으로 척추 강직이 있는 척추장애를 가지고 있는 경우를 말한다. 마비는 단마비, 대마비, 편마비, 삼지마비, 사지마비, 양마비, 복마비 등이 있다. 소아마비는 감각에는 문제가 없으나 근육의 힘이 빠지는 이완성 마비로 불규칙하게 마비가 오는 것이 특징이다. 진행성 근이영양증은 통증은 없으나 근육의 진행성 위축으로 인하여 걷지 못하다가 휠체어를 타야 하고 결국에는 누워 지내게 되는 것으로 심장근육이나 폐근육까지 기능이 저하되면 사망하게 된다. 척수장애는 척수의 손상으로 오는 기능장애로 손상부위 아래로 운동장애와 감각장애가 나타나고 배뇨와 배설이 잘 안되고, 성기능에도 문제를 보인다. 말초신경 손상은 뇌나 척수로부터 피부나 근육에 이르는 운동신경과 감각신경이 손상되어 감각이 없어지고 근육의 수축이완이 마비되는 것을 말한다.

④ 변형장애

변형장애는 신체의 부분의 외적 모양이 비장애인과 다른 것을 말하며 한쪽이 짧거나 난쟁이와 같이 신체의 전반적인 발육부진으로 왜소한 경우도 변형에 해당된다. 변형장애는 선천성 기형보다는 성장기 아동에게 마비가 오거나 뼈의 성장판이 손상을 받거나 골절 후 잘못 유합되거나 만성 류머티스 관절염 등으로 인해 발생하는 경우가 많다.

(2) 뇌병변장애

「장애인복지법」에서는 뇌병변장애를 지체장애와 구분하고 있다. 뇌병변장애는 뇌손상으로 인한 복합적인 장애를 말한다. 뇌병변장애는 외부신체기능의 장애에 해당된다. 뇌병변장애인은 "뇌성마비, 외상성 뇌손상, 뇌졸중(腦卒中) 등 뇌의 기질적 병변으로 인하여 발생한 신체적 장애로 보행이나 일상생활의 동작 등에 상당한 제약을 받는 사람"을 뜻한다. 「장애인복지법」 개정으로 뇌병변장애는 기존의 지체장애 항목에서 분리되었다(양명희 외, 2023).

장애정도에 따라 '장애의 정도가 심한 뇌병변장애'와 '장애의 정도가 심하지 않은 뇌병변장애'로 구분한다. 이러한 뇌병변장애인은 「장애인복지법 시행규칙」의 장애정도 기준과 관련하여 〈표 2-4〉와 같이 규정하고 있다.

표 2-4 뇌병변장애의 장애정도 기준

가. 장애의 정도가 심한 장애인
1) 보행 또는 일상생활동작이 상당히 제한된 사람
2) 보행이 경미하게 제한되고 섬세한 일상생활동작이 현저히 제한된 사람
나. 장애의 정도가 심하지 않은 장애인
보행 시 절뚝거림을 보이거나 섬세한 일상생활동작이 경미하게 제한된 사람

뇌성마비는 뇌의 운동 영역이 손상되거나 잘못된 발달이 운동이나 자세의 적절한 통제를 하는 뇌의 능력을 방해하는 상태를 말한다. 뇌성마비는 언어, 학습, 심리적 장애, 지각-감각결손 등이 중복장애가 수반되는 경우가 대부분이고, 뇌성마비 장애인 중 40~50%가 지적장애를 가지며, 아동 중 약 50%가 사시 등의 시각장애를 갖고 있다. 뇌성마비로 인해 의사소통적 장애나 감정적 장애까지 나타날 수 있다. 뇌성마비는 유전적 요인과는 거의 무관하며, 출산 전 산모의 과다한 약물 복용, 출산 시 외상으로 인한 출혈과 산소결핍, 유아기의 뇌손상, 뇌염과 뇌막염 등으로 인해 신경 손상을 입은 결과라고 볼 수 있다(이경준, 최윤영, 2020).

외상성 뇌손상은 교통사고, 추락, 산업재해, 스포츠, 폭력 등에 의한 외상으로 뇌에 손상을 입은 상태를 말한다. 가볍게는 두통, 현기증, 메스꺼움 등과 같은 증상에서부터 심한 경우에는 신경세포 손상을 동반한 영구적 장애를 야기할 수 있다. 국민건강보험공단의 10년간(2008~2017)의 자료를 토대로 연령별 분석결과 0~9세까지 아동 발생률은 줄어들고 있는 반면에 70~80대 이상의 고령층 발생률은 꾸준히 증가하고 있다(질병관리청, 2024).

뇌졸중은 일명 뇌혈관 장애로 중풍이라 불리며, 우리나라 노령인구 사망 1위를 차지하는 질병이다. 갑자기 뇌혈관이 막히는 뇌경색과 터지는 뇌출혈로 인해 뇌 손상이 되어 뇌기능에 이상을 일으켜서 의식장애, 편마비, 어지럼증, 두통 등이 돌발적으로 발생한다. 동맥경화증이나 고혈압이 원인이 되어 심장내막염이나 심장판막염이 그 원인이 되기도 한다(황희숙, 2021).

(3) 시각장애

시각장애는 일상생활 또는 사회생활에서 장기간 또는 지속적으로 여러 가지 불편을 겪는 눈의 기능장애를 포괄적으로 나타내며 시각장애를 가진 자를 시각장애인이라고 한다. 「장애인복지법」 장애등급판정 지침에서는 시력장애와 시야결손장애로 구분한다. 시력은 안경, 콘택트렌즈를 포함한 모든 종류의 시력 교정법을 이용하여 측정된 교정시력을 기준으로 하며, 시력은 만국식 시력표 등 공인된 시력표에 의해 측정된 것을 기준으로 나쁜 눈의 교정시력이 0.02 이하이면 시각장애인으로 규정한다(권선진, 2005). 시각장애의 원인으로 아동의 경우 일반적으로 종양, 감염, 상해, 수정체 후방 섬유 증식증에 의해 발생하며, 성인의 경우 대개 백내장, 녹내장, 당뇨병, 혈관장애, 감염, 근시, 상해에 의해 발생한다(황희숙, 2021).

「장애인복지법」은 의학적 정의에 근거하여 '시력 및 시야 손상 정도'를 기준으로 시각장애 여부를 판정한다. 시력 및 시야 손상 정도에 따라 '장애의 정도가 심한 시각장애'와 '장애의 정도가 심하지 않은 시각장애'로 구분한다. 이러한 시각장애인은 「장애인복지법 시행규칙」의 장애정도 기준과 관련하여 〈표 2-5〉와 같이 규정하고 있다.

표 2-5 시각장애의 장애정도 기준

가. 장애의 정도가 심한 장애인
  1) 좋은 눈의 시력(공인된 시력표로 측정한 것을 말하며, 굴절이상이 있는 사람은 최대 교정시력을 기준으로 한다. 이하 같다)이 0.06 이하인 사람
  2) 두 눈의 시야가 각각 모든 방향에서 5도 이하로 남은 사람

나. 장애의 정도가 심하지 않은 장애인
  1) 좋은 눈의 시력이 0.2 이하인 사람
  2) 두 눈의 시야가 각각 모든 방향에서 10도 이하로 남은 사람
  3) 두 눈의 시야가 각각 정상시야의 50퍼센트 이상 감소한 사람
  4) 나쁜 눈의 시력이 0.02 이하인 사람
  5) 두 눈의 중심 시야에서 20도 이내에 겹보임[복시(複視)]이 있는 사람

맹학생은 교과학습에 필요한 점자기호와 규정을 먼저 배워야 한다. 점자 영역은 한글점자, 영어점자, 제2외국어점자, 수학점자, 과학점자, 음악점자로 구분하며, 교사는 교육부에서 개발·보급한 점자지도서와 보조교과서를 사용하여 지도한다. 시각장애인은 혼자 이동하거나 목적지를 찾아가기 위해서는 보행교육을 받아야 한다. 시각장애학생은 이동보다는 방향정위의 어려움을 보이며 촉각 정보(발바닥의 지면 감각, 흰지팡이가 접촉하는 물체 정보 등), 청각 정보(신호등 소리, 카페 음악 소리 등), 후각 정보(제과점 빵 냄새, 식당 음식 냄새 등)를 활용하여 방향을 파악한다. 시각장애인의 보행방법은 크게 안내보행, 흰지팡이 보행, 안내견 보행으로 구분하며, 대개 안내보행과 흰지팡이 보행으로 이동한다(양명희 외, 2023).

(4) 청각장애

청각장애는 기질적 혹은 기능적 장애로 인해 듣는 기능이 일시적이거나 영구적으로 저하되거나 결여된 상태를 말한다. 「장애인복지법」은 "청각장애로 인하여 장기간에 걸쳐 일상생활 또는 사회생활에 상당한 제약을 받는 자로서 대통령령으로 정하는 기준에 해당하는 자"를 청각장애인으로 규정하고 있다. 청각장애인은 일반적으로 농인과 난청인으로 구분한다. 농인은 보청기 착용에 관계없이 청각에

의하여 말을 듣지 못하는 사람을 말하며, 난청인은 듣지 못하는 것은 아니나 곤란을 겪는 사람을 말한다. 청각장애의 원인으로 유전, 산모의 풍진 감염, 혈액형 불일치, 조산, 뇌막염 등이 아동기 이전 주요 원인이며 성인기에는 각종 사고에 의한 경우가 많다.

청각장애는 난청, 농, 보청기 및 인공와우 착용자까지 모두 포함한다. 청각장애는 의학적 관점과 교육학적 관점, 사회문화적 관점으로 구분할 수 있다. 의학적 관점은 병리학적 모델에 의하여 정상 청력, 난청, 농을 구분한다. 교육학적 관점은 어느 정도의 소리를 들을 수 있는지와 의사소통 방식에 따라 농과 난청을 구분한다. 사회문화적 관점은 농인의 청력 손실 여부보다는 수어를 사용하는 소수집단으로 본다. 왜냐하면 농인에게는 수어라는 그들만의 언어가 있어 장애인으로 보는 것을 거부하는 농문화를 가지고 있기 때문이다.

2016년 2월 제정된 「한국수화언어법」은 농인을 "청각장애를 가진 사람으로서 농문화 속에서 한국수어를 일상어로 사용하는 사람"으로 명시함으로써 한국수어는 농인의 고유한 언어로서 국어와 동등한 위상을 지닌 공용어임을 인정받는 계기가 마련되었다. 정부는 현재 동법 제6조에 따른 '제2차 한국수어발전 기본계획'(2023~2027)을 수립하여 한국수어 제도 및 기반 확대, 맞춤형 수어 교육 및 수어 능력 향상, 차별 없는 수어 사용 환경 조성, 인공지능 시대에 대응한 한국수어 정보화 등 4대 추진전략을 수행하고 있다(문화체육관광부, 2024).

「장애인복지법」은 의학적 정의에 근거하여 청각장애를 청력장애와 평형기능장애로 구분한다. 장애정도에 따라 '장애의 정도가 심한 청각장애'와 '장애의 정도가 심하지 않은 청각장애'로 구분한다. 이러한 청각장애인은 「장애인복지법 시행규칙」의 장애정도 기준과 관련하여 〈표 2-6〉과 같이 규정하고 있다.

표 2-6 **청각장애의 장애정도 기준**

가. 청력을 잃은 사람
- 1) 장애의 정도가 심한 장애인
  두 귀의 청력을 각각 80데시벨 이상 잃은 사람(귀에 입을 대고 큰 소리로 말을 해도 듣지 못하는 사람)
- 2) 장애의 정도가 심하지 않은 장애인
  가) 두 귀에 들리는 보통 말소리의 최대의 명료도가 50퍼센트 이하인 사람
  나) 두 귀의 청력을 각각 60데시벨 이상 잃은 사람(40센티미터 이상의 거리에서 발성된 말소리를 듣지 못하는 사람)
  다) 한 귀의 청력을 80데시벨 이상 잃고, 다른 귀의 청력을 40데시벨 이상 잃은 사람

나. 평형기능에 장애가 있는 사람
- 1) 장애의 정도가 심한 장애인
  양측 평형기능의 소실로 두 눈을 뜨고 직선으로 10미터 이상을 지속적으로 걸을 수 없는 사람
- 2) 장애의 정도가 심하지 않은 장애인
  평형기능의 감소로 두 눈을 뜨고 10미터 거리를 직선으로 걸을 때 중앙에서 60센티미터 이상 벗어나고, 복합적인 신체운동이 어려운 사람

☞ 청력역치[들을 수 있는 가장 작은 소리, 데시벨(dB)]의 단계와 정도를 파악해 봅시다.

☞ 청각장애인의 소통법과 청각장애 에티켓에 대해서 알아봅시다.

청음복지관 http://www.chungeum.or.kr

(5) 언어장애

언어장애는 음성기능 또는 언어기능에 영속적인 현저한 장애가 있는 사람으로 소리를 전혀 낼 수 없거나, 소리는 낼 수 있더라도 말을 안 하는 것처럼 음성이나 언어를 통해 의사를 전달하는 것이 곤란한 장애를 말한다. 즉, 화자가 말을 해도 발음이 정확하지 않아 청자가 이해를 못하거나, 말의 내용이 적절히 이해되지 않

게 말하거나, 음성이 청자가 듣기에 거북하거나, 특정 음성을 변형시켜 말하거나, 언어학적으로 불완전하거나, 발성이 어렵거나, 말의 리듬, 음조 또는 고저에 이상이 생겼거나, 또는 화자의 연령, 성별, 신체적인 발달 정도와 일치하지 않게 말을 하는 경우 등을 말한다(황희숙, 2021).

「장애인복지법」은 '의사소통장애' 대신 '언어장애'라는 용어를 사용한다. 여기서 언어장애는 언어중추 손상으로 인한 실어증과 발달기에 나타나는 발달성 언어장애를 포함한다. 장애정도에 따라 '장애의 정도가 심한 언어장애'와 '장애의 정도가 심하지 않은 언어장애'로 구분한다. 이러한 언어장애인은 「장애인복지법 시행규칙」의 장애정도 기준과 관련하여 〈표 2-7〉과 같이 규정하고 있다.

표 2-7 언어장애의 장애정도 기준

가. 장애의 정도가 심한 장애인 음성기능이나 언어기능을 잃은 사람 나. 장애의 정도가 심하지 않은 장애인 음성·언어만으로는 의사소통을 하기 곤란할 정도로 음성기능이나 언어기능에 현저한 장애가 있는 사람

(6) 안면장애

우리나라 「장애인복지법 시행령」에서 안면장애인은 "안면 부위의 변형이나 기형으로 사회생활에 상당한 제약을 받는 사람"을 뜻한다. 주로 선천성 기형, 후천적 사고 및 질환, 화상 등으로 인해 안면 부위의 색깔, 모양, 혹 등이 변형을 보여서 사회생활에 상당한 지장이 있는 경우를 안면장애로 분류한다. 구체적으로는 안면에 큰 흉터가 있거나 모발 결손, 비후나 함몰, 결손 등이 안면의 60% 이상을 차지하는 경우를 안면장애라고 정의한다. 여기에는 유전 등의 선천적 원인과 화상, 사고 등으로 인해 발생한 후천적 원인으로 분류할 수 있다. 이러한 안면장애는 외모의 변형으로 인해 대인 관계와 사회생활의 어려움을 동반하여 개인이 심리적 및 사회적 차별 등의 곤란을 겪는 경우 등이 발생한다(유동철, 2017).

장애정도에 따라 '장애의 정도가 심한 안면장애'와 '장애의 정도가 심하지 않은 안면장애'로 구분한다. 이러한 안면장애인은 「장애인복지법 시행규칙」의 장애정도 기준과 관련하여 〈표 2-8〉과 같이 규정하고 있다.

표 2-8 안면장애의 장애정도 기준

가. 장애의 정도가 심한 장애인
- 1) 노출된 안면부의 75퍼센트 이상이 변형된 사람
- 2) 노출된 안면부의 50퍼센트 이상이 변형되고 코 형태의 3분의 2 이상이 없어진 사람

나. 장애의 정도가 심하지 않은 장애인
- 1) 코 형태의 3분의 1 이상이 없어진 사람
- 2) 노출된 안면부의 45퍼센트 이상에 백반증(白斑症)이 있는 사람
- 3) 노출된 안면부의 30퍼센트 이상이 변형된 사람

2) 신체적 장애: 내부기관장애

(1) 신장장애

「장애인복지법 시행령」은 신장장애인을 "신장의 기능장애로 인하여 혈액투석이나 복막투석을 지속적으로 받아야 하거나 신장기능의 영속적인 장애로 인하여 일상생활에 상당한 제약을 받는 사람"으로 정의하고 있다. 특히 신장장애로 이식을 받지 않는 경우에는 평생 동안 투석요법을 이용해야 하므로 경제적 · 사회적 활동에 제약이 따르기도 한다. 신장이식자의 경우 이식 후 유예기간 1년이 경과하면 장애인 지정을 취소할 수 있다(양명희 외, 2023).

장애정도에 따라 '장애의 정도가 심한 신장장애'와 '장애의 정도가 심하지 않은 신장장애'로 구분한다. 이러한 신장장애인은 「장애인복지법 시행규칙」의 장애정도 기준과 관련하여 〈표 2-9〉와 같이 규정하고 있다.

표 2-9 신장장애의 장애정도 기준

가. 장애의 정도가 심한 장애인 만성신부전증으로 3개월 이상 혈액투석이나 복막투석을 받고 있는 사람 나. 장애의 정도가 심하지 않은 장애인 신장을 이식받은 사람

(2) 심장장애

우리나라 「장애인복지법 시행령」에서 심장장애인은 "심장의 기능부전으로 인한 호흡곤란 등의 장애로 일상생활에 상당한 제약을 받는 사람"으로 정의하고 있다. 일반적으로 심장기능장애는 심장수축력의 정도와 운동 능력의 정도에 따라 판정한다. 심장수축력은 심장초음파의 박출계수로 측정하며, 운동 능력은 활차를 이용하여 측정한다. 심장장애는 다른 장애유형에 비해 비교적 중증인 경우에만 장애로 인정하고 있다(황희숙, 2021).

장애정도에 따라 '장애의 정도가 심한 심장장애'와 '장애의 정도가 심하지 않은 심장장애'로 구분한다. 이러한 심장장애인은 「장애인복지법 시행규칙」의 장애정도 기준과 관련하여 〈표 2-10〉과 같이 규정하고 있다.

표 2-10 심장장애의 장애정도 기준

가. 장애의 정도가 심한 장애인 심장기능의 장애가 지속되며, 가정에서 가벼운 활동은 할 수 있지만 그 이상의 활동을 하면 심부전 증상이나 협심증 증상 등이 나타나 정상적인 사회활동을 하기 어려운 사람 나. 장애의 정도가 심하지 않은 장애인 심장을 이식받은 사람

(3) 간장애

간의 만성적 기능부전과 그에 따른 합병증 등으로 인한 간기능의 장애로 인하여 일상생활을 하는 데 있어 상당한 제한을 받는 사람 중 전문의의 최초 진단 이후

1년 이상이 경과하고, 2개월 이상의 적극적인 치료에도 불구하고 호전이 되지 않는 만성 간 질환자를 간장애인으로 정의한다(황희숙, 2021).

우리나라 「장애인복지법 시행령」에서 간장애인은 "간의 만성적 기능부전과 그에 따른 합병증 등으로 인한 간기능의 장애로 일상생활에 상당한 제약을 받는 사람"을 말한다. 장애정도에 따라 '장애의 정도가 심한 간장애'와 '장애의 정도가 심하지 않은 간장애'로 구분한다. 이러한 간장애인은 「장애인복지법 시행규칙」의 장애정도 기준과 관련하여 〈표 2-11〉과 같이 규정하고 있다.

표 2-11 간장애의 장애정도 기준

가. 장애의 정도가 심한 장애인 1) 간경변증, 간세포암종 등 만성 간질환을 가진 것으로 진단받은 사람 중 잔여 간기능이 만성 간질환 평가척도(Child-Pugh score) 평가상 C등급인 사람 2) 간경변증, 간세포암종 등 만성 간질환을 가진 것으로 진단받은 사람 중 잔여 간기능이 만성 간질환 평가척도(Child-Pugh score) 평가상 B등급이면서 난치성 복수(腹水)가 있거나 간성뇌증 등의 합병증이 있는 사람 나. 장애의 정도가 심하지 않은 장애인 간을 이식받은 사람

(4) 호흡기장애

호흡기장애는 대개 만성 호흡기질환에 의한 호흡기능의 손실로 오는 장애이며, 일단 장애가 오면 환기 기능의 손실이나 산소와 이산화탄소의 가스 교환에 이상이 발생하여 호흡기능의 회복이나 호전이 불가능한 내부기관 장애이다(권육상 외, 2005).

우리나라 「장애인복지법 시행령」에서 호흡기장애인은 "폐나 기관지 등 호흡기관의 만성적 기능부전으로 인한 호흡기능의 장애로 일상생활에 상당한 제약을 받는 사람"을 말한다. 장애정도에 따라 '장애의 정도가 심한 호흡기장애'와 '장애의 정도가 심하지 않은 호흡기장애'로 구분한다. 이러한 호흡기장애인은 「장애인복지법 시행규칙」의 장애정도 기준과 관련하여 〈표 2-12〉와 같이 규정하고 있다.

표 2-12 호흡기장애의 장애정도 기준

가. 장애의 정도가 심한 장애인
  1) 만성호흡기 질환으로 기관절개관을 유지하고 24시간 인공호흡기로 생활하는 사람
  2) 폐나 기관지 등 호흡기관의 만성적인 기능장애로 평지에서 보행해도 호흡곤란이 있고, 평상시의 폐환기 기능(1초 시 강제날숨량) 또는 폐확산능(폐로 유입된 공기가 혈액 내로 녹아드는 정도)이 정상예측치의 40퍼센트 이하이거나 안정 시 자연호흡 상태에서의 동맥혈 산소분압이 65밀리미터수은주(mmHg) 이하인 사람
나. 장애의 정도가 심하지 않은 장애인
  1) 폐를 이식받은 사람
  2) 늑막루가 있는 사람

(5) 장루 · 요루장애

장루 · 요루는 직장이나 대장, 소장 등의 질병으로 인해 대변이나 소변 배설에 어려움이 있을 때, 복벽을 통해 체외로 대변이나 소변을 배설시키기 위해 만든 구멍을 말한다. 우리나라 「장애인복지법 시행령」에서 장루 · 요루장애인은 "배변기능이나 배뇨기능의 장애로 인하여 장루(腸瘻) 또는 요루(尿瘻)를 시술하여 일상생활에 상당한 제약을 받는 사람"을 의미한다. 이러한 장루 · 요루장애는 신체에 보조 장치를 부착하게 되어 사회적 활동을 포함한 일상생활과 대인관계의 어려움을 호소하게 된다(유동철, 2017).

장애정도에 따라 '장애의 정도가 심한 장루 · 요루장애'와 '장애의 정도가 심하지 않은 장루 · 요루장애'로 구분한다. 이러한 장루 · 요루장애인은 「장애인복지법 시행규칙」의 장애정도 기준과 관련하여 〈표 2-13〉과 같이 규정하고 있다.

표 2-13 장루 · 요루장애의 장애정도 기준

가. 장애의 정도가 심한 장애인
  1) 배변을 위한 말단 공장루를 가지고 있는 사람
  2) 장루와 함께 요루 또는 방광루를 가지고 있는 사람
  3) 장루 또는 요루를 가지고 있으며, 합병증으로 장피누공 또는 배뇨기능장애가 있는 사람
나. 장애의 정도가 심하지 않은 장애인
  1) 장루 또는 요루를 가진 사람
  2) 방광루를 가진 사람

(6) 뇌전증장애

뇌전증은 발작이 반복적으로 나타나는 증상이며, 다양한 원인을 가진 신경계의 만성질환들을 총칭하는 말이다. 이러한 뇌전증으로 인한 발작은 마비와 같은 음성증상보다는 경련, 비정상적인 행동 등과 같이 뇌신경이 흥분된 상태에서 보이는 양성증상이 주로 나타난다. 즉, 의식장애, 기억손실 등의 증상은 정보전달의 네트워크가 교란되면서 일시적으로 나타나며, 이런 증상은 발작적으로 갑자기 나타나는 것이 대부분이다(권선진, 2005).

보건복지부는 사회적 편견 등 부정적 이미지와 장애인 비하 법령 용어의 순화 작업의 일환으로 2014년 7월에 기존 '간질장애'를 '뇌전증장애'로 명칭을 변경하였다. 그럼에도 불구하고, 아직까지도 사회의 부정적 인식과 이로 인한 사회생활의 어려움으로 인해 경제 활동에 장애를 받는 등 장애의 차별적인 요소가 남아 있다.

장애정도에 따라 '장애의 정도가 심한 뇌전증장애'와 '장애의 정도가 심하지 않은 뇌전증장애'로 구분한다. 이러한 뇌전증장애인은 「장애인복지법 시행규칙」의 장애정도 기준과 관련하여 〈표 2-14〉와 같이 규정하고 있다.

표 2-14 뇌전증장애의 장애정도 기준

가. 성인 뇌전증

1) 장애의 정도가 심한 장애인

만성적인 뇌전증에 대한 적극적인 치료에도 불구하고 연 6회 이상의 발작(중증 발작은 월 5회 이상을 연 1회, 경증 발작은 월 10회 이상을 연 1회로 본다)이 있고, 발작으로 인한 호흡장애, 흡인성 폐렴, 심한 탈진, 두통, 구역질, 인지기능의 장애 등으로 요양관리가 필요하며, 일상생활 및 사회생활에서 보호와 관리가 수시로 필요한 사람

2) 장애의 정도가 심하지 않은 장애인

만성적인 뇌전증에 대한 적극적인 치료에도 불구하고 연 3회 이상의 발작(중증 발작은 월 1회 이상을 연 1회, 경증 발작은 월 2회 이상을 연 1회로 본다)이 있고, 이에 따라 협조적인 대인관계가 곤란한 사람

나. 소아청소년 뇌전증

1) 장애의 정도가 심한 장애인

전신발작, 뇌전증성 뇌병증, 근간대(筋間代) 발작, 부분발작 등으로 요양관리가 필요하며, 일상생활 및 사회생활에서 보호와 관리가 수시로 필요한 사람

2) 장애의 정도가 심하지 않은 장애인

전신발작, 뇌전증성 뇌병증, 근간대(筋間代) 발작, 부분발작 등으로 일상생활 및 사회생활에서 보호와 관리가 필요한 사람

3) 정신적 장애

(1) 지적장애

지적장애는 1950년대까지는 줄곧 정신박약(feeblemindedness)이나 저능의 표현으로 사용하였으나, 이후 「심신장애자복지법」(1981)에서 정신지체(mental retardation)로 명명하였다. 2007년에 「장애인복지법」이 개정되면서 장애로 인한 용어에서 파생되는 사회적 불이익이나 편견을 해소하기 위해 지금의 지적장애로 명칭을 변경하였다. 지적장애는 지능발달의 장애로 인하여 학습이 매우 어렵거나 제한을 받고, 적응 행동의 장애로 인해 일상생활의 학습에 장애가 있는 상태를 의

미한다(이경준, 최윤영, 2020). 이러한 지적장애는 지적 기능(IQ)이 현저히 떨어져서 의사소통이나 자기관리 및 사회생활 등에 지장을 초래하는 장애이다. 지적장애의 발생 빈도는 우리나라 전체 인구의 약 0.2~0.3% 정도로 추산되며, 발생요인으로는 염색체 이상, 약물 남용, 뇌손상, 납중독, 조산 등으로 알려져 있지만, 정확한 원인을 알 수 없는 경우가 많다(황희숙, 2021).

우리나라 「장애인복지법 시행령」에서 지적장애인은 "정신 발육이 항구적으로 지체되어 지적 능력의 발달이 불충분하거나 불완전하고, 자신의 일을 처리하는 것과 사회생활에 적응하는 것이 상당히 곤란한 사람"을 말한다. 우리나라에서 지적장애는 한국 웩슬러 지능검사, 한국판 카우프만 지능검사 등의 개인용 지능검사를 실시하여 얻은 지능지수에 따라 판정하는데, 지능지수는 언어적 지능지수와 동작성 지능지수를 종합적으로 판단한다. 현재 지적장애의 장애등급은 '장애정도가 심한 장애'(기존 장애등급 1~3급)로 구분되며, 1급은 지능지수가 34 이하인 경우, 2급은 35~49인 경우, 그리고 3급은 50~70 이하인 경우로 구분하고 있다. 이러한 지적장애인은 「장애인복지법 시행규칙」의 장애정도 기준과 관련하여 〈표 2-15〉와 같이 규정하고 있다.

표 2-15 지적장애의 장애정도 기준(장애의 정도가 심한 장애인에 해당함)

지능지수가 70 이하인 사람으로서 교육을 통한 사회적 · 직업적 재활이 가능한 사람

(2) 자폐성장애

자폐는 1943년 미국의 소아정신과 의사 레오 캐너(Leo Kanner)에 의하여 처음으로 소개된 이래 지금까지 연구되어 온 장애영역이다. 자폐성장애 개념 정립과 관련하여 이제는 자폐를 범주성(spectrum)장애로 인식하고 있다는 것이다. 자폐는 명확하게 구분되는 장애라기보다는 자폐적 성향의 연속선으로 이해하고 있다. 우리나라의 경우 자폐성장애의 진단에 관해서는 '특수교육' 영역에서는 주로 『정신질환의 진단 및 통계 편람 제5판(DSM-5)』의 진단기준을 따르고 있는 반면, '장애인복지' 영역에서는 자폐성장애의 분류체계로 국제질병분류 ICD-10(International Classification of Diseases, 10th Version)을 사용하고 있으며, 이러한 진단 지침에 따라 진단명이 F84 전반성발달장애(자폐증)인 경우 자폐성장애로 판정한다. 그런데 ICD-10에서는 여전히 아동기 자폐증, 아스퍼거 증후군, 비전형 자폐증, 기타 전반적 발달장애, 레트 증후군, 아동기 붕괴성장애로 진단명을 구분하는 반면에, DSM-5에서는 자폐성장애라는 단일 진단명을 사용한다(양명희 외, 2023).

우리나라 「장애인복지법 시행령」에서 자폐성장애인은 "소아기 자폐증, 비전형적 자폐증에 따른 언어 · 신체표현 · 자기조절 · 사회적응 기능 및 능력의 장애로 인하여 일상생활이나 사회생활에 상당한 제약을 받아 다른 사람의 도움이 필요한 사람"으로 규정하고 있다. 자폐를 진단하기 위해서 가장 많이 사용되고 있는 진단기준은 1994년에 미국 정신의학협회(APA)에서 출간한 진단자료에서 제시한 기준이다. 이 기준에 의하면, 자폐는 다음의 특성을 포함한다. ① 사회적 상호작용의 질적 결함, ② 의사소통의 질적 결함, ③ 제한적이고 반복적인 상동 행동적 특성을 보이는 행동 · 관심 · 활동, ④ 사회적 상호작용 · 의사소통을 위한 언어, 상징놀이나 상상놀이 중 한 가지 이상의 영역에서의 발달지체나 비정상적인 기능이 3세 이전에 나타난다.

진단된 자폐성장애 상태가 자폐성장애 등급 판정기준에 따라 어느 등급에 적절한지는 임상적 진단평가 과정을 통해 판단한 뒤에 등급을 정하게 된다. 현재 자폐성장애는 '장애정도가 심한 장애'(기존 장애등급 1~3급)로 구분되며, 「장애인복지법 시행규칙」에 제시된 장애정도 기준을 살펴보면 〈표 2-16〉과 같이 규정하고 있다.

표 2-16 자폐성장애의 장애정도 기준(장애의 정도가 심한 장애인에 해당함)

제10차 국제질병사인분류(ICD-10)의 진단기준에 따른 전반성발달장애(자폐증)로 정상발달의 단계가 나타나지 않고, 기능 및 능력 장애로 일상생활이나 사회생활에 간헐적인 도움이 필요한 사람

자폐성장애는 약 80%의 유전율을 보이는 유전적 소인이 높은 장애이다. 단일 원인이 아니라 복합적인 요인으로 발생하는데, 다수의 유전자 변이가 동시에 작용하여 발생하는 복합 유전질환이라고 할 수 있다(홍강의 외, 2014). 자폐성장애인은 의사소통, 자조, 문제해결 기술의 발달지체로 인해 다른 사람들과 효과적으로 상호작용을 하지 못하며, 때론 사회적으로 적절한 행동과 사회적 수용의 발달을 방해하는 행동을 할 수 있다. 몸을 흔들거나 손을 흔드는 상동행동부터 자해를 하거나 타인을 공격하는 행동까지 다양하다(정무성 외, 2006).

(3) 정신장애

정신장애는 생물학적 · 심리적 병변으로 인하여 정신기능의 영역인 지능, 지각, 사고, 기억, 의식, 정동, 성격 등에서 병리학적 현상이 진행되는 것을 말한다. 우리나라 「장애인복지법 시행령」에서 정신장애인은 "지속적인 조현병,[1] 분열형 정동장애(情動障碍, 여러 현실 상황에서 부적절한 정서 반응을 보이는 장애), 양극성 정동장애 및 반복성 우울장애에 따른 감정 조절 · 행동 · 사고 기능 및 능력의 장애로 인하여 일상생활이나 사회생활에 상당한 제약을 받아 다른 사람의 도움이 필요한 사람"으로 정의하고 있다(유동철, 2017).

현재 정신장애는 '장애정도가 심한 장애와 장애정도가 심하지 않은 장애'로 구분되며, 「장애인복지법 시행규칙」에 제시된 장애정도 기준을 살펴보면 〈표 2-17〉과 같이 규정하고 있다.

정신장애의 발생 원인과 특징은 매우 다양하다. 조현병의 특징으로는 보통 환각과 망상에 시달리게 되어 현실감각을 잃어버리게 된다는 것을 들 수 있다. 증상의 완화가 가능하지만 적절한 약물치료를 받지 못하게 되면 재발하는 경우가 많다. 통계적으로 대략 1/3은 완치가 가능하며, 1/3은 장기간 입원하는 경우, 그리

1) 기존 「장애인복지법」상에서는 '정신분열병'으로 명명되어 왔으나, 2019년 동법 개정으로 '조현병'으로 칭한다. '정신분열병'이라는 단어 자체가 갖는 부정적 인상과 편견으로 의학계에서는 이미 2011년부터 조현병(調絃炳, Schizophrenia)으로 사용해 오고 있다.

표 2-17 정신장애의 장애정도 기준

가. 장애의 정도가 심한 장애인

1) 調絃病 또는 뇌의 신경학적 손상으로 인한 기질성 정신장애로 망상, 환청, 사고장애 및 기괴한 행동 등의 양성증상이 있으나, 인격변화나 퇴행은 심하지 않은 경우로서 기능 및 능력 장애로 일상생활이나 사회생활에 간헐적으로 도움이 필요한 사람

2) 양극성 정동장애(情動障碍, 여러 현실 상황에서 부적절한 정서 반응을 보이는 장애)에 따른 기분 · 의욕 · 행동 및 사고의 장애증상이 심하지는 않으나, 증상기가 지속되거나 자주 반복되는 경우로서 기능 및 능력 장애로 일상생활이나 사회생활에 간헐적으로 도움이 필요한 사람

3) 재발성 우울장애로 기분 · 의욕 · 행동 등에 대한 우울 증상기가 지속되거나 자주 반복되는 경우로서 기능 및 능력 장애로 일상생활이나 사회생활에 간헐적으로 도움이 필요한 사람

4) 調絃정동장애(調絃情動障碍)로 1)부터 3)까지에 준하는 증상이 있는 사람

나. 장애의 정도가 심하지 않은 장애인

1) 調絃病 또는 뇌의 신경학적 손상으로 인한 기질성 정신장애로 망상, 환청, 사고장애 및 기괴한 행동 등의 양성증상이 있으나, 인격변화나 퇴행은 심하지 않은 경우로서 기능 및 능력 장애로 일상생활이나 사회생활에 경미한 도움이 필요한 사람

2) 양극성 정동장애(情動障碍, 여러 현실 상황에서 부적절한 정서 반응을 보이는 장애)에 따른 기분 · 의욕 · 행동 및 사고의 장애증상이 심하지는 않으나, 증상기가 지속되거나 자주 반복되는 경우로서 기능 및 능력 장애로 일상생활이나 사회생활에 경미한 도움이 필요한 사람

3) 재발성 우울장애로 기분 · 의욕 · 행동 등에 대한 우울 증상기가 지속되거나 자주 반복되는 경우로서 기능 및 능력 장애로 일상생활이나 사회생활에 경미한 도움이 필요한 사람

4) 調絃정동장애(調絃情動障碍)로 1)부터 3)까지에 준하는 증상이 있는 사람

5) 지속적인 치료에도 호전되지 않는 강박장애, 투렛장애(Tourette's disorder) 또는 기면증으로 기분 · 의욕 · 행동 및 사고의 장애증상이 심한 경우로서 일상생활이나 사회생활에 수시로 도움이 필요한 사람

고 나머지 1/3은 때때로 재발하는 것으로 알려져 있다. 양극성장애의 조증은 고조된 기분, 과장된 자신감, 망상과 과대망상 등 통제가 불가능하고 지나친 감정이

특징이다. 극단적인 조증이나 우울증이 교대로 이루어져서 '양극성장애'라고 한다. 우울장애의 특징으로는 감정과 사고, 신체적 행동 등 다양한 증상이 나타난다. 보통은 부정적인 시각을 갖고 있으며, 일상생활의 동기를 상실하고 직장이나 사회 활동 참여에 소극적인 태도를 보인다. 일반적으로 전체 인구의 약 4~10% 정도가 우울장애를 경험하며, 대부분은 약물치료를 통하여 치료되지만 정신치료를 병행하는 경우도 많다. 우리 사회에서 특히 정신장애인은 사회적 편견과 선입견으로 인해 지역사회참여와 원활한 직장생활에서 어려움을 겪는다. 그러므로 이들에 대한 인식개선과 편견 극복을 위해 사회적 홍보와 지역사회참여 프로그램 등이 개발되어야 할 것이다(유동철, 2017).

☞ 우리나라의 광역 및 지역 정신건강복지센터를 검색하고 주요 사업과 정보들을 파악해 봅시다.

3. 장애인의 생활실태

우리나라는 「장애인복지법」 제31조의 규정에 의거하여 장애인 복지정책의 수립에 필요한 기초 자료를 수집하고 활용하기 위하여 장애인을 대상으로 3년마다 장애인실태조사를 실시하고 있다. 이 중 「2023년 장애인실태조사」(보건복지부, 2024a)의 주요 조사 내용은 다음과 같다.

- **일반특성**: 성, 연령, 장애등록연도, 등록장애유형, 장애정도, 가구 규모, 가구주와의 관계, 가구유형
- **장애유형별 장애특성**: 15개 장애유형별 장애 발생 시기, 장애 원인 등

- **보건의료 · 건강**: 주된 장애유형, 정기적 치료 여부, 주관적 건강평가, 건강검진 여부, 만성질환 현황, 재활치료서비스 이용 현황, 건강관리를 위한 운동 현황 등
- **일상생활 지원**: 일상생활정도(ADL), 수단적 일상생활정도(IADL), 일상생활을 위한 남의 지원 필요 정도 등
- **장애인 보조기기**: 장애인 보조기기 종류별 필요 · 소지 · 사용 여부, 이용만족도, 장애인 보조기기 구입 시 외부 지원 경험 여부 및 지원내용, 구입 경로 등
- **교육**: 최종 학력, 지금까지 다녔거나 현재 다니고 있는 학교 형태(초 · 중 · 고), 학교를 다니지 않았거나 중도에 그만둔 이유, 재학 중인 어린이집 · 유치원 유형, 어린이집 · 유치원 · 학교 적응 정도 및 문제, 주된 통학방법, 평생교육 이용 현황 등
- **취업 및 직업생활**: 취업상태, 취업 시 일하는 곳, 직장 내 지위, 만족도, 실업 및 비경제활동인 경우 일하지 않는 이유, 직업훈련 경험, 직업훈련 희망 분야 등
- **사회 및 문화 · 여가활동**: 지난 1개월 동안 외출 현황, 집 밖 활동 시 불편한 점, 이용하는 교통수단, 문화 · 여가활동 영역별 참여 빈도, 문화 · 여가활동 만족도, 지난 선거 투표 여부 등
- **결혼생활 · 여성장애인**: 결혼 상태, 자녀 장애 유무 및 자녀 양육 · 교육 시 어려운 점, 임신 · 출산 · 육아 시 어려운 점, 여성장애인 대상 가장 필요한 서비스 등
- **생활만족도 및 폭력 · 차별 경험**: 생활만족도, 장애로 인한 어려움 경험, 유형별 폭력 · 학대 경험, 사회적 차별 경험, 우리나라의 장애인 차별에 대한 인식, 「장애인차별금지법」 인지 수준 등
- **주거 및 재난 안전**: 주거위치, 소유형태, 주거복지사업 경험 여부 · 만족도, 주택 구조 · 성능 및 환경, 현 주택의 장애와 관련된 편의 개조 필요성, 현 거주지의 재난 발생 대비 수준, 재난에 대한 장애인 어려움 해소를 위한 국가 지원 내용 등
- **복지서비스**: 장애인복지사업에 대한 이용경험 및 만족도, 장애인복지시설에 대한 인지 및 이용경험, 사회나 국가에 대한 요구사항 등
- **경제상태**: 주관적 소속계층 인식 정도, 국민기초생활보장 급여별 수급 현황, 지난해 가구소득 · 지출 현황, 소득원별 가구 및 개인 소득, 연금가입 · 수급 현황, 장애로 인한 추가 소요비용 등

☞ 최근의 장애인실태조사 보고서를 찾아봅시다.

– 조사 항목별로 장애인의 생활실태를 파악하고, 장애인과 비장애인 간 실태 차이 등을 비교 · 분석하면서 실태 개선을 위한 방안을 논의해 봅시다.

4. 장애에 대한 사회적 인식

과거로부터 장애인에 대한 비장애인의 인식과 태도는 긍정적이지 못한 편이었다. 심지어 구약성경을 보면 "네가 만일 네 하나님 여호와의 말씀을 순종하지 아니하여 내가 오늘 네게 명령하는 그의 모든 명령과 규례를 지켜 행하지 아니하면 이 모든 저주가 네게 임하며 네게 이를 것이니…… 여호와께서 또 너를 미치는 것과 눈머는 것과 정신병으로 치시리니"(신명기 28장 15절, 28절)라고 쓰여 있다. 즉, 장애를 신에 대한 불순종으로 인해 저주를 받아 인간에게 나타난 부정적 결과로 오랜 기간 동안 인식하였다고 볼 수 있다. 이러한 부정적 인식은 장애인과 비장애인을 분리하고 차별하는 것에 정당성을 부여하였으며, 최소한의 동정심조차도 가지지 않아도 되도록 합리적 이유를 제공하였다.

하지만 장애인과 비장애인 간의 분리의식이나, 장애인에 대한 차별적 인식은 사회통합을 이루어 나가는 데 매우 부정적인 영향을 미칠 수밖에 없다. 따라서 장애인에 대한 사회의 인식과 이에 영향을 미치는 요인을 알아보고 이를 개선해 나갈 필요가 있을 것이다.

1) 장애인에 대한 사회적 인식과 태도

장애인에 대한 사회적 인식은 다음의 몇 가지로 정리해 볼 수 있다.

(1) 불행하거나 불쌍한 존재

비장애인들은 장애인을 바라볼 때 장애를 가진 것만으로도 불쌍하게 인식하는 경향을 드러내는 경우를 자주 보게 된다. 장애인을 동정의 대상으로 보고 자신이나 가족이 장애를 가지지 않은 것에 대하여 감사하거나, 장애를 가진 것은 불행한 일이기에 장애인을 보면 도와야 한다는 인식을 가지고 동정심에 기반하여 장애인을 도우려 하는 경우를 볼 수 있다. 이러한 인식을 드러내는 대표적인 상황으로는 장애인을 전면에 내세워 구걸을 하거나 사회복지시설을 포함한 공공기관이 모금활동을 진행하는 경우를 들 수 있다. 또한 극히 일부이기는 하지만 선거철에만 정치인이 자신의 장애인 자녀를 내세워 동정심에 기반하여 지지를 호소하는 경우를 들 수 있다.

그리고 장애는 매우 불행한 일로 받아들이는 경향을 볼 수 있다. 장애를 가진 아이를 출산하기보다는 낙태를 선택하거나 장애아를 출산 후 살해 · 유기하는 경우를 들 수 있다(한국일보, 2024. 1. 19). 이러한 경우는 장애를 가지고 살아가는 것보다 죽음이 차라리 장애아나 그 가족에게 낫다는 인식에 기반하고 있다.

(2) 사회에 피해나 위협을 주는 존재

2017년 9월 서울 강서구에서 특수학교 설립을 위한 주민 토론회가 열렸다. 설립을 찬성하는 측에서는 원거리 통학과 과밀학급 해소를 위해 꼭 필요하다며 주장하였으며, 일부 어머니는 이를 위해 무릎까지 꿇고 호소하였다. 반면에 반대하는 주민들은 이에 대해 "쇼하지 마!" 등의 폭언과 함께 특수학교 설립은 지역발전에 방해가 되며, 지역발전을 위해 한방의료원을 유치해야 한다는 주장도 나왔다. 한편, 2024년 국회의원 선거 후보 중 한 명은 성동구의 지체장애인 특수학교 부지에 특목고를 유치하겠다는 공약을 내세우기도 하였다. 이를 통해 볼 때 장애인과 장애인 시설은 지역의 발전을 방해하는, 타인의 재산 가치를 하락시키는 주범처럼 인식하고 있다는 것이다.

언론 기사를 보면 살인과 같은 중범죄 사건을 다루면서 평소 우울증이나 정신질환을 가지고 있었다는 형태로 보도하는 것을 자주 보게 된다. 이는 범죄의 원인을 다양한 객관적 사실에 기반하여 다루기보다 가해자의 정신적 어려움이나 정신장애로 편향시킴으로써 사회 구성원들에게 무의식적으로 장애나 장애인을 범죄와 결부시키도록 만드는 결과를 낳고 있다. 이를 통해 장애인을 위험한 존재, 사회에 피해를 줄 수 있는 존재로 인식하게 만드는 부정적 결과를 낳고 있어 언론기사, 방송 등 보도에 주의를 기울일 필요가 있다.

(3) 무능력한 존재

미국 역사상 가장 존경받는 대통령 중 한 명으로 꼽히는 루스벨트(Franklin D. Roosevelt) 대통령은 대중들이 자유세계와 미국을 이끌어 가기에는 너무 약하다고 인식하지 않도록 하기 위해 자신의 소아마비와 휠체어 사용을 숨겨야만 하였다(Fleischer & Zames, 2001; Holland, 2006: 박승희 외, 2016 재인용).

일반 대중들은 장애를 가진 사람을 대할 때 그들이 다양한 기능적 · 직업적 · 사회적 역량을 가진 하나의 인격으로 바라보고 사람에게 집중하기보다 먼저 장애에 집중하고 자동적 사고로서 장애를 가졌기에 비장애인에 비해 능력이나 역량이 부족할 것이라는 선입견을 가지고 이들을 판단하는 경향을 가지고 있다.

장애인을 무능력한 존재로 인식하는 또 다른 형태의 반응은 '장애를 가졌음에도 불구하고'라는 표현일 것이다. 한 예로는 장애인 음악지원단체에서 진행한 가을 음악회 프로그램의 순서지에 비장애인의 경우 곡명과 악기명, 연주자 이름이 쓰여 있는 것에 비해 장애인의 경우 연주자의 이름 옆에 장애명과 장애등급을 표기한 사례이다(박승희 외, 2016). 여기에 장애명와 장애등급을 기술한 이유는 아마도 이 연주자가 지적장애 3급을 가졌음에도 불구하고 '이 곡을 연주하지 않나요? 대단하지 않나요?'라는 의미를 가지고 있을 것이다. 즉, '장애인은 무능력한 존재인데도 불구하고 피나는 노력을 통해 이런 곡을 연주할 수 있게 되었어요! 대단하지 않나요!'라는 인식을 전제하고 있다는 것이다. 장애인 연주자는 비장애인과 동일하게 자신의 연주 능력에 맞도록 곡을 선정하고 자신이 맡은 파트에 연주의 책임을 다하는 동등한 하나의 연주자일 뿐이다. 우리는 방송이나 순서지 등 일상에서 여성 가수, 남성 피아니스트, 흑인 탁구선수, 백인 야구선수와 같은 설명을 별

도로 하지 않는다. 이는 성이나 인종에 따라 다른 가치를 부여하는 차별적 표현일 수 있기 때문이다.

'장애가 있음에도 불구하고' '장애를 극복하고'라는 표현을 사용하는 많은 언론기사를 우리는 보게 된다. 현재도 여러 지자체에서 '장애를 극복'한 장애인에게 장애인상을 수여하고 있으며, 언론은 이를 장애를 극복한 장애인으로 대서특필하고 있다. 이러한 기사의 맥락은 장애인은 능력이 부족한 존재라는 비합리적 인식을 전제하고 있다.

따라서 '장애에도 불구하고' '장애 극복'이라는 단어를 사용하는 것에 신중을 기할 필요가 있다. 장애인은 단지 장애를 가지고 있는 연주자, 운동선수, 기업인, 기술자 등 한 명의 전문가인 것이다.

이처럼 아주 오랜 과거로부터 비장애인은 장애를 부정적으로 인식하고 다른 대상이나 집단으로 분리하고 차별하여 왔으며, 현재도 우리의 일상생활이나 언론기사 등에서 이러한 모습을 자주 접하게 된다. 이는 장애인과 비장애인이 차별 없이 하나의 인간으로 통합되어 살아가는 데 부정적으로 영향을 미칠 뿐만 아니라 장애인이 가지고 있는 다양한 장점을 활용하지 못함으로 인해 기회비용을 발생시키거나, 갈등 해소 등에 필요한 사회적 비용을 발생시키기도 한다.

이에 장애인에 대한 부정적 인식과 태도를 줄이기 위한 인식개선 활동이나 차별을 예방하기 위한 활동들이 지속적으로 이루어질 필요가 있을 것이다.

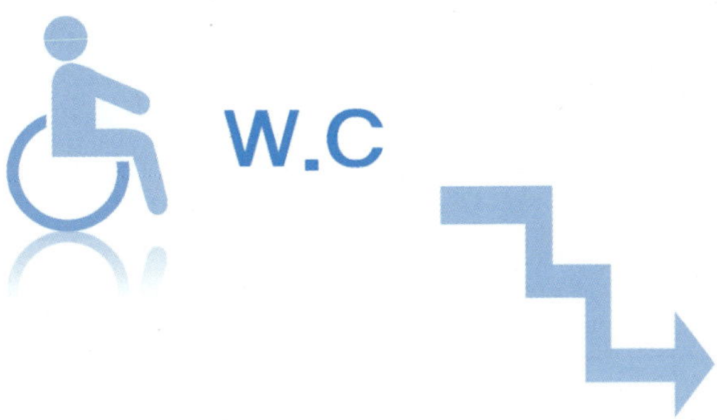

[그림 2-3] 장애 인식의 한계와 장애사회(The Hadicapped Society)

요약

1. 우리나라 장애 인구 현황과 장애범주

2023년 기준 우리나라의 등록장애인 수는 총 15개 장애범주에 264만 1,896명으로 전체 인구 대비 5.1%를 보이고 있다. 이는 세계보건기구(WHO, 2011)가 추정하는 세계 장애 인구 비율 15~20%를 많이 밑도는 수치로 장애 판정이나 범주 적용의 협소함에 의한다고 볼 수 있다.

2. 우리나라 장애인의 생활실태

「2023년 장애인실태조사」는 우리나라 장애인의 일반 특성과 장애유형별 장애 특성에서부터 보건의료 및 건강, 일상생활 지원, 장애인 보조기기, 교육, 취업 및 직업생활, 사회 및 문화 · 여가 활동, 결혼생활 및 여성장애인, 생활만족도 및 폭력 · 차별 경험, 주거 및 재난 안전, 복지서비스, 경제상태 등에 이르기까지 생활 전반의 실태를 파악하였다. 이에 주요 관심 영역이나 문제적 주제를 선정하고 그 현황과 의미, 개선을 위한 방안 마련 논의 등의 학습을 진행해 볼 필요가 있다.

3. 장애에 대한 사회적 인식

과거로부터 장애인에 대한 비장애인의 인식과 태도는 불행하거나 불쌍한 존재, 사회에 피해나 위협을 주는 존재, 무능력한 존재와 같이 긍정적이지 못한 편이었다. 이러한 부정적 인식은 장애인과 비장애인을 분리하고 차별하는 것에 정당성을 부여하였으며, 최소한의 동정심조차도 가지지 않아도 되도록 합리적 이유를 제공하였다. 이에 장애인에 대한 부정적 인식과 차별적 시각을 개선하기 위한 노력이 이루어질 필요가 있다.

Issues & Discussions

1. 우리나라의 장애 인구 현황과 장애범주를 파악하고 국제적 비교를 통해 한계와 개선에 관하여 논의하시오.

2. 장애인실태조사의 목적과 주요 조사 항목을 파악하고 이슈별 데이터와 시사점을 논의하시오.

3. 우리 사회의 장애인에 대한 부정적 인식과 사회적 편견은 어떠한 것이 있으며, 이를 개선하기 위한 방안에 대해 논하시오.

4. 다음과 같은 정신적 장애에 대한 편견과 오해에 대해 실상과 긍정적 접근 방안에 대하여 논의하시오.
   - 자폐성장애, 지적장애, 정신장애는 모두 같은 장애이다.
   - 정신질환은 한 번 발생하게 되면 낫지 않는다.
   - 정신장애를 겪는 사람은 사회생활과 대인관계가 불가능하다.

Workshop

1. 장애인 관련 시설 설치에 대한 지역주민 찬반 논쟁 토론

자신의 주거지역 내에 장애인 시설 설치를 찬성하는 그룹과 반대하는 그룹으로 나누어 반대그룹을 논리적 · 합리적으로 설득해 보세요. 이후 반대의 입장(찬성그룹이었던 학생들이 반대그룹 입장에서)에서 상대방을 설득해 보세요.

– 예시: 2017년 9월 서울 강서구 특수학교 설립을 위한 주민 토론회 찬성/반대 측 입장에서
2025년 서울 성동구 특수학교(가칭 성진학교) 설립 주민설명회 찬성/반대 측 입장에서

구분	찬성	반대
주장 내용과 논의		
쟁점		
대안 논의		
결론		

2. 다음의 포스터와 설명을 읽어 보고 장애 인식과 관점에 대한 역사적 사건들을 탐색해 봅시다.

유전성 질환자 한 명이 60살이 될 때까지 평균 5만(RM)의 비용이 듭니다.

당신이 여기에 (납세자로서 국가예산에) 납부 기여를 하고 있습니다.

1939년 독일의 안락사 홍보 포스터[3)]

"장애 개념과 관련된 부정적인 인식은 부분적으로 역사적인 배경에서 깊이 뿌리내리고 있다. 과거에는 장애를 가진 이들의 삶은 흔히 '열등하다'거나 심지어 '살 가치가 없다'고 여겨지기도 하였다.

오늘날까지도 장애를 가진 이들의 삶은 외부의 통제나 제약에 영향을 받는 경우가 많다는 점을 부인하기 어렵다. 특히 나치 정권 시절에는 장애와 질병을 근절하려 했던 광기가 극단적인 형태로 나타나, 30만 명이 넘는 장애인 살해와 약 35만 건에 달하는 강제 불임수술이라는 비극적인 결과로 이어졌다."

3) 야코프 그라프(Jakob Graf)의 『중등학교 생물학』 출판물의 삽화로 사용된 포스터[출처: United States Holocaust Memorial Museum, https://collections.ushmm.org/search/catalog/pa1148262 (2025. 5. 1. 검색)]

03

장애인복지의 이론과 모델

이 장에서는 장애인복지의 필요성과 패러다임 변화를 반영한 이론과 모델을 알아본다.

먼저, 가능한 한 정상적이고 보편적인 삶을 추구하는 정상화 원리와, 이를 체계화하여 사회적으로 가치 있는 역할 부여와 이미지, 역량 제고를 강조하는 사회적 역할강화이론을 살펴본다. 이어서 장애인복지 서비스 관점에서 개인적 측면의 서비스 대상화와 의료 및 치료 중심 접근과 사회적 측면의 서비스 권리 주체화와 자립지원 및 사회통합 지향 사이의 모델들, 즉 개인적 모델과 사회적 모델, 재활모델과 자립생활모델에 관하여 학습한다.

학습목표

1. 정상화 원리의 개념과 사회적 과업을 설명할 수 있다.
2. 사회적 역할강화이론의 체계와 지향점을 파악할 수 있다.
3. 장애인복지 서비스에서 개인적 모델과 사회적 모델의 차이를 설명할 수 있다.
4. 재활모델과 자립생활모델을 비교하고 주요 사례를 탐색하여 논의할 수 있다.
5. 중증장애인 지역자립생활 실천을 위한 방안을 설명할 수 있다.

키워드

정상화 원리/사회적 역할강화이론/개인적 모델/사회적 모델/재활모델/자립생활모델/지역사회 자립생활실천 지원모델

1. 정상화와 사회적 역할 강화

현대 복지사회에서 장애인에 대한 인식은 단순한 보호 대상에서 벗어나, 권리의 주체로서 존엄한 삶을 영위할 수 있도록 지원하는 방향으로 전환되고 있다. 이는 단지 생존을 위한 복지서비스 제공을 넘어, 장애인이 자신의 삶을 주체적으로 설계하고 지역사회 구성원으로서 역할을 수행할 수 있는 여건을 마련하는 것을 의미한다. 특히 장애인의 삶의 질 향상을 위해서는 물리적 환경의 개선뿐 아니라, 사회적 배제와 차별을 해소하고, 이들의 자율성과 참여를 보장하는 구조적 접근이 필요하다. 과거의 시설 중심 보호 방식은 비인격적이고 비효율적인 측면이 많았으며, 장애인을 사회로부터 고립시키는 결과를 초래하였다. 이에 따라 현대 장애인복지는 탈시설화, 자립생활, 사회통합 등의 가치를 중심으로 재편되고 있다. 이러한 변화 속에서 정상화와 사회적 역할 강화는 중요한 이론적 기반으로 주목받고 있다. 이들은 단순한 복지서비스 전달을 넘어, 장애인이 사회 안에서 당당한 시민으로 살아갈 수 있는 조건을 마련하는 데 핵심적인 역할을 한다. 특히 인간의 존엄성과 평등, 자율성이라는 복지의 핵심 가치 실현에 있어 이 두 접근은 이론적 · 실천적 틀을 제공한다. 정상화와 사회적 역할 강화는 장애인이 일상적인 삶을 누리며 자율성과 존엄성을 인정받고 지역사회에 통합되도록 돕는 데 필수적인 요소이다.

1) 정상화

정상화(Normalization)는 탈의료화 및 탈시설화와 밀접하게 연관된 개념으로, 1960년대 후반 스칸디나비아에서 지적 장애인을 위한 서비스 실천 원칙으로 등장하였다. 이 개념은 전통적인 시설 보호에 반대하면서 장애인이 정상적인 생활 리듬과 패턴을 유지하며 살아가야 한다는 점을 강조하였다. 정상화는 단순히 거주의 장소를 옮기는 것을 넘어서 장애인이 지역사회 내에서 일반 시민과 유사한 조건에서 살아갈 수 있도록 지원해야 한다는 이념적 지향을 내포하고 있다. 이러한 정상화 이론은 북미로 전파되어 1970년대와 1980년대 초반에 걸쳐 울펜스버거(Wolfensberger, 1983)에 의해 체계화되고 이론화되었다. 그는 장애인 재활, 교육, 복지실천의 이론적 틀로써 정상화를 확장시키며 기존의 전통적인 재활 서비스 이데올로기에 반대하고, 장애인의 삶이 정상적인 일상생활의 리듬에 부합하도록 해야 한다고 강조하였다. 특히 정상화는 개인의 성장과 발달을 위한 정상적인 발달 경험, 인생 주기에서 선택의 자유, 정상적인 이웃과 함께 살아가는 삶, 그리고 지역사회의 통합된 삶을 지향한다.

정상화는 현실적으로는 탈시설화와 유사하게 보일 수 있으나 근본적인 지향은 다르다. 탈시설화와 시설 수용의 비인도적 측면에 대한 반발과 복지 예산 삭감이라는 정치적 이유에서 비롯된 것이라면, 정상화 이론은 오히려 시설보다 더 많은 재정적 투입을 통해 서비스의 질을 향상시키고자 한다. 울펜스버거(Wolfensberger, 1983)는 정상화의 실현을 위해서는 기존 시설 수용 방식보다 더 많은 예산이 요구되어야 한다고 강조하였다.

정상화 이론은 시간이 지남에 따라 확산되었고, 오늘날 장애인복지 서비스의 질적 향상을 위한 핵심 기술 중 하나로 작용하고 있다. 이를 실현하기 위해서는 획일적인 집단 보호 체제, 시설 종사자의 정서 인식 부족, 가정 복귀나 사회적 자립의 제약, 보조금과 시설 기준상의 제약, 지역사회의 편견 및 시설 보호에 대한 질적 평가, 기준 부재 등 다양한 저해요인을 제거하는 노력이 필요하다(김미옥 외, 2021).

시설 보호 환경에서 정상화 이론을 실현하기 위해서는 제도적 장치 마련과 더불어 운영자의 실천 의지 강화 및 구체적인 프로그램의 수립이 요구된다. 정상화는 궁극적으로 사회복지 시설의 지역사회와 관계를 형성하고 이를 강화할 수 있는 이념적 기반을 제공하며 포용적 복지사회의 실현을 위한 중요한 이론적 틀로 자리매김하고 있다(박태영, 1994). 정상화는 단순히 시설을 벗어나 지역사회에서 살아가는 것만을 의미하지 않는다. 그것은 장애인이 일상적인 삶의 리듬과 질서 속에서 타인과 동등하게 살아갈 수 있는 권리를 확보하고, 자율적이고 의미 있는 삶을 영위할 수 있도록 돕는 실천적 철학이다. 이러한 관점은 21세기 복지국가의 핵심 가치인 포용성과 지속 가능성의 토대가 되며, 지역사회 중심의 복지실천과 깊이 연결된다.

현대 장애인복지 현장에서는 정상화 이론이 다음과 같은 방식으로 적용되고 있다. 첫째, 탈시설 이후 지역사회 정착을 위한 맞춤형 지원이 강화되고 있다. 이는 단순한 거주 이전이 아닌, 생활 훈련, 사회참여, 경제활동 등 다양한 측면에서의 자립 기반을 마련하는 과정이다. 둘째, 개별화된 서비스 제공을 통해 장애인의 삶의 질을 보장하려는 노력이 이루어지고 있다. 정상화는 획일적 서비스 대신, 각 개인의 욕구와 특성을 고려한 복지실천을 강조하며, 이는 '사람중심계획(Person-Centered Planning)'으로 구체화되고 있다. 셋째, 장애인 당사자의 선택권과 자기결정권 보장이 핵심 가치로 강조되고 있다. 이는 정상화 이론의 중심에 있는 '정상적인 인생 경로에서의 선택의 자유'와 맞닿아 있으며, 장애인이 단순한 수혜자가 아닌 권리의 주체로서 살아갈 수 있도록 사회 구조를 전환하려는 노력으로 이어진다. 넷째, 지역사회의 인식 변화와 수용성 제고 역시 중요 과제로 부상하고 있다. 정상화의 실현은 단지 장애인을 위한 서비스 개선에 그치지 않고, 지역사회 전체가 포용적 가치와 다름에 대한 존중을 내면화할 때 가능하다.

그러나 이러한 실천에도 불구하고 몇 가지 중요한 과제가 여전히 남아 있다. 첫째, 제도적 미비와 예산의 불균형은 정상화의 실질적 구현을 저해하는 주요 요인이다. 울펜스버거가 강조했듯, 정상화를 실현하기 위해서는 기존 시설 보호보다 더 많은 재정과 전문 인력이 필요하지만, 현실은 이와 반대되는 방향으로 흘러가는 경우가 많다. 둘째, 서비스 제공자의 인식과 태도 역시 정상화 실천의 핵심 변수이다. 탈시설이 형식적으로만 진행되고, 기존의 권위적이고 통제적인 시설 문화가 지역사회 서비스로 그대로 이식된다면 정상화의 본래 취지는 왜곡될 수 있다. 따라서 제공자 교육과 가치 중심 실천이 병행되어야 한다. 셋째, 장애유형과 개인 특성에 따라 접근이 달라져야 한다는 현실적 요구도 중요하다. 지적 · 정신적 장애를 가진 개인의 경우, 자율성과 선택을 실현하기 위한 추가적인 보조와 훈련이 필요하며, 이러한 접근 없이는 정상화가 오히려 방임이나 서비스 사각지대를 초래할 수 있다.

정상화는 여전히 장애인복지실천의 중심축에 위치한 핵심 이론이다. 그러나 오늘날의 정상화는 단지 물리적 통합이나 제도 개편에 머무르지 않고, 사회 구조 전반의 포용성과 권리 중심 접근으로 확대되어야 한다. 이를 위해서는 당사자 중심, 지역사회 참여, 전문성 기반의 서비스 연계, 그리고 사회 전체의 인식 전환이 병행되어야 하며, 정상화는 이러한 통합적 복지 실현을 위한 중요한 방향성과 철학적 기반을 제공한다.

2) 사회적 역할 강화

사회적 역할 강화(Enhancement of Social Roles)는 사회적 약자, 특히 장애인, 노인, 아동, 저소득층 등 다양한 복지 대상자가 사회 안에서 능동적이고 가치 있는 구성원으로 기능할 수 있도록 그들의 역할 수행 능력을 향상시키는 것을 의미한다. 이는 단순히 보호와 지원을 넘어, 개인의 잠재력을 실현하고 지역사회에서의 참여를 촉진함으로써 자립과 사회통합을 도모하는 접근이다(임종호 외, 2022).

사회에서 개인이 맡는 역할은 단지 특정 직업이나 직무에 국한되지 않는다. 가족 내 역할(부모, 자녀, 배우자 등), 지역사회 구성원의 역할, 학습자 또는 소비자 등 다양한 사회적 정체성과 기능을 포함한다. 그러나 복지 대상자들은 종종 장애, 질병, 차별, 빈곤 등의 구조적 요인으로 인해 이러한 사회적 역할에서 소외되거나 배제되는 경우가 많다. 이에 따라 사회복지실천은 단순한 서비스 제공을 넘어, 이들의 사회적 지위와 기능을 회복하고 강화하는 전략으로 전환되어야 한다(오정수, 류진석, 2024).

사회적 역할 강화를 실현하기 위해서는, 첫째, 개인의 역량을 개발할 수 있도록 교육, 훈련, 상담 등 다양한 전문적 개입이 병행되어야 한다. 둘째, 지역사회 내 자원과 연결하여 대상자가 사회적 활동에 직접 참여할 수 있는 기회를 마련해야 한다. 셋째, 사회 전체의 인식 개선과 제도적 장치가 함께 구축되어야 한다. 특히 고용, 주거, 의료, 문화 영역에서의 차별 해소와 접근성 향상이 중요한 과제로 부각

된다(오정수, 류진석, 2024).

이러한 맥락에서 사회적 역할 강화는 '권한 부여(empowerment)' 개념과도 밀접하게 연계된다. 이는 대상자가 자신의 삶에 대한 통제력을 회복하고, 주체적으로 삶을 설계할 수 있도록 돕는 과정이다. 또한 울펜스버거의 '사회적 역할 가치화(Social Role Valorization: SRV)' 이론과도 이론적 연관성을 지닌다. SRV는 사회적으로 긍정적인 이미지와 역할을 통해 낙인을 해소하고, 개인의 통합을 촉진하는 전략적 접근을 강조한다는 점에서, 사회적 역할 강화의 철학적 토대가 된다(Wolfensberger, 1983).

사회적 역할 강화는 궁극적으로 복지 대상자들이 단순히 서비스를 받는 수동적인 존재가 아니라, 스스로 사회 안에서 책임과 기여를 할 수 있는 존재로서 재정의될 수 있도록 하는 실천적 지향점이다. 이는 인간의 존엄성과 평등, 자율성이라는 사회복지의 핵심 가치에 부합하며, 복지국가가 지향해야 할 포용적 사회 실현의 주요 경로로 자리 잡고 있다(김영종, 2023; 박병현, 2022).

사회적 역할 강화는 이론적 이상에 그치지 않고, 복지실천의 구체적인 방향성을 제시하는 전략으로 자리 잡고 있다. 그러나 이를 실현하기 위해서는 몇 가지 중요한 실천 과제와 정책적 접근이 병행되어야 한다.

첫째, 개별화된 접근이 필요하다. 사회적 역할은 개인의 생애주기, 장애유형, 문화적 배경에 따라 다르게 정의되므로, 천편일률적인 프로그램으로는 실질적인 역할 강화가 어렵다. 따라서 대상자의 욕구와 상황을 면밀히 평가하고, 그에 맞는 맞춤형 개입이 설계되어야 한다. 예를 들어, 청년 발달장애인에게는 직업 훈련과 사회 기술 향상이 중요하고, 중장년기 장애인에게는 관계 형성과 지속 가능한 자립생활이 핵심 과제가 될 수 있다. 둘째, 지역사회 기반의 실천체계 구축이 요구된다. 사회적 역할은 대개 지역사회 내에서 형성되고 발현되므로, 복지실천도 시설 중심이 아니라 지역사회 안에서 전개되어야 한다. 이를 위해서는 지역 내 다양한 기관, 단체, 민간 자원과의 연계를 강화하고, 통합적 서비스 네트워크를 구성할 필요가 있다. 특히 커뮤니티 케어, 마을 복지, 통합 돌봄 등의 정책은 사회적 역할 강화 실현을 위한 유효한 플랫폼이 될 수 있다. 셋째, 사회적 낙인과 편견을 해소하기 위한 전 사회적 노력이 필요하다. 아무리 개인의 역량이 향상되어도, 사회가 이들의 역할 수행을 인정하지 않고 배제한다면 강화된 역할은 실현되기 어렵다. 이를 해결하기 위해서는 교육, 언론, 문화 콘텐츠를 통한 지속적인 인식 개선 활동이 중요하며, 장애인의 사회참여를 자연스럽게 경험할 수 있는 환경을 마련하는 것이 필요하다. 넷째, 정책 및 제도적 장치의 정비가 병행되어야 한다. 현재 우리 사회는 고용, 교육, 문화, 여가 등 다양한 영역에서 여전히 제도적 장벽이 존재하며, 이는 복지 대상자의 역할 수행을 제약하는 주요 원인이다. 예컨대, 장애인의 고용 촉진을 위한 차별금지법의 실효성 강화, 탈시설 이후 주거 안정성을 보장하는 주거지원 정책, 문화예술 및 체육 참여의 접근성 제고 등의 제도적 개선이 이루어져야 한다.

따라서 앞으로의 장애인복지는 현재 진행 중인 권리기반 접근과 역량강화 중심의 실천 전략을 더욱 공고히 해야 하며, 그 핵심에 사회적 역할 강화가 중요하게 기능할 수 있어야 한다. 이는 장애인뿐만 아니라, 아동, 노인, 이주민, 성소수자 등 다양한 사회적 계층에게도 적용 가능한 보편적 복지 이념이자 실천 원칙으로 작용할 수 있다.

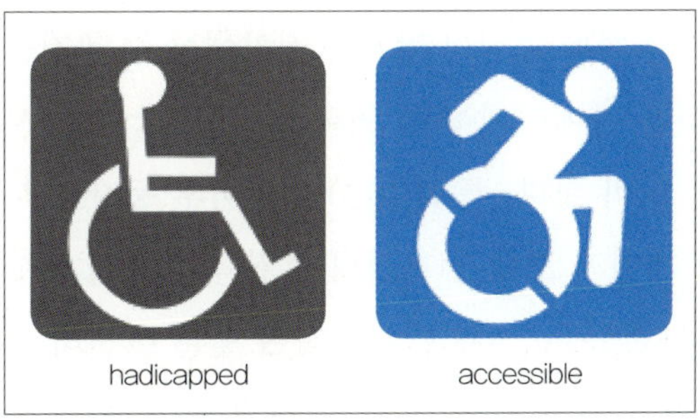

[그림 3-1] 미국 뉴욕주의 장애인 마크 교체와 의미

출처: 조선일보(2014. 8. 1.).

[그림 3-2] The Accessible Icon Project

출처: The Accessible Icon Project 홈페이지(https://accessibleicon.org/#an-icon-is-a-verb) (2025. 8. 6. 검색).

2. 개인적 모델과 사회적 모델

1) 개인적 모델

개인적 모델(individual approach model)은 장애의 원인을 개인의 신체적 · 정신적 · 감각적 손상 또는 질병, 개인 내부의 결함으로 간주하는 관점이다. 이 모델은 전통적으로 의학적 모델(medical model)과 밀접하게 연계되어 있으며, 장애인을 치료와 재활의 대상으로 바라보는 시각을 기반으로 한다. 즉, 개인적 모델은 장애를 개인의 비정상적인 상태로 보고, 이를 정상적인 상태로 '회복'시키는 것을 목표로 한다(Barnes & Mercer, 2003).

이 모델에서 복지 및 서비스의 주요 초점은 개인을 변화시키는 것에 있으며, 사회적 환경이나 제도의 문제는 고려 대상이 되지 않는다. 장애인의 기능을 향상시키거나, 의료적 처치와 기술적 보조를 통해 사회 적응을 유도하는 방식이 주로 채택된다. 따라서 장애는 사회로부터의 배제가 아닌, 개인의 신체적 한계에서 기인한 '문제'로 규정된다(Oliver, 1990).

개인적 모델은 오랜 기간 동안 의료 및 재활 중심의 정책과 실천에서 주된 접근으로 자리해 왔다. 그러나 이러한 시각은 장애인에 대한 의존성 강화, 낙인화, 사회적 소외를 초래할 수 있다는 비판을 받아 왔다. 특히 1970년대 이후 등장한 사회적 모델(social model)과 비교될 때, 개인적 모델은 장애의 본질을 지나치게 협소하게 정의한다는 비판을 받는다(Shakespeare, 2006). 개인적 모델은 여전히 의료, 복지, 교육 등 여러 영역에서 중요한 실천적 기반으로 작용하고 있다. 특히 중증 장애인, 중복 장애인, 의료적 개입이 필수적인 경우 등에서는 이 모델이 갖는 임상적 · 기술적 접근의 중요성이 유지되고 있다. 최근에는 개인적 모델의 한계를 인식하면서도, 개인의 기능적 회복과 사회적 통합을 통합적으로 추구하는 통합모델 또는 혼합 접근으로 발전되고 있다(김용득 외, 2019). 개인적 모델은 장애에 대한 완전한 설명이 될 수 없지만, 장애인의 개별적인 건강 요구나 치료 · 재활의 필요성을 무시하지 않고 이를 통합적으로 접근하는 복지 패러다임의 한 축으로 여전히 중요한 의미를 지닌다(조흥식 외, 2021).

오늘날 개인적 모델은 과거에 비해 그 영향력이 축소되었지만, 여전히 특정 상황에서는 실효성 있는 접근 방식으로 평가받고 있다. 특히 장애인의 건강관리, 조기 진단 및 치료, 기능 회복을 위한 전문적 개입은 삶의 질 향상에 기여할 수 있으며, 이는 무시되어서는 안 될 중요한 요소이다. 실제로 중증 신체장애, 감각장애, 발달장애와 같이 지속적인 의학적 · 재활적 지원이 필요한 대상자들에게는 개인적 모델의 접근이 필수적이다.

이러한 맥락에서 최근에는 개인적 모델을 단순히 배제하기보다, 사회적 모델과의 균형적 통합을 모색하는 움직임이 나타나고 있다. 이는 '의학적 모델'과 '사회적 모델'의 이분법적 구분을 넘어서, 장애인의 전인적 삶을 지원하는 통합적 복지 실천으로의 전환을 의미한다. 예컨대, 의료적 지원이 개인의 역량강화와 사회참여를 위한 하나의 수단으로 작동할 수 있도록 설계하는 방식이다(김용득 외, 2019).

또한 개인적 모델에 대한 비판은 장애인을 '수혜자'나 '문제해결의 대상'으로 고정시키는 데서 기인하는 바, 최근 복지 현장에서는 이러한 수동적 관점을 극복하고, 당사자의 자기결정권과 참여를 중심에 둔 실천 전략이 강조되고 있다. 이는 치료와 재활의 과정에서도 당사자의 의사와 선택이 존중되어야 함을 의미하며, '권한 부여(empowerment)'와 '사람중심접근(person-centered approach)'의 필요성과도 맞닿아 있다.

개인적 모델은 장애인의 경험을 단편적으로 규정하는 것이 아니라, 다차원적 장애 이해의 일부로 수용될 필요가 있다. 신체적 손상이나 건강상의 문제가 장애인의 삶에 실질적인 제약을 줄 수 있다는 사실을 인정하되, 그것이 사회적 배제나 차별의 정당화로 이어지지 않도록 제도와 실천의 균형적 조정이 필요하다. 이는 곧, 개인적 지원과 사회적 접근이 상호 보완적으로 작동할 수 있는 정책 설계와 실천 체계의 구축을 의미한다.

따라서 향후 장애인복지실천에서는 개인적 모델을 비판적으로 수용하되, 의학적 개입이 장애인의 삶을 제약하는 수단이 아닌, 삶의 질을 향상시키는 조건으로 작용할 수 있도록 방향을 정립하는 것이 중요하다. 이는 단지 특정 이론이나 모델의 선택을 넘어, 장애인의 전 생애를 아우르는 다층적이고 통합적인 지원체계를 구축하기 위한 핵심 과제로 인식된다.

2) 사회적 모델

사회적 모델(social model of disability)은 장애의 원인을 개인의 신체적 결함이 아니라, 그들이 살아가는 사회의 구조적·환경적 장벽에서 찾는 이론적 접근이다. 이 모델은 1970년대 후반 영국의 장애인운동에서 출발하였으며, 장애를 단지 의학적 상태나 기능 손실로 규정짓는 개인적 모델에 대한 비판으로 제기되었다(Oliver, 1990). 사회적 모델의 핵심은 장애를 만드는 것은 개인이 아니라 사회라는 점이다. 즉, 장애인은 신체적 손상이나 질병을 가진 사람이지만, 그들이 차별받고 소외되는 이유는 사회가 적절한 제도, 환경, 인식 등을 갖추지 못했기 때문이라는 주장이다(Shakespeare, 2006).

따라서 이 모델은 장애인을 '문제'로 보지 않고, 장애를 만드는 사회의 장벽을 제거하는 것이 복지정책의 핵심이 되어야 한다고 강조한다. 이러한 접근은 장애인 당사자의 권리와 자율성을 강조하며, 정치적·구조적 차원의 변화와 참여를 요구하는 데 큰 영향을 미쳤다. 특히 'Nothing about us without us(우리 없이 우리에 대한 결정을 하지 말라)'라는 구호로 대표되는 당사자 중심의 권리 운동은 사회적 모델의 철학을 실천적 차원으로 확장시키는 데 중요한 역할을 하였다(Barnes & Mercer, 2003).

사회적 모델은 교육, 고용, 이동권, 정보접근성, 의사소통 등의 영역에서 평등한 참여를 보장하기 위한 정책형성의 기반이 되었다. 「장애인차별금지법」 제정, 유니버설 디자인의 도입, 장애인의 지역사회 자립생활 지원 등은 모두 사회적 모델의 영향 아래에서 구현된 제도적 실천 사례로 평가된다(김용득 외, 2019). 물론 사회적 모델은 개인의 건강상태나 치료의 필요성을 경시할 수 있다는 비판도 있으며, 최근에는 개인적 요인과 사회적 요인을 함께 고려하는 통합적 접근이 대두되고 있다. 사회적 모델은 여전히 장애를 이해하는 가장 급진적이고 구조적인 관점을 제공하며, 장애인의 인권과 자립을 실현하기 위한 필수적 이론으로 자리매김하고 있다(이준우, 2012).

이러한 사회적 모델은 단순히 제도와 물리적 환경의 개선을 넘어서, 사회 전반의 가치와 문화 속에 내재된 차별적 인식을 변화시키는 것을 핵심 과제로 삼는다. 특히 언어, 미디어, 교육, 법제도 등 다양한 사회체계에 포함된 '정상성의 기준' 자체가 장애인의 권리와 가능성을 제한하고 있다는 인식에서 출발한다. 따라서 장애에 대한 사회적 모델은 인식 전환, 참여 보장, 구조 개선이라는 세 가지 축을 중심으로 복지정책과 실천을 재구성할 것을 요구한다.

실제 현장에서는 사회적 모델에 기반한 다양한 실천이 이루어지고 있다. 예를 들어, 특수학교 중심 교육에서 통합교육으로의 전환, 접근 가능한 대중교통 체계 구축, 장애인의 자기결정권을 존중하는 개별화된 복지서비스 제공 등이 그것이다. 특히 지역사회 기반의 자립생활 운동(Independent Living Movement)은 장애인이 스스로 삶을 통제하고 결정하는 주체로서 자리매김할 수 있도록 돕는 대표적인 사회적 모델의 적용 사례로 꼽힌다.

그럼에도 불구하고, 여전히 사회적 모델의 이상과 현실 사이에는 차이가 존재한다. 제도의 실행력 부족, 사회적 편견, 경제적 제약, 그리고 일부 영역에서는 개인의 건강·기능적 측면을 경시하는 경향 등은 이 모델의 실효성을 약화시키는 요인으로 지적된다. 이에 따라 최근에는 사회적 모델을 보완하여, 개인의 신체적 조건과 사회적 환경이 상호작용하는 '생태학적 모델(ecological model)'이나 '통합 모델(integrated model)'의 필요성이 제기되고 있다.

사회적 모델은 장애를 더 이상 '개인의 결함'으로 환원하지 않고, 사회정의(social justice)와 포용성(inclusion)의 관점에서 재해석하려는 복지 패러다임의 전환점이 되었다. 이 모델은 장애인의 권리를 복지적 배려가 아닌 시민으로서의 당연한 권리로 인정하는 인권 기반 접근의 토대를 제공하며, 앞으로도 지속적으로 사회 변화와 제도 개혁을 견인하는 핵심 이론으로 기능할 것이다.

3. 재활모델과 자립생활모델

1) 재활모델

재활모델(rehabilitation model)은 장애를 가진 개인의 기능 회복과 사회 적응을 중심으로 하는 장애인복지 접근 모델이다(김용득 외, 2019). 이 모델은 장애를 의학적 혹은 기능적 문제로 간주하며, 그 해결을 위한 목표는 치료, 훈련, 보조공학의 활용 등을 통해 개인의 능력을 최대한 회복시키는 데 있다. 장애인이 사회적 역할을 수행할 수 있도록 신체적 · 정신적 기능을 향상시키는 것이 재활모델의 핵심이다(나운환 외, 2025).

재활모델은 전통적으로 의학적 모델과 밀접한 연관을 가지며, 주로 의료기관, 재활기관, 복지관 등에서 적용된다. 이 모델의 실천은 장애인의 기능 회복을 위한 물리치료, 작업치료, 언어치료, 심리상담, 직업재활 등으로 구성되며, 장애인의 사회 적응과 직업 복귀를 돕는 데 초점을 둔다(김미옥 외, 2021).

재활모델은 특히 중증 또는 중복장애인의 경우처럼 기능 회복과 훈련이 절실한 상황에서 필수적인 접근으로 작용한다. 또한 치료 기술의 발전과 함께 다양한 보조기구, 의지 · 보조기, 정보통신기술 등의 활용이 확대되면서 재활모델의 실효성은 더욱 강조되고 있다(김미옥 외, 2021).

그러나 재활모델은 장애를 개인 내부의 문제로만 간주하고, 사회적 배제나 차별, 구조적 장벽 등의 맥락을 간과할 수 있다는 점에서 한계가 지적된다(Shakespeare, 2006). 사회적 모델과 비교할 때, 장애인의 권리, 자율성, 환경적 요인을 충분히 고려하지 못한다는 비판도 제기된다. 이에 따라 최근에는 재활모델이 사회적 통합과 권리 중심 관점을 포괄하는 통합적 접근으로 발전하고 있다(Albrecht et al., 2001). 재활모델은 장애인의 기능 향상과 사회 적응을 위한 전문적이고 실천적인 기반을 제공하며, 의료적 재활과 사회복지실천이 상호 보완적으로 적용될 수 있도록 하는 중요한 모델로 평가된다.

재활모델의 발전과 함께, 장애인의 전인적 삶의 질 향상을 위해서는 단순한 기능 회복을 넘어 사회적 환경과 개인의 권리를 고려한 통합적 접근이 필요하다는 인식이 확산되고 있다. 이에 따라 재활 서비스는 개인 맞춤형 지원과 더불어 장애인이 지역사회에서 자립적으로 생활할 수 있도록 사회적 자원과 연계하는 방향으로 진화하고 있다. 또한 재활모델은 다양한 전문 분야 간 협력(multidisciplinary team approach)을 통해 의료, 심리, 사회복지, 교육 등의 통합적 서비스를 제공하며, 장애인의 다차원적 욕구를 충족시키려는 노력을 포함한다.

특히 최근에는 정보통신기술(ICT)과 보조공학기기의 발전으로 장애인의 기능적 한계를 극복하는 데 있어 혁신적 도구들이 활용되고 있다. 이는 재활모델의 효과성을 높이는 동시에 장애인의 사회참여와 자립 능력 신장에 크게 기여하고 있다. 더불어 재활 과정에서 장애인 본인의 주체적 참여와 의사결정권 보장이 강조되며, '자기결정권(self-determination)'과 '권한 부여(empowerment)'의 개념이 점차 통합되고 있다.

그러나 재활모델은 여전히 사회적 · 구조적 차원의 장애인 배제 문제를 완전히 해결하지 못한다는 한계가 존재한다. 장애인의 사회참여를 촉진하기 위해서는 물리적 환경의 개선뿐만 아니라, 사회적 인식 변화와 법적 · 제도적 지원이 병행되어야 한다. 따라서 현대 장애인복지실천에서는 재활모델과 사회적 모델의 강점을 융합한 '통합적 모델(integrated model)'이 부상하고 있으며, 이는 개인의 기능 회복과 사회적 권리보장, 그리고 환경 조성을 동시에 추구하는 복합적 접근법으로 자리 잡고 있다.

재활모델은 장애인의 신체적 · 정신적 기능 향상과 사회 적응을 위한 중요한 전략임과 동시에, 보다 포용적이고 권리 기반의 복지 체계구축을 위한 기반으로서 계속 발전해 나가고 있다. 향후 재활모델은 장애인의 전인적 삶을 지원하는 데 있어 기술적 진보와 사회적 환경 변화와의 조화를 이루는 방향으로 더욱 확대될 전망이다.

2) 자립생활모델

자립생활모델(independent living model)은 장애인을 수동적인 돌봄의 대상이 아닌, 자기결정권을 가진 독립적 주체로 인식하는 장애인복지의 핵심적 모델이다. 이 모델은 1960~1970년대 미국에서 시작된 장애인 권리 운동과 자립생활 운동(IL Movement)을 기반으로 발전하였으며, 장애인의 삶에 대한 통제권 회복, 사회참여 보장, 차별 해소를 중심 가치로 삼는다.

이를 실현하기 위한 자립생활 철학의 기반으로 데종(Dejong, 1979)은 소비자 주권(consumerism, consumer sovereignty), 자조자립(self-reliance), 정치경제적 권리(political and economical rights)를 제시한 바 있으며, 이를 도식화하면 [그림 3-3]과 같다(이경준, 최윤영, 2020 재인용).

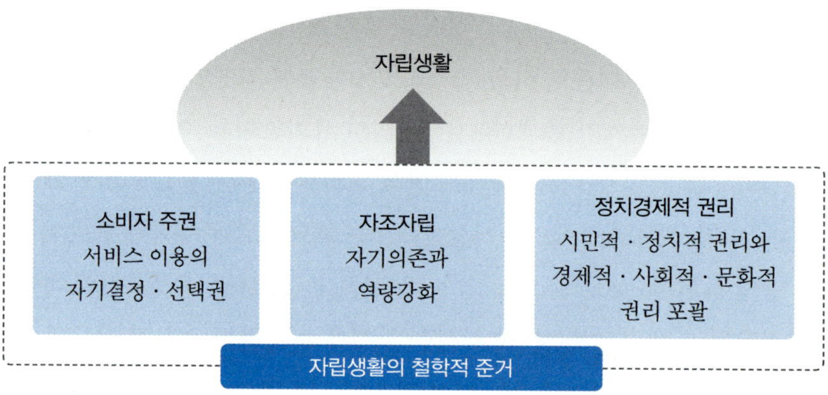

[그림 3-3] 장애인 자립생활의 철학적 준거

자립생활모델은 전통적인 보호 중심의 서비스에서 탈피하여, 장애인이 지역사회에서 필요한 지원을 받으면서도 자신의 삶을 스스로 결정하고 주도하는 것을 목표로 한다. 즉, 물리적 · 제도적 장벽을 제거하고, 동등한 시민으로서 삶의 질을 누릴 수 있도록 하는 것이 핵심이다. 이를 위해 정보 접근권, 이동권, 고용 및 주거 선택권, 보조기기 및 서비스 접근성 등이 보장되어야 한다.

자립생활모델은 「UN장애인권리협약(CRPD)」의 철학과도 깊은 관련이 있다(Assembly, 2006). CRPD는 장애인의 자립과 완전한 사회참여를 위해 다음과 같은 3대 핵심 원칙을 제시하고 있다. 첫째, 장애인의 자기결정(self-determination) 권리 보장, 둘째, 지역사회에서의 자립생활(independent living in the community) 보장, 셋째, 보편적 접근성(accessibility) 확보이다. 이러한 권리는 단순한 물리적 이동의 자유를 넘어, 정보, 교육, 주거, 문화, 정치 등 모든 사회영역에의 접근권을 포함한다.

자립생활모델의 실천에서는 장애인 당사자의 참여를 전제로 한 서비스 설계와 운영이 중요하게 여겨진다. 활동지원서비스, 장애인자립생활센터 운영, 동료상담(peer counseling), 권리 옹호 등은 모두 이 모델의 실천적 방법에 속한다(Dejong, 1979). 이와 같은 실천은 장애인이 복지의 수혜자가 아닌 권리의 주체로 살아가도록 지원하는 데 그 목적이 있다(Shakespeare, 2006).

자립생활모델은 장애인이 자신의 삶을 주도적으로 관리할 수 있도록 다양한 지원체계를 마련하는 데 초점을 둔다. 이는 단순한 일상생활 지원을 넘어, 장애인이 사회적 · 경제적 · 정치적 영역에서 능동적으로 참여할 수 있는 권리와 기회를 보장하는 포괄적 접근이다. 따라서 자립생활을 실현하기 위해서는 장애인의 개별적 욕구에 맞춘 맞춤형 지원, 접근 가능한 인프라 구축, 그리고 사회 전반의 인식 변화가 필수적이다.

자립생활모델은 정책적 · 제도적 차원에서 장애인의 권리보장을 강화하는 역할도 담당한다. 「장애인차별금지법」, 고용 및 주거 지원 정책, 접근성 개선을 위한 법률과 제도들은 자립생활을 가능하게 하는 중요한 기반이 된다. 이러한 법 · 제도적 지원과 더불어 장애인 당사자의 정치적 참여와 의사결정 과정 참여가 보장될 때, 진정한 자립생활이 실현될 수 있다.

자립생활모델은 장애인을 수동적 보호의 대상이 아닌 권리와 책임을 가진 사회의 주체로 재정의하며, 이들의 완전한 사회통합과 평등한 삶의 실현을 위한 핵심적 이론이자 실천적 틀로 확고히 자리 잡고 있다. 앞으로도 자립생활모델은 장애인복지 정책과 현장 실천의 중심축으로서 더욱 발전할 것이다.

자립생활의 등장 배경이나 원리를 종합해 볼 때, 자립생활 운동의 시발점은 기존의 의료 · 재활모델에서의 탈피를 말하며 환자나 약자의 입장에서 독립적 인권을 소유한 개인의 권리 추구로서 등장한 모델이라 할 수 있다(정종화, 주숙자, 2008). 이에 따라서 앞서 설명된 재활모델의 문제적 관점과 자립생활모델의 변화 및 긍정적 관점을 정리하면 〈표 3-1〉과 같이 정리할 수 있다.

표 3-1 재활모델과 자립생활모델 비교

항목	재활모델	자립생활모델
문제 요인과 소재	• 신체적 손상, 직업 훈련 기술의 결여, 심리적 부적응, 동기/협력 부족 → 개인	• 전문가/가족에의 의존, 부적절한 지원체계, 사회환경 및 경제적 장애 → 환경/재활체계
장애인의 역할	• 환자/복지 수혜 대상자	• 서비스 이용자/소비자
문제해결 및 관리	• 의료 및 치료 접근 → 서비스 제공자/전문가	• 자조, 동료상담, 사회적 장애 제거 등 → 당사자/서비스 이용자
기본 관점 및 이론	• 장애는 개인 차원의 문제 • 치료 중심 재활 필요 → 개인비극이론, 분리화	• 장애는 사회환경적 문제 • 사회행동 필요 → 사회억압이론, 정상화이론, 통합화
추구 목표	• 최대한의 일상생활동작, 직업 훈련 및 유급 고용 • 개별 적응 및 동기화	• 자기관리, 최소제한적 환경, 개인의 사회경제적 가치 향상 • 지역사회체계 및 인식 변혁
지원 형태	• 시설수용(분리화)	• 지역사회 거주(통합화)

출처: Dejong (1981): 이경준, 최윤영(2020) 재인용.

요약

1. 장애인복지 이론은 의학 중심에서 권리 중심으로 변화하고 있으며, 탈시설화, 자립생활, 사회통합이 핵심 개념으로 부상하고 있다.
2. 정상화 이론은 단순한 거주 이전이 아니라 사회적 관계와 역할 수행을 강조하며, 사회적 역할 강화는 사회적 역할 가치화라는 철학적 토대에서 장애인의 자립과 주체적 삶을 실현하는 실천적 틀을 제공한다.
3. 장애에 대한 개인적 모델과 재활모델은 장애에 대한 개인 기능 측면의 손상에 기반한 개인문제와 서비스 대상화에 초점을 둔다.
4. 사회적 모델은 차별과 배제의 원인을 사회 구조로 보고, 이를 제거하는 것이 복지의 핵심 과제라 보며, 이에 입각하여 장애인을 복지의 권리 주체로 전환시키는 접근에서 자립생활모델의 가치를 설명할 수 있다.

Issues & Discussions

1. 장애인복지 발달의 이론적 근거들과 그의 배경을 설명하시오.
2. 정상화 이론과 사회적 역할 강화의 상관성과 지향점을 설명하시오.
3. 장애인복지실천에서 '개인적 모델'과 '사회적 모델'은 각각 어떻게 기능할 수 있는지. 그리고 이들은 어떻게 균형 있게 적용될 수 있는지에 대해서 논의하시오.
4. 장애인 자립생활 철학에 기반하여 기존 재활모델과 자립생활모델의 근본적 차이점과 방향성을 비교 설명하시오.
5. 장애인의 자립생활을 실현하기 위해 지역사회는 어떤 준비가 필요한지에 대해서 논의하시오.

Workshop

〈장애인정책 아이디어 공모전 준비하기〉

우리가 꿈꾸는 장애인복지	
목적과 개요	• 장애인복지의 주요 이론과 모델을 심도 있게 이해하고, 이를 실제 정책과 서비스 사례에 어떻게 적용할 수 있는지 탐색함으로써 이론과 현실을 연결하고 장애인 복지에 대한 통찰력을 키우며, 더 나은 실천 방안을 고민 • 공모전 참여를 통한 학습성과의 환류와 사회적 공감대 조성
목표	• 다양한 이론 이해: 장애인 복지의 핵심 이론과 모델들을 명확하게 설명 • 모델별 특징 파악: 각 모델의 장단점 및 한계를 비교 분석 • 사례 분석 능력 향상: 실제 장애인 복지 정책 및 서비스 사례에 어떤 이론과 모델이 적용되었는지 찾아내고 분석 • 실천적 아이디어 도출: 학습한 이론을 바탕으로 현장에서 적용 가능한 새로운 아이디어를 제안
준비 과제	• 이론별 개념 정리: 각 조별로 할당된 이론/모델에 대한 핵심 내용을 정리하고 발표 자료를 준비 • 사례 분석 및 발표: 특정 이론/모델이 적용된 국내외 실제 사례를 찾아 분석 및 공유(예: 우리나라 지자체의 장애인 친화 도시 정책, 장애인등급제 폐지, 탈시설화 등) • 토론 참여: 각 모델의 장단점, 현실 적용의 어려움 등에 대해 토론 및 의견 • 그룹별 아이디어 제안: 학습한 내용을 바탕으로 '우리가 꿈꾸는 장애인 복지'를 위한 정책 또는 서비스 아이디어 제안
단계별 학습	**1. 이론의 씨앗 심기** • 아이스브레이킹 및 워크숍 목표 공유 • 이론 개요 1) 정상화 및 사회적 역할 강화 이론 2) 개인적 모델 vs. 사회적 모델 3) 재활모델 vs. 자립생활모델 4) 자립생활 지원 모델: 자립생활을 위해 필요한 다양한 지원(정보, 동료상담, 권익 옹호 등)의 중요성

2. 사례 탐색 및 공유

- 그룹별 국내외 장애인복지정책 또는 서비스 사례 조사(예: 보건복지부의 발달장애인 돌봄지원 우수사례 등)
- 각 사례가 어떤 특징적 가치와 의미가 있는지 파악하고, 이를 이론/모델에 적용하여 분석(예: "이 사례는 어떤 모델에 더 가까울까?" "이 모델이 적용된 이유는 뭘까?"와 같은 질문을 던지며 심층적으로 탐구)
- 그룹별 발표 및 피드백: 그룹별 분석한 사례와 적용된 이론/모델 발표하고, 피드백

3. 아이디어 팡팡!(60분)

- 그룹 토론
  - "우리가 배운 이론들을 실제 현장에 적용하려면 어떤 점을 고려해야 할까?"
  - "각 모델의 한계점은 무엇이고, 어떻게 보완할 수 있을까?"
  - "가장 이상적인 장애인복지 모델은 어떤 모습일까?"
  - 아이디어 제안: '미래의 장애인복지 정책/서비스 아이디어' 구상과 자료 구성

4. 함께 성장하기

- 아이디어 발표: 각 조의 아이디어 공유, 서로에게 긍정적 피드백 제공
- Q&A 및 정리: 궁금한 점 질문하고, 교수자의 워크숍 내용 정리 및 총평

5. 학습자–교수자 협력과 마무리: 공모전 준비 및 참가 수행

- 장애인정책 아이디어 공모전 출품을 위한 활동계획 및 수행: 공모전 주제, 성격, 요건 등 전반 확인 및 출품작 제작 등

04 장애인복지서비스 접근방법

이 장에서는 장애인복지서비스 접근방법 중 강점관점, 역량강화, 사람중심접근, 지역사회 접근에 대해서 알아본다.

먼저, 장애인 지원에 있어 장애인 당사자의 강점관점의 이해와 논리를 파악하고, 동시에 이것이 당사자 역량강화에 매우 중요한 접근임을 이해하도록 그 원리를 사례와 함께 학습한다.

이어서 최근 권리관점에서 장애인 당사자의 지역사회 삶에 있어 자기주도적이고 스스로 결정하는 삶을 살 수 있도록 지원하는 사람 중심의 개인별 지원에 관하여 알아보고, 이를 통해 궁극적인 장애인 당사자들의 지역사회에서의 삶(community living) 지원 필요성을 강조하는 지역사회 접근의 체계와 사례를 살펴본다.

학습목표

1. 장애인복지서비스 접근을 위한 방법으로서 강점관점, 역량강화, 사람중심접근, 지역사회접근에 관한 각 개념을 설명할 수 있다.
2. 각 접근방법의 특성과 실천원칙을 파악할 수 있다.
3. 접근방법의 사례 예시를 통해 실천방법을 이해하고 실천할 수 있다.

키워드

강점관점접근(Strength-Based Approach)/역량강화접근(Empowerment Approach)/사람중심접근(Person-Centered Approach)/지역사회접근(Community-Based Approach)

1. 강점관점

강점 중심의 접근이란 장애인들이 지니고 있는 잠재 능력, 재능, 자질을 강화시켜 줌으로써 사회적 적응을 보다 가능하게 하는 데 초점을 둔다. 병리보다는 강점, 자기결정을 강조하며, 이를 장애인복지에 적용시켜 보면, 장애인복지 전문가(서비스 제공자)들이 장애인을 한 사람의 시민으로 바라보지 못하고, 문제가 있는 사람, 결핍자 등 병리학적 측면에서 접근하였던 기존의 접근방법에 반하여 장애인들의 능력, 수용, 기회 등 강점을 중심으로 한 접근이라고 할 수 있다. 따라서 개인의 문제 행위와 문제 측면보다는 지역사회, 사회구조, 그리고 제도 등의 영향을 강조하며, 장애인복지실천의 목표는 개인적 삶의 향상을 넘어서 장애인의 역량발전과 사회적 자원의 평등한 분배에까지 이른다고 볼 수 있다.

강점관점은 다음의 세 가지 요소를 포함한다(김미옥, 2003). 첫째, 클라이언트를 독특한 존재로서 다양성을 인정하고 존중한다. 둘째, 클라이언트의 결점보다는 강점에 초점을 둔다. 셋째, 가능한 모든 자원을 활용하여 클라이언트의 역량을 강화하도록 돕는다.

이 요소들에 입각하여 장애인복지 전문가는 개인의 능력을 강화하고 삶을 스스로 조절할 수 있도록 북돋아 주고 추진의 동력을 주어야 한다. 즉, 장애인이 모든 사회 구성원과 동등하게 의사소통을 할 수 있도록 도와주는 역할을 수행하게 되는 것이다.

1) 강점관점 특성

강점관점의 특성은 다음과 같다. 첫째, 문제가 아닌 도전을 강조한다. 이는 장애인복지에 있어서 장애를 손상의 차원이 아닌 능력을 발휘할 수 있는 또 다른 기회라고 볼 수 있다. 둘째, 병리가 아닌 강점을 강조한다. 즉, 현재의 문제적 상황보다는 해결할 수 있는 가능성으로서 잠재성을 포함한다. 셋째, 과거가 아닌 미래를 강조한다. 이로써 미래의 성장을 위해 현재의 자원을 탐색하는 것을 포괄한다.

이때 장애인복지실천 전문가가 가져야 할 자세를 설명하면 다음과 같다.

첫째, 사람들은 성장과 변화를 위한 개별적, 본래적 능력을 갖는다는 것을 인식해야 한다. 둘째, 대상자 체계는 자원과 능력을 원천적으로 지니고 있음을 인식한다. 셋째, 대상자의 정체성, 명확성, 그리고 그가 기관에서 기대하는 것을 보다 정확하도록 돕기 위해 노력한다. 넷째, 대상자를 자신의 행동, 삶 그리고 상황, 변화 노력이나 치료계획을 수행할 것인지를 가장 잘 아는 전문가로 가정한다. 다섯째, 사정과 접근계획 과정을 장애인복지실천 전문가와 대상자가 공동으로 활동 하는 것이라고 생각한다. 여섯째, 사정(assess)을 하지만 진단은 하지 않는다. 또한 진단적 분류를 사용하는 것을 피한다. 일곱째, 이전에 대상자가 시행하였던 일들에 대한 논의는 피한다. 즉, 이전에 문제 상황을 해결하기 위하여 대상자가 시도하여 실패하였던 일들에 대한 논의는 대부분 비생산적이다. 대신 향후 해결해야 하는 것에 대하여 더 많은 시간과 에너지를 사용하도록 한다. 여덟째, 대상자의 가족, 사회적 관계망, 지역사회 등의 공식적 · 비공식적 자원을 모두 활용한다. 아홉째, 개입계획은 대상자와 그의 상황에 따라 구체적이고 개별화하여 세우도록 한다.

표 4-1 강점중심모델과 의료 · 재활모델의 비교

구분	강점중심모델	의료 · 재활모델
가치	• 성장, 치유, 학습에서의 인간의 잠재력 • 욕구를 구체화하는 인간의 능력 • 자기결정 • 개인과 환경의 강점들 • 개별성과 독특성	• 전문가의 소견에 기초한 문제해결 • 처방된 치료에의 순응 • 건강에 대한 지식과 통찰력이 부족한 이용자
초점	• 개별 목적 달성을 위해 개인 및 환경적 자원의 결합	• 개인의 문제에 대한 본질과 치료처방을 결정하는 전문가적 진단
문제해결	• 소비자/환경에 의한 결정 • 우선적으로 활용하는 비공식적 지역사회 자원들 • 소비자 권위와 투사	• 전문가 지향의 사정과 서비스 전달체계

사회 환경	• 소비자 자신이 스스로 돌보도록 조장	• 이용자 지지체계에 의해 돌보도록 조장
사례관리 체계	• 선택과 결정을 하는 소비자로서의 이용자 • 이용자와 라포, 신뢰 개발 • 사례관리자는 코치, 지지, 용기를 북돋아 줌 • 사례관리는 비공식적 원조자가 있을 때 종결	• 이용자는 수동적 수혜자 • 사정, 계획, 평가기능에 제한된 전문적 계약 • 제공자 중심의 의사결정과 개입
사례관리 과업	• 강점과 자원의 구체화 • 비공식적 원조망 구축과 회복	• 결점을 극복하도록 기술 학습 • 순응 점검 • 구체화된 문제의 의료적 관리

출처: Saleebey (2002): 김미옥(2003) 재인용.

2) 강점관점접근 사례

사례 1 발달장애인의 사회적 통합 사례

발달장애인을 대상으로 한 지역사회 통합 프로그램에서 강점관점을 활용하여 개인의 재능과 관심사를 발견하고 이를 기반으로 사회적 관계를 형성하도록 지원했습니다. 예를 들어, 한 발달장애인이 그림 그리기에 재능이 있다는 점을 발견한 후, 지역 미술 동아리에 참여할 수 있도록 연결했습니다.

- 적용과정
  - 강점 발견: 장애인의 관심사와 재능(그림 그리기)을 파악
  - 자원 활용: 지역 미술 동아리와 연결하여 사회적 활동 참여를 지원

- 결과
  - 발달장애인은 자신의 재능을 활용해 작품을 제작하고 전시하며, 사회적 관계를 확대하고 자존감을 향상

사례 2 정신장애인의 자립 지원 사례

정신장애인을 대상으로 한 사례관리에서 강점관점을 적용하여 당사자가 가진 대처 능력과 과거 성공경험을 기반으로 자립을 지원했습니다. 당사자는 과거 요리경험이 있었고, 이를 통해 자립 의지를 강화할 수 있었습니다.

- 적용과정
  - 강점 탐색: 당사자가 과거 요리경험을 통해 자신감을 가졌던 사례를 확인
  - 목표 설정: 요리기술을 활용해 자립생활을 준비하도록 목표를 수립
  - 자원 연결: 지역 요리 교실에 참여하도록 안내하고, 자립 준비를 위한 지원 제공

- 결과
  - 당사자는 요리기술을 활용해 소규모 사업을 시작하며 경제적 자립에 성공

2. 역량강화

역량강화란 능력을 가지는 것, 능력을 향상하는 것으로 볼 수 있는데, 이를 구체적으로 살펴보면, 그들 자신의 삶에 대한 집단적 통제력을 획득하는 방법에 관한 이론으로, 그리고 사회복지사들이 사람들의 결여된 힘을 증대시키기 위해 추구하는 방법으로 개인, 집단, 지역사회가 그들의 환경에 대한 통제력을 얻고 그들 자신의 목표를 달성하여 결과적으로 그들 자신과 다른 사람을 원조하여 삶의 질을 최대화시켜 나가는 수단(장인협, 1999)이라고 정의할 수 있다. 즉, 역량강화접근(empowerment approach)은 장애인을 수동적 복지 수혜자가 아닌, 자신의 삶을 통제하고 사회적 변화를 주도할 수 있는 주체로 보는 접근법이다. 장애인의 개인적 역량뿐만 아니라 사회적 · 정치적 환경을 개선하여 장애인이 실질적인 자율성과 권한을 가질 수 있도록 지원하는 것이 핵심이다.

이 접근은 장애인 자신의 강점, 이웃과 지역사회 자원들, 해결이 가능하다는 신념 등에서 출발하며, 결과적으로는 사회적 · 조직적 환경에 대한 장애인 자신의

능력을 증가하는 것이다. 또한 이 개입은 다른 사람으로부터 지혜와 통찰력을 얻은 경험이 있는 장애인으로부터 도움을 받고 있는 방법도 포함된다. 즉, 장애인의 동료상담(peer counseling)이 이에 속한다고 볼 수 있다.

1) 역량강화접근의 특성

역량강화접근의 특성은 다음과 같다. 첫째, 생태체계적 관점을 통합하고 있다. 둘째, 대상자의 결함보다는 강점을 지향한다. 셋째, 문제 확인보다는 문제해결을 추구한다. 넷째, 처방에 따른 치료보다는 능력 향상을 추구한다. 다섯째, 전문가의 전문적 능력보다는 대상자를 변화과정의 모든 국면에서 완전한 동반자로서 참여해야 한다는 전제하에 전문가와의 협력적 동반자 관계를 강조한다. 여섯째, 환경은 잠재적 자원을 보유하고 있음을 강조함으로써 다양한 환경적 자원을 활성화하는데, 심지어 대상자로 하여금 자신을 자원으로 보도록 돕는다.

2) 역량강화접근의 과정

- 1단계: 대화

전문가와 대상자 간의 상호 신뢰라는 협력적 관계를 확립, 유지하므로 함께 준비하기, 동반자관계 형성하기, 해결해야 할 일 설명하기, 강점 확인하기, 방향 정하기 등이 있다.

- 2단계: 발견

전문가와 대상자는 체계적으로 해결에 필요한 자원 발굴 방법을 모색하는데, 이 단계에서는 자원체계 조사하기, 자원의 능력 분석하기, 해결책 고안하기 등이 있다.

• 3단계: 발달

전문가와 대상자는 기존의 자원을 활성화하고, 대상자의 목적에 도달하기 위한 새로운 대안들을 개발, 자원을 조직하고 확대시키며, 결과 목적을 달성하기 위해 일하며 공식적 개입과정을 결정짓는데 이 단계에서는 자원을 활성화시키기, 기회 확장하기, 성공 인식하기, 결과들을 통합하기 등이 있다.

3) 역량강화접근 사례

사례 1 장애인 당사자 운동을 통한 정책 변화

- 배경
  - 장애인 이동권 보장을 위해 한국의 장애인 단체가 주도한 '장애인 이동권 운동'
  - 대중교통의 접근성이 부족하고, 휠체어 사용자들이 지하철과 버스를 이용하는 데 많은 제약이 있었음

- 적용과정
  - 장애인 당사자들이 직접 정책 개선을 요구하며 집회, 서명 운동, 토론회 등을 주도
  - 장애인 단체가 언론과 협력하여 사회적 공감을 이끌어 냄
  - 정부와 협상하며, 장애인의 교통 접근성을 보장하는 법과 정책을 개선

- 결과
  - 저상버스 도입, 지하철 엘리베이터 확충 등 교통 접근성 개선
  - 장애인 이동권 관련 법안이 강화되었으며, 정책 결정 과정에서 장애인의 참여가 확대

사례 2 장애인 자조모임을 통한 경제적 자립 지원

- 배경
  - 발달장애인들이 일반 노동시장에 진입하기 어려운 상황
  - 기존의 직업재활 프로그램이 장애인의 개별적인 능력과 선호를 충분히 반영하지 못함

- 적용과정
  - 장애인과 가족들이 협력하여 자조모임을 조직하고, 맞춤형 경제활동 모델을 개발
  - 지역사회 내에서 장애인들이 직접 운영하는 카페 및 공예 사업을 추진
  - 사업 운영 과정에서 장애인들이 회의를 주도하고, 의사결정을 하도록 교육 및 지원

- 결과
  - 장애인들이 경제적으로 자립할 수 있는 기회 확대
  - 자조모임을 통해 장애인과 비장애인 간의 인식 개선 및 사회적 관계 형성
  - 참여한 장애인들이 스스로 운영과 의사결정을 하며 자신감을 획득

3. 사람중심접근

사람중심접근(Person-Centered Approach: PCA)은 장애인을 단순한 복지 서비스의 대상이 아니라, 자신의 삶을 주도적으로 설계할 수 있는 주체로 인식하는 접근 방식이다. 이를 실천하기 위해 사람중심생각(Person-Centered Thinking: PCT), 사람중심계획(Person-Centered Planning: PCP), 사람중심실천(Person-Centered Practice: PCPR)이 중요한 개념으로 활용된다.[1)] 이 접근법은 장애인의 강점과 선호를 기반으로 맞춤형 지원을 제공하며, 궁극적으로 삶의 질 향상을 목표로 한다.

- 사람중심생각(PCT)
  - 장애인을 바라보는 기본적인 태도로, 개별적 특성과 욕구를 존중하는 사고 방식
  - 장애인의 선호, 목표, 강점 등을 바탕으로 지원 계획을 수립하도록 유도

1) 미국의 국가 사람중심 실천 및 시스템 발전 센터(NCAPPS, https://nacapps.acl.gov, 2024. 4. 1. 검색). 현재는 트럼프 정권이 들어선 이후 접속이 차단되어 있는 상태이다.

– 일률적인 서비스 제공이 아닌 맞춤형 지원을 강조
– 서비스 제공자가 장애인의 의사결정을 존중하고 촉진하도록 함

• 사람중심계획(PCP)
– 장애인의 개별적인 욕구와 목표를 바탕으로 지원계획을 수립하는 과정
– 장애인 당사자, 가족, 전문가, 지역사회가 함께 논의하여 맞춤형 지원책을 결정
– 장애인의 강점을 활용하여 자립을 촉진하는 방향으로 계획을 수립
– 정해진 서비스 틀에 맞추는 것이 아니라, 장애인의 삶을 중심으로 서비스가 조정됨

• 사람중심실천(PCPR)
– 사람중심 생각과 계획을 실제 서비스와 정책에서 실행하는 과정
– 장애인이 원하는 삶을 살 수 있도록 실제 생활에서 지원하는 실천적 접근법
– 지역사회 자원과 협력하여 장애인이 자율성을 가질 수 있도록 돕는 방식
– 장애인의 의사결정을 존중하고, 삶의 질 향상을 위한 지속적 지원 포함

1) 사람중심접근의 특성(엠마우스복지관, 2012)

사람중심접근의 특징을 설명하기 위해 사용하는 방법 중 가장 많이 사용되는 방법으로 조직체 중심과 사람 중심을 대비하는 방법이 있다.

사람중심계획의 중심된 생각은 서비스를 받는 사람이 서비스를 주는 사람에게 어떻게 보여지고 이해되는가에 따라 그 사람에 대한 서비스 제공 방법이 아주 달라진다는 것이다. 사람에 대한 이해가 서비스의 변화, 절차, 태도, 그리고 환경을 바꾸는 것보다 서비스의 변화에 좀 더 큰 역할을 한다는 것이다. 따라서 사람을 어떤 관점으로 보는가에 따라 서비스가 완전히 달라진다는 것이다.

인간을 보는 관점이 사람 중심으로 변화할 때 각각의 사람들은 독특하고, 재능

표 4-2 조직체 중심과 사람 중심에 따른 차이

조직체 중심(System Centered)	사람 중심(Person Centered)
• 진단 붙여진 명칭(label)에 초점	• 사람(이용인)을 먼저 생각
• 부족한 것과 필요한 것을 강조	• 능력과 재능을 찾음
• 정형화된 진단과 평가에 중점을 둠	• 사람을 아는 데 시간을 투자
• 판단을 전문가에게 맡김	• 이용인 및 가족, 서비스 제공자에게 맡김
• 문서화된 보고서를 찾아보며 작성	• 이용인을 잘 아는 사람들로부터 정보를 모음
• 사람을 대인 서비스의 대상으로 생각	• 이용인을 지역사회의 일원으로 생각
• 다른 사람들과의 차이점을 강조하여 거리를 둠	• 공통점을 찾기 위해 사람들을 모음

과 가능성이 넘치는 개인으로 평가되며, 우리의 일상적인 경험을 이용하여 그것을 개발하는 방법을 찾고, 같이 일하여 그 재능들을 다른 사람들과 나눌 수 있는 사회를 구현하게 된다는 것이다.

조직체 중심으로 사람을 보았을 때와 그 사람의 능력과 재능 중심으로 보았을 때의 차이를 〈표 4-3〉에 예시하였다.

표 4-3 조직체 중심과 사람 중심의 대조 예시(철수 씨는 누구인가?)

조직체 중심(System Centered)	사람 중심(Person Centered)
• 철수 씨는 40세의 남성이다.	• 그는 사랑스럽다.
• 선천적인 청각장애와 후천적인 시각장애가 있다.	• 그는 유머감각이 있고, 당신과 같이 웃는다.
	• 그는 명랑하다.
• 자폐적인 경향, 조절할 수 없는 행동들 때문에 그의 손상된 각막을 치료하지 못했다.	• 그는 가족의 구성원이고, 영희와 형제이다.
	• 그는 혼자서 즐길 수 있다.
• 때때로 학교에서의 그의 행동은 매우 폭력적이었다고 한다.	• 그는 웃음으로 감사에 대한 적절한 반응을 보인다.
• 파괴적인 행동 성향을 보이며, 사람들은 그를 두려워한다.	• 그는 다른 사람들을 즐겁게 해 주는 것을 좋아한다.

- 어떤 것에 집중하지 못하고, 갑작스레 화를 낸다.
- 그는 한번도 직업을 가져 본 적이 없어서 직업적성검사 자체가 매우 힘들다.
- 그가 5분 내지 10분 이상 앉아 있으면 그는 매우 피곤해하고, 행동이 느려지며 기대서 잠을 자려고 한다.
- 그를 교육시키고, 같이 일하는 것이 매우 힘들다.
- 몸을 움직이고, 이동하는 데 어려움을 보인다.
- 앉아 있거나, 매우 단순한 작업을 할 때면 매우 빨리 지루해한다.
- 그는 혼자서 걷는 것을 매우 두려워한다.
- 그는 말이 서투르다.
- 말하기, 듣기, 쓰기, 읽기, 계산, 대인관계를 배울 필요가 있고, 배우는 능력이 떨어진다.
- 3~9세 정도 아이의 능력을 가지고 있다.
- 사회성숙도 검사(Vineland Adaptive Behavior Scale)에서 적응기술이 매우 낮다.

- 그는 음악을 좋아하고, 음향과 진동을 느낀다.
- 그는 수영을 좋아하고, 물속에 있는 것을 좋아한다.
- 그는 비디오 게임에 관심이 많다.
- 그는 자동차 타는 것을 좋아하고, 앞 유리의 와이퍼도 좋아한다.
- 그는 교회에 가는 것, 식당에 가는 것, 공원을 산책하는 것, 상점에 가는 것과 수영을 좋아한다.
- 그는 그리는 것을 좋아하고, 펜도 좋아하고, 읽어 주는 것, 듣는 것도 좋아한다.
- 그의 가족들과 같이 있는 것은 그에게 중요하다.
- 그는 자조기술에 있어 완전히 독립적이며, 그는 습득한 일을 할 수 있으며 자기 이름과 몇 개의 단어를 쓸 줄 안다.
- 그는 시각장애와 청각장애로 인해 다른 사람과 의사소통을 하는 데 어려움이 있다.
- 그는 사람들이 자신과 대화하기 위해 노력하지 않을 때 짜증을 내었다.

이러한 사람에 대한 관점의 차이로 철수 씨에 대한 서비스 프로그램이 완전히 달라질 수 있다. 〈표 4-4〉는 관점의 차이에 따른 프로그램의 차이의 예를 보여 준다.

표 4-4 사람에 대한 이해의 차이로 발생한 서비스 프로그램의 결과

조직체 중심 서비스 견해		사람 중심 서비스 견해	
철수 씨는 누구인가?	필요한 서비스는?	철수 씨는 누구인가?	필요한 서비스는?
• 정신 연령: 4세 3개월 • 지능지수: IQ30 • 심한 지적장애인 • 관절을 구부리고 펴는 것이 어려우며, 그리기에 어려움이 있어 발전 가능성이 없음 • 교사에게 갑자기 화를 내는 사람임	• 아동용 프로그램이 필요함 • 사회로부터 보호가 필요함 • 아주 단순한 과제 학습이 가능함 • 비장애인과 차이를 보이기 때문에 개별로 분리되어 교육받을 필요가 있음 • 관절의 펴기와 굽히기 등을 훈련할 수 있는 전문적인 직원이 필요함 • 성질이 통제될 수 있는 환경이 필요함 • 성질이 좀 더 통제된 후 사회에 참여해야 함	• 40세이며, 일반 사람들이 경험한 일을 경험하지 못하였고, 실질적인 직업을 가져 본 일이 없는 사람 • 수입이 없어 가난한 사람 • 온 생애가 고립되어 있는 사람 • 넓은 사회와 접촉이 거의 없는 사람 • 삶의 방향에 대하여 거의 통제를 해 본 일이 없는 사람 • 다른 사람에 비해 새로운 기술을 학습하는 데 좀 더 시간이 많이 필요한 사람 • 주변 사람들이나 어머니가 어린애 취급을 하는 사람 • 독특한 성격을 보이며, 매우 즐거운 사람	• 경험이 많이 필요함 • 실질적인 직업이 필요함 • 지역사회에 있어야 하며, 포함되어 있어야 함 • 지역사회나 다른 사람과 관계를 가져야 함 • 미래에 대한 꿈과 이를 성취하기 위한 지원이 있어야 함 • 대변해 줄 수 있는 사람이 필요함 • 학습을 위해 많은 지원이 필요함 • 주변 사람들이 어른으로 대접해 줄 필요가 있음 • 이 사람을 즐겁게 해 줄 사람이 필요함

철수 씨의 장애에 중점을 둔 관점(조직체 중심)의 내용은 그가 다른 사람과 얼마나 다른가를 중점적으로 관찰한 전문가의 평가로부터 나온 관점이 지배적이다. 그러나 그의 재능, 역량에 중점을 둔 관점(사람 중심)은 그(철수)를 잘 아는 사람들이 이야기한 정보에 바탕을 둔 철수 씨의 다른 부분을 말해 주는 관점이다. 이 입

장의 관점은 그의 관심과 재능, 사회 공헌, 또한 사람들이 미래에 대해 어떻게 생각하는지에 중요한 영향을 받아 생긴 것을 강조한다.

사람중심계획 과정은 세 가지 중요한 개념적 변화를 만들어 내었다. 첫째, 진단적 명칭을 정당화하는 수행상의 차이를 삶의 경험에서의 차이로 재구성하였다. 둘째, 서비스 프로그램의 궤도 밖으로 주의를 돌리도록 한다. 셋째, 이것은 철수의 능력을 전면에 내세운다.

2) 사람중심접근 사례

사례 1 탈시설 발달장애인의 지역사회 삶 지원을 위한 사람중심접근

- 배경
  - 발달장애가 있는 A씨는 거주시설에서 생활하며 개별적인 목표를 설정할 기회가 부족
  - 요양 중심의 서비스에서 벗어나 독립적인 생활을 원함

- 사람중심접근 적용
  - A씨를 아는 데 시간을 투자하고 잘 아는 사람들로부터 정보를 모음
  - A씨 거주시설 지원자, 자립생활주택 지원자, 복지관 지원자 등 애정 어린 사람들과 함께 사람중심설명(PCD)을 작성하면서 자립생활주택 지원자들이 A에 대한 최선의 지원방법을 알고 일관성 있게 지원하도록 함
  - 거주시설에서 중요한 일과와 루틴이 자립생활주택에서도 이루어질 수 있도록 지원
  - A씨에게 중요한 것과 A씨를 위해 중요한 것을 파악하고 삶의 균형을 논의함
  - 탈시설 후 안정적인 직업이 필요한 A씨를 위해 A씨가 가장 좋아하고 관심 있는 욕구(요리)에 기반한 맞춤형 개별지원계획 수립
  - 지역사회 내 요리 수업과 직업훈련 프로그램에 참여할 수 있도록 지원자들에게 A씨에 대한 최선의 지원을 위한 긍정적인 소개서(OPD)를 제공하면서 지원
  - A씨가 직접 자신의 일정을 계획하고, 선택할 수 있도록 정보 제공

● 결과

- A씨는 거주시설에서 나와 안정적으로 자립생활주택에서 생활을 하게 됨
- A씨의 흥미와 관심사인 요리를 통해 지역사회에서 요리 관련 직업을 가질 기회를 얻음
- 자립생활주택 거주와 직업준비를 통해 자립적인 생활을 위한 기술을 습득하고, 자신감을 갖게 됨
- 서비스 대상자가 아닌 A씨가 주체적으로 자신의 삶을 결정하는 경험을 함

사례 2 중증장애인의 활동 중심 지원 적용

● 배경

- 뇌병변장애가 있는 B씨는 보호자의 도움을 받으며 생활했으나, 본인의 선호와 목표를 반영한 활동이 부족했음
- 단순한 돌봄에서 벗어나 의미 있는 사회적 활동을 원했음

● 사람중심접근 적용

- B씨가 무엇을 좋아하고 잘할 수 있는지 사람중심 설명 진행
- B씨의 관심사(음악)를 반영하여 맞춤형 활동지원계획 수립
- B씨의 지원 서클 구성 및 지원 할당
- 음악 수업과 공연 참여 기회를 제공하고 만나는 사람들이 B씨를 긍정적으로 이해하고 최선의 지원을 할 수 있도록 OPD 제공
- B씨의 일상에서 B씨에게 의미 있고 좋아하는 활동을 선택하고 조율할 수 있도록 지원

● 결과

- B씨는 지역사회 내에서 음악 활동을 통해 새로운 사회적 관계를 형성
- 돌봄 중심이 아닌, 능동적인 참여자로서 삶의 질이 향상됨
- 장애인이 자신의 삶을 주체적으로 설계하는 경험을 함

4. 지역사회접근

지역사회접근은 장애인을 보호하거나 분리된 공간에 두는 것이 아니라, 장애인이 살고 있는 지역사회에서 필요한 지원을 받으며 살아갈 수 있도록 하는 접근방법이다. 이 접근에서는 서비스 제공의 장소와 방식을 지역사회 중심으로 재구성하고 장애인의 자립생활과 사회참여 확대를 목적으로 하며 「UN장애인권리협약(CRPD)」의 '지역사회에서의 삶의 권리' 조항에 근거한다. 장애인복지에서 지역사회를 중요하게 생각하는 이유는 장애인의 문제는 개인에 국한되지 않으며, 그 문제해결도 개인적 차원의 접근만으로는 충분치 않다고 보기 때문이다. 따라서 지역사회접근에서는 장애인의 재활뿐만 아니라 장애인이 지역사회에서 배제되지 않고 적절한 서비스나 기회에 접근할 수 있는 환경을 조정하고 지역사회 자원을 필요한 사람에게 연결해 준다.

1) 지역사회접근 특성

이 접근에서는 다음과 같은 특성을 갖는다.

- 탈시설화 지향: 대규모 보호시설보다 소규모 지역거주 중심
- 다부분 연계: 보건, 교육, 고용, 사회참여 등 다양한 분야 협력
- 장애인 주도: 당사자의 참여와 자기결정 존중(CBR의 핵심가치)
- 지역 자원 활용: 지역의 인적 · 물적 자원 활용
- 지속 가능성: 지역사회 내에서 지속 가능한 서비스 모델 구축
- 문화적 적합성: 지역의 문화 · 환경에 맞는 전략 개발 강조

2) 지역사회접근 실천방법

(1) 지역사회중심재활

지역사회중심재활(CBR)은 장애인의 재활과 사회통합을 위해 장애인 자신과 그 가족 및 지역사회의 인적 · 물적 자원을 가동, 활용하고 지역사회를 기초로 하여 채택된 모든 방법을 포함한다. 〈표 4-5〉와 같이 재활서비스의 70%는 지역사회 수준에서 이루어지기에 그에 따른 지역사회 조직화와 연계가 필요하다.

표 4-5 지역사회중심재활의 재활서비스 정도와 개입 범위

10% 재활전문가 전문재활서비스	시설	전문가/기관에 의한 재활활동
20% 일반전문가 보건센터-병원	지역단위	특수훈련을 받은 지역사회 구성원/ 간부진에 의한 재활활동
70% 지역사회 수준 기본적인 재활서비스	가정○○	지역사회 구성원에 의해 행해지는 활동

지역사회중심재활사업의 특징과 원칙은 다음과 같다.

① 새로운 기구나 단체를 만들기보다 기존의 복지서비스 전달체계 개선
② 지역사회개발 프로그램의 한 요소로서 장애인 재활문제가 통합될 수 있도록 유도
③ 지역사회 내의 장애인가족, 그리고 장애인 자조그룹의 참여를 유도
④ 지역 내 가용자원 활용
⑤ 전문가에 의존하기보다는 지역 내에 축적되어 있는 일반화된 기술 사용
⑥ 관련된 여러 부문이 통합된 다면적 접근방법 시도
⑦ 연계 · 협력 체계를 강화하기 위해 지역위원회 또는 조사위원회 구성 · 운영

CBR 실천 전략에서는 CBR Matrix 기준 다섯 가지 영역에서 통합적 실천을 강조한다([그림 4-1] 참조).

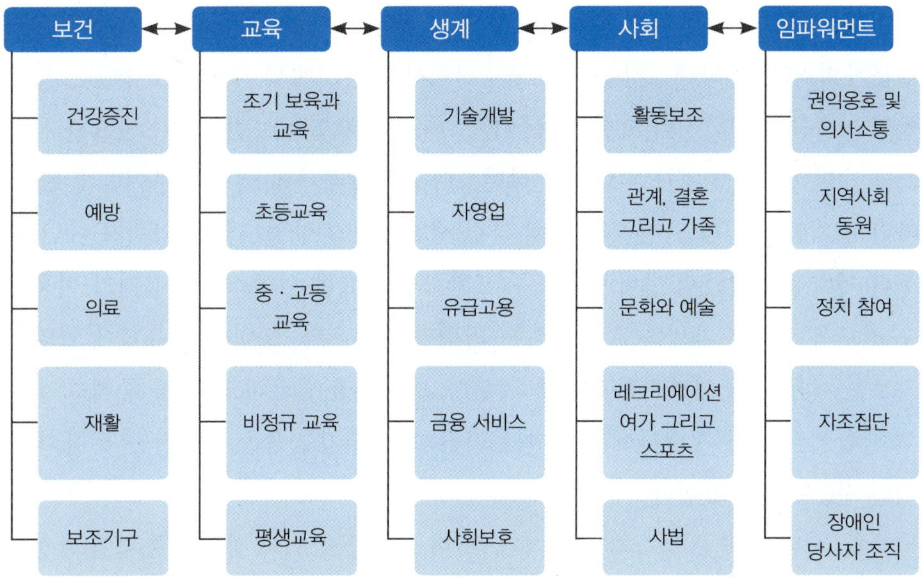

[그림 4-1] CBR 매트릭스

출처: WHO (2010).

(2) 지역사회 자산기반접근

장애인복지서비스 기관은 기관이 보유한 자원만으로 이용자의 지역사회 내 실제적인 삶에 도움을 제공하거나 당사자가 원하는 바에 근접하는 데 한계를 가진다. 그래서 지역사회접근이 강조되는데, 이는 지역사회 구성요소 간의 연결성을 높일 수 있는 환경을 만들고, 주체들의 참여를 높이는 프로그램을 실행하며, 궁극적으로는 지역 주민 스스로가 지역사회를 만들어 가는 가능성을 높이는 것이다.

지역사회 자산기반접근(Asset-Based Community Development: ABCD)은 장애를 가진 사람들이 스스로가 문제가 아니라 자신의 손상으로 차별을 경험하는 사람으로 정의하는 사회적 모델과 관련이 있다(한국장애인복지관협회, 2022). 이런 사회적 모델에서는 장애인의 현재의 상태나 기능적 부족을 개별적 모델과 다른 관점에서 접근한다. 즉, 현재 수행하기 어려운 일과 관련하여 무엇을 원하고, 하고 싶은지를 묻고 찾아내는 것을 중요시하므로 사람중심접근의 실천과도 연계된다.

이러한 지역사회접근을 실천하기 위해서는 다음의 내용이 강조된다.

첫째, 전문가 역할의 변화가 필요하며 장애인을 지원하는 서비스 조정자로서 전문가의 역할이 확대·강조된다. 즉, 지역사회 중심에서 서비스 조정자는 장애인과 가족들이 원하거나 요청한 욕구를 토대로 서비스를 마련하거나 필요한 서비스를 개발하고 조정하는 역할인 컨설턴트나 훈련제공자의 역할을 부여받게 된다. 따라서 기관 중심의 관점에서 장애 관련 서비스에만 한정되었던 의뢰가 아닌 특수한 서비스나 일반적 서비스를 모두 포함하여 필요한 서비스를 이용자가 이용할 수 있도록 자원을 개발하고 연계하는 의뢰가 중시된다. 또한 장애유형에 알맞게 정보를 제공하고, 의사소통 수단을 지원하고, 자원을 발굴하고, 이를 중개하여 지역 생활에 필요한 지원들에 대한 이용자들의 선택 가능성을 확대하는 것이 대표적인 전문가의 역할이다.

둘째, 서비스 제공 장소의 변화이다. 서비스 제공 장소의 경우 전통적인 관점에서 실무자는 복지관, 장애인 주거시설, 장애인 기관, 병원, 주간보호센터 등 전문화된 서비스 기관에서 서비스를 전달했다면, 새로운 관점에 따르면 서비스가 제공되는 장소는 지원생활(supported living), 지원고용(supported employment) 등과 같은 보다 일반적이고 지역사회에 기반하여 제공하는 것이 강조된다.

바람직한 지역사회에서의 생활은 가족이나 이웃 또는 자생단체들에 합류하여 자연스러운 통합을 유지하고 있는 상태라고 할 때, 전문가들은 이와 같은 바람직한 상태를 만들고, 그러한 상태가 유지될 수 있도록 돕는 것이 중요하다. 이를 위해서 개인별 서비스 계획을 수립할 때 장애인 당사자와 그 가족 및 지역사회 민간 지원 기능들이 공식적인 서비스 제공기관과 같이 회합에 참여하도록 해서, 장애인 서비스 제공기관의 전문가로부터 수집된 정보를 공유하고, 개인의 지역사회 생활을 위해서 지원할 수 있는 최대의 요소들을 조직화하는 과정을 거칠 필요가 있다.

결과적으로 자산기반접근은 지역사회의 다양한 서비스 제공자와 새로운 네트워크를 개발하고 이러한 네트워크 간 조정과 협상 기술이 매우 중요하며 서비스 조정자는 지역사회에서 이러한 역할을 할 수 있도록 충분히 역량이 강화되어야 한다. 자산접근을 통한 실제 활동의 예시는 〈표 4-6〉과 같다.

표 4-6 자산접근을 통한 실제 활동의 예시

구분	주민조직 만들기	이용 거점 개발하기	지원 서클 (circle) 만들기	옹호 그룹 만들기	자조집단 만들기
목적 (내용)	취약한 사람을 돕는 목적의 주민 조직화	취약한 사람도 일반 지역사회 공간을 함께 이용할 수 있도록 유도	취약한 사람이 포함된 취미, 여가 집단 만들기	취약한 사람들의 목소리를 대변하는 사람들의 조직화	취약한 경험이나 상황을 공유하는 사람들의 모임 만들기
지원 기관의 역할	일반 시민이 조직화될 수 있도록 이슈 제기와 지원	취약한 사람의 지역사회접근을 개별적으로 지원하기	취약한 사람들을 기존 집단에 개별적으로 소개하기	약자를 대변하려는 사람들을 모집, 지원하기	유사한 경험을 가진 사람들을 연결, 지원하기

출처: 김용득(2023).

3) 지역사회접근 사례

사례 1 중증장애인의 지역사회 자립과 통합을 위한 통합지원 프로젝트

- 당사자
  - 김○○(37세, 지체장애-척수손상)
  - 오랜 병원 생활 후 퇴원, 지역사회 자립 희망
- 실천 개요
  - 서울시와 지역복지관, 보건소, 자조모임, 일자리센터가 연계하여 CBR 매트릭스 5개 영역을 통합적으로 지원함으로써 김○○ 씨의 자립 지원

- CBR 매트릭스 기반 실천 내용(영역)
  - ▫ 보건
    - –지역 보건소 재활간호사와 연계하여 방문재활 제공
    - –활동지원인 파견을 통한 일상생활 지원
    - –보조기기센터를 통해 전동휠체어 맞춤형 제공
  - ▫ 교육
    - –자립생활기술 훈련(식사준비, 위생관리 등) 참여
    - –장애인복지관의 '디지털 문해교육' 프로그램 참여
    - –평생학습센터에서 스마트폰 활용 교육 수강
  - ▫ 소득보장
    - –직업재활센터를 통해 원격 콜센터 근무 기회 연계
    - –소규모 창업 교육 수료 후 온라인 쇼핑몰 운영 준비
    - –기초생활보장 수급자 등록 및 자산형성통장 가입
  - ▫ 사회
    - –지역 자조모임('함께사는마을') 활동 정기 참여
    - –동네 작은도서관에서 독서모임 구성
    - –구청 주관 장애인 문화축제에 자원봉사자로 참여
  - ▫ 권리
    - –자기결정권 강화 워크숍 참석
    - –복지관 권익옹호 지원팀과 함께 주거환경 개선 청원
    - –장애인 당사자 네트워크에 가입하여 정책 제안 활동

- 성과 및 기대효과
  - –자립성과: 병원이나 시설로 돌아가지 않고, 지역 내에서 안정적인 일상 유지
  - –사회통합: 지역 주민들과 자연스러운 관계 형성 및 참여
  - –역량강화: 기술 습득, 자원 연결, 권리 인식 향상
  - –시스템 변화: 지역사회 내 유관기관 간 협력 체계 강화

사례 2 발달장애청년의 동네 일자리 만들기

● 당사자

- 김△△(28세, 발달장애)
- 기존 직업훈련 프로그램에 적응이 어려워 지역 내 '새마을문고' 운영과 연계한 맞춤형 활동을 시도

● 실천 내용

- 복지관 직업지원팀이 새마을문고 운영진과 연결
- 김△△ 씨는 주 2회 도서 정리, 대출 기록, 이용자 안내 등 간단한 역할 수행
- 문고 운영진이 김△△ 씨에게 '책방지기 보조'라는 역할명을 부여
- 지역 주민들이 김△△ 씨에게 친근하게 말을 걸고 도움을 요청함

● 활용된 지역 자산

지역 새마을문고 공간, 문고 운영 주민 활동가, 도서관 이용 주민, 마을 청소년 자원봉사자 등

● 성과

- 김△△ 씨는 주체적인 역할을 가진 동네 구성원으로 경험
- 복지관이 아닌 지역 공공장소에서 일상적 관계 형성
- 기관 중심 고정 일자리 외에 유연하고 관계 기반의 일 경험 창출

요약

1. 강점관점접근(Strength-Based Approach)

- 개인의 강점과 가능성에 주목하여 복지실천 설계
- 실천가는 조력자이며, 당사자의 역량과 자원 활용을 지원
- 사례: 지적장애인의 강점을 반영한 맞춤형 직업훈련 설계 → 취업 성공과 자기효능감 향상

2. 역량강화접근(Empowerment Approach)

- 자기결정, 선택, 권리 옹호를 통해 당사자의 주체성 강화
- 정보 제공, 훈련, 참여 기회를 통해 권력 관계 재조정
- 사례: 장애인권익옹호기관의 권리옹호 활동 참여 → 당사자가 기관과의 협력으로 자기 목소리 직접 표현

3. 사람중심접근(Person-Centered Approach)

- 개인의 희망, 삶의 방식, 관계망에 기반한 개별지원계획 수립
- PCT, PCP 기법을 활용한 맞춤형 실천 강조
- 사례: 발달장애인 A씨의 주거전환 계획 → PCT 대화를 통해 독립생활 희망 확인 → 지역 연계로 주거 서비스 연계 및 자립 지원

4. 지역사회접근(Community-Based Approach)

- 지역의 인적·물적 자원을 활용한 포용적 환경 조성
- CBR 원칙에 따른 통합적 지원 추진
- 사례: OO구의 마을복지계획 수립 과정에 발달장애인 당사자가 참여하여 지역의 장애인 이동권 이슈 제기 → 지역의 정책 개선 반영

Issues & Discussions

1. 강점관점, 역량강화, 사람중심, 지역사회 접근이 기존의 의료모델 중심 실천과 어떻게 다른지를 설명하시오.

2. 장애인복지실천 현장에서 강점관점과 사람중심계획, 지역사회 자원 활용, 권리 기반 실천 사이의 연결 지점을 토대로 실천 전략을 구성하고 논의하시오.

3. 주거 자립, 직업지원, 권리옹호, 정책 참여 등 장애인의 실생활 차원에서 장애인복지 접근방법의 실효성과 당사자 중심의 실천의 의미를 설명하시오.

Workshop

〈장애인복지 접근방법 심화 학습〉

접근방법	주제	활동 예시
강점관점	'나의 강점을 찾아라!'	• 자신의 강점 인터뷰 카드 작성 • 사례자(실제 또는 가상)의 강점 발굴 후 '지원 아이디어 카드' 만들기
역량강화	'당사자의 목소리를 듣다'	• 실제 이슈(예: 투표권, 탈시설)에 대한 '이슈 페이퍼' 혹은 '보도자료' 작성 • 당사자 인터뷰 영상 시청 후 댓글쓰기 토론
사람중심	'나의 한 페이지 설명서(OPD)'	• 나를 소개하는 한 페이지 설명서 작성 • 사람들이 말하는 나의 대단하고 존경하는 점, 나에게 중요한 것, 나를 최선으로 지원하는 법, 나와 잘 맞는 사람의 특성/잘 맞지 않는 사람의 특성
지역사회	'마을에서 살기 위한 조건'	• 편의시설 체크리스트를 활용한 실제 점검 • 지역사회 자산지도 그리기 & 활동 제안 • 지역 장애인 관련 콘텐츠 후기 작성 및 공유

● **워크숍 목표**

- 강점관점, 역량강화, 사람중심, 지역사회 접근을 실제 사례와 연계하여 체득
- 다양한 표현 방식(말하기, 쓰기, 시각자료, 체험 등)을 통한 창의적 실천 탐색
- 실천가로서 비판적 사고력, 공감력, 참여역량 강화

● **교수법 팁**

- 워크숍은 2~3시간 구성(소그룹 중심, 실습형 학습법 강조)
- 각 접근법을 테마별 부스로 나누고, 조별 활동을 통해 결과물 공유
- 발표보다는 참여, 체험, 표현 중심 활동 설계

05

장애에 대한 생애주기 접근

이 장에서는 생애주기 관점과 장애인복지의 이해, 장애인의 생애주기별 특성과 발달과업 지원, 장애인가족과 생애주기 접근에 관하여 살펴본다.

먼저, 생애주기 관점과 장애인복지의 상관성을 이해하기 위해 인간의 전 생애에 걸친 발달과정에서 각 주기별 과업과 개인적 · 사회적 욕구 경험, 이의 해결을 위한 다양한 지원의 필요성을 이해하고, 이것이 장애가 있는 사람과 그 가족에게도 똑같이 적용됨을 파악한다.

또한 장애인복지는 특정 연령, 시기 및 상황 등에만 적용될 수 있는 단편적 · 단기적 차원이 아닌, 장애인과 가족의 전 생애에 걸친 지속적이고 통합적이며, 보편적인 서비스 접근이라는 차원에서 장애인과 장애인가족의 생애주기별 특성과 지원서비스 등에 대한 원칙과 사례 등을 학습한다.

학습목표

1. 장애인복지와 생애주기의 상관성을 이해할 수 있다.
2. 장애인의 생애주기별 특성을 파악하고 지원의 필요성을 설명할 수 있다.
3. 장애인가족의 위기적 상황과 해결방안을 모색하고 관련 지원서비스 사례를 파악할 수 있다.
4. 장애인가족지원서비스의 원칙과 그 당위성을 이해할 수 있다.

키워드

장애인복지/생애주기/장애인/장애인가족/장애인가족지원서비스/장애인가족지원센터

1. 생애주기 관점과 장애인복지

생애주기(life cycle)란 개인의 출생에서 사망까지의 전 과정을 의미한다. 그 과정에는 개인이 공통으로 반복하는 발달상의 과업과 모든 변화 패턴이 내재되어 있다. 이는 입학, 진학, 취직, 결혼, 직업 전환, 은퇴 등의 일정한 지표에 의해 표시될 수도 있다. 이러한 지표는 개인이 속하여 생활하는 문화에 따라 다를 수 있지만, 그 순서는 공통적으로 연령과 관련되어 있다. 즉, 개인의 출생에서 사망까지 직간접적으로 경험하는 모든 변화는 나이를 먹는 과정의 일정한 순서로 진행되고, 모든 사람의 일생 가운데 반복되면서 다음 세대로 전승된다.

생애주기를 도식적으로 표현하면, 생애 기간의 중요한 생애사건(life events)이 연령 단계별로 수직적으로 연결되는 형태로 나타난다. 인간은 누구나 자연스러운 시간의 흐름에 따라 생활을 영위해 나감을 의미한다. 그러나 동시에 그 시간적 공간에서 각자가 처할 수 있는 특정한 상황의 생애사건들을 경험하는 수평적 연결 형태도 그려진다. 이런 수직과 수평 도식을 통해서 인간은 자신의 생활에 변화와 적응을 시도하고 새로운 과업들을 수행해 나간다. 그 과업수행의 결과에 따라 다

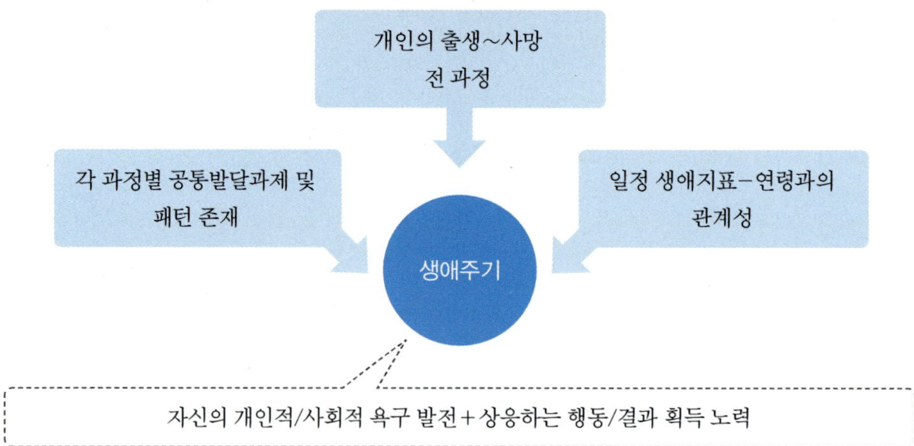

[그림 5-1] 생애주기의 이해

음 생애주기로의 전이가 이루어지면서 질적인 차이를 보이는 것이다.

장애가 있는 사람이나 그 가족에게도 이러한 생애주기의 관점과 그에 따른 발달과업의 측면은 똑같이 적용된다. 다양한 발달과정과 단계를 거치며, 그 주기 속에서 자신의 개인적 · 사회적 욕구를 발전시키고 그에 상응하는 결과를 얻고자 노력한다. 현대의 장애인복지가 특정 생애단계의 장애와 현상에만 국한하지 않고, 좀 더 보편적인 복지서비스 접근을 지향하고 있다는 관점에서 생애주기 관점과의 상관성을 확인할 수 있다.

이와 관련하여 김용득(2000)은 생애주기의 관점을 장애인복지서비스에 도입하는 시도는 다음의 세 가지 방향과 관련을 갖는다고 보았다. 첫째, 장애인의 성장과 발달에 대한 일반적인 관점을 대폭 강조하는 방향과 관련이 있는데, 문제를 어떻게 치료할 것인가의 관점보다는 장애 발생 또는 장애 발생 이후의 특정 인생 시기에 있어서 필수적인 발달상의 어떤 지원이 요구되느냐를 더 강조하는 방향과 부합한다고 볼 수 있다. 둘째, 수평적 팀워크를 강조하는 방향과 관련이 있는데, 특정 인생 시기에 개인이 필요한 포괄적인 서비스를 받을 수 있도록 하기 위해서는 현 서비스 제공 시점에서의 관련 전문 분야 간의 팀워크가 강조된다는 방향과 관련이 있다는 것이다. 셋째, 수직적 팀워크를 강조하는 방향과 관련이 있다. 이는 장애인의 성장과 발달에 따라 다음의 생애발달단계로 이전할 때 전 단계에서 다음 단계로의 서비스 계획의 이전을 강조한다는 방향과 관련이 있을 것이다.

일례로 장애청소년의 경우는 동료관계의 형성, 이성관계의 탐색, 미래에 대한 준비 등이 가장 중요한 과업이 될 것이며, 이 연령단계에 있는 장애인에 대한 사회적 대처는 아동기에서 성인기로 넘어가는 전환과정의 문제를 잘 처리할 수 있도록 돕는 것이 될 것이다(Anderson & Clark, 1982: 김용득, 2000 재인용). 따라서 장애인복지와 생애주기는 특정 연령단계에 입각한 특수성을 이해하고 과업을 수행하도록 지원하는 것과 동시에 이것이 다음 생애단계와 관련되어 긍정적으로 영향을 미칠 수 있는 보편적이고 장기적인 관점에서 종합적 생애지원의 의미를 내포하고 있다.

이와 같이 장애 발생으로 인해서 특정 연령단계에서의 과업수행에 문제가 발생하는 것을 미연에 예방하거나 문제 발생에 따른 조치 및 사후관리 전반에서 장애인복지는 생애주기적 관점을 기반으로 당사자의 다양한 욕구에 포괄적 대응과 동시에 특수성에 기반한 개별화 방안이 함께 요구된다. 실제로 우리나라 장애인복지의 청사진이라 할 수 있는 장애인정책종합계획을 통해서도 그 중요성이 반영되고 있다. '제3차 장애인정책종합계획(2008~2012)'의 58개 세부과제 중에 '생애주기별 교육지원체계 구축'을 포함하기 시작하면서 이른바 '생애주기성'을 정책적으로 인지하기 시작했으며, 제4차 계획(2013~2017)에서도 이의 강화 방안을 포함하였다. 최근의 제6차 계획(2023~2027)은 '맞춤형 지원으로 장애인의 평등한 삶을 실현하는 행복사회'를 비전으로 약자복지, 권리보장, 맞춤 지원을 핵심분야로 하고 있는데, 이 중에서도 '생애단계별 맞춤형 교육지원체계 고도화'를 꾀하고 있다. 물론 이를 교육 지원 차원으로 국한할 수도 있지만, 여기에는 일반 학령기뿐 아니라 성인기 장애인을 포괄하는 평생교육 등 전 생애적 관점이 핵심이며, 그에 따른 교육의 개인과 사회를 넘어서는 다차원적 접근의 필요성을 다지는 의미로 이해할 수 있다.

2. 장애인의 생애주기별 특성과 발달과업 지원

2023년 한국장애인개발원의 「통계로 보는 장애 인구」(2023. 8. 14. 보도자료)에서 장애 인구를 생애주기별로 파악한 결과, 영유아기(0~5세)와 노년기(65세 이상)를 제외하고, 아동 · 청소년기(6~8세)부터 중장년기(35~64세)까지는 그 수가 감소하고 있다. 노년기와 함께 증가세를 보여 주고 있는 장애 영유아 인구 비율은 2010년부터 2016년까지는 약 0.3%를 유지하다가, 2017년 0.35%로, 2022년에는 0.52%까지 증가하였다. 이는 전체 영유아 인구수가 감소하는 것과 대비된다.

이와 같은 추세에서 장애인복지는 어떤 특정 생애주기에만 국한되어서는 안 되며, 특히 현재에서 다음 생애주기로의 전환에서 요구되는 발달과업과 지원에 관한 상호 연계와 조정은 현대 사회복지 일반에서도 요구되는 기본 정책방향과도 상통한다.

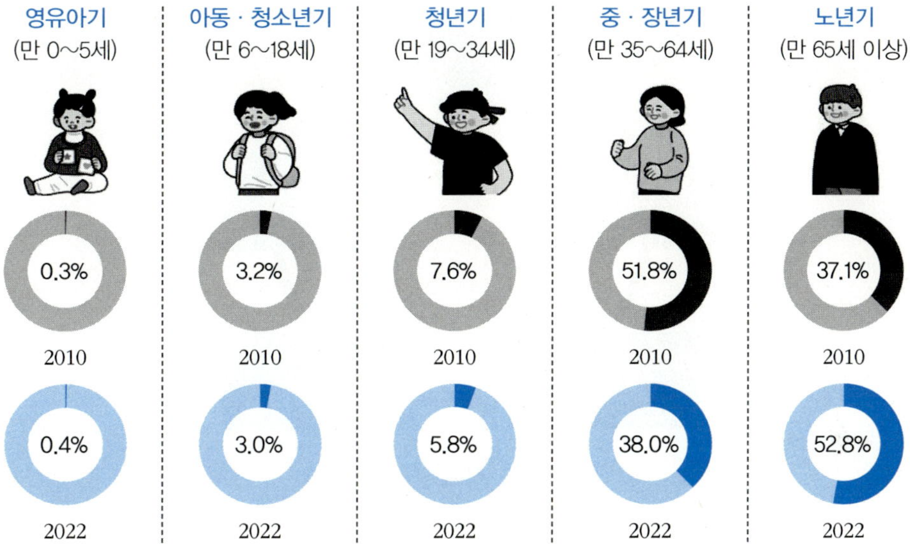

[그림 5-2] 생애주기별 등록장애인 수 변화

*주: 생애주기는 연령에 따라 영유아기는 만 0~5세, 아동 · 청소년기는 만 6~18세, 청년기는 만 19~34세, 중장년기는 만 35~64세, 노년기는 만 65세 이상으로 구분함

출처: 연합뉴스(2023. 8. 14.).

1) 장애인의 생애주기별 특성과 발달과업

맥켈프랑과 샐즈기버(Mackelprang & Salsgiver, 1999)는 에릭슨(Erikson)과 마스(Mass)의 전 생애에 걸친 인간발달이론을 기초로 장애인의 일생에 걸친 발달과정을 출생부터 노년기까지 단계별로 나누어서 체계적으로 제시하였다. 이들의 단계별 이론을 기초로 장애인의 인생을 영유아기, 학령기, 성년기, 중장년기, 노년기로 나누어 살펴보고자 한다(김종인 외, 2007; 오혜경, 2005: 정영숙, 이현지, 2007).

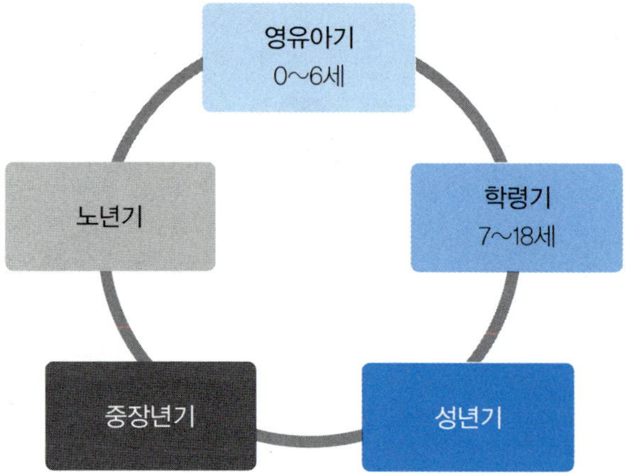

[그림 5-3] 장애인의 생애주기

(1) 영유아기(0~6세)

출생 또는 출생 직후에 장애를 갖게 된 영아는 인생 발달에서 중도에 장애를 얻는 사람들과는 애초부터 다른 삶을 시작하게 된다. 무엇보다도 이들은 자신의 장애를 인식할 수 있는 능력을 갖기 전에 장애가 발생함으로써 세상에 대한 그들의 경험은 모두 장애의 관점과 연관된다. 특히 가족, 친지, 주변 공동체나 사회가 장애인에 대한 병리학적 모델에 영향을 받은 경우, 그들은 아동을 장애아로서 대하며, 특히 가족은 이 아동을 비장애자녀와는 다른 방식으로 양육하게 된다. 반면에 부모나 주변 사회가 장애아동을 비장애아동과 같은 방식으로 양육했다면, 장애아동의 발달과정과 과업수행 능력은 비장애아동과 별 차이를 보이지 않는다(Wright, 1988: Mackelprang & Salsgiver, 1999 재인용).

이 시기의 발달과업은 주로 유아가 주변 환경에 대한 신체적 · 인지적 통제력을 획득하는 것이지만, 장애아동은 이러한 면에서 비장애아동보다 많은 어려움을 갖는다. 장애아동의 발달을 위한 환경적 지지를 중시한 마스(Mass, 1984)는 3세 이전에 장애 적응에 관한 전문적 교육을 받은 아동은 교육을 받지 않은 같은 유형의 장애아동보다 지적 · 인지적 기능 수준이 더 낫다고 주장하였다. 특히 3세가 되면 아동은 상징세계에 대한 이해력이 급속히 증가함으로써 언어와 비언어적 상징의 이해와 함께 가족을 넘어 친구와 다른 사회집단까지의 사회관계망 확대를 가져온다(Mackelprang et al., 1999).

장애아동이 이 시기의 발달과업을 성공적으로 성취하기 위해서는 비장애아동과 마찬가지로 장애아동의 환경을 확대하는 것이 필수적이다. 다른 사람과의 상호작용의 기회 확대를 통해 때에 따라서는 부정적일 수도 있는 비장애인과의 접촉을 통한 좌절감, 성취감, 동질감, 이질감 등을 함께 경험하게 된다. 그러나 긍정적으로는 이러한 경험을 통해 아동 스스로 사회적응 기술을 학습하고 부모와의 관계에 변화를 가져옴으로써 이 시기의 발달과업인 독립과 자율성을 형성하기에 이른다.

발렌타인(Valentine)은 장애아동과 부모만이 경험하는 문제의 특성으로 다음과 같은 점을 제시하였다. 먼저, 장애자녀에 대한 부모의 과보호는 아동의 주변 환경과의 충분하지 못한 상호작용과 경험 부족을 유발한다. 이에 따라 유아기에 기대되는 적절한 지적 · 인지적 · 신체적 능력 발달의 미비를 가져올 수 있다. 또한 장애아동으로 하여금 장애 치료에 따른 주변 환경에 대한 부정적 인식이 고통이나 불신 등으로 각인될 가능성이 있고, 장애아동은 비장애아동에 비해 버림받고 학대받을 가능성이 크며, 대부분의 가족과 주변 환경은 장애아동에게 낮은 기대감을 갖는다. 이는 장애아동의 능력에 제약과 한계를 가할 수 있다. 따라서 장애아동은 발달 시기에 따른 과업을 달성하는 데 장애 자체 외에도 장애와 관련한 다른 어려움에 직면하기 때문에 이에 대한 지지적 환경이 조성되어야 한다(정영숙, 이현지, 2007 재인용).

(2) 학령기(7~18세)

학령기 아동은 초기와 후기 학령기로 나누어 볼 수 있다. 특히 초기 학령기에 들어선 아동은 학교생활과 또래집단과의 교제를 통해 더 이상 원가족에만 머물지 않고, 보다 적극적으로 자신의 사회적 · 지리적 세계를 확대시켜 나간다. 또한 새로운 문제와 상황을 해결할 수 있는 구체적 문제해결 기술과 능력 발달을 도모한다.

특히 지금까지 주변 사람의 도움에 익숙해진 수동적인 아동에게 학교생활은 이들의 수동적 태도를 바꿀 수 있는 기회를 제공한다. 비장애아동과 상호작용하고 함께 학습하면서 사회화의 기회가 제공되며, 장애아동의 적극적인 사회 활동 참여를 통해 비장애아동이 장애아동을 편견 없이 동등한 위치에서 받아들이게 하는 데 도움을 줄 수 있다.

그러나 동시에 장애아동끼리의 관계 형성도 중요하다. 이들 간의 접촉은 자신의 장애를 부정적으로 바라보는 문화에 익숙해져 있던 시각을 일상적인 규범 안에서 바라보고 새로운 가능성이 있음을 함께 인식하도록 할 수 있기 때문이다.

후기 학령기인 청소년기는 개인의 정체감과 삶의 의미를 찾기 위해 노력하는 단계로서, 사춘기와 함께 나타나는 신체적 · 성적 · 사회적 변화에 어떻게 대처하느냐가 중요하다. 장애청소년의 경우, 자녀의 장애를 보살펴 주려는 부모의 행위에 따라 이 시기의 공통적 발달과업인 자녀의 독립과 정체성 확립이 제한될 수도 있다. 장애청소년의 발달과정은 더욱 복잡해지고, 일상생활에서 부모의 도움을 필요로 하는 욕구와 독립을 하려는 욕구 사이에서 심리적 갈등을 경험하며, 부모와의 관계에서도 갈등 상황이 나타난다. 따라서 이에 대한 적절한 상담과 지원체계가 형성되어야 하며, 동시에 고등학교 졸업 이후의 진로 등 미래에 대한 전략적 상담이 이루어져야 한다.

(3) 성년기

발달단계상 성년기의 특성은 성숙과 독립으로, 이는 자신에 대한 개인적 보호와 편안한 환경을 조직하고 계획하는 책임을 함께 의미한다. 성년기에 도달한 청년은 발달적 · 사회적 측면에서 부모로부터 분리되어 스스로의 생활을 책임질 수 있는 직장과 자신이 만든 가족으로 삶의 중심이 옮겨 갈 것이 기대되며, 이는 장애가 있는 청년도 예외는 아니다. 이러한 과정의 성공적 이행은 가족과 장애청년의 독립적 생활에 대한 준비 정도와 관련이 있으며, 자신의 계획을 원조할 수 있는 지역사회 내의 지지와 자원의 파악이 중요하다. 그 예로서 직업의 유형과 접근성, 교육적 자원, 교통, 그리고 다양한 영역의 서비스에 관한 정보는 장애청년이 발달적 과업을 완수하는 데 매우 중요하다(Rothman, 2003: 정영숙, 이현지, 2007 재인용).

또한 타인과 친밀한 관계를 형성하고 그 폭을 확대하는 것도 이 시기의 중요한 발달과업 중 하나이다. 그러나 만일 실패할 경우에 고립에 처하지 않도록 장애로 인한 사회적 관계의 제약들을 제거하면서 자립과 통제의 기반 요소가 될 수 있는 적절한 자원을 소유할 수 있어야 한다. 이와 함께 취업알선 및 직업훈련 등 직업재활에 대한 서비스 강화를 통해 이들의 안정적 경제활동을 지원할 수 있어야 하며, 직업생활에 대한 적응력과 실제 업무기능의 함양으로 자립생활의 기틀을 마련함으로써 이후의 생애주기를 대비할 수 있어야 한다.

그런가 하면, 성인기에 장애를 얻게 된 사람은 종종 발달단계상의 과업 외에도 장애에 의한 새로운 삶의 적응에 직면하게 된다. 이들은 장애가 발생하기 이전의 자기상(self-image)과 정체성 확립을 이미 발달과정을 통해 경험한 사람들이다. 따라서 장애로 인해 새로이 형성된 관계성은 아직 약할 수 있으며, 종종 장애인의 문화에서 생존하지 못하거나, 장애로 인해 경험하게 되는 상실감은 심리적으로 장애 자체보다 훨씬 더 크다고 할 수 있다. 그러므로 장애정체성과 장애인 문화와의 적절한 연결로 이어질 수 있도록 주위의 적절한 원조와 서비스가 요구된다.

(4) 중장년기

중장년기의 장애인은 비장애인과 마찬가지로 시간과 에너지를 가족에게 투자하고, 점차 외부 세계가 삶의 초점이 되며, 그 결과 지역사회에 깊이 관여하게 된다. 이 시기의 중요한 과업은 업적을 만들고 사회에 기여를 하는 것으로, 중장년기 장애인은 다음 세대의 장애인을 위한 새로운 장애인 문화를 발전시키고, 장애인을 위한 제도적 · 정치적 사업에 적극적으로 참여한다. 이들의 다양한 형태와 수준의 사회참여와 개입은 젊은 장애인들에게 현실적 역할모델을 제시하게 되는데, 중장년기 장애인은 개인적으로 이러한 과업을 달성함으로써 성취감과 만족감을 가질 수 있다.

현실적으로 이 시기에는 성인병 등 신체적 기능 이상으로 많은 사람이 장애를 갖게 되기도 하지만, 이들은 대부분 장애와 전혀 관계가 없는 문화 속에서 강한 정체성과 관계성을 확립하고 있었기 때문에 장애인 문화와의 관련성을 거의 갖지 않는다. 이들은 스스로를 단순히 부수적인 신체적 문제를 가진 비장애인으로 간주하여 예전의 비장애인으로서의 정체성을 유지하려는 경향이 강하며, 그 결과 장애를 포함하는 정체성으로의 전환을 시도하지 않는다.

그러나 이들도 장애를 수용하고, 장애와 그에 따른 변화를 자신의 삶에 통합시키는 것을 학습하는 것이 무엇보다 중요하다. 비록 이들이 두드러지게 장애인을 위한 권리 운동에 참여하지는 않더라도, 이 시기는 개인적 차원에서의 성장과 더불어 세계와 자연에 대한 통찰을 발달시킬 수 있는 기회를 제공한다.

(5) 노년기

사람은 자연스럽게 노화와 마주할 수밖에 없고, 개별적 차이가 있긴 하겠지만 결국 여러 가지 형태의 불편함을 얻게 된다. 청각, 시각 및 지체 장애가 가장 공통적으로 나타나는 장애이며, 그 외에도 다양한 종류와 정도의 장애 현상이 발생한다. 이 시기에 장애를 얻은 사람은 중장년기에 장애를 얻은 사람과 마찬가지로 장애인 문화에 동화하지 않으며, 유사한 장애를 가진 사람과 사회적 관계를 갖지도 않는다. 이러한 이유로 장애노인은 사회적 고립을 경험할 가능성이 높다. 그러나 이들도 다른 장애인들과 마찬가지로 일상생활을 위한 자원과 도움이 필요하기 때문에 적절한 사회적 지지와 자원연계는 장애노인의 복지에 매우 중요한 의미를 지닌다.

반면에 이미 장애를 가진 상태로 인생을 살아와 노년기에 들어선 장애인들은 오랜 경험으로 사회체계에서 필요한 자원과 도움을 구하는 데 익숙해져 있기 때문에 노년기에 이르러 장애를 얻은 사람보다는 상대적으로 장애 관련 문제에 잘 대처할 수 있다.

그러나 근본적으로 장애를 가진 노인은 일반 노인과 다름없이 사회적 관계와 의미 있는 활동을 유지하면서 적절한 독립생활을 유지하는 것이 중요하다. 특히 노년기 발달단계상의 특성인 자기완결성과 통합성의 성취는 당사자의 독립 정도와 깊은 연관성을 지니므로 장애노인에 대한 지지적 환경 조성은 이 시기의 성공적 삶을 성취하는 데 결정적 역할을 담당한다.

2) 장애인의 생애주기별 서비스 욕구와 지원

「2023년 장애인실태조사」에서는 국가나 사회에 대한 요구사항 중 보육 · 교육 보장 차원의 다양한 요구가 확인되는데, 대표적으로 특수교육 지원인력 증원 27.8%, 장애 영유아 · 아동을 위한 발달재활서비스 확대 26.4%, 대학 등 고등교육 지원 강화 9.2% 등이 높은 순위로 나타났다. 학령기 전후, 그리고 성인기 전환의 관점 등에서 특히 요구되는 서비스 방안들이라 할 수 있다. 또한 동 실태조사 결과에서 50세 미만 여성장애인이 필요로 하는 지원은 가사지원 및 활동지원 서비스 24.1%, 자녀 양육 지원서비스 18.4%, 직업훈련 및 취업지원 16.3% 등의 순으로 나타났다. 성별 차원에서도 특히 요구되는 서비스이자 생애단계와도 접목되어 복합적으로 높은 요구도를 나타내는 것이다. 그런가 하면, 65세 이상 장애노인 비율은 54.3%로 이미 사회 일반의 고령화 수준을 훨씬 뛰어넘는 수준에 이르렀음도 확인할 수 있다. 이처럼 장애인의 생애주기별 서비스 욕구와 지원은 인간발달 고유의 연령별 특성과 과업에 기인하면서도 장애로 인한 특수한 생애경험과 적응 과정에서 별도 또는 추가적인 복지 수요의 합리성이 전제되는 것이다.

(1) 학령기 이전

이 시기는 근본적으로는 포괄적인 조기교육의 실시가 매우 필요한 시기이다. 동시에 보다 실질적으로는 부모와의 관계 형성 및 발달지원으로 상호 협응과 유대감, 긴밀함을 촉진시켜야 하는 시기이다. 이를 위해 여러 가지 체계적인 부모교육을 통해 재활기초 지식 및 장애 수용의 기회 제공과 함께 부모 간 자조모임 형성을 통해 경험 및 정보 공유, 정서적 상호 지지를 도모할 필요가 있다.

특히 서비스 차원별로 영유아기에서의 직접적 접근으로서 클라이언트에 대한 장애사정 및 재활계획 수립, 장애 및 가족 관련 상담과 각종 교육 · 치료 프로그램 제공, 지역사회서비스 차원에서의 장애예방 자료 제작과 보급 등을 그 예로 들 수 있다. 반면에 영유아기에 대한 간접적 서비스 접근으로는 권익옹호 프로그램이나 이용 가능한 자원의 개발과 연계 및 각종 상황에 대한 자문 등이 있으며, 지역사회 차원의 서비스로는 장애예방 조치를 위한 입법 및 조례 제정 운동이나 관련 조사 연구 활동 등을 예로 들 수 있다.

(2) 학령기

학령기는 기초학습 능력의 신장과 더불어 사회적 소통 관계의 형성 및 발전이 무엇보다 필요한 시기이다. 따라서 학교 교육에서의 다양하고 효율적인 학습지원과 개별화교육 지원이 선행되어야 한다. 동시에 학교 및 지역사회서비스 기관을 통한 방과후교육 프로그램이 필요하며, 궁극적으로는 통합교육 프로그램의 실행으로 일반 아동과의 학습 및 문화 활동에서의 교류 증진 및 관계 형성에 기여해야 한다. 또한 각종 사회재활 및 심리상담 프로그램을 통해 자신의 장애 이해와 사회적 소통 관계 형성을 지원할 필요가 있다.

청소년기로 접어드는 고학령기는 사춘기 등에서 오는 심리적 갈등을 경험하고 장래에 대한 계획을 수립하는 시기이다. 따라서 진로에 대한 상담, 성역할과 기능에 대한 정보 및 정서지지 교육 프로그램이 필요하다. 즉, 장애인의 직업선택 가능성 확대와 진로 모색을 위해 정규적인 직업 탐색 프로그램을 실시하면서 올바른 성교육을 통해 자신의 장애와 성에 대해 동등한 인식을 전달해 주어야 한다. 특히 성과 관련한 자신의 입장을 이성적 또는 감성적으로 적절히 표현해 낼 수 있는 기술전수 프로그램들, 예를 들어 미술교육 프로그램에서의 점토 모델링을 통한 신체 기관의 이해, 놀이교육 프로그램에서의 인형극이나 역할극 등을 통해 이해를 도모할 수 있다.

또한 서비스 차원별로 직접적 대인서비스로서 생활적응훈련 프로그램의 제공, 간접적 대인서비스로서 부모 자조 네트워크 형성 지원이나 장애형제지원 프로그램의 제공 등을 고려할 수 있다.

(3) 성인기

성인기에는 의료재활 외에 취업알선과 직업훈련 등 직업재활의 욕구 충족을 가능하게 함으로써 올바른 독립생활을 유지할 수 있도록 해야 하며, 이는 가족보호기능 입장에서도 자립적 능력을 최대화하고 스스로 사회체계 내에서 기능화할 수 있는 다양한 사회적응 및 직업적 기능 함양을 필요로 한다.

특히 성인 초기라 할 수 있는 청년기에는 장애인고용에 관한 각종 정보접근성이 보장되도록 힘쓰고, 고용이 불가능한 중증장애인의 경우 지원고용을 통해 직무지도원 등을 통한 직업현장 훈련과 적응이 가능하도록 지원해야 한다. 또한 중증장애인을 위한 여가 활용이나 당사자 문제의 해결 및 정서적 지지, 정보의 공유 등을 위한 사회재활 프로그램으로서의 장애인 자조모임 형성 지원이 가능하다.

결혼기 장애인의 경우, 성 상담과 함께 결혼상담을 통해 당사자들에 대한 부부역할과 책임의식 고취, 결혼 및 육아 예비교실이나 부모교실 운영 등으로 사전에 충분한 이해를 도모할 필요가 있다. 근본적으로는 장애인의 결혼과 모・부성권 등에 대한 가족 및 지역사회의 인식 제고가 필요하다. 결혼 이후에는 지속적인 가정생활 유지와 향후 출산 및 육아에 대한 정보제공, 예를 들어 양육환경 도모를 위한 적합한 주택개조서비스, 출산보조금이나 산후조리도우미 파견 등과 같은 서비스 정보전달이 병행되어야 한다.

중장년기 장애인에게는 가정 및 사회 정착을 위한 직업유지 전략과 정보제공 프로그램, 안정적인 주거유지 및 여가선용 프로그램 등이 필요하다. 이를 통해서 안정적인 노년기 진입이 가능하도록 기반을 조성해야 한다.

(4) 노년기

전 사회적인 고령화 현상에 따른 장애노인의 발생과 확산을 제대로 인식하고, 장애인복지 차원에서뿐만 아니라 노인복지 및 일반사회복지 차원의 대처가 시급하다. 특히 성인기 지원서비스의 지속성과 경제적 보장 관점에서의 의료보장과 더불어 기초생계보장과 독거노인 문제에 대한 지원방안들이 다양하게 고안되어야 한다. 이를 위해서는 주간보호 프로그램 및 단기보호 서비스를 비롯해서 당사자의 개인사회적・심리적 안정 도모와 함께, 부양가족의 부담 경감을 위한 거시적 정책과 제도 마련이 절실히 요구된다.

또한 장애를 가진 노인을 포함한 전 장애 연령 및 영역에서 재활・보조공학 분야에 대한 발전적 기대를 높이고 지원할 수 있는 방안이 매우 필요하다. 특히 실생활에서의 이동 및 접근권 보장을 위한 보장구 지원 등은 이들의 안정적인 신체적 · 정서적 활동에 기여하고, 가정 및 사회생활 유지와 삶의 질 향상에 기여할 수 있는 기초가 되기 때문에 건강보험상의 지원대상 품목 확대나 구매 관련 비용지원 등 복지체감도를 높일 수 있는 방안들이 더욱 많이 고안되어야 한다.

3. 장애인가족과 생애주기 접근

장애인을 가족 구성원으로 두고 있는 가족은 장애인 당사자 못지않은 많은 개인적 · 사회적 부담과 제한적 환경에 놓일 위험성이 높다고 보고되고 있다. 장애가 있는 가족 구성원의 생애발달에 따라 가족 전체의 기능과 역할도 많은 영향을 받을 수 있기 때문이다. 따라서 장애인가족이 갖는 생애주기별 위기 상황과 사회심리적 갈등 요인, 그리고 특히 장애인 부모의 심리적응에 대한 이해와 이들에 대한 개인적 · 사회적 · 심리적 · 정신 및 정서적 지원에 대한 종합적이고 적극적인 고려가 필요하다.

1) 장애인 부모의 심리 변화와 적응

레빈슨(Levinson, 1978)은 지적장애가 있는 자녀의 부모가 갖는 심리적 변화과정을 〈표 5-1〉과 같이 7단계로 나누어 설명한 바 있다.

장애자녀를 둔 부모의 반응과 적응 과정은 어쩌면 임신과 출산에서부터 자신의 생을 마감할 때까지 평생을 두고 서서히 진행되는 과정으로도 볼 수 있으며, 그만큼의 긴장과 부담으로 매우 불합리한 삶을 지속시킬 가능성이 높다. 특히 현실적으로 장애자녀가 갖는 발달적 특성과 각 생애주기별 발달과정은 장애자녀의 부모 내지 그 가족으로 하여금 해당 단계에서 매번 위기적 심리 변화와 갈등을 유발함으로써 현실적인 위기를 초래할 가능성이 크다.

표 5-1 레빈슨의 지적장애아 부모의 심리적응 변화과정

단계	정의
충격	자녀가 지적장애를 가졌다는 것을 처음 인지하는 단계
거부 및 부정	장애자녀에 대한 사실을 받아들이려 하지 않고 설마 하고 느끼는 단계
수치	장애자녀에 대한 사실을 커다란 수치와 모욕으로 느끼는 단계
책임과 죄책감	장애자녀에 대한 사실을 자신의 잘못이나 어떤 처벌이 가해진 것으로 생각하는 단계
고통	장애자녀에 대한 사실에 매우 괴로워하며 장애가 없는 자녀의 부모에 대한 질투심을 갖는 단계
과잉보호 혹은 배척	지나친 동정심으로 장애자녀에 대해 과잉보호하거나, 장애자녀를 다루기가 귀찮거나 어렵다고 아예 배척해 버리는 단계
적응	자기 자녀에 대해 제대로 이해하고 적절한 지도를 시도하는 단계

출처: Levinson (1978).

2) 장애인가족의 생애주기별 위기와 관심사

장애인가족은 장애가 있는 가족 구성원의 성장과 발달과정에서 각 생애주기마다 다양한 형태의 위기와 변화에 직면하게 된다. 이 위기들은 단지 개인의 장애로 인한 어려움에 국한되지 않고, 가족 전체의 정서적 · 사회적 · 경제적 구조와도 밀접하게 연결되어 있다. 특히 부모와 비장애형제자매는 각 시기별로 각기 다른 감정적 반응과 적응 전략을 경험하게 되며, 이는 가족 역동과 삶의 질에 중요한 영향으로 작용한다.

이에 생애주기별로 경험하는 위기와 관심사를 정리하면 다음과 같다.

(1) 자녀의 임신 및 출산 시기: 충격과 거부에서 수용으로

장애아를 임신하거나 출산하게 되었을 때, 부모는 '정상적이고 건강한 아이'에 대한 기대가 좌절되면서 깊은 충격과 상실감을 경험한다. 초기에는 장애를 부정하거나 받아들이기 어려워 거부 반응이 나타날 수 있다. 이후 서서히 현실을 받아들이고, 감정의 변화(슬픔, 분노, 무력감 등)를 거쳐 자녀를 재인식하고 수용해 가는

심리적 여정을 겪는다.

(2) 영유아기: 원인에 대한 혼란과 심리적 불안

장애 진단 이후 영유아기에는 자녀의 장애 원인에 대한 의문과 불안이 지속된다. 부모는 명확한 설명을 얻기 위해 여러 전문가를 찾고 다양한 치료법을 시도하지만, 뚜렷한 해답을 찾기 어려워 심리적 피로와 무력감을 경험하기도 한다. 이 시기는 부모가 자녀의 장애를 인식하면서도 '혹시 나아질 수 있지 않을까?' 하는 희망과 현실 사이에서 갈등을 겪는 시기이다.

(3) 학령전기~초등학령기: 사회적 낙인과 교육에 대한 우려

이 시기 부모는 자녀가 또래와 다른 행동을 보이거나 사회적 관계에 어려움을 겪는 것을 보며, 또래 집단과 학교생활에서의 수용 가능성에 대해 걱정하게 된다. 사회적 시선과 편견, 통합교육 환경의 부족 등은 부모에게 긴장감과 불안을 심화시키며, 교육 기회의 불균형에 대한 문제의식도 높아진다.

(4) 청소년기: 자율성과 성에 대한 혼란

사춘기에 접어든 장애자녀는 신체적 · 정서적 변화와 더불어 이성에 대한 관심, 자율성 욕구를 표현하게 된다. 이 과정에서 부모는 자녀의 성적 자기결정, 이성관계, 사회적 행동 등에 대해 고민이 깊어진다. 보호와 자립 사이에서 균형을 잡기 어렵고, 자녀의 정체성과 미래에 대한 불확실성이 부모의 심리적 갈등을 야기한다.

(5) 성인기: 자립과 진로에 대한 현실적 고민

학교 졸업 이후 진학, 취업, 직업훈련 등 사회적 참여와 관련된 선택의 기로에 서게 되면서, 부모는 자녀의 자립 가능성과 현실적 대안 사이에서 많은 고민을 하게 된다. 제도적 지원의 한계, 고용 기회의 부족, 자립생활 준비 미비 등은 부모의 불안을 키우며, 가족 내 역할 재조정이 필요해지는 시기이다.

(6) 부모의 노령기와 자녀의 중장년기: 미래에 대한 불안

부모가 고령에 접어들면서 장애성인자녀에 대한 보호책임에 대한 부담감이 극대화된다. '내가 없어졌을 때 이 아이는 어떻게 살아갈 것인가?'라는 불안은 죄책감과 깊은 심리적 스트레스로 이어지며, 이는 생애 말기에까지 영향을 미치는 구조적 문제로 남는다. 주거, 소득, 돌봄 등 자녀의 지속 가능한 삶에 대한 준비가 부족한 현실은 가족 전체의 지속 가능성을 위협한다.

이밖에 전 생애주기적으로 가족의 치료 및 교육, 직업훈련 등에 따른 시간적 · 경제적 부담의 가중, 사회로부터의 고립감이나 죄책감, 장애자녀를 둔 부모의 자아존중감 저하와 우울, 장애자녀에 대한 과보호 또는 과잉애착, 비장애자녀의 소외 문제 및 부모와 비장애자녀 사이의 심리적 갈등의 문제 등 심리 · 사회적 갈등의 양상은 매우 넓고 다양하다.

그뿐만 아니라 장애자녀의 성장 · 발달에 따라 서서히 변화하기는 하지만, 일반적인 경향에 따르면 우리 사회에서 장애자녀의 돌봄은 우선 어머니 중심이다. 이로 인해 양육과 성장 · 발달 지원 역할에 대한 적절한 분담과 스트레스 관리에 상당한 불균형을 초래하여 근본적인 부부 및 가족 관계에 적지 않은 역기능을 초래하기도 한다.

(7) 비장애형제자매가 경험하는 정서적 반응과 심리적 특성

장애가 있는 가족 구성원이 있을 경우, 그 주변의 비장애형제자매는 일반아동 및 청소년과는 다른 정서적 경험과 심리적 발달 경로를 겪을 수 있다. 특히 부모의 관심이 장애자녀에게 집중되거나, 가정 내 긴장과 부담이 지속될 경우, 비장애형제자매는 그에 따른 복합적인 감정과 심리적 갈등을 경험하게 된다. 이러한 심리적 갈등은 자기비하, 수치심, 죄책감, 부모의 보상심리에 대한 부담, 분노, 장애형제의 미래에 대한 고민 등으로 나타난다(곽복희, 2017).

장애자녀가 있는 가정의 비장애형제자매가 경험하는 정서적 반응과 심리적 특성을 정리하면 다음과 같다.

① 혼란과 상실감

비장애형제자매는 어린 시절부터 '왜 우리 형(또는 동생)은 다를까?'라는 의문을 가지며 자란다. 이러한 질문에 대해 명확한 설명을 듣지 못하거나, 장애에 대한 이야기가 가족 내에서 금기시될 경우, 혼란감이 증폭될 수 있다. 특히 자신이 받은 관심과 사랑이 줄어든다는 느낌은 정서적 상실감으로 연결되기 쉽다.

② 죄책감과 책임감

장애형제자매가 어려움을 겪는 상황을 반복적으로 목격하게 되면, 비장애형제자매는 때때로 자신이 '건강하게 태어난 것'에 대한 막연한 죄책감을 느끼기도 한다. 또한 부모가 고령화되거나 질병을 앓게 되면, 향후 돌봄 책임이 자신에게 주어질 수 있다는 예측 속에서 일찍이 책임감을 내면화하는 경우도 많다.

③ 분노와 질투

장애자녀에 대한 부모의 집중된 관심이나 보호는 비장애형제자매에게 질투심이나 소외감을 유발할 수 있다. 특히 자신의 요구나 감정이 충분히 존중받지 못할 때, 비장애형제자매는 '나는 덜 중요한 존재'라는 인식을 갖게 되고, 이는 분노나 반항적 태도로 나타날 수 있다. 그러나 이러한 감정은 표현되지 않고 억제되는 경우가 많아, 내면화된 갈등으로 지속되기도 한다.

④ 과도한 성숙과 자기 억제

많은 비장애형제자매는 자신이 부모에게 짐이 되어서는 안 된다는 생각으로 감정 표현을 자제하고, 일찍부터 '착한 아이'로서의 역할을 수행하게 된다. 이러한 경향은 조숙하거나 책임감 있는 성격 특성으로 발현되기도 하지만, 동시에 자기 감정에 대한 억압과 장기적 스트레스를 유발할 수 있다.

⑤ 정체성 혼란과 사회적 낙인감

비장애형제자매는 또래 친구들 사이에서 장애형제에 대해 어떻게 설명할 것인지 고민하며, 가정과 사회 사이에서 정체성의 혼란을 겪기도 한다. 주변의 시선이나 부정적 편견은 비장애형제자매에게 '나도 다르다.'는 느낌을 갖게 하고, 가족에 대한 긍정적 자긍심 형성에 방해가 되기도 한다.

이러한 정서적 경험은 개인의 성장과 자아 형성 과정에 깊은 영향을 미치며, 때로는 우울, 불안, 대인관계의 어려움 등 심리사회적 문제로 이어질 수 있다. 따라서 비장애형제자매에 대한 관심과 지원은 단순한 가족 구성원의 배려 차원을 넘어서, 장애인가족 전체의 복지와 건강성을 위한 중요한 사회복지실천 영역으로 간주되어야 한다. 따라서 비장애자녀들도 다른 아동과 똑같이 성장의 과정을 거치면서 각각의 단계와 수준에서 요구되는 일반적인 과업과 성취를 위해 다양한 관심과 지도 및 애정이 필요하다. 그럼에도 불구하고 장애를 가진 형제자매의 특수성이 비장애형제자매들의 일반적 요구에 앞서면서 부모의 보살핌으로부터 상대적으로 좀 더 배제되거나 우선순위에서 밀리게 될 가능성이 존재한다. 이에 교육, 상담, 또래 지지 프로그램, 형제자매를 위한 가족교육 등은 이들이 건강한 정서 발달을 이루고, 장애형제자매와의 긍정적인 관계를 형성하는 데 도움을 줄 수 있다.

이상과 같은 위기적 현상에 따른 부모와 비장애형제자매 관점의 주요 관심사항을 정리하면 〈표 5-2〉와 같다. 그리고 이 내용은 장애인가족지원서비스 체계 구

표 5-2 장애인가족의 생애주기별 관심사

생애주기	부모의 주요 관심사항	비장애형제자매의 주요 관심사항
영유아기 (0~6세)	• 정확한 진단을 받는 것 • 형제나 친지에게 알리는 것 • 서비스를 찾아다니는 것 • 장애에 대해 긍정적인 의미를 발견하는 것 • 낙인의 문제를 분명히 하는 것	• 형제들의 욕구에 대해 부모의 시간과 에너지 할애를 줄이는 것 • 관심이 줄어드는 것에 대한 질투의 감정 • 장애에 대한 잘못된 이해와 관련된 두려움

학령기 (7~12세)	• 가족기능의 수행을 위해 일상생활을 조정하는 것 • 교육 관련 여러 문제에 적응하는 것 • 일반학급 통합과 특수학급 분리의 문제를 이해하는 것 • 개별화 교육회의에 참여하는 것 • 지역사회자원을 찾고 활용하는 것 • 교과목 이외에 아동의 활동을 조정하는 것	• 신체적 보호에 대해 책임을 분담하는 것 • 여가를 위한 가족의 자원이 제한되는 것 • 친구나 선생님에게 장애형제를 알리는 것 • 동생이 장애형제자매를 앞지를 가능성 • 장애형제가 같은 학교에 다니는 문제 • 장애에 대한 기본적인 정보의 욕구
청소년기 (13~18세)	• 장애의 만성화 가능성에 대한 정서적 반응 • 성문제의 등장에 대해 이해하는 것 • 또래들의 거부와 배제에 대한 대처법 • 직업생활에 대해 계획하는 것 • 여가생활에 대해 계획하는 것 • 사춘기의 신체적 · 정서적 변화에 대처하는 것 • 학교교육 이후의 생활에 대해 계획하는 것	• 형제에 대한 과잉동일시 • 사람들 사이의 차이에 대한 폭넓은 이해 • 장애가 직업선택에 미치는 영향 • 낙인의 가능성에 대해 대처하기 • 형제훈련 프로그램에 참여하는 것 • 형제 지지집단에 참여하는 것
성인기 (19세 이상)	• 후견인의 필요성에 대해 준비하는 것 • 성인으로서 적절한 주거를 구상하는 것 • 가족 밖에서 사회화의 기회를 가지도록 대처하는 것 • 취업이나 직업훈련 프로그램을 시작하는 것	• 재정적 지원의 책임성에 대한 문제 • 유전적 문제와 관련된 걱정 해결하기 • 새로운 가족(결혼)을 장애가족에게 소개하는 것 • 직업, 주거 문제에 대한 정보의 욕구 • 형제가 옹호인 역할을 분명히 하는 것 • 후견인 문제의 기능성

출처: Belsky (1984).

축과 지원의 근거가 된다.

3) 장애인가족지원서비스

장애아의 출생은 한 가정에 예기치 못한 각종 심리적 · 물질적 · 정신적 어려움을 발생시킬 수 있다. 예를 들어, 부부간의 불화, 비장애형제자매와의 부정적 관계 형성, 치료 및 교육 등을 위한 각종 추가비용 발생 등의 어려움이 발생한다. 이에 대한 적절한 서비스 지원은 가족 구성원 및 전체의 스트레스 경감과 원만한 가족관계 재성립에 기여하고, 가족의 긍정적 적응은 장애아동의 건전한 발달과 성장에도 긍정적 영향을 줄 수 있다. 따라서 부모나 비장애형제자매, 즉 장애인가족이 갖는 생애주기별 또는 전 생애적 공통의 위기 상황에 대한 가족부담 경감 및 지원서비스의 관점에서의 적절한 방안이 모색되어야 한다.

(1) 장애인가족의 문제와 지원 욕구

가족지원은 장애아동을 양육하는 가족을 지원하는 데 목적을 두고 있으므로 "가족체계의 강화 및 유지, 작용하는 모든 행동, 특히 아동의 장애에 대한 가족의 수용과 이해와 관련이 있는 행동"으로 정의된다(Dunlap & Fox, 1996: 김종인 외, 2007 재인용).

이러한 가족지원의 대상은 장애자녀를 구성원으로 포함하는 장애가정으로서, 장애 발생에서 오는 각종 스트레스에 노출되거나 그럴 위험에 처하게 된 가정이다. 가족의 스트레스는 장애를 접하면서 자연스럽게 발생하는 슬픔, 우울, 거부, 분노 등의 감정이 정서적 긴장을 고조시키고, 부부 및 형제 사이의 갈등을 조장함으로써 생겨난다. 또한 장애자녀의 새로운 생애발달단계에 따라 반복되는 가족의 긴장이나 부적절한 서비스 전달체계로 인해 장애로 인한 욕구에 부합하지 못하며, 분절적이고 비인간적인 서비스 경험에서 가족의 스트레스가 유지된다.

그리고 부모와의 사별 등에 의한 장애자녀의 미래에 대한 불안, 자녀 부양에서 오는 경제적 부담 등으로 인해 그 스트레스는 더욱 강화된다. 이렇듯 장애인가족의 문제는 가족 간 관계부터 사회적 · 심리적 · 경제적 문제에 이르기까지 다차원적으로 발생할 수 있으며, 이에 대한 통합적 지원이 불가능할 경우 상당한 부담이 되어 가족의 위기를 초래할 가능성이 높다.

따라서 장애인가족은 만성적 스트레스와 위기를 효과적으로 극복하면서 가족구성원끼리의 상호작용을 촉진할 수 있는 욕구를 갖게 되며, 이들에게는 가족구성원의 장애에 대한 적응 능력, 문제에 대한 대처 능력, 자원 확보와 관련한 문제해결 능력, 가족의 기능과 역할을 강화시키고자 하는 역할분담 능력 등의 잠재력을 개발하는 서비스가 1차적으로 이루어져야 할 필요가 있다(조윤경, 2024).

실제적인 가족지원이 이루어지기 위해서는 장애자녀 및 그 가족의 욕구를 사정한 후, 개별 가족의 필요에 따라 각 가족이 가진 욕구들을 충족시킬 수 있는 다양한 형식적 · 비형식적 자원 및 서비스를 확인하고, 그 가족의 기능을 강화하는 방법을 강구해야 한다. 이것은 자녀를 대상으로 하는 실천개입에 대한 가족의 효율적인 참여 능력을 갖추게 함으로써 자녀발달을 촉진하려는 것이다. 사회복지사는 가족과 협력 관계를 형성함으로써 참여를 통한 실질적인 성과를 높이고, 가족이 지원과정에서 스스로 자신의 강점과 자원을 활용하여 독립적인 문제해결자가 되도록 강화한다(김종인 외, 2007).

이러한 기반 위에 우선 부모 및 형제자매의 고유 인격과 권리 인식을 바탕으로 상호 배려와 인정을 중시할 수 있도록 자아기능 강화나 자아정체성 확립에 기여할 수 있는 구체적인 프로그램들이 필요하며, 장애에 대한 이해와 관련 정보를 접할 수 있는 교육 및 정보제공 프로그램, 상담 등의 지원이 특히 요구된다.

또한 가정의 경제적 측면에서 장애자녀에 대한 치료 및 교육 기관의 직접적이고 전문적인 서비스의 확대 지원부터 결과적으로 가족의 통합성과 안정성을 도모할 수 있는 다양한 장 · 단기적 가족원조 프로그램들이 강구되어야 한다.

궁극적으로 장애인가족의 지원 욕구와 그 해결은 각종 생애주기별 서비스에서 부모의 적극적 참여를 보장하고 그들의 권리를 강화하면서 전문가들과의 협력적 관계 형성이 이루어질 수 있도록 지지하는 것에서 시작해야 한다. 이를 위해서는 우선 부모교육의 필요성이 강조되어야 하며, 동시에 장애인가족 관련 서비스의 구상과 전달의 기본 관점으로서 '부모의 권리로서의 자유', 즉 고든(Gordon, 1975)의 견해처럼 때때로 고독을 즐길 자유라든가 자신의 취미와 흥미를 가질 자유, 아동을 동반하지 않고 데이트나 경축연, 주말나들이나 결혼기념일 등 연중휴가를 즐길 자유 등을 권리로서 실현할 수 있도록 적극 고려되어야 한다(김종인 외, 2007 재인용).

(2) 장애인가족지원서비스의 원칙

장애인을 포함하는 가정은 그렇지 않은 가정에 비해 각 개인이 경험하는 역할 갈등이나 심리적 긴장 등에서 가족 사이의 불화와 같은 역기능적인 상호작용을 초래할 위험이 높다. 그렇기 때문에 이들의 부정적인 심리적 정서를 완화시킬 수 있는 사회적 서비스가 절대적으로 필요하다. 그리고 장애인가족도 장애인 당사자 못지않게 그들의 인권을 보호받고 복지서비스를 받아야 할 대상이기 때문에 장애인복지의 관점에서 포괄적인 장애인가족지원서비스는 중요한 의미를 갖는다. 특히 가족지원 프로그램은 장애인가족을 단지 문제와 결핍을 지닌 대상이 아니라, 장애에서 비롯되는 가정 내의 다양한 문제와 그에 따른 적절한 대응 서비스가 필요한 대상으로 인식하고 계획되어야 한다.

따라서 장애인가족을 지지하기 위해서는 장애인가족의 욕구를 기초로 하여 다음과 같은 원칙에 따라 프로그램 개발이 이루어져야 한다(Dunst & Trivette, 1994: 김용득, 유동철, 2005 재인용).

첫째, 가족에 대한 지원은 공동체 의식을 증진하는 방식으로 제공되어야 한다. 즉, 공통의 욕구나 관심, 같은 종류의 장애가 있는 가족모임은 상호 의존적인 관계를 형성할 수 있어야 하며, 서로 도움이 되는 방식으로 지지해 줄 수 있어야 한다.

둘째, 자원 동원과 관련하여 우선적으로 전문적인 지원체계나 사회제도에 의존하기보다는 가족이 이미 가지고 있는 비공식적인 자원과 자구적 지원체계 등을 먼저 확인함으로써 서비스에 기초한(service-based) 접근보다는 자원에 기초한(resource-based) 접근이 가능해야 한다.

셋째, 가족지원 프로그램의 목적은 가족의 능력 고취에 있다. 따라서 가족의 기능 강화를 위해 가족과 전문가가 서로 존중하고 협력하며 책임을 공유할 수 있도록 지지해야 한다. 이를 위해 전문가가 치료, 교육 등을 계획하고 진행시키는 과정에 가족의 참여를 유도하여 전문가와의 팀워크를 강조해야 한다.

넷째, 서비스와 관련하여 가족 구성원의 의사를 반영하는 것을 전제로 가족 전체의 통합성을 유지하도록 함으로써 가족 스스로가 문제를 해결하도록 지원해야 한다.

다섯째, 가족 기능의 강화에 초점을 두고, 가족의 결점보다는 강점을 찾아내는 것이 중요하다. 동시에 가족의 생활방식을 전체적으로 변화시키는 것보다 기존의 생활방식을 존중하고 의사결정에 대한 가족의 통제력을 최대화하는 방식으로 접근해야 한다.

여섯째, 가족 구성원이 서로 건강하고 안정적인 관계를 유지하며 가족 전체의 통합성을 유지할 수 있도록 프로그램이 지원되어야 하며, 이 과정에서 가족 구성원의 욕구와 불만에 대해 필히 고려해야 한다.

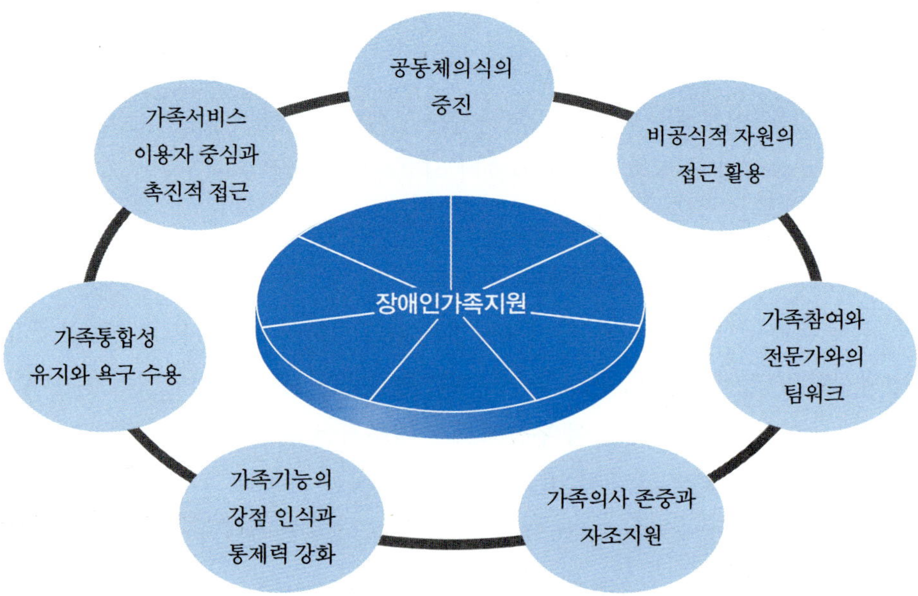

[그림 5-4] 장애인가족지원의 원칙

일곱째, 장애인가족지원서비스의 제공자인 전문가는 서비스 이용자 또는 소비자로서의 가족 구성원의 욕구를 중심으로 치료적 접근(treatment approach)이 아닌 촉진적 접근(proactive approach), 즉 치료나 재활 의욕을 촉진시키는 데 중점을 두어야 한다. 그럼으로써 가족은 자신의 욕구 만족과 다른 가족 구성원과의 통합성에 적극 가담할 수 있을 것이다.

(3) 장애인가족지원서비스 사례

장애인가족지원서비스는 기본적인 정보 공유나 제공에서부터 각 재활 및 전문 분야별 상담과 정보 제공, 각종 개별 및 집단 프로그램 등과 함께 훈련이나 정서적 지원, 부모교육이나 대사회적 권익옹호 활동 등에 이르기까지 매우 다양하게 계획되고 실행될 수 있다. 또한 최근 발달장애인의 복지와 권리증진이 최대 이슈가 되면서 발달장애인가족지원에 대한 제도적 지원도 활발하다. 특히 2018년부터는 발달장애인 가족휴식지원사업의 대상자 선정을 위한 소득기준을 폐지하는 등 많은 노력을 꾀하고 있다.

장애인복지관의 가족지원서비스 프로그램 사례를 살펴보면 〈표 5-3〉과 같다.

표 5-3 가족지원서비스 프로그램 사례

프로그램	이용 대상(연령)	요일	서비스 내용
생애주기별 정보제공 및 평생설계	장애인과 가족	연중	• 복지관 이용, 가족관계, 장애자녀 진로 및 교육 방향 등에 대한 상담 진행
강한 부모 강한 어린이 부모교육	장애자녀를 둔 부모	연중	• 부모의 역할을 되돌아보고 의사소통, 감정조절, 갈등해결 방법을 나눔 • 가정에서 자녀의 권리를 존중하는 연습을 통해 부모의 인권 감수성 향상

아버지 자조모임	장애자녀를 둔 아버지	연중	• 아버지 모임을 통해 서로 소통하고, 정보를 공유하며 지지적인 관계를 구축, 선후배 아버지 멘토링 모임 진행
비장애형제 심리지원	장애형제자매를 둔 비장애형제자매 (초등학교 3~6학년)	연중	• 집단상담을 통해 장애형제 이해, 또래와의 지지관계 형성, 스트레스 해소를 도움
강동구 장애인가족 힐링사업	강동구 거주 장애자녀를 둔 가족	4~11월	• 부모힐링 자조모임 • 취미여가(연필스케치) 진행
돌봄가족휴가제	장애자녀를 둔 가족	4~11월	• 장애자녀 돌봄비 제공 • 돌봄 가족에게 여행비 제공 • 양육 부담을 줄이고, 온전한 휴식 제공
가족관계 향상사업 (가족심리 운동) – 주말 가족수중 심리운동	만 5~6세 아동과 부모	토요일	• 수중에서 즐거운 움직임 활동을 통해 긍정적 가족관계 형성
가족관계 향상사업 (가족심리 운동) – 아빠와 함께 심리운동	만 5~6세 아동과 아빠	토요일	• 다양한 놀이활동을 통해 아동과 아버지의 긍정적 관계 형성
가정 내 양육지원 컨설팅	학령기 아동과 청소년 자녀를 둔 부모(주양육자)	주 1회 (협의)	• 가정 내 자녀 양육 지도에 어려움을 겪는 부모(주양육자)를 위한 교육과 상담
장애인가족 휴식지원	강동구에 거주하며 장애자녀(미취학, 초등학생)를 양육하는 가족	토요일 (연 3회)	• (오전) 가족심리운동을 통한 가족 내 친밀감 향상 • (오후) 가족(지원자) 욕구에 따른 휴식참여, 장애자녀는 관내 돌봄 진행

출처: 서울특별시립장애인복지관(2025. 3. 18.).

☞ 국립특수교육원이 운영 중인 장애자녀를 둔 부모를 위한 종합시스템 '온맘'을 방문하여 생애주기별 가이드북을 비롯한 정보들을 확인하고, 생애주기별 주요 제도들을 탐색해 봅시다.

https://nise.go.kr/onmam

요약

1. 생애주기 관점과 장애인복지

생애주기(life cycle)란 개인의 출생에서 사망까지의 전 과정을 의미한다. 그 과정에는 개인이 공통으로 반복하는 발달상의 과업과 모든 변화 패턴이 내재되어 있다. 특정 시간의 발달과업을 달성하고 다음 생애단계로의 성장을 위한 과정에서 복지지원의 욕구와 합리성이 보장된다. 이 점은 장애인이나 그 가족에게도 동일하게 적용된다. 그런 만큼 장애인복지서비스는 보편적 확대라는 측면에서도 어느 특정 연령, 시기, 상황 등에만 국한된 지원이 아닌, 전 생애에 걸친 지속적이고 체계적인 지원을 필요로 하게 된다.

2. 장애인가족과 생애주기

장애인 당사자 못지않게 그 가족이 겪는 개인적·사회적 부담 또한 적지 않다. 더욱이 장애인가족이라는 낙인으로 인해 사회적으로 제한적인 환경에 처할 수 있다. 부모의 장애자녀에 대한 심리정서적 반응과 갈등, 비장애형제자매의 반응과 갈등, 부부역할 분담과 스트레스 등은 각 생애주기별 위기로 이어지면서 많은 고민 및 과제와 마주한다. 따라서 장애인가족지원을 위해 다양한 가족부담 경감 정책과 함께 심리사회적 문제해결을 위한 적절하고도 실질적인 방안이 모색되어야 한다.

Issues & Discussions

1. 장애인복지서비스와 생애주기 관점의 상관성에 대해 논하시오.

2. 장애인의 생애주기별 특성과 복지서비스의 필요성을 설명하시오.

3. 장애인의 생애주기별 주요 제도와 그 의미를 논하시오.

4. 장애인가족이 갖는 심리적 부담과 위기상황을 이해하고, 이를 위한 지원서비스 방안 사례를 논하시오.

5. 장애인가족지원서비스의 원칙을 이해하고 그 당위성을 설명하시오.

6. 지역의 장애인복지관이나 장애인가족지원센터를 방문해 보고, 주요 사업 및 프로그램 내용을 파악하여 공유하시오.

Workshop

다음 그림과 같이 생애주기별로 지원서비스 사례를 탐색하고 특성을 파악한 후, 장애인가족지원 프로그램을 기획해 봅시다.

영유아동
(만 0~13세)

청소년
(중·고등학생)

성인기 및 노년기

전연령
(모든 연령)

- **활동주제**: 생애주기별 지원서비스 사례 탐색하고 가족지원 프로그램 기획하기
- **활동내용**: 위에 제시된 생애주기 단계를 선정하고 다양한 자료를 활용하여 사례에 대한 개입 프로그램을 기획하고 발표하기
- **활동형식**: 4~5명씩 조를 구성하여 다음의 절차를 수행한 후 발표 및 피드백
- **활동시간**: 1시간
- **활동절차**

절차	활동내용		시간
1단계	조원 구성하기	• 4~5명 1개 조로 구성	5분
2단계	생애주기 선정 사례 탐색 및 논의	• 탐색할 생애주기 선정 • 생애주기에 해당하는 사례 탐색: 영화, 소설, 기사 등 활용	10분
3단계	가족지원 프로그램 기획	• 프로그램명 • 프로그램 목적과 대상 • 회차별 프로그램 구성과 내용: 5회기 정도 • 프로그램을 통한 기대효과	30분
4단계	발표 및 피드백		10분
정리 및 총평			5분

종로장애인복지관(2025. 3. 18.).

PART 02

장애인복지 정책과 실천 이해

06

장애인복지 정책

이 장에서는 장애인복지 관련 정책과 관련 법령에 대하여 알아보고자 한다. 「2023년 장애인 실태조사」 결과에 따르면, 장애인은 소득보장, 의료보장, 고용보장, 주거보장, 건강관리, 이동권 보장의 순으로 사회나 국가의 지원이 필요하다고 느끼고 있었으며, 이는 장애인이 건강하고 문화적인 생활을 살아가기 위해 필수적으로 제공되어야 할 필요가 있다.

이에 소득보장, 고용보장, 교육보장, 의료보장, 주거보장, 활동지원 및 이동편의 관련 정책과 이를 기반으로 제정된 법률의 주요 내용을 중심으로 학습한다.

학습목표

1. 장애인의 소득, 고용, 교육, 의료, 주거 관련 실태와 지원 필요성을 설명할 수 있다.
2. 장애인의 소득보장, 고용보장, 교육보장, 의료보장, 주거보장, 활동지원 및 이동편의 관련 정책과 법률의 종류 및 주요 내용을 설명할 수 있다.

키워드

소득보장/고용보장/교육보장/의료보장/주거보장/활동지원 및 이동편의

1. 소득보장

1) 장애인 소득보장의 필요성과 실태

소득은 사람의 기본 생계뿐 아니라 일상생활 활동을 영위하는 데 필수적인 요소로서 장애인에게도 그대로 적용된다. 이를 위해 직업을 갖고 경제적 독립을 달성할 수 있게 하면서 궁극적인 사회통합을 지향할 수 있게 하는 수단적 의미와 가치가 있다. 장애로 인해 나타나는 노동력 상실이나 사회적 편견으로 인한 낮은 경제활동 참여율과 높은 실업률을 경험하는 것은 장애인에게 자주 나타나는 현실이다. 이로 인해 장애인은 비장애인들에 비해 경제적 어려움을 경험하게 되며, 장애로 인한 의료비 지출과 같은 추가 비용의 발생 상황에도 직면하게 된다. 그리고 장애인 소득보장정책은 장애로 인해 겪게 되는 경제적 어려움을 완화하며, 장애로 인한 경제적 손실을 최소화하기 위한 제도적인 사회 안전망을 구축하여 장애인이 인간다운 삶을 누릴 수 있도록 보장하는 데 그 목적을 두고 있다. 장애인 소득보장 정책은 사회적 위험 발생 시 개인의 경제적 불안정성에 대응하기 위한 중요한 정책적 도구이다.

장애인 가구의 경제적 실태는 비장애인 가구 실태에 비교해서 많은 부분 불안정함을 보이고 있다. 이를 「2023년 장애인실태조사」를 통해 살펴보면, 장애인 가구의 월평균 가구소득(2022년 4/14분기 기준)은 305.8만 원으로 전국 월평균 가구소득(483.4만 원)의 63.3% 수준으로 나타났으며, 장애인 가구의 월평균 지출은 242.6만 원으로 전국 월평균 가구 지출(362.5만 원)의 66.9% 수준으로 나타났다. 가구규모별로는 1인가구 115.7만 원, 2인가구 211.7만 원, 3인가구 328.0만 원, 4인가구 430.4만 원, 5인 이상 가구 487.2만 원으로 나타났다.

또한 취업장애인의 임금수준은 215만 원으로 우리나라 전체 임금근로자 월평균 임금 301만 원의 71% 수준에 불과한 것으로 나타났으며, 월평균 임금수준은 간장애가 338만 원으로 가장 많았고, 신장장애 292만 원, 안면장애 265만 원, 시각장애

244만 원, 지체장애 239만 원, 심장장애 216만 원, 장루·요루장애 206만 원 등의 순으로 나타났다. 자폐성장애가 98만 원으로 가장 낮았고, 정신장애가 99만 원, 지적장애는 114만 원, 청각장애는 134만 원, 뇌전증장애는 157만 원으로, 장애인 고용분야에서는 소득이 낮은 장애인들에 대한 고용지원이 확대되어야 한다.

2) 직접적 소득보장 정책

(1) 사회보험

「사회보장기본법」 제3조에 따라 '사회보험'은 국민이 겪을 수 있는 사회적 위험에 대응하여 보험 방식을 통해 국민의 건강과 소득을 보장하는 제도이다. 이는 사회 구성원이 노령, 질병, 실업 등의 사회적 위험에 직면했을 때, 보험의 원칙에 따라 생활 보장을 목적으로 일정 수준의 급여를 제공하는 사회보장정책이며, 대표적인 예로 국민연금과 산업재해보상보험이 있다.

국민연금은 실업 증대, 인구 노령화 추세, 핵가족화 및 노인 부양의식 약화 등으로 인한 노후생활보장 문제해결을 위해 1988년에 도입되었으며, 1999년 4월 1일부터 전 국민을 대상으로 확대 적용되었다. 국민연금은 사회적 위험으로부터 모든 국민을 보호하기 위한 사회보험제도의 본질을 가지고 있으며, 보험제도와 소득 재분배 제도의 중간적 성격을 갖는다.

국민연금 급여의 종류에는 노령연금, 유족연금, 장애연금, 반환일시금, 사망일시금이 있으며, 이 가운데 장애연금은 가입 중에 발생한 질병, 부상이 완치되었으나 신체적·정신적 장애가 남아 있는 경우 그 등급에 해당하는 급여를 장애가 존속하는 동안 지급할 수 있다.

우리나라의 사회보험 중에 가장 먼저 도입된 산재보험은 산업현장에서 활동하는 근로자와 그 가족의 생활을 보장하기 위하여 국가가 책임을 지는 의무보험제도로 사업주를 대신하여 국가가 산재근로자들을 보상해 주는 제도이다. 산재보험을 통해 산업재해를 당한 근로자가 지급받을 수 있는 급여로는 요양급여, 휴업급여, 장해급여, 간병급여, 유족급여, 상병보상급여, 장례비, 특별급여가 있으며, 장애와 연관된 급여로는 장해급여가 있다.

(2) 사회수당

사회수당은 보편적 소득보장제도의 중요한 형태이며, 장애인 수당으로는 장애수당, 장애인연금제도, 장애아동수당 등이 있다.

① 장애수당

장애수당은 장애인들의 생활 안정과 복지 증진을 위해 우리나라에서 시행하는 대표적인 사회복지 정책 중 하나이다. 우리나라의 장애수당은 1990년에 최초로 도입되었으며, 1999년 「장애인복지법」의 전면개정을 거치며 지금의 장애수당이라는 명칭으로 정착하였다.

장애수당제도의 주된 목적은 장애인의 생활 안정을 지원하고, 장애로 인해 발생하는 추가적인 생활비용 부담을 완화하여 장애인의 삶의 질을 향상하는 데 있다. 현재 장애수당은 만 18세 이상의 등록장애인 가운데, 「장애인연금법」상 중증장애인에 해당하지 않는 사람을 대상으로 지급된다. 특히 「국민기초생활보장법」상 생계, 의료, 주거, 교육급여를 받는 수급자 및 차상위 계층의 장애인이 주요 대상이 된다. 지급되는 금액은 재가인 경우 월 6만 원, 보장시설에 거주하는 경우 월 3만 원의 장애수당을 지급받고 있다(보건복지부, 2025f).

② 장애인연금제도

장애인연금제도는 장애로 인해 근로능력이 상실되거나 현저히 감소한 중증장애인에게 소득을 보장함으로써 안정적인 생활을 지원하기 위해 마련된 대표적인 직접적 소득보장 정책이다. 이 제도는 2008년 정부의 '장애인정책발전 5개년 계획'의 일환으로 장애인의 근로능력 상실로 인한 소득 감소와 장애로 인해 발생하는 추가 비용을 보전하고자 설계되었으며, 2009년 7월 「장애인연금법」 입법 예고를 거쳐 본격적으로 시행되었다.

장애인연금의 지원대상은 만 18세 이상의 중증장애인으로서, 본인과 배우자의

표 6-1 **장애인연금과 장애수당 비교**

구분		장애인연금		장애수당
		기초급여	부가급여	
목적		근로능력의 감소에 따른 소득 보전	장애로 인한 추가 비용 보전	장애로 인한 추가 비용 보전
지급 대상	장애 정도	「장애인연금법」상의 중증장애인	「장애인연금법」상의 중증장애인	「장애인연금법」상의 중증장애인에 해당되지 않는 자
	소득기준	선정기준액 이하	선정기준액 이하	기초수급자 및 차상위
지급금액		최대 34만 2,510원	3만 원~43만 5,210원	(재가) 6만 원, (시설) 3만 원

출처: 보건복지부–장애인연금개요. https://www.mohw.go.kr/menu.es?mid= a10710030100 (2025. 7. 1. 검색).

소득과 재산의 소득환산액을 합산한 금액인 소득인정액이 선정기준액 이하인 자로 정해져 있다. 여기서 중증장애인이란 「장애인연금법」에 따라 장애등급이 심한 장애로 분류되는 자를 의미한다. 이러한 장애인에게 지급되는 급여는 근로능력 상실로 인해 발생한 소득 감소분을 보장하는 기초급여와 장애로 인해 추가로 소요되는 비용의 전부 또는 일부를 보전해 주는 부가급여로 구성된다(보건복지부, 2025f).

③ 장애아동수당

장애아동수당은 장애로 인해 일상생활에 어려움을 겪는 아동과 그 보호자의 경제적 부담을 완화하고 생활 안정을 지원하기 위한 제도이다. 이 제도는 장애아동이 속한 저소득층 가구가 겪는 경제적 어려움을 덜어 줌으로써 장애아동이 보다 나은 생활환경에서 성장할 수 있도록 지원하는 데 목적이 있다. 장애아동수당은 2007년 「장애인복지법」에 따라 처음 시행되었으며, 이후 「국민기초생활보장법」에 따른 수급자와 차상위계층의 만 18세 미만 등록 장애아동에게 최소 월 3만 원에서 최대 월 22만 원까지(2025년 기준) 지급되고 있다. 「초·중등교육법」에 따른 학교에 재학 중인 경우는 예외적으로 만 20세까지 지원을 받을 수 있다(보건복지부, 2025f).

장애아동수당은 도입 이후 장애아동 가정의 생활 안정과 아동의 복지 수준 향상에 기여하고 있지만, 여전히 현실적인 필요에 비해 급여 수준이 낮다는 지적이 지속적으로 제기되고 있다. 따라서 수급자격과 급여 수준의 현실화를 통한 지속적인 제도개선이 필요한 상황이다.

3) 간접적 소득보장 정책

간접적 소득보장 정책은 소극적 의미에서 제공받는 서비스에 소용되는 비용을 감면하는 성격의 현물급여와 각종 세제혜택 및 요금감면을 의미한다.

(1) 장애인 자립자금 대여

자립이 가능한 저소득 장애인에게 자립자금을 대여하여 자활 및 자립, 생활안정을 도모할 목적으로 가구의 소득인정액이 기준 중위소득 50% 초과 100% 이하인 만 19세 이상의 등록장애인으로서 금융기관의 여신규정상 결격 사유가 없는 사람에게 지원한다. 2025년 기준 대여한도는 가구당 1,200만 원 이내(자동차 구입 자금은 특수설비 부착 시 1,500만 원 이내)로 담보대출은 5,000만 원 이하이다. 대여이자는 고정금리 연 2%로, 상환방법은 5년 거치 5년 분할 상환이다(보건복지부, 2025c).

(2) 장애아보육료지원

장애아보육료지원은 보호자의 소득 수준과 상관없이 만 12세 이하 미취학 장애아동을 대상 원칙으로 하지만, 여건과 연령대에 따라 예외적으로 지원할 수 있다. 대표적으로 특수교육대상자로 확인된 3~5세 아동이나 취학연령이 되었음에도 부득이하게 질병 등의 사유로 일반 초등학교 및 특수학교에 취학하지 못한 장애아동의 경우는 무상보육 대상으로 지원받을 수 있다. 선정을 위해서는 장애인복지카드(등록증), 장애소견이 있는 의사의 진단서 또는 특수교육대상자 진단, 평가 결과 통지서를 제출해야 한다. 2025년 기준 장애아반 편성아동이나 3~5세 누리반(장애아) 아동은 58만 7,000원, 일반아동반 편성 장애아동은 시도지사가 고시한 연령별 보육료 수납한도액을 지원하고 있다(교육부, 2025).

(3) 각종 세제혜택 및 경제적 경감 시책

2025년 기준 장애인(일부 장애인가족) 대상 세제혜택의 주요사업으로는 승용자동차에 대한 개별소비세 면제, 장애인용 차량에 대한 취·등록세 면제, 승용자동차의 LPG 연료 사용 허용, 차량 구입 시 지역개발공채 구입 면제, 소득세 공제, 장애인 의료비 공제, 장애인 특수교육비 소득공제, 장애인 보험료 공제, 상속세 상속 공제, 증여세 과세가액 불산입, 장애인 보장구 부가가치세 영세율 적용, 장애인용 수입물품 관세 감면, 특허출원료 또는 기술평가청구료 등의 감면이 있다.

또한 장애인의 경제적 부담을 경감시키기 위해 시행되고 있는 간접적 소득보장 정책은 의료 및 재활 지원의 시책, 장애인 활동지원, 장애아가족 양육지원, 장애인 일자리 지원, 장애인생산품 판매지원, 일자리·융자지원제도, 고궁, 능원, 국·공립 공연장, 공공체육시설 요금 감면 등의 공공요금 감면제도 등이 있다(보건복지부, 2025c).

2. 고용

1) 장애인 고용의 필요성과 실태

장애인 소득보장과 직접적인 연관성이 있는 장애인 고용은 장애인 당사자에게 경제적 자립과 사회참여의 기회를 제공함으로써 사회적 기능 향상과 자립생활 도모뿐 아니라 궁극적인 자아실현과 사회통합에 기여하는 가치들도 내포하고 있다. 그만큼 장애인 고용은 장애인 당사자의 능력을 고취하고 경제적 안정을 추구하며, 사회 구성원으로서의 역할과 동시에 삶의 질에 스스로 기여할 수 있는 기반에 제공되는 것이다.

이를 위해 정부는 다양한 장애인 고용의 제도적 접근을 해 오고 있으나, 실태는 녹록지 않은 현실이다. 「2023년 장애인실태조사」에 따르면, 15세 이상 장애인의 경제활동참가율은 38.8%로 2020년의 31.3%에 비해 7.5%p 증가하였으나, 실업률은 4.2%로 전체 인구 실업률(2023년 10월 기준) 2.1%에 비해 2배 높은 수준으로 나타났다. 성별로 보면, 남자의 인구대비 취업자 비율(고용율)은 45.7%이고 여자는 25.7%로, 남자의 고용률이 여자에 비해 1.7배 높은 것으로 나타나 여성장애인 고용현실이 더욱 열악함을 알 수 있다.

한편, 실업 및 비경제활동 장애인의 현재 일하지 않는 주된 이유는 '장애로 인해 업무를 제대로 수행할 수 없을 것 같아서'가 39.1%로 가장 많았고, '나이가 너무 어리거나 많아서'가 22.2%, '일하고 싶지 않아서, 일할 필요가 없어서'가 13.1%, '장애 이외의 질병이나 사고로(건강문제)'가 10.1%, '이전에 찾아보았을 때 일자리가 없어서'가 4.4%로 나타나는 등 장애인 고용 관련 실태는 소득보장과 연결되는 지점에서 우리 사회 전반의 관심과 실질적 변화를 요구하고 있다.

2) 장애인 고용 정책

장애인 고용 정책은 장애인이 직업생활에 참여하고 자립생활 도모를 지원하는 제도적 기틀로서 장애인의 고용 증진을 통한 궁극적 사회통합을 목적으로 한다. 우리나라도 장애인 고용을 촉진하고 장애인에 대한 고용현장에서의 차별을 줄이기 위한 다양한 방안을 갖추고 있는데, 우선 일반고용과 보호고용을 살펴보고 중증장애인 지원고용에 대해서 살펴본다.

(1) 일반고용

일반고용은 장애인이 비장애인과 동일한 조건에서 경쟁하여 취업하는 것을 의미한다. 그러나 비장애인 중심의 고용현장에서 장애인 근로자들은 충분한 역량을 갖추고 있음에도 물리적 · 사회적 · 심리적 차원 전반에서 온전한 경쟁고용이 어려운 실정이다. 그에 따라서 우리나라는 「장애인고용촉진 및 직업재활법」(이하

「장애인고용촉진법」)을 통해 장애인들의 직업재활 및 고용기회 확대를 통하여 자활여건을 조성하고 복지를 향상시키기 위하여 장애인 의무고용제도를 시행하고 있다.

동법 제28조에 따르면, 상시근로자를 50인 이상 고용하는 사업주는 소속 근로자 총수의 100분의 5 범위 안에서 대통령령으로 정하는 비율 이상에 해당하는 장애인 근로자를 의무적으로 고용하도록 하였다. 의무고용 비율은 2024년부터 국가 · 지방자치단체 및 공공기관은 3.8%, 민간기업은 3.1%로 상향 조정되었으며, 기업이 해당 의무고용률에 미치지 못하는 경우에는 한 명도 고용하지 않았을 때 해당 연도 최저임금 수준 납부에서부터 고용 의무 이행 수준에 따라 부담기초액 및 가산율을 적용받아 납부해야 한다.

반면, 장애인근로자의 직업생활 안전을 도모하고 고용촉진을 유도하고자 의무고용률을 초과하여 장애인을 고용하는 사업주에게 일정액을 지급하는 고용장려금제도도 시행하고 있다. 장애인근로자를 신규로 고용하고 고용을 6개월 이상 유지한 상시근로자 5인 이상 50인 미만의 사업주에게는 신규고용장려금을 지급하는데, 6개월 고용유지 시 1차 지원하고 이후 1개월 이상 고용유지 시 월별 추가 지원하여 최장 1년을 지원한다.

이와 함께 장애인 표준사업장 설립 지원, 장애인 고용 시설에 대한 자금 융자, 시설 및 장비의 무상 지원, 근로지원인 지원, 보조공학기기 지원뿐 아니라 장애인

표 6-2 고용장려금 지급단가

구분	경증장애인		중증장애인		비고
	남성	여성	남성	여성	
2020~2022년 발생분	30만 원	45만 원	60만 원	80만 원	지급단가와 월 임금액의 60%를 비교하여 낮은 단가 적용
2023년 발생분부터	35만 원	50만 원	70만 원	90만 원	

출처: 한국장애인고용공단–장애인고용장려금 https://www.kead.or.kr/edsysdesc/cntntsPage.do?menuId=MENU0684 (2025. 5. 1. 검색).

인턴제 프로그램이나 직장 내 장애인식 개선 교육 등도 장애인 고용 관련 방안으로 다뤄지고 있다. 또한 COVID-19 팬데믹 이후, 우리나라는 장애인 고용 활성화를 위한 추가적인 방안을 제시하였다. 이에는 소규모 사업장에 대한 인센티브 제공, 장애인 표준사업장의 확대 및 다양화, 중증장애인의 출퇴근 비용 지원 확대, 공공부문 장애인 의무고용률의 단계적 상향 조정 등이 포함되었다. 이러한 제도들을 통해서 장애인의 고용 기회 확대와 생활 안정 지원을 확대하게 되었다. 장애인 일반고용 정책은 장애인에게 보다 나은 일반고용 기회와 직업 안정을 통한 장애인의 사회통합과 경제적 독립을 촉진하는 중요한 기반이 된다는 차원에서 지속적인 관심이 요구된다.

(2) 보호고용

우리나라의 보호고용제도는 중증장애인을 위한 중요한 장치로서, 1986년 장애인복지시설 내에 자립작업장의 설치 및 운영 계획을 통해 22개의 보호작업장 설치를 시작으로 본격화되었다. 보호고용은 주로 직업재활시설 운영 지침에 의해 설립된 보호작업장을 중심으로 이루어지며, 장애인 근로자에게 일정 기간 동안 직업훈련과 고용 기회를 제공한다. 이를 통해 장애인은 직업 재활을 통해 직업 능력을 향상시키고, 일반 사업장에서의 취업을 준비할 수 있도록 지원받는다.

보호고용의 주요 목적은 장애인의 경제적 기반을 강화하고, 지역사회로의 통합을 촉진하는 탈시설화에 있다. 보호고용의 대상은 신체, 정신, 다른 장애를 가진 취학연령 이상의 사람으로, 특별한 지원 없이는 개방 노동 시장에서 고용을 확보하기 어려운 사람들이다. 주요 대상 장애 영역으로는 지적장애, 발달장애를 포함한 전반적 장애유형이 포함되어 있다.

2015년 「장애인복지법 시행규칙」 개정으로 장애인 보호고용은 장애인근로사업장, 장애인보호작업장, 장애인직업적응훈련시설 등 3개의 유형으로 개편, 시행되고 있다. 2024년 말 기준 전국의 장애인직업재활시설은 815개로, 근로사업장 76개소, 보호작업장 701개소, 직업적응훈련시설 38개소가 운영되고 있으며(보건복지부, 2025e), 시설 유형별 대상과 기능은 〈표 6-3〉과 같다.

표 6-3 장애인직업재활시설 유형별 대상과 기능

장애인근로 사업장	직업 능력은 있으나 이동 및 접근성이나 사회적 제약 등으로 취업이 어려운 장애인에게 근로의 기회를 제공하고 최저임금 이상의 임금을 지급하며, 경쟁적인 고용시장으로 옮겨 갈 수 있도록 돕는 역할을 하는 시설
장애인보호 작업장	직업 능력이 낮은 장애인에게 직업적응 능력 및 직무기능 향상훈련 등 직업재활훈련 프로그램을 제공하고, 보호가 가능한 조건에서 근로의 기회를 제공하며, 이에 상응하는 노동의 대가로 임금을 지급하며, 장애인근로사업장이나 그 밖의 경쟁적인 고용시장으로 옮겨 갈 수 있도록 돕는 역할을 하는 시설
장애인직업적응 훈련시설	작업 능력이 극히 낮은 장애인에게 작업활동, 일상생활훈련 등을 제공하여 기초작업 능력을 습득시키고, 작업평가 및 사회적응훈련 등을 실시하여 장애인보호작업장 또는 장애인근로사업장이나 그 밖의 경쟁적인 고용시장으로 옮겨 갈 수 있도록 돕는 역할을 하는 시설

3) 중증장애인 지원고용

장애인 지원고용은 일반사업체에 장애인이 고용되었을 때 고용된 사업장에서 고용을 안정되게 유지하도록 중증장애인에게 현장 훈련과 필요한 지원을 제공해 고용이 성공적으로 이루어지도록 하는 제도이다.

우리나라 「장애인고용촉진법」 제13조에서는 "고용노동부 장관과 보건복지부 장관은 중증장애인 중 사업주가 운영하는 사업장에서는 직무수행이 어려운 장애인이 직무를 수행할 수 있도록 지원고용을 실시하고 필요한 지원을 하여야 한다."라고 규정하고 있다. 이를 바탕으로 지원고용은 '중증장애인의 고용을 위해 직무수행에 필요한 직장 기술과 적응을 취업 전 사업체 현장에서 직무지도원을 배치하여 지도하는 훈련 프로그램'으로 설명할 수 있다. 이를 위해서 장애인 근로자에게는 훈련준비금(4만 원) 및 일비(1일 1만 8천 원) 지급과 단체 상해보험 가입, 사업주에게는 훈련보조금 1인당 1일 1만 9,340원 및 훈련기간 동안 직무지도원 배치를 지원하고 있다(한국장애인고용공단, 2025).

지원고용의 절차는 [그림 6-1]과 같다.

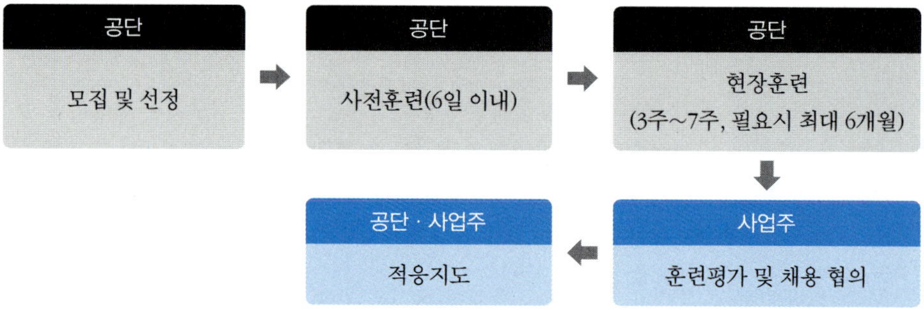

[그림 6-1] 지원고용 절차

출처: 한국장애인고용공단-중증장애인지원고용 https://www.kead.or.kr/emplyspsvd/cntntsPage.do?menuId=MENU0174 (2025. 6. 10. 검색).

이러한 장애인 지원고용의 핵심적인 요소는 취업 후 적응지도이며, 이를 위해서는 적응지도를 지원하는 직무지도원의 역할이 중요하다. 직무지도원은 지원고용 훈련기간 및 취업 후 적응 기간 동안 중증장애인 훈련생의 출퇴근 및 직무적응을 위한 지도를 하며, 동료들과 원활하게 일할 수 있도록 관계 형성을 지원한다.

3. 교육

장애인교육은 각종 교육제도와 방법 및 기술 등을 통해 장애인 개개인의 잠재력 개발과 최대한의 능력 향상을 도모함으로써 사회생활 적응을 원조하는 교육적 서비스과정을 포괄한다. 우리나라에서 장애인교육은 학교 및 보육 전문시설 중심의 특수교육, 장애인의 직업 능력 함양과 사회참여 기능 도모를 위한 직업교육, 학령기 이후 성인장애인의 학력보완에서부터 시민성 함양 등에 이르기까지 성인기 욕구 중심의 평생교육으로 구체화할 수 있다.

이 절에서는 특수교육과 이를 위한 접근원리 및 사회통합 관점을 중심으로 살펴본다.

1) 특수교육

'교육을 통한 재활지원' 관점에서 가장 보편적이고 전통적인 교육영역인 특수교육은 학령기 장애아동의 교육적 욕구 충족을 위한 기반으로서 장애특성에 맞춘 교육 과정 및 특수교육 관련 서비스 제공을 목적으로 한다.

2007년 5월 제정된 「장애인 등에 대한 특수교육법」(이하 「특수교육법」)에 따르면, 특수교육이란 "특수교육대상자의 교육적 요구를 충족시키기 위하여 특성에 적합한 교육과정 및 특수교육 관련 서비스 제공을 통하여 이루어지는 교육"으로 정의되며, 여기서 관련 서비스란 상담지원, 가족지원, 치료지원, 보조인력 지원, 보조공학기기 지원, 학습보조기기 지원, 통학지원 및 정보접근 지원 등 교육을 효율적으로 실시하기 위하여 제공되는 인적·물적 자원의 제공을 말한다. 이는 학령기 장애아동의 인격과 지식 함양뿐 아니라, 신체, 정서, 사회 등 인간발달 전반에서 교육적 지원을 통해 최대한의 잠재 능력을 계발하고 자립적인 존재로 살아갈 수 있는 기술과 적응 능력 향상에 초점을 둔다는 것이다.

이런 관점에서 특수교육의 목적은 일반교육의 목적과 결코 다르지 않다. 즉, 「특수교육법」 제1조(목적)에서 "이 법은 「교육기본법」 제18조에 따라 국가 및 지방자치단체가 장애인 및 특별한 교육적 요구가 있는 사람에게 통합된 교육환경을 제공하고 생애주기에 따라 장애유형, 장애정도의 특성을 고려한 교육을 실시하여 이들이 자아실현과 사회통합을 하는 데 기여함을 목적으로 한다."라고 명시하고 있다. 이와 같이 「특수교육법」의 목적은 우선 장애인의 자아실현으로 장애를 가지고 있어도 숨겨져 있는 잠재력을 최대한 발휘할 수 있도록 하는 것이며, 사회통합은 가정이나 지역사회에만 머무는 것이 아니라 완전한 참여로 비장애인들과 교제하고 지역사회의 시설을 이용하며 필요한 물건과 서비스를 소비하고 학교나 직장 등에서 다니는 것을 의미한다(엄미선, 김진희, 2010).

다만, 일반교육이 갖는 보편성 내에서 그들의 특수성을 인정하고 고려하는 원칙이 필요하며, 특수교육 요구아동의 잠재성을 발굴하고 가능성을 최대한 신장시킴으로써 일상에서 자립적이고 인간다운 삶의 영위를 위한 기초 능력을 배양하는 것에 실천적 목적이 있다. 이에 부합하듯 우리나라 「헌법」 제31조 제3항에 따르면, 의무교육은 무상으로 한다고 명시되어 있고 그 의무교육은 6년의 초등교육과 3년의 중등교육으로 구성된 반면, 특수교육대상자의 경우에는 「특수교육법」에서 유치원부터 고등학교 과정까지 의무교육으로, 전공과와 만 3세 미만의 장애 영아 교육은 무상으로 규정하고 있다. 따라서 특수교육은 일반아동과 같이 '정상적인' 생활을 영위할 수 있도록 최대한의 독립 및 자립 능력 배양과 이에 대한 개인적 · 사회심리적 · 경제적 동기 부여, 자기관리 및 자아실현 등을 목표로 하며, 국가 및 사회의 연대와 책임을 통해 더욱 발전적인 지원의 틀이 요구됨을 볼 수 있다.

한편, 「특수교육법」 제11조와 동법 시행령 제7조는 특수교육지원센터의 설치 · 운영을 명시하고 있다. 우선 특수교육지원센터는 특수교육대상자의 조기발견, 특수교육대상자의 진단 · 평가, 정보관리, 특수교육 연수, 교수 · 학습활동의 지원, 특수교육 관련 서비스 지원, 순회교육 등을 실시한다. 센터는 특수교육대상자를 비롯한 지역주민의 접근이 편리한 곳에 설치되어야 하고, 독립된 공간 확보, 효율적 업무 수행을 위하여 담당 업무를 전담하는 특수교육 분야 전문인력을 배치하여야 한다.

2) 장애인교육의 원리

장애인교육을 위한 전제조건이자 중요한 틀로서 기본적인 인권의식의 제고와 함께 장애 현상의 다양성 인정, 그에 따른 개성과 개별 수준의 존중을 통해서 보다 효과적인 교육서비스과정이 계획되고 실행되어야 한다.

미국의 「장애인교육법(Individuals with Disabilities Education Act: IDEA, 1990)」[1)]

1) 이 법은 2004년 「장애인교육촉진법(Individuals with Disabilities Education Improvement Act: IDEIA)」으로 개정되는데, 2001년 미국의 「아동낙오방지법(No Child Left Behind: NCLB)」과 연계된 점이 특징적이다. NCLB는 미국의 모든 아동의 학업 수준 향상을 목표로 하는 법률로서 특히 생활 수준이 낮으면서 낮은 학업 성취를 보이는 소수민족 학생, 영어가 어려운 이민자 학생뿐만 아니라 장애학생들까지 표준화 평가가 이루어지도록 하여 학업성취 향상을 모든 학생에게 적용한다

에서는 장애인교육의 원리를 다음과 같이 여섯 가지로 정리하고 있다.

- 배제금지(zero reject): 장애학생의 학업권 보장 등 공교육에서의 통합을 지향
- 비차별적 평가(nondiscriminatory evaluation): 장애 유무에 따라 적절한 특수교육적 서비스를 계획하고, 평가에서 비롯되는 오류의 최소화를 위해 다양한 검사 및 언어나 습관 등 학생의 문화적 배경도 함께 충분히 고려되어야 함을 강조
- 적절한 교육(appropriate education): 개별화교육 등 장애학생 개인의 특성에 적합한 교육이 제공되어야 함을 의미
- 최소제한적 환경(least restrictive environment): 교육에서 제한적 환경을 되도록 개선함으로써 원만한 교육환경적 요소를 지향
- 적법절차(procedural due process): 교육상의 불이익이나 차별이 발생할 경우 이에 대해서도 합당한 권리의 보장 요구
- 부모와 학생의 참여(parental and student participation): 교육에서의 당사자인 학생과 그들의 보호자이자 권익옹호자 내지 교육 관련 서비스 제공에서의 중요한 팀 구성원으로서 부모의 참여 권리 보장

3) 장애인 통합교육

문선화 등(2006)은 '통합교육의 ABC', 즉 차이나 다름의 인정(Acceptance), 집단이나 사회에 소속됨(Belong), 공동체(Community)를 언급한 바 있는데, 이는 통합교육 접근을 위한 인식뿐 아니라 사회적 지원의 필요성을 전제한 것으로 이해된다.

우리나라의 「특수교육법」에서는 통합교육을 "특수교육대상자가 일반학교에서

(이태상, 2005; 이황원, 2013). 이를 통해 IDEIA는 새로운 6개의 원리를 제시하였다: 교육의 결과에 대한 책무성, 전문적 자질의 교사, 과학적으로 검증된 연구 기반 교수법 강조, 지방의 유연성 신장, 안전한 학교 조성, 부모의 선택권 확대.

장애유형과 장애정도에 따라 차별을 받지 않고 또래와 함께 개개인의 교육적 요구에 적합한 교육을 받는 것"으로 정의하고 있다. 이를 위해서는 장애의 특수성에 입각한 개별화교육이 필수적이며, 차별받지 않는 교육 여건과 지원에 관련한 다양한 합리적 배려가 요구된다.

특수교육대상자의 교육방법으로 통합교육에 우선순위를 두어야 하는 근거는 여러 법률에서 유기적으로 연결되어 있다. 즉, 장애학생에게 통합교육을 제공해야 하는 것은 「초·중등교육법」 제59조(통합교육), 「특수교육법」 제17조(특수교육대상자의 배치 및 교육), 「장애인차별금지 및 권리구제 등에 관한 법률」(이하 「장애인차별금지법」) 제13조(차별금지), 「교육기본법」 제4조(교육의 기회균등 등) 등에 따른 것이다. 이러한 기반에서 「특수교육법」 제20조에서는 교육과정의 범위 안에서 특수교육대상자 개인의 장애유형과 장애정도, 연령, 현재 및 미래의 교육요구 등을 고려하여 교육과정의 내용을 조정하여 운영할 것과 동법 제21조를 통해서는 일반학교의 장은 통합교육계획을 수립하여 시행해야 하는데, 그 계획 안에는 교육과정의 조정, 지원인력의 배치, 학습보조기기의 지원, 교원연수 등이 포함되어야 함을 명시하고 있다.

통합교육 시행의 가장 큰 배경에는 기회의 균등과 함께 '가능한 한 정상적인' 환경의 조성을 통한 사회통합을 강조하는 니르예(Nirje, 1969)의 정상화(normalization)와 사회적 환경의 변화 시도 등을 들 수 있다. 또한 장애인교육과 사회통합 관점에서 주요 논점으로 자리 잡은 '일반교육주도(regular education initiative)'와 '완전통합(full inclusion)'의 개념도 중시된다. 우선 일반교육주도란 특수교육과 일반교육의 이중체계의 비효율성을 극복하기 위한 방책의 하나로, 특수교육과 일반교육을 일반교육이라는 단일체계로 구축하자는 논의를 말한다. 이는 1980년대 중반에 윌(Will, 1986)에 의해서 처음 주창됨으로써 통합교육의 가속화에 기여하였다. 완전통합이란 일반주도 특수교육의 한 형태로서, 일반학급에서 일반교사와 특수교사가 협동하여 장애아동을 교육하는 것을 의미한다(국립특수교육원, 1997). 이와 관련한 주된 개념은 장애의 형태나 정도에 상관없이 모든 장애학생이 일반학급에 참여하는 것으로, 분리된 특수교육이 존재하지 않고, 모든 장애학생이 자신이 속한 지역사회 학교에 다니며, 특수교육이 아닌 일반교육이 장애학생을 위한 주된 책임을 지는 것 등으로 정리될 수 있다(Hallahan & Kauffman, 2003).

한편, 근본적인 '통합'에 대한 integration과 inclusion 관점의 차이를 이해하는 것도 필요하다. 이는 지금까지의 통합교육적 모델에 대한 이해와 향후 통합교육의 방향과도 맥을 같이하는 중요한 과제이다. 즉, 지금까지 활용되어 오던 integration은 학교생활의 일부를 통합하여 장애학생을 일반학교 체제에 적응하도록 유도하는 부분통합의 개념이다. 반면에 inclusion은 장애의 다양성과 그에 따른 개별성을 인식하고 수용하는 동시에 일반학교의 체제 개선을 통해 비로소 완전한 통합을 이루고자 하는 '포용적' 개념이다. 따라서 앞서 언급되었던 일반교육주도의 관점과 완전통합의 이념이 상통하는 것임을 알 수 있다.

4. 의료

장애인 의료보장은 장애인의 건강권이라는 포괄적 관점에서 의료접근성 보장과 지원을 위한 법·제도적 방안들을 의미한다. 여기에는 기본적으로 의료서비스 제공 기관 지정과 공공의료 및 예방에서부터 의료재활 접근을 통한 의료비나 보장구 지원, 재활치료뿐 아니라 의료서비스 접근을 위한 편의시설 설치 및 이동지원, 요양 등에 이르기까지 지역사회 전반의 보건복지 관련 법률들과도 밀접하게 연계된 다양하고 복합적인 서비스 제공 체계가 요구된다. 이는 동시에 보편적 의료보장과 접근으로는 사각지대에 놓일 우려가 높은 희귀난치질환자 등에 대한 촘촘한 보건복지 지원을 위한 정책적 방안들도 포함된다.

1) 「장애인 건강권 및 의료접근성 보장에 관한 법률」 (이하 「장애인건강권법」)

장애인의 건강권을 보장하고, 차별 없이 의료서비스를 받을 수 있도록 지원하는 법으로, 장애 친화 건강검진기관 및 재활의료기관 지정, 의료기관의 장애인 편의시설 설치 의무, 장애유형별 맞춤형 의료지원 확대, 보조기기 지원 및 건강정보 제공 등을 주요 지원내용으로 한다.

2) 「국민건강보험법」

모든 국민이 기본적인 의료 혜택을 받을 수 있도록 보장하는 법으로, 건강보험 가입 및 의료서비스 제공, 재활치료, 예방적 건강관리 서비스 지원, 취약계층 의료비 지원(본인부담금 경감 등)을 주요 지원내용으로 한다.

3) 「의료법」

의료인의 책임과 의료기관의 운영 기준을 정하는 기본 법률로서, 국민의 건강보호 및 증진을 목적으로 응급환자 및 의료취약계층 진료 의무, 비윤리적 진료 및 차별 행위 금지를 주요 내용으로 하면서 장애인 의료접근의 보편적 기본 권리를 명시하고 있다.

4) 「지역보건법」

지역주민의 건강을 증진하기 위한 법으로, 보건소 운영과 관련이 있다. 주요 내용으로는 보건소 및 보건지소 설치에서부터 취약계층 대상 공공의료 서비스 제공, 건강검진 및 예방접종 지원을 통해 지역사회 장애인의 건강 관련 공공서비스 보장을 명시하고 있다.

5) 「노인장기요양보험법」

고령자의 건강권 보장과 요양서비스 지원을 위한 법이며, 주요 내용에는 장기요양보험을 통한 의료 및 돌봄 서비스 제공, 요양병원 및 재활서비스 지원, 방문간호, 재가서비스 확대를 담고 있어 특히 고령의 장애인 대상 보건복지의 핵심 기능을 수행한다.

6) 「정신건강증진 및 정신질환자 복지서비스 지원에 관한 법률」 (이하 「정신건강복지법」)

정신질환자의 건강권 보호와 의료접근성 보장을 위한 법으로 정신질환자의 인권 보호 및 강제입원 제한, 정신건강복지센터 운영, 치료비 지원 및 재활 프로그램 운영 등을 주요 내용으로 하며, 이 외에 「감염병 예방 및 관리에 관한 법률」(감염병 관리 및 치료 지원), 「건강검진기본법」(국민건강검진제도 운영) 등이 건강권과 관련이 있다.

7) 「희귀질환관리법」

희귀질환자의 건강권 보장 및 의료지원 확대를 위한 법으로 제6조(희귀질환관리 종합계획)에 따라 정부는 5년마다 희귀질환 관리 종합계획을 수립해야 하는데, 연구개발(R&D), 의료서비스 확충, 치료제 개발 지원을 포함하여야 한다. 동법 제12조(의료비지원사업)에 따라 저소득층 및 경제적 어려움을 겪는 환자에게 본인부담금을 경감하는 산정특례를 적용하여 본인부담금을 최대 90%까지 지원받는다(일반질환 대비 비용 부담 완화). 제14조(희귀질환 연구 지원 및 치료제 개발)에 따라서는 희귀질환 진단 및 치료 연구를 지원하고 희귀질환 치료제의 신속 허가 및 개발을 장려하며, 제16조(의료기관 지정 및 지원)에 따라 희귀질환 전문의료기관 지정 및 운영을 장려하며, 공공기관을 통한 희귀질환 진단 및 치료를 제공한다.

이 외에도 희귀질환 관련 의료적 지원은 현행 「국민건강보험법」 「장애인복지법」 「긴급복지지원법」 「약사법」 등을 통해서 건강보험 적용에서부터 장애등록

지원, 긴급의료비 및 치료제 지원에 관한 조항들을 확인할 수 있다.

5. 주거

장애인의 지역사회 자립에 중요한 부분 중 하나는 주거 문제이다. 우리나라는 2025년 3월 18일 「장애인의 지역사회 자립 및 주거 전환 지원에 관한 법률」(이하 「장애인지역사회자립법」)을 제정, 2027년 3월 19일 시행 예정에 있다. 이 법의 제정 이유는 "장애인이 독립된 주체로서 지역사회에서 살아가는 데 필요한 자립 기반을 조성하고, 주거 전환을 지원함으로써 장애인의 인간다운 삶을 보장하고, 완전한 사회통합을 이루는 데 이바지하려는 것"으로 주요 내용은 다음과 같다.

가. 지역사회 자립을 장애인이 장애특성과 생활환경에 기반하여 지역사회에서 독립된 주체로서 안전하게 생활하는 것으로 정의함(제2조 제2호)

나. 보건복지부장관은 5년마다 장애인 지역사회 자립 지원 기본계획을 수립·시행하고, 장애인 지역사회 자립 지원 기본계획 수립에 필요한 기초자료로 활용하기 위하여 3년마다 자립 지원 현황 및 실태 등에 대한 조사를 하고 그 결과를 공표하도록 함(제10조 및 제11조)

다. 장애인의 지역사회 자립을 종합적으로 지원하기 위하여 중앙장애인지역사회통합지원센터와 지역장애인지역사회통합지원센터를 설치·운영할 수 있는 근거를 마련함(제15조 및 제16조)

라. 특별자치시장·특별자치도지사·시장·군수 또는 자치구의 구청장이 자립 지원 수급자격, 지원사항 등의 결정에 필요한 종합적인 조사 또는 지역사회 자립에 대한 욕구조사를 지역장애인지역사회통합지원센터의 장에게 의뢰하여 실시할 수 있고, 그 조사 결과 등을 바탕으로 자립 지원 대상자를 선정하여 개인별 지역사회 자립지원 계획에 따라 활동지원급여의 추가 제공, 정

착지원금 지원, 건강권 보장을 위한 지원, 재활 및 발달 지원의 연계, 장애인 주택 등의 제공 등을 할 수 있는 근거를 마련함(제18조부터 제23조까지 및 제27조부터 제29조까지)

마. 특별자치시장 · 특별자치도지사 · 시장 · 군수 또는 자치구의 구청장이 관할 지역 재가 장애인 및 거주시설 장애인에 대하여 일상생활 및 사회활동에 대한 단기적인 체험 기회를 체계적으로 제공하는 시설을 설치 · 운영할 수 있고, 지역사회 자립을 희망하는 장애인에 대하여 자립 준비 지원을 할 수 있도록 함(제24조 및 제25조)

바. 지역장애인지역사회통합지원센터의 장이 지역사회에서 자립한 장애인에 대한 상황을 평가하여 관할 지방자치단체의 장에게 보고하도록 함(제30조)

사. 국가와 지방자치단체가 장애인의 지역사회 자립 지원을 위한 인력을 양성하고 교육을 실시하도록 함(제31조)

아. 장애인 거주시설의 장 등은 거주시설에서 생활하고 있는 장애인의 주거 전환 지원을 위하여 협력하여야 하고, 국가와 지방자치단체는 그 협력에 필요한 행정적 · 재정적 지원을 할 수 있으며, 지역장애인지역사회통합지원센터의 장이 장애인의 지역사회 자립 지원 및 주거 전환 상황을 평가하여 그 결과를 관할 지방자치단체의 장에게 보고하도록 함(제32조 및 제33조)

출처: 법제처 국가법령정보센터 홈페이지(https://www.law.go.kr).

그러나 물론 이 법 시행 이전까지 지역사회 전반의 정비와 개선이 꾸준히 요구되는 상황이다. 현재 우리나라의 장애인 주거 관련 지원방안들은 지자체별로 지원 비용이나 범위의 차이가 있으나, 일반적으로 다음과 같이 개요를 살펴볼 수 있다.

1) 장애인을 위한 주거비 지원 정책

- 주거급여(기초생활보장제도)
  - 소득 기준에 따라 임차료(월세) 또는 주택 유지 · 보수 비용 지원

– 임차 가구: 지역별 기준 임대료 한도 내에서 지원

– 자가 가구: 주택 노후도에 따라 수선비(집수리 비용) 지원

• 공공임대주택 임대료 지원

– 장애인 특별 공급: 국민임대주택 · 영구임대주택 · 행복주택에서 장애인을 위한 특별 공급 비율 적용

– 임대료 할인 및 보증금 지원: 장애정도(중증 · 경증)와 소득 수준에 따라 차등 적용

• 자립생활주택 지원

– 장애인의 자립 생활을 돕기 위해 월세지원, 활동지원서비스 제공

– 지방자치단체마다 예산에 따라 월 임차료 일부 지원(예: 서울시 지원금)

• 긴급 주거지원

– 주거 불안정 상황(퇴거 위기, 가정 해체 등)에 놓인 장애인을 위한 단기 임대료 지원

– 지방자치단체, 복지관, 장애인자립생활센터 등을 통해 지원 신청 가능

2) 장애인 주거비 부담 완화를 위한 추가 지원

• 주택개조 지원

– 장애인 가구가 기존 주택을 무장애(Barrier-Free) 환경으로 개조할 수 있도록 지원(예: 문턱 제거, 경사로 설치, 욕실 개조 비용 지원)

• 전세 · 월세 대출 지원

– 전세자금 대출: 장애인 대상 전세 대출 금리 우대(일반 대출보다 낮은 금리)

– 월세 대출: 저소득 장애인을 위한 월세 대출 지원(무이자 또는 저금리)

• 지방자치단체별 추가 지원

– 일부 지자체는 장애인 가구에 추가 주거비 지원(임대료, 관리비, 수도 · 전기료 일부 지원)

– 신청방법은 해당 시 · 군 · 구청 또는 주민센터에서 확인 가능

3) 장애인 주거비 지원 신청 방법

- 주거급여: 주민센터 또는 복지로(www.bokjiro.go.kr)에서 신청
- 공공임대주택 신청: 한국토지주택공사(LH), 지방공사 홈페이지에서 확인
- 자립생활주택 및 개조 지원: 장애인 복지관, 자립생활센터, 지자체 문의

6. 활동지원 및 이동편의 제공

1) 활동지원[2)]

장애인 활동지원은 장애인 복지정책의 발달과정을 볼 때 비교적 최근에 등장하였다. 즉, 소득보장이나 의료보장 등이 발달한 이후에 개인적 대인서비스로 발달한 것으로, 2010년 「장애인활동 지원에 관한 법률」(이하 「활동지원법」)이 제정되어 2011년 장애인활동지원서비스가 제공되고 있다.

「활동지원법」 제1조에 따르면 장애인활동지원제도는 "신체적 · 정신적 장애 등의 사유로 혼자서 일상생활과 사회생활을 하기 어려운 장애인에게 제공하는 활동지원급여 등에 관한 사항을 규정하여 장애인의 자립생활을 지원하고 그 가족의 부담을 줄임으로써 장애인의 삶의 질을 높이는 것을 목적"으로 하고 있다.

활동지원급여는 활동보조, 방문목욕, 방문간호, 그 밖의 활동지원급여로 구성되어 있다. 활동보조는 활동지원인력인 활동지원사가 수급자의 가정 등을 방문하여 신체활동, 가사활동 및 이동보조 등을 지원하는 것이다. 방문목욕은 활동지원인력이 목욕설비를 갖춘 장비를 이용하여 수급자의 가정 등을 방문하여 목욕을 제공하는 것이다. 방문간호는 활동지원인력인 간호사 등이 의사, 한의사 또는 치

2) 활동지원 관련 대상과 급여 등에 관련한 내용은 '09 장애인복지서비스 개요'에서 구체적으로 다루고자 한다.

과의사의 지시서에 따라 수급자의 가정 등을 방문하여 간호, 진료의 보조, 요양에 관한 상담 또는 구강위생 등을 제공하는 것을 말하며, 그 밖의 활동지원급여는 야간보호 등 대통령령으로 정하는 활동지원급여를 말한다.

2) 이동편의 제공

장애인의 이동편의 제공과 관련한 제도에는 「교통약자의 이동편의 증진법」(이하 「교통약자법」)과 「장애인 · 노인 · 임산부 등의 편의증진 보장에 관한 법률」(이하 「장애인등편의법」)이 있다. 장애인 이동권과 관련하여 주요 내용을 구체적으로 살펴보면 다음과 같다.

(1) 「교통약자법」

이 법은 교통약자가 안전하고 편리하게 이동할 수 있도록 교통수단, 여객시설 및 도로에 이동편의시설을 확충하고 보행환경을 개선하여 사람중심의 교통체계를 구축함으로써 교통약자의 사회참여와 복지 증진에 이바지함을 목적으로(제1조) 2005년에 제정되었다. 이 법률에 근거하여 국토해양부(현 국토교통부)는 교통약자 이동편의증진 계획을 5년마다 수립하여 시행함으로써, 저상버스 도입, 지하철 등에 엘리베이터와 에스컬레이터 등을 설치함으로써 장애물 없는 교통환경을 점진적으로 조성해 나가고 있다.

이동권은 장애인 등 교통약자(장애인, 고령자, 임산부, 영유아를 동반한 사람, 어린이 등 일상생활에서 이동에 불편을 느끼는 사람, 제2조)가 인간으로서의 존엄과 가치 및 행복을 추구할 권리를 보장받기 위하여 교통약자가 아닌 사람들이 이용하는 모든 교통수단, 여객시설 및 도로를 차별 없이 안전하고 편리하게 이용하여 이동할 수 있는 권리를 말한다(제3조).

이러한 이동권을 보장하기 위하여 이동편의 시설 설치 대상(제9조) 및 기준(제10조), 기준적합성 심사(제12조) 방안을 마련하고 있으며, 노선버스의 저상버스 및 휠체어 탑승설비 장착 버스 운행, 승하차 편의 제공과 전세버스의 이용보장 방안

등을 규정하고 있으며(제14조), 도시철도의 교통약자전용구역 배정(제15조) 등 대중교통을 안전하고 원활하게 이용할 수 있도록 방안을 마련하고 있으며, 이동에 심한 불편을 느끼는 교통약자를 위해 특별교통 수단의 운행을 의무화(제16조)하고 있다.

그리고 교통약자가 편리하고 안전하게 교통수단, 여객시설 또는 이동편의시설을 이용할 수 있도록 안내정보 등 교통이용에 관한 정보와 한국수어 · 통역 서비스, 탑승보조 서비스 등 교통이용과 관련된 편의를 제공하도록 하고 있다(제17조).

보행자의 안전한 이동을 위해 필요하다고 인정할 때에는 도로의 일정 구간을 보행우선구역으로 지정할 수 있도록 하고 있으며(제18조), 보행안전구역에서는 자동차의 통행 제한, 운행속도 제한, 주차나 정차의 금지 조치를 취할 수 있도록 하고 있다(제19조). 또한 보행자가 안전하고 편리하게 보행할 수 있도록 속도저감시설, 보행자 우선통행을 위한 교통 신호기, 자동차 진입억제용 말뚝, 보행경로 안내장치 등의 보행안전시설물을 설치할 수 있도록 하고 있다(제21조).

(2) 「장애인등편의법」

이 법은 장애인 · 노인 · 임산부 등이 일상생활에서 안전하고 편리하게 시설과 설비를 이용하고 정보에 접근할 수 있도록 보장함으로써 사회활동 참여와 복지증진에 이바지함을 목적으로(제1조) 1997년에 제정되었다.

그리고 장애인 등의 권리로서 접근권을 규정하고 있는데, 접근권을 장애인 등은 인간으로서의 존엄과 가치 및 행복을 추구할 권리를 보장받기 위하여 장애인 등이 아닌 사람들이 이용하는 시설과 설비를 동등하게 이용하고, 정보에 자유롭게 접근할 수 있는 권리(제4조)로 규정하고 있다. 이를 통해 볼 때 접근권은 시설과 설비에 대한 접근권, 즉 물리적 접근권을 포함하고 있어 이동권을 포함하는 것으로 볼 수 있다.

장애인의 이동편의 및 접근성 보장을 위해 공원, 공공건물 및 공중이용시설, 공동주택, 통신시설 등 시설의 종류(제7조)에 따라 필요한 편의시설을 설치토록 하고 있다(제8조).

보건복지부장관과 국토교통부장관은 편의시설 설치 대상시설에 대하여 장애

표 6-4 대상시설별 편의시설의 종류

대상시설	편의시설의 종류
공원	장애인 등의 출입이 가능한 출입구, 장애인 등의 통행이 가능한 보도, 장애인 등의 이용이 가능한 화장실, 점자블록, 시각장애인 유도 및 안내설비, 장애인 등의 이용이 가능한 매표소·판매기 또는 음료대, 장애인 등의 이용이 가능한 공원시설
공공건물 및 공중이용시설	장애인 등의 통행이 가능한 접근로, 장애인전용 주차구역, 높이 차이가 제거된 건축물 출입구, 장애인 등의 출입이 가능한 출입구 등, 장애인 등의 통행이 가능한 복도, 장애인 등의 통행이 가능한 계단, 장애인용 승강기, 장애인용 에스컬레이터, 휠체어리프트 또는 경사로, 장애인 등의 이용이 가능한 화장실, 장애인 등의 이용이 가능한 욕실, 장애인 등의 이용이 가능한 샤워실 및 탈의실, 점자블록, 시각 및 청각장애인 유도·안내설비, 시각 및 청각 장애인 경보·피난설비, 장애인 등의 이용이 가능한 객실 또는 침실, 장애인 등의 이용이 가능한 관람석, 열람석 또는 높이 차이가 있는 무대, 장애인 등의 이용이 가능한 접수대 또는 작업대, 장애인 등의 이용이 가능한 매표소·판매기 또는 음료대, 임산부 등을 위한 휴게시설 등
공동주택	장애인 등의 통행이 가능한 접근로, 장애인전용주차구역, 높이 차이가 제거된 건축물 출입구, 장애인 등의 출입이 가능한 출입구(문), 장애인 등의 통행이 가능한 복도, 장애인 등의 통행이 가능한 계단·장애인용 승강기, 장애인용 에스컬레이터, 휠체어리프트 또는 경사로, 장애인 등의 이용이 가능한 화장실 및 욕실, 점자블록, 시각 및 청각장애인 경보·피난설비, 장애인 등의 이용이 가능한 부대시설 및 복리시설
통신시설	장애인 등의 이용이 가능한 공중전화, 장애인 등의 이용이 가능한 우체통

출처: 「장애인·노인·임산부 등의 편의증진 보장에 관한 법률 시행령」[별표 2] 수정.

물 없는 생활환경 인증을 통해 장애인 등이 안전하고 편리하게 이용할 수 있도록 편의시설의 설치·운영을 유도할 수 있도록 하고 있으며(제10조의2), 2025년 8월 7일 현재 19,445개 기관이 장애물 없는 생활환경 인증(Barrier-Free)을 받았다(한국장애인개발원, 2025).

또한 행정기관의 장 및 교육감 등 시설주관기관은 편의시설 설치에 관한 실태조사(매년 전수조사 또는 표본조사의 방법으로 실시하되, 5년마다 1회는 전수조사)를 매년 실시하고, 결과를 공표함으로써, 편의시설 활성화 정책의 기초자료 확보 등을 하도록 하고 있다(제11조).

☞ 장애물 없는 생활환경(Barrier Free)이란 무엇일까?
https://www.koddi.or.kr/bf

요약

1. 장애인 소득보장은 고용과 직결되어 일상생활 유지뿐 아니라 사회통합에 필수적인 요소로서 장애인을 위한 직접적 소득보장 정책에는 사회보험 형태의 국민연금과 산재보험이 대표적이며, 사회수당으로 장애인연금과 장애수당, 장애아동수당 등이 있다. 간접적 소득보장으로는 장애인 자립자금 대여, 장애아보육료 지원, 각종 세제혜택 및 경제적 경감 시책들을 들 수 있다.
2. 장애인의 고용 증진은 사회적 통합과 경제적 독립을 위한 핵심 요소로 우리나라는 일반고용, 보호고용, 지원고용의 세 가지 유형으로 정책을 추진하고 있다. 일반고용의 핵심은 장애인 의무고용제, 보호고용은 일반 고용시장에서 취업이 어려운 중증장애인을 위한 형태로 장애인보호작업장, 장애인근로사업장, 장애인직업적응훈련시설을 운영하고 있다.
3. 장애인교육은 각종 교육제도와 방법 및 기술 등을 통해 장애인 개개인의 잠재력 개발과 최대한의 능력 향상을 도모함으로써 사회생활 적응을 원조하는 교육적 서비스과정을 포괄하며, 학령기 기반 특수교육과 성인기 중심 평생교육 및 직업교육 등으로 구분하되 궁극적인 사회통합 관점을 지향한다.
4. 장애인 의료보장은 장애인의 건강권이라는 포괄적 관점에서 의료접근성 보장과 지원을 위한 법·제도적 방안들을 의미하며, 의료서비스 본연의 기능을 넘어서 지역사회 전반의 보건복지 관련 법률들과도 밀접하게 연계된 다양하고 복합적인 서비스 제공 체계가 요구된다.

5. 장애인 주거보장은 당사자가 독립된 주체로서 지역사회에서 자립을 실현하고 인간다운 삶을 주도적으로 영위하면서 완전한 사회통합의 장을 이루도록 기여한다. 이를 위해 장애인에게 직접적인 주거비나 임대료 지원, 자립생활주택 지원 및 긴급 주거지원을 하거나 주거비 부담을 완화하기 위한 주택개조 지원이나 전월세 대출 지원 등이 시행되고 있다.
6. 장애인 활동지원 및 이동편의 제공은 장애인의 일상생활과 사회생활 지원으로 자립을 도모하면서 장애인가족의 부담 경감을 통한 삶의 질 향상에 기여한다. 장애인 활동지원급여에는 활동보조, 방문목욕, 방문간호 등이 있으며, 이를 위한 활동지원기관과 지원인력의 관리도 매우 중요하다. 이동지원은 교통약자로서 장애인의 안전하고 편리한 이동을 위한 교통수단 및 관련 편의시설 확충, 시설과 설비의 이용과 정보 접근 보장 등을 통해 이들의 사회참여와 복지 증진에 이바지함을 목적으로 한다.

Issues & Discussions

1. 소득보장과 고용의 관계성을 장애인의 자립생활 관점에서 설명하시오.
2. 장애인 고용 정책에서 일반고용과 보호고용의 차이점을 설명하고, 각각의 대표적 정책을 설명하시오.
3. 장애인교육의 필요성과 미국 「장애인교육법」에 나타난 여섯 가지 교육원리를 설명하시오.
4. 장애인 의료보장에서 건강권 관련 핵심 법률의 주요 내용을 설명하시오.
5. 장애인 주거지원을 위한 최신의 정책 흐름을 파악하고 주요 이슈를 논의하시오.
6. 장애인 활동지원 및 이동편의 제공을 위한 관련 법률을 조사하고, 장애인 이동권 투쟁에 관한 자신의 견해를 제시하시오.

Workshop

1. 장애인복지 정책홍보 카드뉴스 제작 및 공유회

- **1단계: 지식정보 수집과 선별**
  - 장애인복지론 교과 학습에 더불어 보건복지부 홈페이지 등을 방문하여 장애인 관련 업무계획과 현황 파악
  - 해당 연도 장애인복지사업안내서를 비롯한 기사 등도 참조
  - 최신의 사회적 동향도 반영한 정보 파악이 중요
- **2단계: 주제 범위와 이슈 등에 대한 원고 초안 작성**
  - 정책 홍보를 위한 주제 범위와 사업, 이슈 등에 대한 텍스트 읽기와 이해도 높이기
  - 텍스트 밑줄치기와 키워드 정리하기, 관련 기사 검색 결과 정리
  - 주제별 키워드 기반 설명 기술하기
- **3단계: 원고를 반영한 카드뉴스 제작**
  - PPT 서식 또는 온라인 카드뉴스 플랫폼 등 검색과 선택하기
  - 정책 홍보 성격과 텍스트 분량에 최적화된 프레임 선택 또는 편집하기
  - 원고내용 옮겨 담기: 기본 텍스트와 글자 및 문단모양, 배경, 이미지 등 조합
  - 정책 내용의 의의와 제작의 결론 포함하여 마무리하기
  - 인용자료(기사, 이미지 등등)에 대한 출처 명기하기
- **4단계: 카드뉴스 제작 발표 및 공유회**
  - 개인 또는 팀별 제작 카드뉴스 발표와 공유를 통한 교수자 및 동료 평가하기
  - 카드뉴스 완성도를 위한 보완 및 최종본 확정으로 학내외 공유활동 펼치기

2. 위 카드뉴스 제작 단계를 적용한 응용과제 수행하기

- 주제: 장애인복지 현장 실태조사 카드뉴스 제작 및 공유
- 세부과제: 교내 장애인의 이동편의 및 접근성 보장 실태 조사 결과
- 목적: 교내외 장애인 이동 및 접근성 보장 인식을 높이기 위한 방안 제시
- 내용: 관련 정책과 제도 안내, 사회 전반의 인식과 실태 정리(관련 기사, 칼럼, 연구보고서 등), 교내 현황 조사 결과, 인식을 높이기 위한 방안 등

3. 장애인식 개선 및 증진, 장애인정책 제안 공모전 등 참가하기

- 워크숍의 결과물들을 UCC, 포스터, 표어 등 다양한 콘텐츠로 (재)생산하여 성과관리

07

장애인복지 행정과 전달체계

이 장에서는 장애인복지정책을 구체적으로 추진하고 실현하기 위한 조직기능으로서 서비스 전달체계와 이의 발전방안에 관하여 학습하고자 한다.

내용적으로는 사회복지서비스 전달체계에 관한 일반적 개념과 원칙, 장애인복지 서비스 중심의 원칙과 기준을 먼저 살펴보고, 우리나라 장애인복지서비스 전달체계의 공공부문과 민간부문 조직의 주요 기능적 측면과 의의를 학습한다. 그리고 공공부문과 민간부문의 전문성과 연계성 강화, 최근의 지역사회 통합돌봄과 같은 정책 변화 흐름을 반영한 전달체계의 발전방안과 과제까지 학습한다.

학습목표

1. 사회복지서비스 전달체계의 개념과 원칙을 이해하고 이 내용을 장애인복지 분야에 적용하여 설명할 수 있다.
2. 우리나라의 공공부문과 민간부문 장애인복지 전달체계의 각 특성을 파악하고, 이들의 상호 보완적 관계성과 의의를 설명할 수 있다.
3. 우리나라 장애인복지 전달체계의 최신 이슈들을 파악하고, 그에 따른 발전방안을 제시할 수 있다.

키워드

장애인복지서비스 전달체계/공공전달체계/민간전달체계/장애인복지 전달체계의 발전방안

1. 장애인복지서비스 전달체계의 이해

1) 전달체계의 개념

사회복지서비스 전달체계(delivery system)란 복지서비스를 구체적으로 추진하고 실천하기 위해 필요한 자원을 조달, 배분하여 서비스를 실시하는 조직체계를 의미한다. 사회복지 전달체계는 길버트(Gilbert)와 스펙트(Specht)가 사회복지정책의 구성요소로 제시한 할당(Allocation), 급여(Provision), 재원(Finance), 전달체계(Delivery System)에 해당하며, 사회복지정책의 누구(할당)에게 무엇을(급여) 어떤 재원(재원)으로 '어떻게 제공할 것인가(전달체계)'에 대한 구성요소이다. 전달체계는 국가의 사회복지정책을 구현함에 있어 필요한 자원을 조달하여 배분하는 경로이기 때문에 효율적이고 효과적인 전달체계는 사회복지 욕구와 문제를 해결하는 데 있어 매우 중요하다.

전달체계는 사회복지서비스 전달에 필요한 인력, 시설, 재원 등으로 구성된 다양한 조직체계로서 사회복지서비스 공급자의 기능을 수행한다. 사회복지서비스를 필요로 하는 대상자가 있는 지역사회에서 서비스공급자로서 수요자를 만나게 된다. 사회복지서비스 공급자는 전문가 개인이 될 수도 있고, 자조단체가 될 수도 있고, 또는 전문가 집단, 공공 및 민간기관, 지역복지관, 정부의 복지과나 정신보건과, 병원 등이 될 수도 있다(Gilbert & Terrell, 2002).

사회복지서비스 공급은 서비스의 직접공급수준, 자원개발과 조달수준, 재원조달수준으로 나눌 수 있으며, 각각의 수준에 따라 크게 공공부문과 민간부문으로 구분된다. 공공부문에서 직접 사회복지서비스를 제공하기도 하지만 대부분의 사회복지서비스는 중앙정부 또는 지방정부가 사회복지법인 등 민간단체에게 위탁계약하여 제공하고 있다. 지자체가 권한을 가지고 공공의 행정적 인가로 복지사무를 민간에게 위탁하고 있는 형태이므로 복지수요자에게 필요한 서비스를 제공하기 위해서는 공공부문과 민간부문이 서로 밀접하게 관련되어 있어야 한다. 현재 우리나라의 장애인복지서비스 수요자들과 직접적으로 서비스를 제공하는 영역은 주로 민간부문이나, 장애인복지정책과 장애인복지서비스의 궁극적인 책임은 공공부문이며, 민간부문 대부분은 이와 같이 정부부처 또는 지자체로부터 위탁계약으로 재정을 지원받아 장애인복지서비스를 공급하고 있다. 장애인복지서비스 전달체계의 효율성과 효과성을 극대화하기 위해서는 공공부문과 민간부문이 밀접한 관계를 유지하며 장애인복지의 욕구와 문제에 대응할 수 있어야 한다.

2) 전달체계의 원칙

사회복지 전달체계는 사회복지서비스 제공과 관련된 체계로서, 장애인복지서비스도 체계 안에 장애인복지 욕구를 발견하고 욕구 해결을 위한 사정을 실시하여 필요한 자원을 연결하게 된다. 전달체계는 사회복지대상자의 욕구와 자원을 연결하는 일련의 과정을 포함하는 서비스 제공의 기능을 수행하는 체계로서 복지대상자와 직접적으로 연계된다.

무엇보다 전달체계가 원활하게 기능을 수행하기 위해서는 가장 먼저 복지대상자의 욕구가 무엇인지 진단되어야 하고, 그 욕구에 맞는 자원이 실제로 존재하여 적절히 연계될 수 있을 때 복지대상자는 필요한 복지서비스를 받을 수 있다. 따라서 복지 욕구가 다양한 만큼 지역사회에는 여러 형태의 전달체계가 구성되어 원활히 기능해야 하며 하위체계 가운데 어느 하나라도 결함이 있어서는 안 된다(이동한, 1999). 또한 전달체계는 복지대상자에게 필요한 서비스가 제공될 수 있도록 효과성과 효율성을 극대화할 수 있는 원칙과 기준이 요구된다. 장애인복지 전달체계도 사회복지 전달체계의 효과성과 효율성을 극대화하기 위한 기본 원칙을 근간으로 장애인서비스의 특성을 반영한 전달체계의 원칙이 요구되었다. 장애인복지서비스 전달체계는 장애인에게 제공되므로 장애인 중심을 원칙으로 하여 접근이 용이해야 하고 재활에 대한 전문성과 통합성이 요구된다(오혜경, 1998). 특히 장애인 이동과 한계에 대해 충분한 서비스를 제공할 수 있는 원칙을 바탕으로 하여 사회통합을 지향해야 한다. 또한 장애인 문제는 장애인을 둘러싼 사회적 환경과 관련되어 있으므로 지역사회의 인식개선과 참여 등 사회복지서비스 전달체계에 대한 일반적 원칙과 장애인 중심의 원칙과 기준을 살펴보고자 한다(임종호 외, 2022; 유동철, 2023).

첫 번째는 전달체계 기능분담의 체계성 원칙이다. 장애인복지 전반을 상관하는 보건복지부 등 정부부처는 정책결정과 관련된 계획 · 통합조정의 기능을 담당하고, 정부부처의 정책에 의거하여 시 · 도는 서비스 제공과 관련된 기획 · 지도감독의 기능을 수행한다. 시 · 군 · 구는 서비스 제공 기능을 민간부문과 체계적으로 분담하여 기능을 수행해야 한다는 원칙이다.

두 번째는 전문성의 원칙이다. 장애인의 욕구는 재활에서부터 돌봄까지 다양하므로 장애인복지서비스의 제공과 관련된 제반 업무는 전문자격을 갖춘 전문가가 개입되어야 한다. 전문직은 체계화된 지식 기반과 기술의 정립, 전문적 권위의 발전과 수용, 고유한 윤리강령, 공유된 전문적 가치와 규범 등에 기반을 두고 있어야 한다. 우리나라는 장애인의 장애에 따라 의료재활, 특수교육, 직업재활, 사회심리재활 등 전문인을 양성하는 학위과정과 국가자격증을 취득한 전문인이 개입될 수 있는 체계를 갖추고 있다. 전달체계를 통해 장애인복지서비스의 효과성을 확보하기 위해서는 장애인 분야 전문인으로 구성되어야 한다는 원칙이다.

세 번째는 접근 용이성의 원칙이다. 장애인복지서비스를 필요로 하는 장애인에게 요구되는 서비스는 접근이 용이해야 한다. 거리와 같은 물리적인 환경에서부터 소외의식이나 차별적 대우를 느끼지 않는 심리적인 내용을 포함한다. 또한 접근 용이성은 서비스 대상자로 선정되는 데 있어 장시간의 대기와 같은 신청 절차상의 어려움과 자원의 부족 등이 제거되어야 한다는 원칙이다.

네 번째는 통합성의 원칙이다. 장애인의 욕구는 생애주기 전반에 걸친 경우가 많고 단일한 접근을 통해서 해소되기 어려우므로 전달체계에 의한 서비스는 서로 연관되어 있어야 한다. 지역사회 내 전달체계를 기초로 한 통합적 사례관리를 실시하여 장애인복지서비스의 계획과 자원의 배분, 업무수행 시에 기관 간과 관계자 간의 협조 · 조정이 원활하게 이루어질 수 있어야 한다. 또한 장애인의 사회통합은 장애인 개인만의 노력과 통합적 사례관리만으로 이루어지지 않으며 지역사회의 인식개선과 참여가 요구되므로 전달체계는 지역주민의 복지의식이 증대되고 참여가 이루어질 수 있는 통합적인 기능을 수행해야 한다.

2. 공공과 민간의 장애인복지 전달체계

사회복지 전달체계는 공공부문과 민간부문으로 구분되며 사회복지서비스 대상자에 따라 전달체계가 이루어진다. 장애인복지 전달체계도 공급자로서 공공부분과 민간부문으로 구분할 수 있으며 각각은 관련 법령과 설치 근거에 따라 기능적으로 구분되어 있다.

1) 공공부문

공공부문의 장애인복지서비스 전달체계는 국무총리 소속 장애인정책조정위원회, 보건복지부, 고용노동부, 교육부 산하의 시 · 도 교육청의 독립적 전달체계로 구성되어 있다. 이 외에도 장애인복지 공공부문에 관여되는 부처는 제한경쟁을 통한 공무원채용을 담당하는 행정안전부와 주거지원을 담당하는 국토교통부가 있으며 장애인의 참정권을 보장하는 선거관리위원과 같은 특별지방행정기관의 공공부문 전달체계가 있다. [그림 7-1]은 우리나라 공공부문 장애인복지 전달체계이다.

(1) 장애인정책조정위원회

1989년 장애인복지대책위원회에서 우리나라 전달체계 개선이 건의되었고, UN 아태경제사회이사회(ESCAP)에서는 'UN 장애인 10년'에 이어 1992년에 '아태장애인 10년(1993~2002)'을 선포하면서 개별적 장애인복지정책 간의 연계성 강화와 정책 간의 조정기능을 원활히 수행할 수 있는 국가조정위원회 설치가 권고되었다. 이에 4년 후인 1996년 국무총리를 위원장으로 하는 장애인복지대책위원회를 설치하고 실무위원회를 구성하였다.

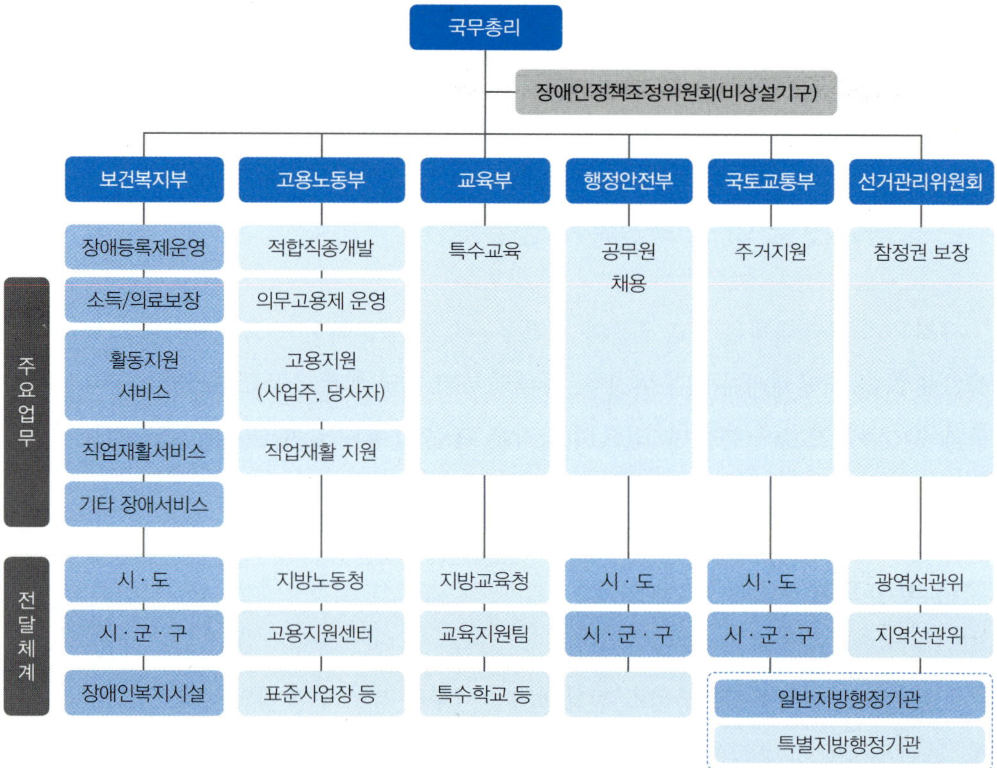

[그림 7-1] 우리나라 장애인정책 전달체계

출처: 김준우(2019).

「장애인복지법」 제11조는 "장애인 종합정책을 수립하고 관계 부처 간의 의견을 조정하며 그 정책의 이행을 감독 · 평가하기 위하여 국무총리 소속하에 장애인정책조정위원회를 둔다."라고 명시하여 설치 근거를 갖추게 되었다.

동법 제3조(장애인정책조정위원회의 구성)에 근거하여 장애인정책조정위원회는 위원장 및 부위원장 각 1명을 포함한 30명 이내의 위원으로 구성된다. 위원장은 국무총리가 되고, 부위원장은 보건복지부장관이 되며, 위원은 당연직 위원과 위촉위원으로 한다. 당연직 위원은 기획재정부장관, 교육부장관, 행정안전부장관, 국가보훈부장관, 문화체육관광부장관, 산업통상자원부장관, 고용노동부장관, 여성가족부장관, 국토교통부장관, 국무조정실장, 법제처장 및 위원회의 심의사항과 관련되어 위원장이 지정하는 중앙행정기관의 장이 된다. 위촉위원은 장애인 관련 단체의 장이나 장애인 문제에 관한 학식과 경험이 풍부한 자 중에서 위원장이 위촉하되, 위촉위원 중 2분의 1 이상은 장애인으로 한다.

장애인복지조정위원회는 다음의 사항들을 심의 · 조정한다(동법 제11조 제2항).

1. 장애인복지정책의 기본 방향에 관한 사항
2. 장애인복지 향상을 위한 제도개선과 예산지원에 관한 사항
3. 중요한 특수교육정책의 조정에 관한 사항
4. 장애인 고용촉진정책의 중요한 조정에 관한 사항
5. 장애인 이동보장 정책조정에 관한 사항
6. 장애인정책 추진과 관련한 재원조달에 관한 사항
7. 장애인복지에 관한 관련 부처의 협조에 관한 사항

7의2. 다른 법령에서 위원회의 심의를 거치도록 한 사항

8. 그 밖에 장애인복지와 관련하여 대통령령으로 정하는 사항

(2) 보건복지부

우리나라 중앙부처는 기능별로 편제되어 있는 가운데 중앙부처 중에서 보건복지 기능을 담당하는 보건복지부가 장애인복지정책을 총괄하고 있다. 2025년 현재 장애인정책국 아래 장애인정책과, 장애인권익지원과, 장애인자립지원과, 장애인서비스과, 장애인건강과 등 1국 5과 체제로 편제되어 있다.

① 장애인정책과

장애인복지 관련 종합계획의 수립 및 조정, 장애인복지 관련 정책의 수립 및 평가, 장애인복지 관련 법령에 관한 사항, 장애인등록 및 판정에 관한 사항, 장애인 복지업무 평가에 관한 사항, 장애인단체에 관한 사항, 한국장애인개발원 운영 지원, 장애예방과 발생에 관한 사항 총괄 및 조정, 외국인 장애인복지서비스에 관한 사항, 장애인차량 LPG 지원사업, 장애인복지 전문인력의 양성 및 지원을 담당한다.

② 장애인권익지원과

장애인거주시설의 지원 및 육성, 장애인복지관 등 지역사회재활시설의 지원 및 육성, 장애유형별 재활 프로그램의 개발 및 지원, 장애인자립생활센터 및 관련 서비스의 지원·육성, 장애인차별 관련 관리·운영 및 종합대책 수립, 장애인차별금지 관련 법령 및 제도개선에 관한 사항, 장애인의 권익증진 및 사회적 인식개선에 관한 사항, 「UN장애인권리협약」 등 국제협력에 관한 사항, 장애인의 사회참여 평가에 관한 사항, 장애인 편의증진에 관한 계획의 수립 및 평가와 장애인의 이동편의 지원을 담당한다.

③ 장애인자립지원과

장애인의 직업재활 및 소득보장에 관한 계획의 수립 및 조정, 장애인 소득보장 관련 법령에 관한 사항, 장애인의 일자리 창출 관련 사항, 장애인 직업재활시설의 지원 및 육성, 장애인 직업재활 프로그램의 실시 및 평가, 장애인생산품의 판매촉진 및 우선구매제도에 관한 사항, 장애인의 창업지원 및 자립자금의 대여사업 등 생활안정 지원에 관한 사항, 장애인 직업재활 전문인력제도의 운영 및 지원, 장애인연금 관련 법령 및 제도 운영 전반에 관한 사항, 장애수당 및 장애아동수당 운영에 관한 사항을 담당한다.

④ 장애인서비스과

발달장애인 지원 기본계획의 수립 및 평가에 관한 사항, 여성장애인 관련 정책의 개발 및 지원에 관한 사항, 장애아동 및 장애인가족 지원에 관한 사항, 장애인 후견제도 지원에 관한 사항, 장애인활동지원 관련 법령 및 제도와 운영 전반에 관한 사항, 발달장애인 주간활동서비스 및 방과후 활동서비스에 관한 사항, 발달장애인지원센터 운영에 관한 사항, 발달장애인 권리보장 및 지원사업에 관한 조사·연구·홍보 및 통계관리에 관한 사항을 담당한다.

⑤ 장애인건강과

장애인 건강권 및 의료접근성 보장에 관한 법령에 관한 사항, 장애인 건강보건관리 전달체계의 구축 및 지원에 관한 사항, 장애인 건강보건관리사업에 관한 사항, 장애인 의료재활에 관한 사항, 국립재활원의 운영 및 지원에 관한 사항, 여성장애인 건강 관련 정책에 관한 사항, 장애아동 발달재활서비스에 관한 사항, 장애인 보조기기에 관한 사항, 장애인 의료비 지원에 관한 사항, 발달장애인 거점병원 및 행동발달증진센터에 관한 사항을 담당한다.

(3) 고용노동부

1990년 「장애인고용촉진 등에 관한 법률」(이하 「장애인고용법」)이 제정되고 장애인고용촉진정책을 추진하기 위해 고용노동부 산하에 한국장애인고용촉진제도가 마련되어 1993년부터 지방사무소가 설치되었다. 현재 장애인의 직업재활 및 고용은 고용노동부와 보건복지부가 나누어 담당하고 있다. 「장애인고용촉진 및 직업재활법」(이하 「장애인고용촉진법」) 제68조에서 제74조에 따른 장애인 고용촉진 및 직업재활은 고용노동부가 수행하고 중증장애인의 직업재활은 보건복지부가 책임을 지는 이원화의 체계로 이루어지고 있다.

고용노동부는 통합고용정책국에 장애인고용과를 설치하고 있으며, 주요업무는 다음과 같다.

- 장애인의무고용제도, 부담금, 운영
- 장애인고용촉진 및 직업재활기금, 장애인고용공단 관리
- 장애인고용장려금, 표준사업장 지급
- 장애인취업지원, 장애인직업능력훈련 지원
- 근로지원인, 보조공학기기, 중증장애인근로자 출퇴근비용 지원 등

한편, 「장애인고용촉진법」 제43조 제1항에 의거하여 장애인이 직업생활을 통하여 자립할 수 있도록 지원하고, 사업주의 장애인 고용을 전문적으로 지원하기

위하여 한국장애인고용공단이 설립, 공단 산하에 고용개발원, 6개 직업능력개발원, 6개 지역본부, 17개 지사 및 보조공학센터를 두고 다음과 같은 사업을 수행하고 있다.

- 장애인의 고용촉진 및 직업재활에 관한 정보의 수집 · 분석 · 제공 및 조사 · 연구
- 장애인에 대한 직업상담, 직업적성검사, 직업능력평가 등 직업지도
- 장애인에 대한 직업적응훈련, 직업능력개발훈련, 취업알선, 취업 후 적응지도
- 장애인 직업생활 상담원 등 전문요원의 양성 · 연수
- 사업주의 장애인 고용환경 개선 및 고용 의무 이행 지원
- 사업주와 관계 기관에 대한 직업재활 및 고용관리에 관한 기술적 사항의 지도 · 지원
- 장애인의 직업적응훈련 시설, 직업능력개발훈련시설 및 장애인표준사업장 운영
- 장애인의 고용촉진을 위한 취업알선 기관 사이의 취업알선 전산망 구축 · 관리, 홍보 · 교육 및 장애인 기능경기 대회 등 관련 사업
- 장애인 고용촉진 및 직업재활과 관련된 공공기관 및 민간기관 사이의 업무 연계 및 지원
- 장애인 고용에 관한 국제 협력
- 그 밖에 장애인의 고용촉진 및 직업재활을 위하여 필요한 사업 및 고용노동부장관 또는 중앙행정기관의 장이 위탁하는 사업

(4) 교육부

교육부는 교육복지늘봄지원국 소속에 특수교육정책과를 설치하여 초 · 중등 및 고등 과정의 장애인교육을 담당하고 있다. 주요 업무로는 특수교육정책 중장기정책 수립 및 성과관리, 장애학생 인권업무, 특수교육 정보화, 방과후 돌봄, 국립특수학교 지원, 장애영유아 · 장애학생 행동중재, 장애학생 진로직업교육, 장

애학생 교육지원, 시각장애인 교육지원, 특수교육 대상자 선정 및 진단평가, 부설 특수학교 설립 등이다. 교육부는 보건복지부와 다르게 자체조직과 특별지방행정기관인 지방교육청이 있으며, 시 · 도, 시 · 군 · 구에서 보건복지부의 정책에 부합된 지역의 교육행정을 수행한다.

(5) 지방자치단체

중앙부처인 보건복지부에서 마련된 장애인복지 정책은 일반지방행정기관에 속하는 시 · 도, 시 · 군 · 구에서 추진한다. 보건복지부는 자체적인 특별지방행정기관을 두고 있지 않으며 시 · 도 및 시 · 군 · 구에 대한 인사 및 예산권은 행정안전부 소관이며, 보건복지부는 장애인복지정책에 대한 업무에 대한 명령권을 행사하고 있다.

지방자치단체는 「장애인복지법」 제13조에 근거하여 지방의 장애인복지위원회를 설치하고 장애인복지 관련 사업의 기획, 조사, 실시 등에 필요한 사항을 심의한다. 지방자치단체는 광역시 · 도, 시 · 군 · 구, 읍 · 면 · 동의 행정조직을 활용하여 장애인복지사업을 수행하고 있다.

2) 민간부문

복지서비스 민간전달체계는 정부나 공공기관이 아닌 민간 주체, 즉 비영리 법인, 사회복지법인, 시민단체, 종교단체뿐 아니라 기업의 사회공헌활동(CSR)도 포함하여 장애인복지 서비스를 기획, 제공, 관리하는 시스템을 말하며, 이들의 자발적인 참여와 자원(기부금, 자원봉사 등)을 기반으로 운영된다. 여기에 더해서 후원자나 가족도 공식적 · 비공식적 자원으로서 참여 가능하다. 민간부문은 공공부문이 포괄하지 못하는 사각지대를 보완하여 보다 유연하고 창의적인 장애인복지서비스를 제공하는 중요한 축이며, 당사자의 참여와 지역사회의 역량을 기반으로 보다 개별화되고 실질적인 지원을 제공할 수 있다.

장애인복지에서 민간부문은 장애인복지시설과 장애인의 권익옹호 및 정책을 제안하는 장애인단체가 중심이 되어 수행되고 있다. 먼저, 장애인복지시설은 장애인 복지 전달체계에서 핵심적인 역할을 수행하는 실천현장으로, 이용 형태에 따라 거주시설과 이용시설로 구분된다(〈표 7-1〉 참조). 거주시설은 주거와 보호를 중심으로 한 주거와 보호 중심 서비스를, 이용시설은 지역사회 내에서 활동과 참여 중심 서비스를 지원한다.

표 7-1 장애인 거주시설 및 이용시설 비교

구분	거주시설	이용시설
생활 형태	24시간 거주	시간제 이용
주요 기능	보호, 주거, 재활	교육, 직업, 여가, 자립지원
대상자	재가생활이 어렵거나 보호가 필요한 장애인	재가장애인, 자립생활 준비 장애인
예시	장애유형별 거주시설 등	장애인복지관, 장애인직업재활시설 등

출처: 유동철(2023).

(1) 장애인복지시설

대부분의 장애인복지시설은 보건복지부로부터 광역 및 기초 단체에게 이관된 복지사무를 민간의 장애인단체나 사회복지법인이 위탁받아 장애인에게 직접적으로 서비스를 제공하는 형태로 운영되는 실정이다. 따라서 이 장에서는 「장애인복지법 시행규칙」 [별표 4](개정 2025. 7. 1.)에 근거한 7개 시설 유형을 제시한다.

1. 장애인 거주시설: 장애유형별 거주시설, 중증장애인 거주시설, 장애영유아 거주시설, 장애인 단기거주시설, 장애인 공동생활가정, 독립형 주거서비스 제공기관
2. 장애인 지역사회재활시설: 장애인복지관, 장애인주간이용시설, 장애인 체육시설, 장애인 수련시설, 시각장애인 등 생활지원센터, 수어통역센터, 점자도서관, 점자도서 및 녹음서 출판시설, 장애인 재활치료시설

2의2. 장애인 자립생활지원시설
3. 장애인 직업재활시설: 장애인보호작업장, 장애인 근로사업장, 장애인 직업적응훈련시설
4. 장애인 의료재활시설
5. 장애인 쉼터
6. 피해장애아동 쉼터
7. 장애인생산품 판매시설

(2) 장애인 인권 및 권익옹호 운동단체

장애인복지 패러다임과 관점이 변화되면서 장애인의 문제는 개인의 잘못과는 무관하며 사회적으로 규정된 관계 속에서 생기는 사회적 환경의 장벽에서 기인한다는 인식이 확산되었고, 장애인이 사회로부터 받는 온갖 차별과 소외에서 해방되어 인간으로서의 존엄성을 회복하고자 장애인운동이 시작되었다. 장애인운동은 장애인들 스스로가 장애인에 대한 불합리하고 불평등한 사회체계를 인식하고 문제를 해결하기 위해 시작된 장애인 중심 활동이다(김상호, 1994).

장애인운동은 1960년 전후 단일한 문제해결에 초점을 두었으나 점차 전국적·지역적 운동으로 확산되었다. 이후 장애인복지 패러다임이 인권중심으로 변화하면서 권리에 기반하여 장애인복지 제도와 서비스 확충을 국가에 요구하고 제도적 실현을 위한 활동으로 전개되었다. 이는 장애인운동이 '장애인의 문제는 개인이 아닌 사회구조적 문제와 모순으로 발생한다'고 규정하고, 장애인이 이러한 문제점을 인식하는 것이 중요하다고 본 데에서 기인한다(임종호 외, 2022; 유동철, 2023). 장애인을 둘러싼 열악한 삶의 개선을 위해서는 정부의 정책 내용이 변화되어야 가능하므로 정책 형성에 영향력을 행사하고 제도의 변화를 추구하여 장애인복지 법제화에 영향을 미쳤다.

장애인운동은 조직화되어 이루어졌으며, 대표적으로 전국장애인차별철폐연대, 한국장애인자립생활센터협의회, 장애인차별금지추진연대, 장애인인권포럼, 장애여성공감, 장애인권익문제연구소, 장애인먼저실천운동본부, 전국장애인부

표 7-2 장애인 인권 및 권익옹호 운동단체 사례

단체명	주요 활동 내용
전국장애인차별철폐연대	장애인 차별 철폐, 인권 옹호, 정책 개선
한국장애인자립생활센터협의회	자립생활 지원, 권리 옹호
장애인차별금지추진연대	차별금지법 강화, 법적 대응
장애인인권포럼	인권 토론, 캠페인
장애여성공감	장애여성 권리 옹호, 차별 해소

모연대 등이 있다(김도현, 2024).

(3) 민간 활동단체

「장애인복지법」 제63조(장애인단체의 보호와 육성)는 "국가 또는 지방자치단체는 장애인의 복지를 증진하고 자립을 도모하기 위하여 장애인단체 또는 장애인을 위한 단체를 보호, 육성하도록 노력하여야 한다."라고 규정하고 있다. 또한 "국가 또는 지방자치단체는 예산의 범위 안에서 제1항의 규정에 의한 단체의 사업 또는 활동이나 그 시설에 대한 소요 경비의 일부 또는 전부를 보조할 수 있다."라는 지원의 근거를 마련하고 있다.

우리나라 장애인 민간 활동단체는 사단법인, 사회단체, 사회복지법인, 재단법인 또는 임의단체로 구분되어 활동하고 있다. 대표적인 장애인 민간 활동단체에는 한국장애인재활협회, 지체장애인협회, 농아인협회, 장애인복지관협회, 장애인복지시설협회, 정신지체애호협회, 한국뇌성마비복지회, 보장구협회, 장애인연맹, 신장장애인협회가 있으며, 이 외에도 한국맹인복지연합회, 한국장애인복지체육회, 한국약시재활협회, 한국실명예방재단, 한국교통장애인협회, 전국장애인한가족협회, 한국재활재단 등이 있다. 이들 민간 활동단체는 장애인이나 기관이 당연하게 가입해야 하는 조직은 아니며 전국 · 지역단위에서 활동단체별로 장애인의 권익과 옹호를 위해 활동하고 있다.

한편, 주로 보건복지부의 보조금 지원사업, 운영비 지원, 기본보조금, 국고보조사업 연계 등을 통해 중앙장애인단체로 지정되어, 국가 정책과 협력하거나 위탁 사업을 수행하기도 한다.

(4) 국제활동단체

민간 차원의 국제교류는 국내 장애인 인권 증진뿐 아니라, 국제사회에서 장애인 권리와 복지 향상을 위해 다양한 활동을 전개하고 있다. 주로 장애 관련 국제기구회의 참가, 국제적인 네트워크 참여, 해외 교류, 국제 캠페인 및 정책 협력 등으로 이루어지고 있는데, 대표적으로 국제재활협회(Rehabilitation International: RI Global)[1]와 국제장애인연맹(Disbled Peoples' International: DPI)[2]이 활발하게 활동하고 있다.

국제재활협회는 1922년 설립되어 장애인 당사자뿐 아니라 서비스 제공자, 정부기관, 학자 및 연구자, 장애인의 삶의 질 향상을 위해 노력하는 옹호자들이 연대하는 민간국제기구로서 현재 100개국 이상의 회원단체를 두고 전 세계 장애인의 권리와 포용성 증진을 위한 다양한 교류에 힘쓰고 있다. 우리나라에서는 1954년 한국장애인재활협회가 설립과 동시에 회원단체로 가입(RI KOREA)하면서 국제교류에 이어 장애포괄적 국제개발협력에 이르기까지 적극적인 협력 및 자치활동을 전개해 왔다.[3] 특히 1981년 「장애인복지법」 제정 등 제도 마련과 한국장애인개발원 및 장애인고용공단 등 전달체계 수립에 기여하였고, 한국전쟁으로 인한 장애아동들의 사회참여 프로그램을 시작으로 2000년대부터는 「UN장애인권리협약」에 기반한 국내외 정책 발전과 장애가정청(소)년과 대학생 등 다음세대를 위한 인적투자 등에 앞장서고 있다(더인디고, 2025. 7. 1.).

국제장애인연맹은 1981년 52개국 4백여 명의 장애인이 참석한 가운데 싱가포르에서 제1회 세계장애인 대회를 가짐으로써 정식으로 출범한 국제적인 장애인

1) https://www.riglobal.org
2) http://dpi.org
3) https://rikorea.or.kr

당사자 조직이다. 장애인 문제에 관한 장애인 당사자들의 목소리를 알리고자 장애인에 의한 독자적인 조직으로 출범하였다. 한국에서는 1986년 발족한 한국장애인연맹(DPI KOREA)이 회원단체로 활동 중이며, 장애인정책개발, 인권교육, 인식개선 활동을 통해 진보적인 장애인 관련 이념을 국내에 전파하고 실천하는 데 주력하고 있다. 또한 국제장애인권리협약 연대단체를 구성하여 간사단체를 맡아 UN 제정 및 국내 비준을 위해 활동하였고, 국내 비준 이후 장애인권리협약의 국내 홍보 및 올바른 이행을 위한 모니터 활동을 하고 있다.[4)]

장애인복지서비스에서 민간부문의 역할은 다양한 관점에서 고려될 수 있으며, 이를 통한 서비스 제공의 효과성과 효율성을 높이는 데 있어서도 다음과 같은 점이 중요하게 기능한다(유동철, 2023).

- 다양성과 전문성 확보 차원에서, 즉 공공전달체계가 보편적이고 일관된 서비스를 제공하는 데 중점을 둔다면, 민간전달체계는 장애인의 개별적이고 특수한 욕구에 맞춰 다양하고 전문화된 서비스를 제공할 수 있기에 급변하는 사회환경과 장애유형의 다양성에 탄력적으로 대응하는 데 유리하다.
- 의사결정의 유연성과 신속적 대응이 가능하다. 즉, 민간기관은 공공기관에 비해 조직 구조가 유연하고 의사결정 과정이 비교적 간소하여, 새로운 서비스 모델을 개발하거나 긴급한 상황에 신속하게 대응할 수 있는 장점이 있다.
- 지역사회 밀착성으로 민간기관은 지역사회의 특성과 자원을 활용하여 장애인에게 보다 밀착된 서비스를 제공하고 지역사회 내 통합을 촉진하는 데 기여할 수 있다.
- 자원 동원 능력, 즉 정부 예산만으로는 충족하기 어려운 복지 수요를 민간의 자발적인 기부금, 후원, 자원봉사 등을 통해 보완하고 새로운 자원을 발굴하여 복지서비스의 양적·질적 확대를 가능하게 한다.
- 서비스 사각지대 해소에도 기여할 수 있다. 이는 공공서비스가 미처 닿지 못

4) https://dpikorea.org

하는 사각지대에 있는 장애인들에게 필요한 서비스를 제공함으로써 복지 안전망을 더욱 촘촘하게 구축하는 역할을 수행함을 의미한다.

민간전달체계는 이와 같은 역할을 통해서 공공부문과의 상호 보완적인 관계를 형성하며 발전해 왔고, 이를 통해 서비스의 안정성과 형평성을 확보하는 데 강점이 있으며, 서비스 중복을 피하고 자원의 효율적 배분을 통해 서비스 수요자의 만족도를 높이는 데에 기여할 수 있다. 물론 민간전달체계는 자발적 자원에 의존하는 특성상 재정적 안정성 확보에 어려움을 겪을 수 있으며, 서비스 품질의 표준화와 책임성 확보 또한 중요한 과제로 남아 있다(김도현, 2024; 임종호 외, 2022).

3. 장애인복지 전달체계의 발전방안

1) 공공부문 장애인 정책 연계성 강화

장애인복지의 궁극적인 책임은 국가이므로 증대되고 있는 장애인의 욕구를 위해서는 장애인복지가 확대되어야 하며, 복지서비스를 전달하는 체계는 장애유형과 생애주기에 맞게 기능해야 한다(유동철, 2023). 장애인복지 공공부문은 중앙정부와 지방정부, 즉 광역지방자치단체와 기초자치단체가 역할을 분담하고 있다. 전반적인 장애인복지는 중앙부처인 보건복지부가 관장하고 있고, 고용노동부, 교육부 등의 부처와 지방행정기관이 장애인복지서비스와 관련되어 있으며, 이들 부처는 각각의 개별 법령으로 조직, 운영되고 있어 장애인복지 정책이 통합되지 못하고 있다. 이에 일선 장애인복지시설은 보건복지부의 정책에 따라 지자체에 전달된 복지업무를 수행하고 있으나, 직업재활은 고용노동부와 관련되어 있고 교육부의 지방행정기관인 교육청의 사업지원 등 장애인복지서비스의 지속성을 확보하지 못하거나 지역별 서비스 내용의 차이 또는 중복 문제가 해결되지 못하고 있다(이경준, 최윤영, 2020).

무엇보다 장애인복지는 특정 연령에 국한되는 것이 아니라 영유아부터 노인에 이르기까지 다양하기 때문에 장애유형별 장애인 욕구에 부합된 복지서비스가 전 생애에 걸쳐 시의적절하게 이루어지기 위해서는 부처의 장애인복지 정책은 통합적 · 유기적으로 기능해야 한다. 현재는 장애인복지 비중이 높은 보건복지부가 실무적인 조정의 역할을 담당하고 있으나 독립된 법령에 근거를 두고 고용 전반을 담당하는 고용노동부의 업무를 조정하기는 어려운 부분이 있다(임종호 외, 2022). 이에 공공부문의 장애인복지 정책 간의 상호 연계와 조정할 수 있는 장애인복지 대책위원회의 기능 강화가 요구되고 있다.

한편, 공공부문 장애인복지 전달체계의 연계성은 민간부문 전달체계와도 긴밀한 관계성이 있다. 공공부문 전달체계에서는 주로 장애인정책을 수립하고 구체적인 장애인복지서비스는 접근 용이성과 전문성의 원칙에 따라 민간부문 전달체계에서 수행하고 있다. 예를 들어, 보건복지부 장애인정책은 지자체에 전달되고, 지자체는 정관에 장애인복지사업을 포함하고 있는 사회복지법인이나 장애인단체 등에 재정과 함께 복지사무를 위탁하고, 해당 시설에서는 전문인력을 통해 장애인에게 직접 장애인복지서비스를 제공하고 있다. 고용노동부는 성인장애인 직업재활의 관련 법령에 따라 지방행정사무소에서 장애인복지서비스를 수행하기도 하고, 장애인복지관 등의 민간부문 기관과 함께 업무를 수행한다.

장애인복지정책을 추진하는 정부부처 간, 부처와 지자체 간, 지방행정사무소와 민간부문 간, 지자체와 민간부문 간 정책 추진이 장애인의 욕구에 부합한 서비스로서 영속성을 바탕으로 적시, 적소에 복지서비스가 제공되기 위해서는 우선적으로 정부의 장애인복지 정책의 확대가 있어야 하며, 관련 부처들은 장애인복지 정책을 개발하는 과정에서부터 유기적으로 조정될 수 있는 연계성이 확보되어야 할 것이다.

2) 민간부문 장애인복지 전달체계 확충과 상호 연계성 강화

우리나라 민간부문 장애인복지 전달체계는 정부정책의 부족으로 장애인복지시설이 충분하지 않아 장애인이 시의적절한 서비스를 이용하는 데 어려움이 발생하고 있다. 대부분의 전달체계는 국가의 장애인복지 정책에 따라 조성되는 구조적인 특성이 있으며, 장애인복지의 궁극적인 책임은 국가에게 있으므로 부족한 장애인복지시설은 정책을 통해 확충되어야 한다. 장애유형과 중증도에 따라 시설은 구분되어야 하고 중복장애는 지역사회를 중심으로 통합적인 서비스를 제공하면서 장애인의 통합적인 사례관리를 위해서는 연계될 수 있는 시설이 마련되어 있어야 한다(이경준, 최윤영, 2020). 우리나라는 1980년 장애인복지를 위한 법령이 제정된 이후 다양한 복지정책이 추진되었고 탈시설화와 커뮤니티케어가 본격화되면서 장애인을 위한 이용시설과 주거정책에 따른 시설의 확충은 더욱 강조되고 있다. 특히 지역별로 장애인복지시설에 차이가 있어 장애인이 필요한 서비스를 제공받지 못하는 경우도 있고 장애인의 주거안정을 위한 공동주택 특별공급도 인구 밀집지역에 편중되고 있는 등 전국적으로 고른 장애인 정책과 시설 확충이 요구되고 있다(유동철, 2023).

성인전환기 장애인을 위한 직업재활시설의 확충도 요구되고 있다. 고등교육과정 전・후 장애인은 일반고용이 되거나 보호고용 형태의 직업재활시설을 이용하게 된다. 보호고용과 관련하여 지역사회 내 장애인보호작업장이나 장애인직업재활시설이 부족하여 장애인 본인의 직업선호에 맞춘 직업재활로 연계되지 못하고 있으며 이용을 하더라도 이용기간이 정해져 있어 다른 시설을 이용하게 되면서 직업재활의 내용이 연계되지 못하고 있다.

장애인복지시설의 확충과 시설 간 상호 연계성 강화도 요구되고 있다. 보건복지부 외에도 여러 부처에서 실시하는 장애인복지정책에 따라 민간전달체계는 재정을 지원받아 복지서비스를 제공한다. 이 과정에서 설치 근거와 목적, 재원의 출처, 시설의 운영계획 등으로 시설 간 상호 연계성이 부족한 상태이다. 예를 들어, 특수교육의 경우 특수학급의 학습내용이 성인기 이용기관에 연계되거나 특수교육 과정에서 진단평가 및 직업훈련 이력이 민간부문 장애인복지관이나 보호작업장 등 장애인직업재활시설에 행정적으로 연계되지 못하여 장애인과 장애인부모의 불편함이 발생하고 있다. 특수교육 과정이나 직업재활기관은 민감한 개인정보를 제외하고 직업준비과정인 직업평가 및 직업훈련 이력에 대해 행정적으로 열람할 수 있는 절차를 간소화하여 성인장애인들의 반복된 직업평가나 대기기간 등 불필요한 직업재활 단계를 거치지 않도록 연계성을 강화해야 한다.

이러한 장애인복지서비스의 상호 연계성은 2014년 정부가 발달장애인의 권리와 보호자 등의 삶의 질 향상을 위해 제정한 「발달장애인 권리보장 및 지원에 관한 법률」에 따른 서비스 전개과정에서도 중요하게 대두되고 있다. 법령 제정으로 발달장애인에 대한 통합적 지원체계를 위해 중앙발달장애인지원센터와 16개 지자체에 지역발달장애인지원센터가 설립되었고 거점병원, 중증 발달장애인을 위한 발달장애인직업훈련시설, 평생교육, 위기발달장애인쉼터가 마련되었다. 지역발달장애인센터는 시·도지사를 설치 주체로 하여 민간에 위탁되지 않고 보건복지부 산하 장애인개발원에서 사업 전반을 관리하는 공공기관의 성격을 갖지만 구체적인 업무는 민간부문과 연계되어 있다. 발달장애인의 개인별 지원계획 수립은 지역사회 내 자원연계를 배경으로 수립하며 발달장애인을 위한 복지지원 정보의 제공 및 연계는 계획에 따라 지역사회 내 지역사회재활시설, 거주시설, 공공후견인서비스 등 발달장애인 생애주기에서 요구되는 서비스를 의뢰하게 된다. 이 과정에서 대다수 장애인복지시설에는 기존 이용자가 있거나 대기자가 있어 개인별 지원계획에 따라 의뢰되어도 시설부족과 기관 간 연계의 한계로 1년 이상의 대기가 발생하고 있는 실정이다.[5] 발달장애인은 대부분 유아기에 진단되고 어린 나이에 개입하고 교육받을수록 사회적응력을 높일 수 있으므로 생애주기별 개인별 지원계획이 실효성을 거두기 위해서 시설 확충과 지역사회 내 장애인기관의 이용자 현황 등 실시간 정보 확보와 기관 간 체계적이고 유기적인 관계가 이루어져야 할 것이다.

5) 17개 지자체 중 9개 지자체에서 복지관 수업을 듣기 위해서는 1년 이상의 대기가 있고 3년 이상의 대기자가 발생하고 있다. 1년 이상 대기자가 있는 지역은 세종(66.6%), 서울(63.4%), 대구(59.2%), 제주(57.5%), 대전(57.4%), 경기(55.7%), 울산(55.5%)순이다. 3년 이상 대기자가 많은 지역은 세종(28.2%), 서울(23.2%), 경기(22.7%), 인천·울산(19.4%)이다(한국일보, 2022. 10. 4.).

3) 성인장애인 직업재활 전달체계의 방향성 정립

성인장애인의 생애주기 과업 중 하나는 직업을 갖는 것이며 이를 통해 사회통합이 이루어질 수 있다. 장애인은 직업재활 전달체계의 개입 없이 일반노동시장에 참여할 수 있고, 고용노동부 산하 고용공단이나 직업재활기관에서 직업 전 단계인 직업평가 및 취업알선 지원으로 일반노동시장에 참여하거나 보호고용 등 직업재활서비스를 이용하게 된다.

우리나라 장애인의 고용정책은 부처가 나뉘어서 전개되고 있다. 장애인의 일반고용에 대해서는 고용노동부가 관장하고 보호고용에 대해서는 보건복지부가 담당하고 있다. 시 · 도에서 운영되고 있는 산하기관들도 소관부처가 다른 상태로 운영된다. 이에 장애인 입장에서는 자신에게 맞는 기관이 무엇인지, 서비스내용의 정보와 적합성 측면에서 혼선이 발생할 수 있다. 이에 정부는 이원화된 장애인 직업재활정책과 관련하여 2001년부터 시행된 「장애인 고용촉진 및 직업재활법」에서 고용노동부와 보건복지부의 기능을 구체화하였다. 장애인 고용촉진 기본계획은 주무부처인 고용노동부에서 수립하며 계획 수립 시 고용노동부장관이 장애인복지서비스 전반을 관장하고 있는 보건복지부장관과 협의하는 내용이다. 고용노동부는 우리나라 노동시장을 중심으로 구성원들의 노동시장 진입 전 단계, 노동시장 활성화 단계, 실업 등 노동시장 퇴출 후 단계의 정책을 추진하는 부처로서 우리나라 노동환경 변화에 따른 공급과 수요적 측면을 고려하여 정책을 수립한다. 장애인의 직업재활정책에서도 직업 전 단계에서 복지서비스를 담당하기도 하지만, 노동시장 진입과 같은 성과적 측면을 고려할 수 있다. 정부부처의 정책방향은 일선 직업재활서비스 기관에도 영향을 미치게 되므로 고용노동부는 장애인의무고용제도 등 장애인이 노동시장에 참여할 수 있는 다양한 기회를 확대하고 일반노동시장의 변화나 국가의 노동정책의 기조에 영향받지 않는 장애인의 복지 측면의 직업재활정책의 방향성이 요구된다(임종호 외, 2022).

보건복지부는 소관된 직업재활기관이 성인장애인의 직업생활이 사회통합을 지향할 수 있도록 방향성을 검토하고 추진해야 한다. 장애인직업재활은 장애인복지에서 의료 · 교육 · 직업 · 사회심리 등 전문영역의 기능통합으로 장애인의 전인적 능력개발을 조성하여 궁극적으로 사회통합을 달성하고자 하는 총체적인 개념이다. 장애인의 직업재활이 사회통합을 지향하고 있지만 한정된 직업재활 전달체계로 성인기 전후 장애인은 자신의 선호에 맞는 직업재활을 경험하지 못하거나 직업훈련에 머물며 단계적인 직업재활서비스를 이용하는 데 어려움이 발생하고 있다. 보건복지부는 장애인복지정책을 주도적으로 추진하는 부처이므로 장애인의 직업재활 성과를 일반고용시장 참여를 목표로 설정할 것인지, 아니면 직업재활을 통해 직업경험을 확대할 것인가에 대한 방향성을 명확히 하여 시 · 도 일선기관에 전달해야 할 것이다(임종호 외, 2022).

직업재활 전달체계가 지속적으로 변화하고 있는 가운데, 탈시설화로 지역사회 거주 장애인이 증가하고 있으므로 일반고용이 어려운 장애인에 대한 보호고용의 의미는 무엇인지, 장애인 직업재활의 궁극적인 목적이 무엇인지, 장애인과 그 가족들이 원하는 성인기 과업으로서의 직업재활서비스는 어떤 형태인지에 대한 방향성을 지속적으로 검토하여 장단기적인 계획 수립과 추진이 이루어져야 할 것이다(유동철, 2023).

4) 지역사회 통합돌봄(Community Care, 커뮤니티 케어) 정책에 따른 장애인의 통합적 욕구사정과 사례관리체계 정비

장애로 인한 의학적 손상이 기준이 되었던 장애등급제도가 2019년 폐지되면서 장애등급에 따른 장애인복지 내용과 서비스도 전환기를 맞이하였다. 지역사회에는 공공과 민간 전달체계의 의료, 교육, 직업, 사회심리재활 영역의 서비스와 보건복지부가 2009년부터 실시한 발달재활바우처 제도로 지자체 승인을 받은 개인시설에서 재활서비스를 제공하고 있다. 장애인은 시설에서 진행되는 진단평가를 통해 이용하게 되고 통합적인 서비스의 필요성에 따라 사례관리가 이루어진다. 장애의 특성상 생애주기에 맞는 장애인복지서비스가 요구되는 경우가 많고 단일한 접근을 통해서는 해소되기 어렵기 때문에 통합사례관리로 서비스의 연계 · 조정을 모색해야 한다.

그동안 민간에서 실시되던 사례관리는 공공 사례관리의 필요성으로 2012년 보건복지부 정책에 따라 전국 시 · 군 · 구에 희망복지지원단이 설치되어 본격적인 통합사례관리가 실시되었다. 공공에서 장애인의 사례를 관리하며 필요에 따라 민간전달체계의 서비스를 조정 · 연계하는 역할을 수행한다. 그러나 기존의 민간전달체계 간에 서비스의 연계 · 조정 기능이 약하여 통합적 사례관리가 이루어져도 장애인 또는 장애인부모는 필요한 복지서비스를 시의적절하게 이용하는 데 어려움이 발생하고 있다(유동철, 2023). 지역별로 민간전달체계 구성과 내용에도 차이가 있어 장애인이 거주지를 이전하거나 지역에 대한 정보가 없을 경우에는 통합사례관리와 이에 따른 시설이용은 어려울 수 있다. 특히 장애인복지시설은 장애유형별, 생애주기별, 재활욕구별로 설치 · 운영되고 있어 장애인 중심으로 관련 시설들을 어떻게 연계 · 조정할 것인가는 통합적 욕구사정과 사례관리 추진에 있어 공공 · 민간 전달체계가 해결해 나가야 할 중요한 과제일 것이다(이경준, 최윤영, 2020).

2018년부터 보건복지부의 커뮤니티 케어 정책이 추진되고 있으므로 장애인을 중심으로 지역사회 욕구평가체계, 서비스이용체계, 서비스품질체계, 지역사회 기반 거주공간의 다양화를 포함하는 통합적 욕구사정과 사례관리가 요구되고 있다. 우선적으로 복지시설을 확충하여 민간 전달체계의 협조체계를 마련해야 한다(임종호 외, 2022). 기존에 시설을 이용하고 있는 장애인의 권리를 보장하면서 통합적 욕구사정과 사례관리체계를 구축하여 장애인의 불필요한 사정평가 과정이 반복되지 않도록 욕구사정 자료의 체계적으로 관리하고 상호 연계성을 확보해야 할 것이다.

요약

1. 사회복지서비스 전달체계(delivery system)란 복지서비스를 구체적으로 추진하고 실천하기 위해 필요한 자원을 조달, 배분하여 서비스를 실시하는 조직체계를 의미하며, 복지대상자와 직접적으로 연계된다. 장애인복지서비스도 체계 안에 장애인복지 욕구를 발견하고 욕구 해결을 위한 사정을 실시하여 필요한 자원을 연결하게 되며, 이 과정에서 전달체계의 기능분담의 체계성, 전문성, 접근용이성, 통합성 등의 원칙이 고려된다.
2. 사회복지 전달체계는 공공부문과 민간부문으로 구분되며, 사회복지서비스 대상자에 따라 전달체계가 이루어진다. 장애인복지 전달체계도 공급자로서 공공부문과 민간부문으로 구분할 수 있으며 각각은 관련 법령과 설치근거에 따라 기능적으로 구분된다.
   - 공공전달체계: 장애인정책조정위원회, 보건복지부, 고용노동부, 교육부 및 시 · 군 · 구
   - 민간전달체계: 비영리 법인, 사회복지법인, 시민단체, 종교단체 등 민간이 주체가 되어 장애인복지서비스 제공 및 관리 운영하되, 대부분 장애인복지시설은 보건복지부로부터 광역 및 기초 단체에게 이관된 복지사무를 민간에 위탁하여 운영하는 형태로 이들 시설은 「장애인복지법 시행규칙」에 근거한 7개 시설 유형과 세부 시설을 포괄
3. 장애인복지 전달체계의 발전방안으로 대표적으로 공공부문 장애인 정책 연계성 강화, 민간부문 장애인복지 전달체계 확충과 상호 연계성 강화, 성인장애인 직업재활 전달체계의 방향성 정립, 지역사회 통합돌봄(Community Care, 커뮤니티 케어) 정책에 따른 장애인의 통합적 욕구사정과 사례관리체계 정비 등을 제시할 수 있다.

Issues & Discussions

1. 장애인복지 전달체계에서 공공과 민간 부문의 특성과 상호적 관계를 파악하여 논의하시오.

2. 민간부문 장애인복지 전달체계의 상호 연계성 강화 방안을 제시하시오.

3. 장애인 통합사례관리를 위한 전달체계의 기능에 대해 생각해 보시오.

Workshop

우리 동네 복지지도 만들기	
활동 제안 배경 및 목적	장애인복지서비스의 실제 사례를 통해 문제해결 능력을 키우고, 공공과 민간의 상호 보완적 관계를 명확히 이해하도록 돕기
활동 내용	우리가 살고 있는 지역사회 또는 가상의 지역을 배경으로, 그 지역의 장애인들이 겪을 수 있는 문제(이동, 일자리, 정보접근 등등)를 제시하고, 이를 해결하기 위한 장애인복지 및 보편적 복지 차원의 공공과 민간 전달체계를 찾아보고 어떻게 협력해야 할지 그림지도를 제작
진행 방식	조별로 장애인복지의 특정 문제 이슈를 맡아 공공기관(주민센터 등)이 할 수 있는 역할과 민간기관(장애인복지관, 자원봉사단체 등)이 할 수 있는 역할을 구분하고, 이 둘이 어떻게 연계되어야 가장 효과적인지 그림이나 다이어그램으로 표현하기

08

장애인복지실천 방법과 기술

이 장에서는 장애인복지실천 방법과 기술에 대한 소개를 위해 장애 패러다임의 변화와 함께 장애인복지실천의 기본 전제로 인식되는 개인과 환경에 대한 사정에 대하여 살펴보고, 장애인복지실천 대상인 개인, 집단, 지역사회 차원에서의 장애인복지실천의 주요 내용을 살펴보고자 한다.

먼저, 개인과 환경에 대한 사정에서는 개인을 둘러싼 환경을 체계적으로 파악하기 위한 과정으로서 그 개념과 의미, 목표를 확인하고 주요한 고려사항과 의의, 이론적 관점을 학습하고, 이어서 대상별 장애인복지실천을 이해하기 위해 각 대상체계, 즉 개인, 집단, 지역사회 차원의 개념과 특징, 실천기술에 대해 알아본다.

학습목표

1. 장애인복지실천에서 개인과 환경에 대한 사정의 필요성과 고려사항을 설명할 수 있다.
2. 개인과 환경 사정체계의 이론적 관점을 이해할 수 있다.
3. 개인 차원의 장애인복지실천에 대한 개념과 특징, 기술을 소개할 수 있다.
4. 집단 차원의 장애인복지실천에 대한 개념과 특징, 기술을 소개할 수 있다.
5. 지역사회 차원의 장애인복지실천에 대한 개념과 특징, 기술을 소개할 수 있다.

키워드

개인과 환경에 대한 사정/생태체계관점/개인 · 집단 · 지역사회 차원의 장애인복지실천

1. 개인과 환경에 대한 사정

1) 개인과 환경 사정의 이해

개인과 환경을 사정하는 것은 개인을 둘러싼 다양한 체계를 고려하여 욕구와 문제를 확인하고 체계적인 접근을 계획하기 위한 과정을 의미한다. 장애인복지실천은 개인과 환경의 상호작용을 고려하여 삶의 질을 향상시키고 사회적 포용을 촉진하는 데 중점을 두고 있다. 따라서 장애인복지실천에서 '개인과 환경에 대한 사정'은 장애인 개인과 그가 속한 환경을 종합적으로 이해하고 분석하는 과정을 의미한다. 이는 장애인 개인의 특성과 능력, 그리고 장애인을 둘러싼 환경요인들이 상호작용하여 장애인의 삶의 질과 사회적 참여에 영향을 미치는 것을 이해하고 설명하는 것을 목표로 한다.

개인과 환경에 대한 사정은 다음과 같은 다양한 측면에서 고려되어야 한다.

첫째, 장애인 개인의 요구와 능력에 대한 이해가 필요하다. 장애인은 서로 다른 능력과 요구를 가지며, 각각의 장애유형 및 개인의 특성에 따라 필요한 지원과 서비스가 달라질 수 있다. 따라서 개인에 대한 요구와 능력을 인식하고 존중하면서 개별적인 평가와 계획을 수립하여야 한다. 또한 환경적 장애물을 해소함으로써 모든 장애인이 사회적으로 완전히 참여할 수 있는 환경을 조성해야 한다. 이는 건물 시설의 접근성 개선, 정보 및 의사소통 수단의 다양화, 사회적 편견과 차별에 대한 인식개선 등을 포함한다.

둘째, 개인과 환경에 대한 사정은 정책 수립 및 제도적 지원을 통해 이루어져야 한다. 정부와 지자체는 장애인의 요구를 반영하고, 접근성과 포용성을 향상시키기 위한 다양한 정책과 제도를 마련해야 한다. 이는 건강보험, 교육, 고용, 교통 등의 분야에서의 장애인의 권리와 이해관계를 보장하고, 그들이 사회적으로 활동적인 삶을 영위할 수 있는 기반을 마련하는 것을 의미한다.

셋째, 개인과 환경에 대한 사정은 지속적인 노력과 협력을 통해 이루어져야 한다. 정부, 지자체, 공공 및 민간기관, 사회단체, 장애인 단체 등이 협력하여 장애인의 권리와 포용성을 증진하는 데 힘써야 한다. 또한 장애인복지 당사자인 장애인이 자기 주도적으로 자신의 권리를 주장하고, 일상생활과 삶의 환경에서의 장애물을 해소하기 위한 노력을 지속적으로 기울여야 한다.

2) 개인과 환경에 대한 사정이 가지는 의의

개인과 환경에 대한 사정은 개인을 둘러싼 다양한 체계를 고려하여 욕구와 문제를 확인하고 체계적인 접근을 계획하기 위한 과정으로, 개인과 환경에 대한 이해뿐만 아니라 개인과 환경의 상호작용에 대한 정보를 제공한다. 또한 장애인의 행동과 그 행동을 선택하는 이유와 다양한 환경의 변화가 개인에게 미치는 영향에 대한 정보를 제공함으로써 장애인복지실천에서 개별화된 접근이 가능하도록 한다. 개인과 환경에 대한 사정이 가지는 의의는 다음과 같이 정리할 수 있다.

- 개인에 대한 이해: 장애인복지실천에서는 먼저 장애인 개인을 이해하는 것이 중요하다. 개인과 환경에 대한 사정을 통해 개인의 장애유형, 신체적 · 심리적 · 사회적 수준, 일상생활 기능과 능력, 요구사항 등을 종합적으로 이해하여 장애인의 개별적인 상황과 필요를 파악할 수 있다.
- 환경에 대한 이해: 장애인의 삶은 그들이 속한 환경에 크게 영향을 받는다. 따라서 장애인 개인을 둘러싼 환경을 이해하는 것이 중요하다. 이는 가정, 학교, 직장, 지역사회 등의 환경을 포함하며, 그들이 속한 사회적 · 문화적 요인을 고려하여 장애인이 경험하는 모든 외부 요인을 포함한다.
- 상호작용에 대한 이해: 장애인복지실천에서 개인과 환경 간의 상호작용을 분석하는 것은 매우 중요하다. 장애인 개인의 특성과 능력이 환경에 어떻게 영향을 미치며, 환경의 다양한 요인과 변화가 개인의 삶에 어떤 영향을 미치는지를 이해하여 종합적이고 포괄적인 실천적 접근을 고려하는 것이 필요하다.

- **행동 및 선택에 대한 이해**: 인간의 행동은 다양한 체계와의 상호작용 속에서 이루어진다. 장애인복지실천에서 장애인 개인과 환경을 사정하는 것은 장애인의 행동과 선택에 영향을 미치는 요인을 이해하는 데 중요한 정보를 제공해 준다. 즉, 개인의 장애와 능력 수준, 그리고 주변 환경의 영향으로 인해 특정한 행동이나 선택을 하는 이유를 이해하여 적절한 지원을 제공할 수 있도록 이끌어 준다.
- **적응 및 변화에 대한 이해**: 모든 인간행동은 내적인 욕구와 환경적인 욕구 사이의 조화를 찾기 위한 적응과정이다(Germain, 1979). 또한 다양한 상황과 환경의 변화에 따라 행동을 선택하고 실행하면서 환경에 적응하며 살아간다. 장애인복지실천에서는 개인과 환경에 대한 사정을 통해 환경의 변화가 개인의 삶에 미치는 영향을 이해하는 데 기여한다.
- **개별화된 접근**: 각각의 장애는 다양하고 개별적인 특성을 가지고 있기 때문에, 개별화된 서비스 제공이 필요하다. 이는 개인의 능력과 필요에 따라 맞춤형 서비스를 제공하는 것을 의미한다. 예를 들어, 시각장애인에게는 점자 도서 서비스를 제공하거나, 청각장애인에게는 수화통역 서비스를 제공하는 것이 필요하다.

이와 같이 장애인복지실천에서 '개인과 환경에 대한 사정'은 개인의 삶을 종합적으로 이해하고 필요한 지원을 제공함으로써 장애인의 자립과 사회적 참여를 증진하는 데 중요한 역할을 한다. 이를 통해 장애인이 존엄하고 풍요로운 삶을 살아갈 수 있도록 지원한다.

3) 개인과 환경 사정의 이론적 관점

개인과 환경 사정은 사회학, 심리학 등 인간을 대상으로 하는 다양한 학문 분야에서 연구되고 있는 중요한 주제이다. 이러한 관점들은 개인의 특성과 환경의 영향이 상호작용하여 개인의 행동과 경험에 영향을 미치는 메커니즘을 이해하고 설명하는 데 중점을 두고 있다. 이 장에서는 인간과 환경의 상호작용을 중시하는 브론펜브레너(Bronfenbrenner)의 생태체계이론을 중심으로 살펴보고자 한다.

(1) 생태체계이론의 주요 내용

인간은 자신을 둘러싸고 있는 다양한 체계의 역동적인 상호작용 속에서 존재한다. 생태체계 관점은 인간과 환경은 서로 분리되어 있는 것이 아니라 지속적인 상호교류 안에서 존재하는 하나의 체계로서 본다. 따라서 생태체계이론은 인간과 인간에게 영향을 미치는 환경(체계)의 관계에 연구의 초점을 두는 한편, 인간을 둘러싼 환경을 분석적 범주에 따라 미시체계, 중간체계, 외체계, 거시체계, 시간체계 등 다섯 가지로 분류하고, 각각의 환경체계가 어떻게 개인의 발달에 영향을 미치는지 분석하고자 하였다(Bronfenbrenner & Crouter, 1983). 이는 장애인복지에서도 중요한 의미를 가지며, 장애인의 삶의 질을 향상시키기 위해서는 미시체계에서 거시체계까지 다양한 수준의 환경적 요인을 고려해야 한다.

① 미시체계

미시체계는 개인이 살고 있는 집의 크기, 근처의 시설물과 같은 물리적 특성과 가족, 친구, 학교와 같이 개인에게 직접적 상호작용을 미치는 가까운 환경체계로 이루어진다. 미시체계는 장애인의 가족, 친구, 학교, 직장 등과 같은 직접적인 환경을 포함한다. 예를 들어, 발달장애 아동이 있는 가정에서 부모의 양육 방식과 지원 수준이 아동의 발달에 직접적인 영향을 미친다. 한 사례로, 중증 장애아를 둔 한 가정에서 부모가 긍정적인 양육 태도를 보이고, 특수교육을 받도록 지원할 경우, 아동의 자립 능력이 향상될 가능성이 크다. 이러한 미시체계 내의 관계는 양방향적인 성격을 띠며 상호작용이 상호 호혜성에 기반을 두고 있을 때 건강한 미시체계가 형성되지만, 체계 간의 소통 시 호혜성이 무너지게 되면 미시체계의 질은 떨어지게 된다.

② 중간체계

중간체계는 부모와 교사 간의 관계, 이웃과 친구와의 관계 등 개인을 둘러싼 둘 이상의 미시체계 간 상호관계로 이루어지며, 이 상호관계는 서로의 발달에 영향을 미친다. 또한 이 중간체계에서 개인은 환경의 변화에 따른 역할 수행의 변화를 수반하며, 이는 중간체계의 특징이라 할 수 있다. 예를 들어, 특수학교와 장애인복지관이 협력하여 장애학생들에게 방과후 프로그램을 제공한다면 이를 통해 장애학생들은 학교에서 배운 내용을 실제 생활 속에서 적용할 수 있는 기회가 될 것이다. 또한 비장애학생들과 함께 프로그램에 참여하면서 또래 친구들과의 상호작용 기회를 얻게 됨으로써 사회성 발달에 긍정적인 영향을 미칠 수 있다.

③ 외체계

외체계는 개인이 관여하지는 않지만, 개인이 속한 환경에서 일어나는 일에 영향을 주거나 영향을 받는 사건이 일어나는 하나 또는 그 이상의 환경을 의미한다(Bronfenbrenner, 1995). 예를 들어, 자녀에게 있어 부모의 직장, 근무조건, 소득수준 등은 그 자녀를 직접 둘러싸지는 않지만, 자녀의 미시체계와 중간체계에 영향을 미칠 수 있다. 또 다른 예로 한 지방자치단체에서 장애인 이동권을 보장하기 위해 저상버스 도입 정책을 시행한다면, 비록 장애인이 정책 결정 과정에 직접 참여하지 않았더라도 이동의 자유가 확대되는 효과를 얻을 수 있다.

④ 거시체계

거시체계는 미시체계, 중간체계, 외체계에 개인이 살고 있는 문화적 환경까지 포함하는 광범위한 사회적 맥락을 의미하며, 일반적인 문화, 정치, 사회, 법, 종교, 경제, 교육, 공공정책 등을 포함하는 개념이다. 거시체계는 사회구조적인 맥락을 포함하며, 간접적이나 개인에게 강력한 영향력을 행사한다. 가령, 「장애인복지법」 개정으로 인해 장애인 고용의무가 강화된다면, 이는 장애인의 경제적 자립과 사회참여 기회를 확대하는 데 기여할 수 있다. 또한 「장애인차별금지법」과 같은 법률이 시행됨으로써 장애인의 권리가 보장되는 사회적 환경이 조성될 수 있다.

⑤ 시간체계

시간체계는 전 생애에 걸쳐 일어나는 변화와 사회역사적 환경을 포함하는 개념으로 시간의 흐름에 따른 개인의 심리적 · 사회적인 변화를 뜻한다. 예컨대, 아동이 성장함에 따라 겪게 되는 부모의 죽음과 같은 외적인 사건이나 심리적 변화 등의 내적인 사건이 시간 체계의 구성요소가 된다.

개인은 미시체계의 일부로서 다양한 환경과 상호작용하며, 이러한 상호작용은 개인의 행동과 발달에 영향을 미친다. 생태체계 관점은 인간과 환경이 어떻게 서로 영향을 주고받는지에 대한 준거틀을 제공한다. 또한 생태체계 관점은 상황적 · 환경적 맥락에서 장애인과 환경체계를 보기 때문에 사정과 계획 단계에 매우 유용한 관점으로 활용된다.

(2) 장애인복지실천에서 생태학적 이론의 함의

생태학적 이론은 개인과 환경을 통합적으로 조망하고 변화를 모색하는 방향성으로서의 패러다임을 확립하였다는 점에서 의의가 있다. 허창덕(2012)은 사회복지 정책 및 실천에 있어서 생태학적 이론의 함의를 제시한 바 있다. 이를 중심으로 장애인복지실천에서 생태학적 이론의 함의를 정리하면 다음과 같다.

첫째, 생태학적 관점은 개개인의 미시적 부분에만 초점을 맞추던 이전의 모델과는 달리, 사회체계 전체를 포괄하는 광범위한 관점과 관심 영역을 문제의 대상으로 제시함으로써 관련 문제에 대한 전체적인 이해 및 방향성 모색의 틀을 제공해 주고 있다.

둘째, 생태학적 이론은 개인과 사회체계 간의 상호작용에 초점을 두는 모델로써, 기존의 단선적 · 분절적 · 단순인과론적인 장애 정책 시각에서 통합적 · 전체적 · 역동적인 시각으로 전환할 수 있는 토대를 마련해 주고 있다.

셋째, 생태학적 이론은 개인과 환경 간의 관계에 대한 포괄적인 실천지식을 제공함으로써, 사회복지사들이 어느 한 가지 모델에 치우치지 않고 보다 다양한 모델을 절충적으로 선택하고 활용할 수 있는 기반을 마련해 준다.

넷째, 생태학적 관점을 이용한 사회복지 현장에서의 사정 도구로 생태도(eco-map)와 가계도(genogram) 등이 있다. 이러한 도구들은 클라이언트와 환경 간의 상호 연관성을 평가함에 있어 각 체계들 간의 일관성과 상호성, 갈등의 정도와 상태를 규명할 수 있는 개념들을 제공하며, 따라서 계획을 수립함에 있어서 체계의 어느 부분에 개입해야 하며 어떤 전략을 취해야 하는지에 대한 예측력을 갖게 해준다.

다섯째, 생태학적 관점을 활용하는 사회복지사들은 클라이언트의 문제에 개입할 때 개인과 전체 환경 모두를 대상으로 하여 개인 및 환경체계 등 양 체계 모두의 변화를 제시하기 때문에 개입 후 문제해결 및 그 효과의 지속성 문제에 있어서도 기존의 관점보다 훨씬 효과적이라고 할 수 있다.

2. 개인 차원의 장애인복지실천

장애인복지실천에서 개인은 개별실천(casework)의 대상을 의미한다. 사회복지실천의 초기단계에 사용된 개별사회사업은 개인의 부적응에 대한 치료적 개입을 강조하며 사회문제에 대한 거시적 접근보다는 개인을 초점으로 문제를 진단하고 개입하는 의료적 모델을 적용하는 미시적 접근이 중심이었다(김혜영 외, 2010: 이준우, 2021 재인용).

1) 개인 차원의 장애인복지실천 개념

개인 차원의 사회복지실천은 오랜 기간 사회복지실천을 대표하는 방법으로 인식되었으며 개별사회사업(casework)이라는 전문용어로 이해되어 왔다. 개인 차원의 장애인복지실천이란, 각종 문제에 직면해 있는 개인을 사회복지사가 일대일로 만나 문제해결을 원조하는 활동을 의미한다(김성천 외, 2009). 이러한 개별실천은 장애인 당사자의 환경에 대한 적응을 돕고 개인에 영향을 미치는 사회적 · 경제적 결핍상태를 완화하기 위한 활동을 중심으로 개입이 이루어진다.

개인 차원의 장애인복지실천에서 사회복지사의 개입 방식은 크게 대면 접촉을 통해 서비스를 제공하는 직접실천과 자원연계나 환경적 조정과 같은 개입을 하는 간접실천으로 이루어진다. 직접실천의 경우 장애인 당사자와 대면 면접이나 상담을 통해 욕구와 문제를 확인하고 해결을 위한 개입이 이루어진다. 예를 들어, 장애인 당사자가 지원대상으로 선정되어 개입을 위한 계약이 이루어진 경우, 장애인 당사자나 그 가족 구성원이 기관에 직접 방문하여 프로그램에 참여하거나, 사회복지사가 그 가정에 방문하여 면접 또는 상담을 통해 서비스를 제공하는 직접실천이 이루어진다. 반면, 간접실천은 지역사회를 중심으로 장애인 당사자의 주변 체계에 개입하여 사회적 지지체계를 구축하고 지역사회 자원들을 활용하도록 돕거나 연계하는 방식으로 개입이 이루어진다. 예를 들어, 정신질환이 있는 장애인 당사자가 지역사회에서 자립생활을 원하는 경우 정신재활시설을 이용하면서 사회기술 및 자립준비훈련을 받게 된다. 이와 함께 지역사회에 있는 의료기관에서 정기적인 진료와 약물 처방을 통해 증상관리를 하고, 정신건강증진센터의 사례관리 서비스를 통해 지역사회에서 안정적인 생활을 유지할 수 있도록 지원한다. 또한 경제적 문제해결을 위해 행정복지센터의 공적 서비스를 연계하고, 자립생활에 가장 중요한 취업을 위해 장애인고용공단의 취업 훈련 및 지원 서비스와 연계할 수 있다. 이처럼 장애인 당사자의 다양한 욕구와 문제해결을 위해 지역 내 다양한 자원을 연계하고 활용하도록 지원하는 것이 간접실천에 해당한다.

최근 중증장애인을 대상으로 개인별 지원계획을 수립하여 개입하고 있다. 개인별 지원이란 장애인이 현재 처해 있는 환경, 생애주기, 욕구, 강점 등을 기반으로, 자기결정권을 최대한 보장하여 스스로의 미래를 결정하고 준비해 갈 수 있도록 도움을 주는 맞춤형 지원을 말한다. 개인별 지원은 계획을 수립하여 진행되는데, 다양한 욕구의 증가뿐만 아니라 장애의 특성으로 인해 자기선택을 통한 서비스 이용의 어려움이 있는 장애인에게 매우 중요한 공공서비스 및 민간서비스를 연계하는 제도이다.

2) 개인 차원의 장애인복지실천 특징

개인 차원의 장애인복지실천 특징은 다음과 같이 정리할 수 있다(양옥경 외, 2010; 이준우, 2021; 이준우, 임원선, 2011; 최옥채, 2006).

첫째, 서비스 이용당사자 개인체계를 중심으로 서비스가 이루어진다. 이는 실천의 대상자를 욕구나 문제를 가진 개인으로 보는 것이다. 따라서 실천개입도 주로 장애인 당사자와 사회복지사 또는 서비스 제공자가 일대일로 만나서 이루어진다. 즉, 장애인 당사자 1명과 사회복지사 1명이 정기적이고 지속적인 만남을 통해 사회복지사가 장애인 당사자를 원조하는 과정으로 이루어진다.

둘째, 서비스 개입과정에서 서비스 이용당사자와 사회복지사의 전문적 원조 관계를 강조한다. 원조관계란 사회복지사가 서비스 이용당사자를 원조하는 과정에서 형성하게 되는 전문적 관계를 의미한다. 개인 차원의 실천은 장애인 당사자와 사회복지사 간의 인간관계를 기반으로 하여 서비스 이용자인 당사자의 문제에 초점을 두고 목적 지향적이고 전문적인 의사소통을 중요시하는 협동적인 활동이다. 특히 서비스 이용당사자의 의사소통 능력이 미흡한 경우 개인 차원의 실천이 매우 유용하다. 이러한 서비스 이용당사자는 집단으로 구성된 활동에 참여하면 오히려 문제가 더욱 악화될 수도 있다고 판단되는 경우 개인 차원의 접근이 오히려 효과적일 수 있다.

셋째, 개인 차원의 장애인복지실천은 개인의 문제를 해결하기 위해 다양한 모델을 활용한다. 개인을 대상으로 이루어지는 장애인복지실천에서 개인의 변화는 매우 중요한 목표이다. 따라서 과학적인 지식과 전문성을 갖춘 사회복지사의 체계적인 사정과 개입계획에 의해 서비스 이용당사자의 실질적인 변화를 도모할 수 있는 여러 개입모델들이 서비스 실천과정에서 활용된다. 개인의 변화는 개인의 생물학적인 상태, 사회적 상황과 환경요인, 상황을 주관적으로 해석하는 심리적 과정이 복잡하게 얽힌 개인적 경험을 이해하는 것으로부터 시작된다. 따라서 개인의 변화를 위해서는 인지·정서·행동 영역과 사회적 요소들을 종합적으로 판단하여 개입에 적절한 다원화된 모델을 적절하게 엮어서 통합적인 접근을 활용하는 것이 필요하다.

넷째, 개인 차원의 장애인복지실천은 서비스 이용당사자의 성장과 발달, 환경에 잘 적응하도록 계획된 원조활동이다. 이를 위해 서비스 이용당사자에 대한 관점을 강점중심과 변화 가능성을 지닌 성장하는 사람에 초점을 두어야 한다. 이는 서비스 이용당사자를 볼 때, 문제를 보고 증상을 치료하는 것보다는 사람을 보고 강점과 변화 가능성에 집중하면서 강점을 최대한 강화하고 활용하며 살아갈 수 있도록 지원하는 것을 의미한다.

다섯째, 개인 차원의 장애인복지실천의 개입은 문제해결과 재조정을 중시한다. 개인 차원의 실천개입에서 사회복지사는 서비스 이용당사자와의 직접 대면을 통해 이용당사자의 욕구와 문제를 해결하기 위해 심리치료 및 상담과 같은 직접 서비스를 제공한다. 또한 이용당사자가 필요로 하는 정보를 제공하거나 효과적인 사회기술을 전수하며, 지역사회의 자원을 개발하고 연계함으로써 서비스 이용 당사자가 스스로의 강점과 자원을 활용하여 자신의 삶을 살아갈 수 있도록 재조정을 지원하기도 한다.

3) 개인 차원의 장애인복지실천 기술

(1) 사정

개인 차원의 장애인복지실천에서 사정을 위해 활용되는 관점은 강점관점, 생태체계적 관점, 생애주기 관점 등으로, 이러한 관점들은 상호 유기적인 관계를 가지고 있어 장애인 개인과 환경체계 확인하고 포괄적인 사정을 하는 데 도움을 준다(이선우, 이수경, 2020: 엄명용 외, 2021 재인용). 특히 강점관점은 장애인의 약점이나 문제보다는 장점과 능력, 잠재력 등 강점에 초점을 두고 장애인복지실천 현장에서 많이 활용되는 사정방법이다. 장애인 당사자를 사정할 때 일반적인 사정과 달리 장애에 대한 내용을 포함함으로써 가족 및 사회적 관계망을 이해하는 기본 정보로 활용할 수 있어야 한다. 다음의 내용은 애플비 등(Appleby, Shaw, et al., 2001)이 제시한 장애에 대한 사정에 포함해야 할 요소들을 정리한 것이다(서울시복지재단, 2016: 엄명용 외, 2021 재인용).

표 8-1 장애에 대한 사정 요소들

• 특정 장애의 특성	• 개인이 속한 환경의 특성
• 장애 발생 시 연령	• 사회경제적인 상태
• 개인의 특성과 성격	• 인종 및 민족적 배경
• 개인의 가족 특성	• 문화와 사회적인 상호작용

출처: Appleby, Shaw, et al. (2001).

(2) 상담

개인 차원의 장애인복지실천에서 가장 많이 활용되는 개입방법은 상담이다. 상담은 의도적으로 클라이언트에게 통제권을 돌려주거나 클라이언트가 실질적이며 사회적인 수단을 통해 능력을 강화하게 한다. 일부 장애인 당사자와 그 가족은 통제를 상실했다는 느낌으로 인해 정서적 어려움을 갖는다. 상담은 장애인이 경험하는 많은 장벽과 그로 인한 억압과 통제, 차별과 사회적 배제 등에 대처하는 데 유용한 역할을 할 수 있다(이선우, 이수경, 2020: 엄명용 외, 2021 재인용).

상담에서 활용되는 기술은 사회복지실천 전반에서 이루어지는 상담과 별반 다르지 않지만, 장애인 당사자 및 가족과 상담하기 위해서는 몇 가지 준비할 사항이 있다.

첫째, 장애에 대한 포괄적인 이해 없이는 장애인 당사자 및 가족과 상담하기에 어려움이 따른다. 만약, 발달장애인 당사자나 가족과 상담을 할 때 발달장애 특성에 대한 이해가 없다면 발달장애인이 보이는 도전적 행동이나 소통 방식을 이해하기 어렵고, 그 특성으로 인해 겪게 되는 가족 구성원이 경험하는 어려움에 공감하기 어려울 수 있다.

둘째, 장애인 당사자와 가족의 장애에 대한 인정과 수용 여부를 파악해야 한다. 장애수용은 장애인에 대한 태도와 인식으로, 장애 자체에 대해 부정적으로 인식을 하지 않는 것으로, 장애 가족에게 장애수용은 자녀의 장애에 대해서 인정하고 돌봄

과정에서 직면하게 될 상황들에 능동적으로 대처하고 극복하는 과정이라고 할 수 있다(Barnett et al., 2003). 만약, 내담자인 장애인 당사자와 가족이 장애수용이 이루어지지 않았다면 지속적인 상담을 통해 장애수용을 할 수 있도록 지원할 필요가 있다. 예를 들어, 중도 장애인의 경우 장애 진단이 이루어진 시기가 얼마 되지 않아 장애수용이 낮은 단계에 있기 때문에 장애를 받아들이고 인정할 수 있도록 적극적인 상담이 이루어져야 한다. 장애에 대한 인정과 수용이 이루어질 때 장애 특성에 맞는 개입이 이루어질 수 있다(엄명용 외, 2021).

(3) 사례관리

사례관리란, 만성적 · 복합적 욕구가 있는 클라이언트와 가족의 사회적 기능 회복을 위해 운영체계를 확립하고, 이를 기반으로 체계적 사정과 지역사회의 다양한 자원을 활용하여 지속적이고, 효과적인 사회복지서비스를 제공하는 통합적 실천방법이다(이원숙, 임수정, 2020). 장애인 당사자와 가족의 복합적인 문제를 다루기 위해 사회복지사는 지역사회 내 관련 분야 전문가와 민 · 관 기관 및 지역사회 자원 등과 협력체계를 구축하여 개입하는 것이 필요하다. 장애인복지실천에서 지역사회를 기반으로 서비스 이용당사자의 욕구 및 문제를 해결하기 위한 서비스를 연계하는 사례관리가 많이 활용된다. 이는 장애인 당사자와 가족이 필요로 하는 주거, 의료, 정신보건, 교육, 여가 및 문화생활, 취업 등의 서비스를 포괄하며, 이 과정에서 사례관리자는 다양한 역할과 기능을 수행하며 장애인 당사자와 가족이 경험하게 되는 주요 어려움을 해결 또는 완화하기 위해 다양한 자원을 연계하여 맞춤형 지원을 함으로써 이들의 지역사회 내 생활을 지원하게 된다.

3. 집단 차원의 장애인복지실천

집단 차원의 사회복지실천은 1930년대 초 개별사회사업과 구별하기 위한 목적으로 '집단사회사업(Group Work)'이라는 용어로 시작되었으며, 1950년대까지 집단사회사업을 설명하는 다양한 모델이 개발되면서 발전하였다. 현대에 이르러 사회복지실천 현장에서 사회복지사가 집단사회복지실천을 활용하는 것은 그리 새롭게 느껴지지 않을 만큼 우리에게 익숙한 실천방법으로 활용되고 있다.

1) 집단 차원의 장애인복지실천 개념

집단이란 공통의 관심사나 목표를 가진 두 사람 이상의 모임을 말한다. 또한 집단은 집단의 크기와 구조, 성원 간의 유사성 등에 따라 집단의 성격이 결정되는 사회조직의 단위이기도 하다(김혜영 외, 2010; 이준우, 임원선, 2011; 이준우, 2021 재인용).

집단 차원의 장애인복지실천은 의도적인 집단 경험을 통하여 개인의 다양한 욕구를 충족시키고, 사회적응 능력을 증진시키고자 하는 사회복지실천의 한 방법이다(이경준 외, 2020; 이준우, 2021). 또한 비슷한 문제를 경험하고 있는 개인들로 구성된 집단을 대상으로 집단 구성원 상호 간 교류를 촉진함으로써 그 과정에서 발생하는 역동성을 활용해 집단 구성원들을 변화시키고 공동의 목표를 성취하는 실천방법이다(김성천 외, 2009).

장애인복지실천 현장에서 집단을 활용한 치료와 교육 및 지지적 활동을 많이 활용하는 것은 집단이 가지는 역동적 힘에 기반한다. 즉, 집단은 집단 구성원들의 개별목표와 집단의 공동목표를 성취하기 위해 집단성원들을 지지하고 격려하는 힘을 가지며, 집단에 참여하는 사람들의 성장을 촉진하는 환경이 될 수 있기 때문이다. 예를 들어, 정신장애가 있는 장애인 당사자의 경우 일상의 삶에서 장애 특성으로 인한 장벽과 사회적 통제를 경험한다. 정신과적인 증상과 만성 정신질환으로 인해 낮은 사회기술 및 대인관계의 어려움, 정신질환에 대한 부정적인 인식, 취업 및 직업유지의 어려움 등으로 인해 복합적인 문제를 경험하게 된다. 최근 정신장애인을 위한 자조집단이 다양한 형태로 지역사회에서 진행되고 있으며, 이를 통해 정신장애인이 공동으로 경험하는 문제를 공유하고 정보와 성공의 경험을 나누면서 일상의 삶을 살아가는 데 도움이 되는 사례들이 보고되고 있다. 이처럼 집단은 집단 자체와 집단의 역동성을 변화의 매개로 하여 집단 구성원의 문제나 갈등을 해결하고 자기 성장과 변화를 도모하는 데 기여한다.

하트포트(Hartfort)는 집단을 2~3명 이상의 개인이 모인 것으로 정의하고 집단의 요소를 다음과 같이 제시하였다(Zastrow, 1995).

첫째, 인지적 · 정서적 · 사회적 상호 교환과 같은 공동의 관심사나 목표가 있어야 한다. 둘째, 서로 호감(impression)을 느낄 수 있도록 한 번 이상의 만남이 있어야 한다. 셋째, 공동으로 기능하기 위한 규범이 있어야 한다. 넷째, 공동 활동을 위한 목적을 수립하여야 한다. 다섯째, 집단 구성원 간, 그리고 전체로서의 집단 결속력이 있어야 한다.

2) 집단 차원의 장애인복지실천 특징

카트라이트와 젠더(Cartwright & Zander, 1986)는 집단의 특성을 열 가지로 제시하면서 어떤 집단이든 같은 속성의 수가 많을수록 집단의 응집력이 높아지고, 집단 본연의 기능을 효율적으로 발휘할 수 있다고 제시하였다(김혜영, 2010: 이준우 2021 재인용).

- 집단 구성원 간에 빈번한 상호작용이 있다.
- 집단에 참여하는 사람들은 그들 자신을 집단 구성원으로 규정한다.
- 타인들에 의해 집단 구성원으로 인정받는다.
- 공동 관심사에 관한 규범을 공유한다.
- 상관성 있는 역할체계에 참여한다.
- 초월적 대상이나 동일한 모델을 설정함으로써 상호 간을 동일시한다.
- 집단을 통해 자신의 욕구를 충족한다.
- 상호 의존적인 목표를 추구한다.
- 집단적인 일치감을 지각한다.
- 외부 환경에 대해 동일하게 행동하는 경향이 있다.

3) 집단 유형

집단에는 여러 가지 유형이 있고 유형에 대한 정의는 학자마다 다양하게 분류되고 있다. 장애인복지실천 현장에서 많이 활용하는 집단 유형을 중심으로 정리하면 다음과 같다.

(1) 교육집단

교육집단(educational group)의 목적은 집단에 참여하는 장애인 당사자가 자기 자신과 자신이 속한 사회를 이해할 수 있도록 원조하는 것으로, 학교, 병원, 정신의료기관, 교정시설 등에서 많이 활용한다. 예를 들면, 장애학생의 성인기 전환을 위한 직업교육, 장애학생을 위한 장애 이해 교육, 성교육, 장애아 부모교육, 정신장애 가족과 함께하는 교육 프로그램(Family Link Korea: FLK) 등이 있다. 이러한 교육집단에서는 참여하는 구성원들이 보다 많은 정보나 기술을 습득하게 하는 데 목적을 둔다.

(2) 사회화 집단

사회화 집단(socialization group)은 집단성원들이 사회적 기술을 습득하고 사회적으로 수용되는 행동 유형을 학습함으로써 지역사회에 안정적으로 적응하고 생활할 수 있도록 원조하는 데 초점을 둔다. 따라서 사회화 집단의 목적은 집단성원들이 사회적으로 좀 더 수용할 만한 행동이나 태도를 개발하도록 하여 지역사회에서 효과적으로 기능하도록 하기 위한 것이다. 예를 들면, 정신의료기관에서 퇴원한 정신장애인의 사회기술 능력을 증진하기 위한 사회기술훈련집단, 사회적 관계 형성에 어려움이 있는 발달장애인의 관계 형성을 돕기 위한 집단, 장애인의 취업지원을 위한 직업훈련집단 등이 있다. 사회화 집단은 주로 프로그램 활동을 통해 개개인의 사회화 기능을 높이는 데 목표를 두고 운영이 된다.

(3) 치료집단

치료집단(therapeutic group)의 목적은 집단성원 개개인의 행동 변화, 문제행동의 완화 혹은 제거 등을 통해 재활을 원조하는 것이다. 따라서 치료집단에 참여하는 집단 구성원은 일반적으로 심리 · 정서적으로 또는 개인적으로 비교적 심각한 문제를 가진 사람들로 구성된다. 예를 들면, 불안장애 청소년을 위한 인지행동치료집단, 발달장애 아동을 위한 놀이치료집단, 장애아동 부모를 위한 긍정심리치료집단 등이 있다. 이러한 치료집단에서는 집단 구성원들이 자신의 문제를 해결하기 위해 집단활동에 참여한다.

(4) 자조집단

자조집단(self-help group)은 동일한 문제를 가지고 있는 개인이 모인 집단으로, 개인적인 경험을 나누고 대처방법을 논의하며 상호 지지를 제공하는 집단이다(Hinrichsen et al., 1985: 이미경, 2011 재인용). 즉, 특정한 사회적 · 개인적 문제를 가진 서비스 이용 당사자 또는 가족들이 자발적으로 조직하여 모인 작은 집단을 의미한다. 자조집단은 친밀한 사회적 상호작용과 구성원들 간의 인격적인 관계를 강조하며 성숙과 일상적인 필요 혹은 공통의 문제를 나누고 정보를 교환하며 그 문제를 해결하거나 이해하고자 하는 사람들로 구성된다. 자조집단에 참여한 구성원들은 장애로 인해 경험하는 사회적 소외감 또는 낙인에 저항하고, 다른

[그림 8-1] 장애인자립생활지원센터의 집단동료상담 및 권익향상 네트워크 활동 모습
사진 제공: (사)장애인의길벗-서울중구길벗장애인자립생활센터(http://www.jgcil.kr).

구성원의 성공적인 경험을 통해 희망을 구축하게 된다. 특히 지지집단으로서 자조집단은 자존감을 높이고 의사결정기술과 사회 기능을 높이는 데 도움이 된다(Carpinello et al., 1992: Pulice & Miccio, 2006 재인용).

4. 지역사회 차원의 장애인복지실천

장애인의 사회통합과 지원을 위한 장애인복지서비스는 더 이상 전문가 중심의 시설보호나 의료적 접근이 아닌 당사자의 인권과 자기결정에 기반한 자기선택 및 사회참여가 보장되고 지역사회 내 다양한 체계와 자원을 적극적으로 활용하는 지역사회 중심으로 진행되고 있다(이경준, 최윤영, 2020). 지역사회 차원의 장애인복지실천은 장애인 당사자 및 가족, 지역사회의 다양한 체계의 참여와 협력 및 자원들 간의 연계를 통해 최적의 서비스를 계획하고 실천하면서 정상화와 진정한 사회통합을 촉진하는 데 핵심적인 역할을 하는 실천체계이다.

1) 지역사회 차원의 장애인복지실천 개념

지역사회 차원의 장애인복지실천은 지역사회의 복지를 증진시키기 위한 사회복지실천 방법의 하나로 지역사회에 초점을 둔다. 지역사회를 대상으로 하는 실천은 지역에 속한 주민이 상호 협력하여 지역사회의 문제를 스스로 해결할 수 있도록 돕는 활동을 포괄한다(김성천 외, 2009). 지역주민들의 상호 협력을 촉진하기 위해 사회복지사는 안내자, 교육자, 조력자, 조정자, 매개자, 사회운동가, 전문가 등의 역할을 수행하며, 이러한 역할을 수행하기 위해 사회복지사는 지역사회 주민의 성향 및 문화와 함께 지역사회에 존재하는 문제와 욕구를 파악해야 한다.

현재 지역사회 내에서 이루어지고 있는 지역사회 실천 개념은 지역사회 보호활동과 지역사회 조직활동이 혼합되어 있다고 볼 수 있다(김성천 외, 2009). 지역사회 보호활동은 지역사회 내 결연 후원금이나 후원 물품 등의 자원을 발굴하고 동원하여 지역사회 내 보호가 필요한 장애인 당사자와 가정을 대상으로 후원품을 전달 또는 연계하는 활동이다. 지역사회 조직활동은 개별적으로 흩어져 있는 지역주민 또는 지역사회 자원을 연결하고 조직화하여 지역사회의 전반적인 복지 향상을 도모하는 활동을 의미한다.

2) 지역사회 차원의 장애인복지실천 특징

지역사회에서 장애인복지를 실천하기 위해서는 개인이나 집단보다는 확장된 거시적 차원의 서비스 관점을 기반으로 지역사회 기반 지식과 정보, 자원 간 연계 협력을 비롯해 사회정의 차원의 정치적 옹호활동에 이르기까지 다양한 직간접적 접근 모색이 요구된다. 이를 구체적으로 설명하면 다음과 같다.

첫째, 지역사회 차원의 장애인복지실천은 거시적 실천방법이다. 즉, 일대일 또는 집단보다 훨씬 넓은 범위에서 여러 사람 또는 다양한 기관과 함께 일하는 것이다. 따라서 지역사회 차원의 장애인복지실천을 위해서 다른 사람들과 효과적인 의사소통을 할 수 있는 기술은 이 분야에서 필수적이다(Flynn & Nitsch, 1980). 특히 지역사회 차원의 장애인복지실천을 하는 사회복지사는 실천개입 대상인 표적집단과 그들이 경험하는 사회문제를 정확하게 파악하기 위해 노력해야 한다. 이를 위해 과학적이고 체계적인 자료수집과 객관적인 자료분석을 할 수 있는 능력을 갖추어야 한다. 또한 거시적 실천개입을 위해 지역사회 자체가 스스로 문제를 해결할 수 있는 능력을 갖출 수 있도록 지역주민의 역량을 강화하는 데 최선의 노력을 기울여야 한다.

둘째, 지역사회 차원의 장애인복지실천은 지역사회에 관한 지식을 기반으로 한다. 지역사회 차원의 장애인복지실천을 하는 사회복지사는 지역사회의 특징에 대해 알고 있어야 한다. 그 지역의 인구사회학적 특성과 경제적 특성, 지역사회를 이끌고 있는 정치적 맥락과 사회문화적 배경, 지역주민의 주된 주거형태와 생활형태 등이 포함된다. 또한 지역사회의 다양한 조직에 대한 정보도 필요하다. 주된 공공서비스 조직과 민간 사회복지기관의 현황, 기업정보, 지역주민들을 위한 공공 프로그램과 편의시설 등에 대한 정보를 파악하고 있다면 프로그램을 기획할 때 유용하게 활용할 수 있다.

셋째, 지역사회 차원의 장애인복지실천은 민관협력을 통해 확장될 수 있다. 민관협력은 국가와 시장, 시민사회 등 다양한 주제들이 협력하여 공동의 문제를 해결하기 위한 노력이다(Rhodes, 2000: 이준우, 2021 재인용). 이를 위해 사회복지사는 공적 조직을 비롯한 공무원, 시민단체, 지역사회 내 복지기관 등 다양한 조직의 구성원들과 유기적인 관계를 맺고 함께 일할 수 있어야 한다. 이를 위해 관련법과 제도를 숙지하여 필요시 다양한 공적 자원을 활용할 수 있어야 한다.

넷째, 지역사회 차원의 장애인복지실천은 정치적 활동과 로비를 필요로 한다. 지역사회 차원의 실천을 하는 사회복지사는 정치적 활동과 적극적인 로비를 해야 할 때가 있다(Zastrow, 1995). 사회복지사가 돕는 대부분의 장애인 당사자는 스스로를 변호하거나 옹호하는 데 취약점을 가지고 있다. 이에 사회복지사는 장애인 당사자 또는 가족의 대변자로서 정치적 협상과 민주적 합의를 이끌어 내는 일에 참여하는 경우가 발생하기도 한다.

다섯째, 지역사회 차원의 장애인복지실천은 문제해결을 위한 지역사회계획을 수립하여 진행한다. 지역사회에는 다양한 문제가 존재하며, 사회복지사는 전문적인 지식을 활용하여 지역사회계획을 수립하고 지역사회의 문제해결을 도모한다.

3) 지역사회 차원의 장애인복지실천

(1) 지역사회 보호활동

지역사회 보호활동은 장애인과 그 가정을 지원하기 위해 지역 내 후원 자원을 발굴하고 연계하는 활동이다. 장애인은 경제적 어려움뿐만 아니라 심리적 · 사회적 고립을 경험할 가능성이 높고, 이러한 어려움을 해소하기 위해 지역사회 차원의 적극적인 개입이 필요하다. 지역사회 보호활동은 장애인의 기본적인 생계를 보장하고, 건강한 삶을 유지할 수 있도록 다양한 복지자원을 연계하여 지원하는 것을 목표로 한다. 이러한 활동은 지역 내 기업, 단체, 개인 후원자 등과 협력하여 진행되며, 장애인과 그 가족이 지역사회에서 안정적으로 생활할 수 있도록 돕는다. 지역사회 보호활동의 주요 내용과 사례는 다음과 같다.

- 지역사회 후원금 및 후원 물품 연계
- 긴급 생계 지원 및 위기가정 보호
- 심리 · 정서 지원 및 상담서비스 제공
- 주거 및 생활환경 개선 지원
- 저소득 장애인가정을 위한 생필품 및 의료비 지원
- 장애인 맞춤형 주거환경 개선 사업(예: 경사로 설치, 욕실 개조 등)

(2) 지역사회 조직활동

지역사회 조직활동은 장애인과 비장애인의 사회적 연결망을 강화하고, 지역사회 주민과 기관 간 협력을 통해 장애인복지 환경을 조성하는 활동이다. 장애인은 지역사회 내에서 다양한 사회적 장벽을 경험할 수 있으며, 이를 해결하기 위해서는 지역사회 구성원들의 공동 노력이 필요하다. 지역사회 조직활동은 장애인과 비장애인이 함께 어울릴 수 있는 환경을 조성하고, 지역 내 다양한 자원을 조직화하여 장애인의 권익을 증진하는 것을 목표로 한다. 또한, 장애인 스스로가 지역사회 내에서 적극적으로 참여하고 자립할 수 있도록 지원하는 역할도 포함된다. 지역사회 조직활동의 주요 내용과 사례는 다음과 같다.

- 장애인과 지역주민이 함께하는 네트워크 형성
- 주민조직 및 복지 관련 교육 프로그램 운영
- 장애인 권익옹호 캠페인 및 지역사회 참여 기회 확대
- 장애인지원을 위한 공동체 사업(예: 바자회, 자원봉사 프로그램 등)
- 장애인 · 비장애인이 함께하는 지역 축제 및 바자회
- 장애인 권리증진을 위한 주민 교육 및 캠페인

(3) 지역사회 재활활동

장애인의 신체적 · 심리적 · 사회적 기능 향상을 위해 지역사회에서 제공되는 재활서비스 및 프로그램을 운영하는 활동이다. 장애인은 다양한 유형의 장애로 인해 일상생활에서 불편을 겪을 수 있으며, 이를 극복하기 위해 체계적인 재활 서비스가 필수적이다. 지역사회 재활활동은 단순히 의료적 지원에 국한되지 않고, 장애인의 사회적 역할 수행과 경제적 자립을 위한 직업 재활, 자립생활훈련 등을 포함한다. 이를 통해 장애인이 지역사회에서 독립적으로 생활할 수 있도록 돕고, 지속적인 성장과 발전을 이루도록 지원하는 것이 목적이다. 지역사회 재활활동의 주요 내용과 사례는 다음과 같다.

- 지역사회 기반 의료재활 및 심리재활 서비스 제공
- 장애인의 직업 재활 및 취업 지원
- 자립생활훈련 및 사회적응 프로그램 운영
- 지역 보건소 및 복지관에서 제공하는 물리치료, 작업치료 제공
- 장애인 맞춤형 취업연계 프로그램 운영
- 장애인 독립생활센터에서 자립훈련 및 주거지원서비스 제공

(4) 지역사회 권익옹호 및 정책활동

장애인의 권리 보장을 위한 제도적 지원을 확대하고, 장애인 친화적인 지역사회 환경을 조성하기 위한 정책활동이다. 장애인은 차별과 편견으로 인해 사회참여가 제한될 가능성이 크며, 이를 방지하기 위해 적극적인 권익옹호 활동이 필요하다. 지역사회 차원에서 장애인의 이동권, 교육권, 노동권 등의 기본적인 권리를 보호하기 위한 법 · 제도적 기반을 마련하고, 장애인 차별을 근절하는 것이 주요한 목표이다. 또한 장애인이 일상에서 겪는 불편을 줄이기 위해 공공시설 접근성을 개선하고, 장애인 정책수립 과정에서 당사자의 의견이 반영될 수 있도록 하는 역할도 포함된다. 지역사회 권익옹호 및 정책활동의 주요 내용과 사례는 다음과 같다.

- 장애인 차별금지 및 권리증진을 위한 법·정책 개선 운동
- 장애인 이동권, 교육권, 노동권 보장 활동
- 지역사회 장애인 접근성 개선(예: 교통, 공공시설, 정보 접근성 등)
- 장애인 이동권 보장을 위한 저상버스 도입 캠페인
- 장애인 공공시설 접근성 개선(예: 점자 안내판, 경사로 설치 확대 등)
- 장애인고용 확대를 위한 기업 및 기관 연계 정책 시행

(5) 지역사회 돌봄 및 생활지원 서비스

장애인의 일상생활을 지원하고 돌봄서비스를 제공하여 지역사회 내에서 안정적인 생활을 영위할 수 있도록 돕는 활동이다. 장애인은 개인의 신체적·인지적 제한으로 인해 일상적인 활동 수행이 어려울 수 있으며, 이에 따라 지역사회 차원의 돌봄 서비스가 필요하다. 특히 중증장애인이나 고령장애인의 경우, 24시간 돌봄이 필요한 경우가 많아 이를 지원하는 체계적인 서비스가 필수적이다. 지역사회 돌봄 서비스는 장애인의 기본적인 생존과 생활을 보장하는 역할을 하며, 가족의 돌봄 부담을 경감시키는 효과도 있다. 지역사회 돌봄 및 생활지원 서비스의 주요 내용과 사례는 다음과 같다.

- 방문형 돌봄 및 활동 지원서비스 제공
- 그룹홈 및 공동생활가정 운영
- 장애인가족지원 프로그램(예: 부모교육, 가족휴식 지원 등)
- 장애인 활동지원인 파견 및 가사지원서비스 운영
- 중증장애인을 위한 24시간 돌봄 서비스
- 장애인 부모를 위한 양육 스트레스 관리 및 휴식 지원 프로그램

(6) 지역사회 기반 장애인 문화·여가 활동

장애인의 문화·예술·체육 참여를 활성화하여 사회적 교류를 촉진하고 삶의 질을 향상시키는 활동이다. 장애인은 신체적·환경적 제약으로 인해 문화·여가

활동에 대한 접근성이 낮은 경우가 많다. 이에 따라 지역사회에서는 장애인을 위한 다양한 문화예술 프로그램과 체육활동을 운영하고, 장애인과 비장애인이 함께할 수 있는 기회를 제공해야 한다. 이러한 활동을 통해 장애인은 사회적 관계를 확대하고, 자아실현의 기회를 가질 수 있다. 또한 장애인에 대한 사회적 인식을 개선하는 효과도 기대할 수 있다. 지역사회 기반 장애인 문화·여가 활동의 주요 내용과 사례는 다음과 같다.

- 장애인 문화·예술 동아리 및 체육활동 지원
- 장애인과 비장애인이 함께하는 문화예술 프로그램 운영
- 장애인 접근성을 고려한 여가시설 조성 및 개방 확대
- 장애인 스포츠 대회 및 장애인 체육센터 운영
- 장애인 예술가 지원 및 전시회 개최
- 장애인과 비장애인이 함께하는 문화 공연 및 워크숍

[그림 8-2] 지역사회 이동 및 접근성 모니터링과 거주시설 장애인 탈시설 지원상담 모습

사진 제공: (사)장애인의길벗-서울중구길벗장애인자립생활센터(http://www.jgcil.kr).

요약

1. 개인과 환경에 대한 사정

장애인복지실천에서 '개인과 환경에 대한 사정'은 장애인 개인과 그가 속한 환경을 종합적으로 이해하고 분석하는 과정을 의미한다. 이는 개인과 환경에 대한 이해뿐만이 아니라 개인과 환경의 상호작용에 대한 정보를 제공하고, 장애인의 행동과 그 행동을 선택하는 이유와 다양한 환경의 변화가 개인에게 미치는 영향에 대한 정보를 제공함으로써 장애인복지실천에서 개별화된 접근이 가능하도록 한다.

2. 개인 차원의 장애인복지실천

개인 차원의 장애인복지실천이란, 각종 문제에 직면해 있는 개인을 사회복지사가 일대일로 만나 문제해결을 원조하는 활동을 의미하며, 개인 차원의 장애인복지실천 기술로는 사정, 상담, 사례관리 등을 들 수 있다.

3. 집단 차원의 장애인복지실천

집단 차원의 장애인복지실천은 의도적인 집단 경험을 통하여 개인의 다양한 욕구를 충족시키고, 사회적응 능력을 증진시키고자 하는 사회복지실천의 한 방법이다.

4. 지역사회 차원의 장애인복지실천

지역사회를 대상으로 하는 실천은 지역에 속한 주민이 상호 협력하여 지역사회의 문제를 스스로 해결할 수 있도록 돕는 활동을 포괄한다. 지역사회 차원의 장애인복지실천은 대표적으로 지역사회 보호활동, 지역사회 조직활동, 지역사회 재활활동, 지역사회 권익옹호 및 정책활동, 지역사회 돌봄 및 생활지원 서비스, 지역사회 기반 장애인 문화·여가 활동 등이다.

Issues & Discussions

1. 개인과 환경을 사정할 때 서비스 이용 당사자가 개인정보보호를 앞세워 자신에 대한 정보를 알려 주려고 하지 않는 상황을 전제할 때, 자신이 사회복지사라면 어떤 방법으로 사정을 진행할 것인지에 대해 토론해 봅시다.

2. 장애유형별로 어떤 집단 유형이 유용할 것인지에 대해 토론해 봅시다.

3. 지역사회 보호활동과 지역사회 조직활동의 예시를 찾아보고, 각각의 활동의 장점과 한계점을 논의해 봅시다.

Workshop

- **활동주제**: 개인 차원의 장애인복지실천에서 사정 실습해 보기
- **활동내용**: 장애인 사례를 정하여 애플비 등(Appleby, Colon, & Hamilton, 2001)이 제시한 장애에 대한 사정에 포함해야 할 요소를 활용하여 사정을 실습하기
- **활동형식**: 4~5명씩 조를 구성하여 다음의 절차를 수행한 후 발표 및 피드백
- **활동시간**: 1시간
- **활동절차**

절차	활동내용		시간
1단계	조원 구성하기	• 4~5명 1개 조로 구성	5분
2단계	장애인 사례 탐색 및 논의	• 영화 또는 드라마 사례 • 소설 또는 뉴스 보도 사례 • 실제 사례(자원봉사, 실습 등)	10분
3단계	사정	〈장애에 대한 사정 요소들〉 • 특정 장애의 특성 • 장애 발생 시 연령 • 개인의 특성과 성격 • 개인의 가족 특성 • 개인이 속한 환경의 특성 • 사회경제적인 상태 • 인종 및 민족적 배경 • 문화와 사회적인 상호작용	20분
4단계	발표 및 피드백		20분
정리 및 총평			5분

한때는 WBC 웰터급 동양 챔피언이었지만 지금은 오갈 데 없어진 한물간 전직 복서 '조하(이병헌)'. 우연히 17년 만에 헤어진 엄마 '인숙(윤여정)'과 재회하고, 숙식을 해결하기 위해 따라간 집에서 듣지도 보지도 못했던 뜻밖의 동생 '진태(박정민)'와 마주한다. 난생 처음 봤는데…… 동생이라고?! 라면 끓이기, 게임도 최고로 잘하지만 무엇보다 피아노에 천재적 재능을 지닌 서번트증후군 진태. 조하는 입만 열면 "네~" 타령인 심상치 않은 동생을 보자 한숨부터 나온다. 하지만 캐나다로 가기 위한 경비를 마련하기 전까지만 꾹 참기로 결심한 조하는 결코 만만치 않은 불편한 동거생활을 하기 시작하는데…… 살아온 곳도, 잘하는 일도, 좋아하는 것도 다른 두 형제가 만났다!

출처: 네이버 홈페이지 '그것만이 내 세상' 검색(https://search.naver.com).

09

장애인복지서비스 개요

이 장에서는 장애인복지서비스 전반의 이해를 돕기 위해 먼저 특수성과 보편성 차원의 장애인복지 특성을 파악하고, 관련 사례를 비교하여 설명한다. 이어서 우리나라의 장애인복지서비스 개요 차원에서 보건복지부의 장애인서비스를 주요 학습내용으로 한다.

구체적으로 장애인복지서비스는 장애인이 처한 조건과 정도에 따라 차별화된 맞춤형 지원과 동시에 장애인도 비장애인과 동등하게 기본적인 사회서비스를 받을 권리를 보장하는 차원에서 특수성과 보편성의 조화가 요구된다. 따라서 장애인의 다양한 욕구 충족과 자립지원, 궁극적인 사회통합 지향에 초점을 두고 양면적 특성을 반영한 정책 사례를 학습한다.

장애인서비스 개요에서는 자립생활과 사회통합 차원의 서비스 현황을 알아보기 위해 보건복지부에서 정한 서비스 목록 중 장애인활동지원서비스, 성인 발달장애인 주간활동 서비스, 청소년 발달장애인 방과후활동 서비스, 발달재활서비스, 그리고 치료지원서비스 등을 탐색하고자 한다.

학습목표

1. 장애인복지서비스의 특수성과 보편성을 설명하고, 그 사례를 제시할 수 있다.
2. 우리나라의 장애인복지 정책 근거와 그에 입각한 관련 서비스들의 개요를 파악할 수 있다.
3. 보건복지부의 장애인서비스 종류와 각 서비스의 구체적 시행 내용을 설명할 수 있다.

키워드

장애인복지서비스/특수성/보편성/장애인서비스

1. 장애인복지서비스의 특성: 특수성과 보편성

1) 특수성과 보편성의 개념 이해

특수성은 장애인이 처한 조건과 정도에 따라 차별화된 맞춤형 지원을 제공해야 한다는 의미이고, 보편성은 장애인도 비장애인과 동등하게 기본적인 사회서비스를 받을 권리를 보장해야 한다는 원칙이다.

장애인은 장애정도 및 욕구에 따라 일상생활이나 사회활동에 더 많은 제약과 위험에 직면하게 된다. 장애인은 장애로 인해 괜찮은 일자리에 접근이 어려우며, 안정적인 소득보장이 어렵고, 차별 등 사회적 위험에 노출되어 있다. 장애인이 겪는 장애에 대한 조건과 정도를 고려하여 다른 특별한 처우가 필요하다는 것이다. 모든 사람은 국민의 삶의 질이 향상되도록 사회서비스가 보장되어야 하지만, 장애인에게 똑같은 조건으로 사회서비스를 제공하는 것은 평등의 이념에는 부합하겠지만, 공정한 사회서비스 지원은 될 수 없다.

이런 현실을 반영하여, 장애정도와 상황에 따라 특별한 지원과 조치가 필요하다. 예를 들면, 시각장애인에게 점자 서비스와 음성 안내 서비스 제공, 청각장애인을 위한 수어 통역 서비스, 지체장애인을 위한 무장애(barrier-free) 시설 설치, 중증장애인을 위한 활동지원서비스와 돌봄지원 강화 등이 있겠다. 이처럼 개인의 상황에 맞춘 복지서비스가 제공되어야만, 장애인도 비장애인과 동등한 출발선에 설 수 있다.

한편, 의료, 교육, 주거, 고용, 문화생활 등 인간다운 삶을 유지하기 위한 서비스는 모두에게 보장되어야 하며, 이는 헌법에 명시된 평등권과 사회보장권의 실현이다. 예를 들면, 장애인도 공공의료, 기본 교육, 복지 혜택을 동등하게 받을 권리가 있다.

그러나 휠체어 이용 장애인이 계단이 있는 도서관에 가는 상황이라면, 비장애인과 '똑같이 계단을 이용하라'는 게 평등일 수 있지만, 실질적으로는 도서관 이용자체가 불가능하다. 결국 장애인에게 비장애인과 동일한 조건만을 적용한다면, 장애인을 제한, 분리, 배제하게 되는 차별 상황에 놓이게 된다. '같이 출발'하는 게 아니라, '같은 결과'에 도달할 수 있도록 하는 것이 장애인복지이다. 실질적 공정을 실현하기 위해 장애인의 특수 상황을 고려한 추가적이고 맞춤형 복지서비스가 반드시 필요한 것이다.

2) 장애인복지서비스의 특수성과 보편성 사례

장애인복지서비스는 장애인의 특수한 요구와 상황을 고려한 맞춤형 지원을 통해, 장애인이 자립적인 삶을 살 수 있도록 돕는 중요한 복지제도이다. 이러한 장애인복지서비스의 특수성과 보편성은 장애인의 다양한 요구를 충족시키고, 그들의 사회적 통합과 자립을 돕기 위해 마련된다. 보편성 및 특수성을 함께 확인할 수 있는 정책과 장애인복지서비스의 특수성만이 확인되는 정책을 여러 가지 사례를 통해 확인해 보겠다.

장애인복지서비스의 보편적인 복지체계 안에서 장애인의 특수성까지 반영한 보편성 및 특수성을 반영한 정책으로 장애학생 통합교육, 사회서비스를 살펴볼 수 있다.

첫째, 장애학생 통합교육 정책이다. 장애학생 통합교육은 장애학생의 교육 기회 평등과 사회적 통합을 목표로 한다. 장애학생은 통합교육에서의 교육에 어려움을 겪을 수 있으며, 장애정도와 장애특성에 맞는 교육적 지원이 필요하다. 이에 통합교육을 통해 장애학생과 비장애학생이 함께 수업을 하면서 사회적 통합을 이루고 있으며, 장애학생도 충분히 학습할 수 있는 환경을 제공하는 등 서비스의 보편성을 확인할 수 있다. 한편, 장애학생은 개별화 교육계획(IEP)을 통해 자신의 장애유형 및 장애 특성에 적합한 개별화된 교육을 지원받을 수 있으며, 학업에서 최대한 성취할 수 있도록 지원받는 등 서비스의 특수성을 확인할 수 있다. 청각장애학생은 수어 통역사와 함께 수업을 들을 수 있으며, 지적장애학생은 학습 속도에 맞춰 보조 학습 자료를 제공받을 수 있다.

둘째, 사회서비스이다. 사회서비스는 「사회보장기본법」 제3조(정의)에서 사회서비스란 국가 · 지방자치단체 및 민간부문의 도움이 필요한 모든 국민에게 복지, 보건의료, 교육, 고용, 주거, 문화, 환경 등의 분야에서 인간다운 생활을 보장하고 상담, 재활, 돌봄, 정보의 제공, 관련 시설의 이용, 역량 개발, 사회참여 지원 등을 통하여 국민의 삶의 질이 향상되도록 지원하는 제도라고 정의하며 서비스의 보편성을 확인할 수 있다. 한편, 동법 제6조(국민의 책임)에서 모든 국민은 경제적 · 사회적 · 문화적 · 정신적 · 신체적으로 보호가 필요하다고 인정되는 사람에게 지속적인 관심을 가지고 이들이 보다 나은 삶을 누릴 수 있는 사회환경 조성에 서로 협력하고 노력하여야 한다고 하여, 서비스의 특수성을 확인할 수 있다. 사회서비스는 모든 국민이 누려야 하는 보편적인 제도이기도 하지만, 보호가 필요하다고 인정되는 사람들이 사회서비스를 통해 더 나은 삶을 누릴 수 있도록 노력해야 하는 특수성을 가진 정책이다.

또한 특수성을 반영한 정책으로 장애인 활동지원서비스, 장애인 편의시설, 장애인 고용서비스를 살펴볼 수 있다.

첫째, 장애인 활동지원서비스이다. 장애인 활동지원서비스는 「장애인활동 지원에 관한 법률」(이하 「장애인활동지원법」)에 따라 중증장애인의 자립적 생활지원과 사회참여 증진을 목표로 한다. 중증장애인은 일상적인 활동이나 이동, 사회활동에 어려움이 있으며, 활동지원서비스는 개인별 맞춤형 지원을 제공하여 장애인이 일상생활을 유지할 수 있도록 지원하는 정책이다. 이에 활동지원사가 장애인의 이동, 식사, 목욕 등 일상적인 활동을 돕는 등 서비스의 특수성을 확인할 수 있다.

둘째, 장애인 편의시설이다. 장애인 편의시설은 「장애인 · 노인 · 임산부 등의 편의증진 보장에 관한 법률」에 따라 장애인의 사회참여 확대와 이동의 자유 보장을 목표로 한다. 장애인은 사회적 활동 참여를 위해 물리적 접근성은 필요하며, 장애인이 일상적인 활동을 할 수 있는 환경을 보장하는 정책이다. 이에 공공기관, 교통수단, 주거지 등에 엘리베이터, 경사로 등 장애인 편의시설을 설치하여 장애인이 자유롭게 이동하고 접근할 수 있도록 보장하는 등 서비스의 특수성을 확인할 수 있다.

셋째, 장애인 고용서비스이다. 장애인 고용서비스는 「장애인고용촉진 및 직업재활법」(이하 「장애인고용촉진법」)에 따라 장애인의 고용 촉진과 직업적 자립지원을 목표로 한다. 장애인들은 비장애인에 비해 취업 기회가 적고, 직장에서의 지속적인 고용 유지가 어려운 경우가 많아 고용지원이 필요하다. 이에 장애인 고용촉진 및 직업 재활 서비스는 장애인이 장애인 고용훈련, 직업능력 개발 프로그램, 직업 알선 등에 참여할 수 있도록 지원하는 정책으로, 장애인이 고용시장에서 자립적으로 활동할 수 있도록 지원을 제공하고 있다. 또한 장애인 고용의무제는 일정 규모 이상의 기업은 장애인을 일정 비율 이상 고용해야 하는 정책으로, 장애인 고용의무제를 충족하지 않는 기업은 고용부담금을 납부하고 있다. 이러한 장애인 고용서비스를 통해 장애인 고용을 장려하고 있는 등 서비스의 특수성을 확인할 수 있다.

우리나라는 「UN장애인권리협약」에 따라 장애인이 지역사회에서 완전히 포함되어 살아갈 수 있도록 장애인의 사회 활동과 참여를 촉진시켜야 한다. 이에 장애인이 더 나은 삶을 누리기 위해서는 장애 특성과 욕구를 반영한 특별한 장애인복지서비스 지원이 필요하며, 사회활동 및 참여 증진을 위한 장애인복지서비스 증가가 더욱 필요한 실정이다. 장애인복지는 단순히 기본적인 권리를 보장하는 것뿐만 아니라, 사회적 참여와 자립적인 삶을 이루기 위한 맞춤형 서비스 제공이 핵심이기 때문이다. 사회로부터 제공되는 적극적인 장애인복지서비스는 장애인이 보다 더 나은 삶을 누릴 수 있도록 환경적 지원이 될 것이고, 심화된 격차를 완화시킬 것이며, 이는 곧 장애인의 사회통합 촉진으로 이어질 것이다.

2. 장애인서비스 개요

이 장에서는 우리나라에서 시행하고 있는 장애인서비스 중 보편적 차원의 장애인활동지원서비스를 비롯해 장애유형 및 생애주기를 고려한 성인 발달장애인 주간활동서비스와 청소년 발달장애인 방과후활동서비스, 발달재활서비스, 특수아동 대상의 치료지원서비스, 고용 관련 장애인일자리사업에 대해 알아본다.

1) 장애인활동지원서비스

「장애인활동지원법」에 따라서 신체적 또는 정신적인 장애로 혼자서 일상생활이나 사회생활이 어려운 장애인의 신체 · 가사 · 사회활동 등을 포함한 일상생활 및 직장생활에 필요한 활동을 지원하는 서비스이다.

대상은 신체적 또는 정신적 장애로 혼자 일상생활과 사회생활이 어려운 6세 이상~64세 미만의 「장애인복지법」상 등록장애인이다. 소득 수준과 무관하게 신청이 가능하고, 장애인활동지원급여 수급자였다가 65세 이후 「노인장기요양보험법」에 따른 장기요양 급여를 신청하여 받지 못하게 된 사람(장기요양급여 등급외 판정을 받은 경우)으로서 장애 특성상 활동지원급여가 적절하다고 판단되어 활동지원급여를 희망하는 경우 예외적으로 신청이 가능하다. 장애인공동생활가정(그룹홈)과 장애인 단기거주시설 거주, 장애인주간보호시설 이용 장애인은 시설 밖에서 활동지원서비스 신청이 가능하다. 「노인장기요양보험법」 제2조 제1호에 따른 노인 등에 해당하는 사람으로 65세 이상의 노인 또는 65세 미만으로 치매 · 뇌혈관성 질환 등 관계 법령으로 정하는 노인성 질병을 가진 사람은 장애인활동지원서비스 제외 대상이다. 장애인활동지원급여를 신청하면 국민연금공단의 조사원이 장애인의 가정을 방문하여 기능상태, 사회활동, 가구환경 등 서비스 필요도를 종합적으로 평가하며, 서비스 지원 종합조사 결과에 따라 산출된 종합점수에 따라 1~15구간으로 구분된다.

① 활동보조

활동지원사가 수급자의 가정 등을 방문하여 신체활동, 가사활동 및 이동보조 등을 지원하는 활동지원급여의 종류는 〈표 9-1〉과 같다.

표 9-1 장애인활동지원급여 종류

구분		세부내용
신체활동 지원	개인위생 관리	목욕 도움(목욕 준비, 몸 씻기 보조 등), 구강 관리(양치질 도움, 틀니 손질 등), 세면 도움(세면 준비, 세면 보조 등), 배설 도움(배뇨 도움, 화장실 이동 보조 등), 옷 갈아입히기(의복 준비, 속옷 갈아입히기 등)
	신체기능 유지 증진	체위 변경(체위 변경 도움, 일어나 앉기 도움 등), 신체기능의 증진(관절구축 예방활동, 기구 사용 운동 보조 등)
	식사 도움	식사 차리기, 식사 보조, 구토물 정리 등
	실내 이동 도움	실내에서 휠체어로 옮겨 타기, 집안 내 걷기 도움 등
가사활동 지원	청소 및 주변정돈	수급자가 주로 거주하는 장소(방, 거실) 및 화장실 청소, 쓰레기 분리수거, 내부 정리, 이부자리 정돈, 화장대·책장 정리, 옷장·서랍장 등 정리 등
	세탁	수급자의 옷, 양말, 수건, 침구류, 걸레 등의 세탁 및 삶기 등
	취사	식재료 준비, 밥 짓기, 국·반찬 하기, 식탁 청소, 설거지, 행주 삶기, 음식물 쓰레기 분리수거 등
사회활동 지원	등하교 및 출퇴근 지원	출퇴근 및 등하교 보조(부축, 동행 포함), 직장이나 학교 등에서 식사 및 화장실 이용 보조 등 신체활동 지원
	외출 시 동행	산책, 물품 구매, 종교활동, 복지시설 이용, 은행, 관공서, 병원 등 방문 및 귀가 시 부축 또는 동행, 외출 시의 신체활동 지원
그 밖의 제공서비스		수급자 자녀의 양육 보조(6세 이하 자녀 등 예외적인 경우에 한하며, 반드시 자녀 1인만을 대상으로 서비스를 제공하여야 함), 생활상의 문제 상담 및 의사소통 도움 등 위에 열거되지 않은 서비스 내용 기록

※ 가사활동 지원: 수급자 외의 가족의 가사활동 지원은 포함하지 않음(단, 수급자 또는 수급자의 배우자가 출산 후 6개월 이내에 한하여 예외적으로 인정)

출처: 보건복지부(2025g).

② 방문목욕

활동지원인력인 요양보호사가 목욕설비를 갖춘 장비를 이용하여 수급자의 가정 등을 방문하여 목욕을 제공하는 활동지원급여로, 이동목욕용 차량을 이용하여 차량 내에서 목욕을 제공하거나 욕조, 펌프, 호스 등 장비 일체와 차량 내 온수를 사용하여 가정 내에서 목욕을 제공한 경우에만 인정된다. 다만, 가정 내 목욕은 차량의 접근성 및 거주지의 형태 등으로 차량 내 온수를 이용할 수 없고 수급자가 동의하는 경우 인정된다.

③ 방문간호

활동지원인력인 간호사 등이 의사, 한의사 또는 치과의사의 방문간호지시서에 따라 수급자의 가정 등을 방문하여 간호, 진료, 요양에 관한 상담 또는 구강위생 등을 제공하는 활동지원급여이다.

급여제공시간은 활동지원사, 요양보호사, 간호사(또는 간호조무사, 치과위생사) 등이 수급자의 가정에 도착했을 때부터 필요한 서비스를 제공하기 위한 준비, 서비스의 제공 및 마무리에 소요된 총시간을 말한다. 활동지원, 방문목욕, 방문간호를 동일한 시간에 제공할 수 없으나, 방문간호는 응급처치 등 부득이한 경우에 한하여 활동지원 또는 방문목욕을 함께 제공할 수 있다. 또한 지자체 추가 지원은 「사회보장기본법」에 따른 협의절차를 거쳐 지자체별 기준에 따라 시행되고 있다.

장애인활동지원서비스는 사회적 돌봄이라는 활동지원제도 취지에 비추어 가족이 아닌 타인인 활동지원사에 의한 서비스 제공을 원칙으로 하나, 「장애인활동법 시행령」 제21조에 따라 도서 · 산간 거주로 활동지원사가 부족한 경우나 천재지변, 감염위험이 있는 경우는 예외로 하고 있다. 이에 더해서 2024년 11월 1일부터 2년간 최중증발달장애인, 희귀질환자에게 가족에 의한 예외적 장애인활동지원(가족급여)을 한시적으로 적용하게 하였으며, 이 시행을 통해서 향후 제도의 적절성을 확인할 예정이다(보건복지부 보도자료, 2024. 10. 24.).

2) 성인 발달장애인 주간활동서비스

「발달장애인 권리보장 및 지원에 관한 법률」(「발달장애인법」) 제29조의2(주간활동 · 방과후 활동 지원)에 따라서, 성인 발달장애인에게 낮시간에 자신의 욕구를 반영한 지역사회 기반 활동에 참여함으로써 '의미 있는 하루, 바람직한 하루'를 보낼 수 있도록 하는 사회서비스이다.

대상은 18세 이상~65세 미만의 「장애인복지법」상 등록된 지적 및 자폐성 장애인이다. 발달장애인이 지역사회의 다양한 기관이나 장소를 지역 내 주간활동 제공기관에 등록하여 이용 및 참여하며 동료 발달장애인과 함께 낮시간을 보낼 수 있도록 지원한다.

이용자는 수급자격(제공시간)을 받아 원하는 지역 내 주간활동 제공기관에 등록하여 소그룹을 구성하고, 제공기관 및 외부 협력기관을 통해 주간활동 이용이 가능하다. 기본형(월 132시간)과 확장형(월 176시간) 등 두 가지 유형으로 이용자 선택권을 보장한다. 성인 발달장애인 주간활동서비스는 참여형과 창의형이 있다(〈표 9-2〉 참조).

표 9-2 성인 발달장애인 주간활동서비스

구분	내용
참여형	• 자조모임: 티타임, 동아리, 독서모임 등 • 산책, 걷기, 수영, 등산, 요가, 볼링, 탁구, 농구 등 건강 증진 활동 • 직장 탐방, 캠프, 여행 • 교육(일상생활 자립, 권리, 성인권 및 안전 교육 등) • (문화관람) 연극 및 영화 관람, 미술관 및 박물관 이용 등
창의형	• 자조모임: 목적이 있는 특정 활동의 기획 회의, 계획, 수행 등 제반 활동 • 음악활동: 악기 연주, 노래 부르기, 중창이나 합창, 난타 배우기 등 • 미술활동: 그림 그리기, 작품 감상, 한지 공예 작품 만들기 • 바리스타 교육, 가드너, 제과제빵, 양초공예 등 • (도예) 흙으로 생각 표현, 창작품 만들기, 생활도자기 만들기 • (사진 찍기) 카메라 관리, 사진 찍기, 사진 인화방법 • (공예품 만들기) 목공예, 비누공예 등 • 기타 제반 창작활동

출처: 보건복지부(2025b).

3) 청소년 발달장애인 방과후활동서비스

「발달장애인법」 제29조의2(주간활동 · 방과후 활동 지원)에 따라서 청소년 발달장애인에게 방과후활동서비스를 제공하여 의미 있는 여가활동 및 성인기 자립준비를 지원하는 서비스이다. 다양한 참여 프로그램으로 방과후 돌봄 사각지대를 해소하고 부모의 원활한 사회 · 경제적 활동을 지원한다.

대상은 6세 이상~18세 미만의 「장애인복지법」상 등록된 지적 및 자폐성 장애인이다. 단, 18세 이상의 재학생의 경우 방과후활동서비스(재학증명서 필수)와 주간활동서비스(단축형, 기본형에 한함) 중 택 1 가능(중복 이용 불가)하며, 온종일교실, 청소년 방과후 아카데미, 장애인 거주시설 입소자 등 다른 복지서비스 이용자는 제외된다.

이용자는 수급자격(제공시간)을 받아 원하는 지역 내 방과후활동 제공기관에 2~4인 그룹으로 소그룹을 구성하여 방과후활동서비스를 이용하며, 제공기관은 취미 · 여가, 자립준비, 관람 · 체험, 자조활동 등 이용자의 욕구 및 상황을 고려한 다양한 방과후활동서비스를 제공한다. 월 66시간(월~토, 일요일 · 공휴일 제외) 제공되며, 월~토(9~21시), 일일 최대 9시간으로 제한이 있다. 청소년 발달장애인 방과후활동서비스는 취미여가 활동, 직업탐구 활동, 자립준비 활동, 관람체험 활동, 자조활동 등이 있다(〈표 9-3〉 참조).

표 9-3 청소년 발달장애인 방과후활동서비스

영역	개요	구분	예시
취미 · 여가 활동	발달장애 청소년들이 각자에게 맞는 취미 · 여가 활동을 찾아가고, 그 안에서 자신의 적성과 특기를 발견할 수 있도록 다양한 활동을 배우고 경험할 수 있는 기회 제공	음악활동	사물놀이, 난타, 악기, 중창단 등
		체육활동	축구, 볼링, 탁구, 태권도, 헬스, 에어로빅, 사이클, 방송 댄스 등
		배움활동	컴퓨터, 외국어, 요리, 미술, 공예, 제과제빵, 바리스타 등
		생태활동	원예, 애완동물 키우기 등
		힐링활동	산책, 산행, 레크리에이션, 음악 감상, 독서, 보드게임 등 또래 놀이 활동 등

		기타활동	기타 발달장애 청소년이 희망하는 취미여가활동 등
직업 탐구 활동	발달장애 청소년들이 자신의 직업적 흥미와 강점을 찾는 등 졸업 후 진로를 결정해 나가는 데 필요한 다양한 주제의 활동 제공	직업이해	일의 개념과 가치, 다양한 직업의 세계, 나의 직업적 강점 탐색, 미래의 나의 모습, 선배 직업인과의 만남, 구직기술(모의면접 등), 다양한 지원기관 이해 및 정보수집
		직업체험	자격증 취득, 다양한 직종 교육 및 훈련, 현장실습, 현장(사업체) 견학 등
		기타	기타 발달장애 청소년의 진로를 위한 직업탐색 활동
자립 준비 활동	발달장애 청소년의 기본적인 자립생활 능력을 증진시키고, 성공적인 성인기 전환에 필요한 다양한 활동 제공	지역이해 활동	지역사회 이해와 시설 이용, 지역 내 대중교통 이용 등
		관계형성 활동	지역주민 또는 비장애 또래 학생 등과의 통합활동 등
		자기표현 활동	미술, 드라마 등 다양한 매체를 통한 자기의사 표현 훈련, 자치회의 개최 등
		미래계획 활동	주거, 직업, 여가, 가사, 금전관리, 지원서비스 이용 등 미래 계획 설계 및 준비 등
		기타활동	기타 발달장애 청소년에게 필요한 자립준비 활동 등
관람 체험 활동	청소년들의 사회성 증진과 신체적·정서적 감각 향상을 위해 특정 주제를 중심으로 한 다양한 시청각 활동과 체험 활동 제공	관람활동	연극, 영화, 뮤지컬, 미술, 운동 경기, 다양한 문화예술 전시 및 스포츠 경기 등 관람
		체험활동	특정 주제로 진행되는 체험 활동 및 교육 참여 등
		기타활동	기타 발달장애 청소년에게 필요한 관람체험 활동 등
자조 활동	발달장애 청소년들이 스스로 자신이 원하는 활동을 계획하고 진행할 수 있도록 주도적 활동 기회 제공	주도활동	발달장애 청소년 그룹에서 직접 원하는 활동계획을 세우고 추진하는 활동, 이때 제공인력은 원활한 활동 진행을 위해 그룹 구성원 독려, 정보제공, 필요한 제반 준비 등의 조력인 역할 수행

출처: 보건복지부(2025h).

4) 발달재활서비스

「장애아동복지지원법」 제21조에 따라서 성장기의 정신적 · 감각적 장애아동의 기능 향상과 행동 발달을 위한 적절한 인지, 의사소통, 적응행동, 감각 · 운동 등의 기능향상과 행동발달을 위하여 적절한 발달재활서비스 지원 및 정보를 제공하는 서비스이다.

대상은 18세 미만 뇌병변, 지적, 자폐성, 청각, 언어, 시각 장애 아동이다. 기준 중위소득 180% 이하의 소득기준이 있으며, 소득기준이 기준 중위소득 180% 초과하는 경우에는 장애아 2명 이상 가구, 부모 중 1명 이상이 중증장애인(1, 2급 및 3급 중복장애)인 가정에 대하여 시 · 군 · 구청장이 인정하는 경우에는 예산범위 내에서 '마형'(본인부담금 8만 원)을 지원할 수 있다.

서비스 제공기관별로 단가가 상이하며, 1회당 서비스 제공시간은 50분(부모상담 포함)을 원칙으로 한다. 서비스 내용은 언어 · 청능 · 미술심리재활 · 음악재활 · 행동 · 놀이심리 · 재활심리 · 감각발달재활 · 운동발달재활 · 심리운동 등 발달재활서비스가 제공된다. 다만, 의료행위인 물리치료와 작업치료 등 의료기관에서 행해지는 의료지원은 불가하다. 시 · 군 · 구에서 지정한 기관 중 이용자가 원하는 기관에서 서비스 이용 가능하다.

5) 특수교육대상자 관련 서비스

「장애인 등에 대한 특수교육법」 제2조 제2호에 따라서 특수교육 관련 서비스란 특수교육대상자의 교육을 효율적으로 실시하기 위해 필요한 인적 · 물적 자원을 제공하는 서비스로서 상담지원 · 가족지원 · 치료지원 · 보조인력 지원 · 보조공학기기 지원 · 학습보조기기 지원 · 통학지원 및 정보접근 지원 등을 말한다.

특수교육 관련 서비스 중 치료지원서비스 특수교육대상자 중 물리치료 및 작업치료 등의 치료지원 대상자로 선정된 학생에게 장애유형과 장애정도를 고려한 맞춤형 치료지원을 제공하는 서비스이다.

대상은 특수교육대상자 중 물리치료 및 작업치료 등의 치료지원 대상자로 선정된 학생이다. 해당 학교 개별화 교육지원팀에서 특수교육대상자의 장애유형과 장애정도를 고려한 맞춤형 치료지원이 제공될 수 있도록 치료지원이 결정된다. 지원내용은 물리치료, 작업치료, 언어 · 청능치료, 미술 · 음악치료, 행동 · 놀이 · 심리치료, 감각 · 운동치료 등의 서비스를 제공한다.

또한 특수교육대상자는 보조인력 제공 서비스, 각종 교구 및 학습보조기 등 제공서비스, 통학지원서비스, 기숙사지원서비스, 정보제공서비스, 그 밖의 특수교육 관련 서비스, 가족지원서비스 등을 제공받을 수 있다. 치료지원서비스는 특수교육대상자 관련 서비스에 포함되어 있다(〈표 9-4〉 참조).

표 9-4 **서울특별시교육청 특수교육 관련 서비스**

구분	내용
치료지원 서비스	• 특수교육자대상자에게 필요한 경우에는 물리치료 및 작업치료 등의 치료지원서비스를 받을 수 있음 • 교육감 또는 특수학교의 장은 특수교육지원센터 또는 특수학교에 치료실을 설치 · 운영할 수 있음 • 교육감은 공공보건의료기관 및 장애인복지시설 등과 연계하여 치료지원서비스를 할 수 있음
보조인력 제공서비스	• 특수교육대상자는 교육 및 학교 활동을 위해 각급학교의 장으로부터 다음의 보조 역할 등을 담당하는 보조인력 제공서비스를 받을 수 있음 –교수학습 활동 –신변처리 –급식 –교내외 활동 –등 · 하교 등 • 교육감은 각급학교의 장이 특수교육대상자를 위한 보조인력을 원활하게 제공할 수 있도록 보조인력 수급에 대한 계획의 수립 및 보조인력의 채용 · 배치 등 보조인력의 운영에 필요한 업무를 수행함
각종 교구 및 학습보조기 등 제공서비스	• 특수교육대상자는 각급학교의 장으로부터 교육을 위해 필요한 장애인용 각종 교구, 각종 학습보조기 및 보조공학기기 등의 서비스를 제공받을 수 있음

	• 교육감은 위에 따라 각급학교의 장이 각종 교구 · 학습보조기 · 보조공학기기를 제공할 수 있도록 특수교육지원센터에 필요한 기구를 갖춰 두어야 함
통학지원 서비스	• 특수교육대상자는 각급학교의 장으로부터 취학 편의를 위해 통학차량 지원, 통학비 지원 및 통학 보조인력 지원 등의 서비스를 제공받을 수 있음 • 각급학교의 장은 특수교육대상자가 현장체험학습 및 수련회 등 학교 밖 활동에 참여할 수 있도록 조치를 취해야 함
기숙사지원 서비스	• 각급학교의 장은 특수교육대상자의 생활지도 및 보호를 위해 기숙사를 설치 · 운영할 수 있음 • 기숙사를 설치 · 운영하는 특수학교에는 특수교육대상자의 생활지도 및 보호를 위해 생활지도원 및 간호사 또는 간호조무사를 두어야 함
정보제공 서비스	• 각급학교의 장은 각급학교에서 제공하는 각종 정보(교육기관에서 운영하는 인터넷 홈페이지를 포함)를 특수교육대상자에게 제공하는 경우 특수교육대상자의 장애유형에 적합한 방식으로 제공해야 함
그 밖의 특수교육 관련 서비스	• 교육부장관 또는 교육감은 위의 특수교육 관련 서비스 외에 보행훈련 및 심리 · 행동 적응훈련 등 특정한 장애유형의 특수교육대상자에게 필요한 특수교육 관련 서비스를 제공해야 함
가족지원서비스	• 가족상담, 양육상담, 보호자 교육, 가족지원 프로그램 운영

출처: 서울특별시교육청 특수교육과 https://buseo.sen.go.kr/buseo/bu21/index.do (2025. 7. 10. 검색).

6) 장애인일자리사업

장애인일자리사업은 장애인자립기반 조성을 위한 재정지원 일자리사업으로 「고용정책기본법」 제12조의2(재정지원 일자리 사업의 효율화), 「장애인복지법」 제21조(직업), 동법 시행령 제13조의 2(장애인일자리사업 실시)에 근거하여 제공된다. 장애인일자리사업은 취업 취약계층인 장애인에게 일자리 제공을 통한 사회참여 확대 및 소득보장을 지원하고 장애유형별 맞춤형 신규 일자리 발굴 및 보급을 통한 장애인 일자리를 확대하며, 근로연계를 통한 장애인복지 실현 및 자립생활을 활성화시키는 데 목적을 두고 있다.

사업유형은 일반형일자리, 복지일자리, 특화형일자리로 나뉜다. 먼저, 일반형일자리는 전일제와 시간제로 운영되며, 미취업장애인의 일반노동시장으로 연계를 위한 실무 능력 습득을 지원하고, 일정 기간 소득을 보장하는 일자리로 전국 시 · 도, 읍 · 면 · 동 주민센터, 공공기관 등에 배치하여 장애인복지 행정 등의 업무를 수행한다. 복지일자리는 취업이 어려운 장애인에게 장애유형별 다양한 일자리를 개발 · 제공하여 직업생활 및 사회참여 확대를 위한 직업경험을 지원하는 일자리로, 18세 이상 미취업 등록장애인은 누구나 참여 가능한 참여형 일자리와 장애학생을 대상으로 한 특수교육–복지연계형 일자리가 있다. 특화형일자리는 시각장애인 안마사(안마사 자격을 지닌 미취업 시각장애인이 노인복지관, 경로당 등을 이용하는 어르신들에게 양질의 안마서비스를 제공하는 일자리), 발달장애인 요양보호사 보조일자리(발달장애인을 요양보호사의 전반적인 업무를 지원하는 일자리에 배치하여 직무 능력 습득 및 일자리 경험을 제공하는 일자리)를 내용으로 한다.

표 9-5 장애인일자리사업 종류와 예산지원 개요

구분		보수	운영비	지원인원	국고보조율
일반형일자리 (전일제)	행정도우미	월 2,096천 원	235천 원	7,740명	서울 30% 지방 50%
	전담지원 행정도우미				
	복지서비스 지원요원				
일반형일자리 (시간제)	행정도우미	1,048천 원	118천 원	4,075명	상동
	전담지원 행정도우미				
	복지서비스 지원요원				
복지일자리	참여형	562천 원	24천 원	19,094명	상동
	연계형				
특화형 일자리	시각장애인 안마사파견사업	1,314천 원	153천 원	1,360명	80%
	발달장애인 요양보호사 보조일자리	1,314천 원	156천 원	1,277명	서울 30% 지방 50%

출처: 보건복지부 재정지원 장애인일자리사업 https://www.mohw.go.kr/menu.es?mid=a10710030300 (2025. 5. 1. 검색)

요약

1. 장애인복지서비스의 특수성과 보편성

사회서비스는 모든 국민이 누려야 하는 보편적인 제도이기도 하지만, 보호가 필요하다고 인정되는 사람들이 사회서비스를 통해 더 나은 삶을 누릴 수 있도록 노력해야 하는 특수성을 가진 제도이다.

특히 장애인에게 사회서비스는 보편성과 특수성이 모두 고려되어야 한다. 장애인이 더 나은 삶을 누리기 위해서는 장애 특성과 욕구를 반영한 특별한 장애인복지서비스 지원이 필요하며, 사회 활동 및 참여 증진을 위한 장애인복지서비스 증가가 더욱 필요한 실정이다. 사회로부터 제공되는 적극적인 장애인복지서비스는 장애인이 보다 더 나은 삶을 누릴 수 있도록 환경적 지원이 될 것이며 심화된 격차를 완화시킬 것이다. 이는 곧 장애인의 사회통합 촉진으로 이어질 것이다.

2. 장애유형별 장애인복지서비스

장애유형별 장애인복지서비스로 장애인활동지원서비스, 성인 발달장애인 주간활동서비스, 청소년 발달장애인 방과후활동서비스, 발달재활서비스, 치료지원서비스, 그리고 장애인일자리사업 등을 제시할 수 있다.

Issues & Discussions

1. 장애인복지서비스의 보편성과 특수성에 대해 논하시오.
2. 장애인복지서비스의 특수성과 보편성을 정책 사례를 통해 설명하시오.
3. 우리나라의 주요 장애인 관련 서비스들을 파악하고 대상과 특성을 파악하시오.

Workshop

- **활동주제**: 장애인복지서비스의 특수성 및 보편성을 정책에서 찾아보기
- **활동내용**: 장애인복지서비스의 특수성 및 보편성 브레인스토밍
- **활동형식**: 4~5명씩 조를 구성하여 다음의 절차를 수행한 후 발표 및 피드백
- **활동시간**: 1시간
- **활동절차**

절차	활동내용		시간
1단계	조원 구성하기	• 4~5명 1개 조로 구성	5분
2단계	장애인복지 서비스 탐색	• 보건복지부 홈페이지 • 한국장애인고용공단 홈페이지 • 국립특수교육원 홈페이지 • 17개 시 · 도 홈페이지 • 국가법령정보센터 홈페이지	10분
3단계	특수성 및 보편성 찾기	〈보건복지부 홈페이지〉 • 장애인정책, 장애인권익지원, 장애인자립기반, 장애인서비스, 장애인건강 검색 • 관심 있는 장애인서비스를 탐색하면서 특수성 및 보편성 논의	20분
4단계	발표 및 피드백		20분
정리 및 총평			5분

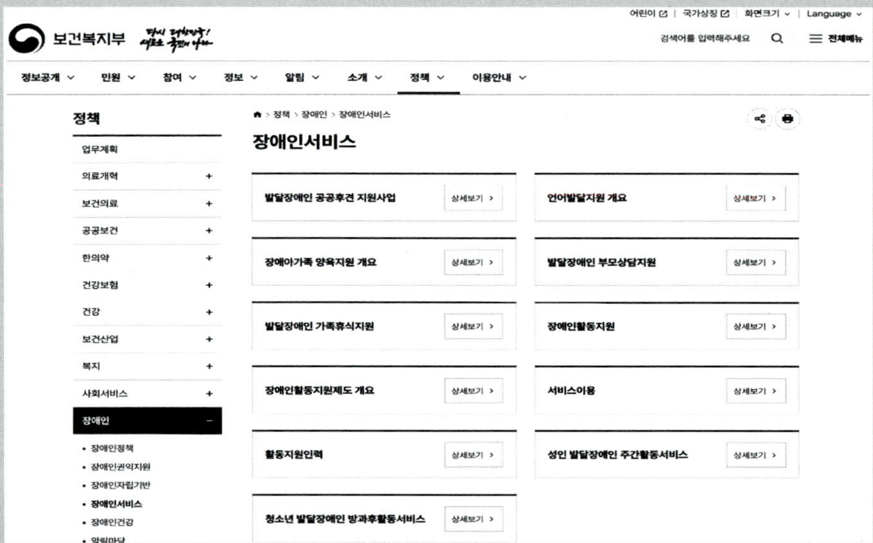

보건복지부 홈페이지에서 장애인정책, 장애인권익지원, 장애인자립기반, 장애인서비스, 장애인건강 등을 검색하여, 조별 관심 있는 장애인서비스 사업을 보편성 및 특수성을 중심으로 나누어 보고, 발표를 통해 토론해 본다.

출처: 보건복지부 홈페이지(https://www.mohw.go.kr/menu.es?mid=a10710040000).

10
장애인복지 시설 및 기관

이 장에서는 장애인복지 관계 법령들에 의거하여 설치, 운영 중인 장애인복지시설 중 대표적 시설들의 설치 목적과 서비스 기능 등을 중심으로 학습한다.

「장애인복지법」 제58조(장애인복지시설)(개정 2024. 1. 2.)에 의거한 시설로서 장애인 거주시설, 장애인 지역사회재활시설, 장애인 자립생활지원시설, 장애인 직업재활시설, 장애인 의료재활시설, 장애인 생산품 판매시설, 장애인권익옹호기관을, 이어서 「발달장애인법」에 의거한 발달장애인지원센터 등을 차례로 알아보고 각 시설의 설치 목적과 기능을 중심으로 학습한다.

학습목표

1. 장애인복지 관계 법령에 따른 장애인복지시설을 구분하고 각 시설의 설치 목적과 기능을 설명할 수 있다.
2. 장애인복지시설 및 기관의 서비스 내용과 성과 및 한계, 개선방안에 대하여 논의할 수 있다.

키워드

장애인 거주시설/장애인 지역사회재활시설/장애인 직업재활시설/장애인 의료재활시설/장애인 생산품 판매시설/장애인자립생활지원센터/발달장애인지원센터/장애인권익옹호기관

1. 장애인 거주시설

거주공간을 활용하여 일반가정에서 생활하기 어려운 장애인에게 일정 기간 동안 거주·요양·지원 등의 서비스를 제공하는 동시에 지역사회생활을 지원하는 시설(「장애인복지법」 제58조 제1항 제1호, 동법 제2항 및 동법 시행규칙 제41조 [별표4])을 말한다.

1) 장애인 거주시설의 종류와 현황

우리나라 장애인 거주시설은 6개 종류로 나뉘며 그 기능은 〈표 10-1〉과 같다. 2023년 기준 전국적으로 1,529개 시설이 운영 중이며, 다양한 장애유형의 27,352명이 생활하고 있다. 이 중 공동생활가정이 746개로 가장 많은 비중을 차지하고 있고,

표 10-1 장애인 거주시설의 종류와 현황

종류	기능
장애유형별 거주시설	장애유형이 같거나 유사한 장애를 가진 사람들을 이용하게 하여 그들의 장애유형에 적합한 주거지원, 일상생활 지원, 지역사회생활지원 등의 서비스를 제공하는 시설
중증장애인 거주시설	장애정도가 심하여 항상 도움이 필요한 장애인에게 주거지원, 일상생활 지원, 지역사회생활 지원, 요양서비스를 제공하는 시설
장애영유아 거주시설	6세 미만의 장애영유아를 보호하고 재활에 필요한 주거지원, 일상생활 지원, 지역사회생활 지원, 요양서비스를 제공하는 시설
장애인 단기거주시설	보호자의 일시적 부재 등으로 도움이 필요한 장애인에게 단기간 주거서비스, 일상생활지원서비스, 지역사회생활서비스를 제공하는 시설
장애인 공동생활가정	장애인들이 스스로 사회에 적응하기 위하여 전문인력의 지도를 받으며 공동으로 생활하는 지역사회 내의 소규모 주거시설
독립형 주거서비스 제공기관	장애인에게 가정과 같은 주거 여건을 제공하는 여러 개의 개별 주거공간을 설치하고, 지역사회 자원을 활용하여 주거지원, 일상생활 지원, 지역사회생활 지원 등의 서비스를 제공하는 기관

그다음으로 지적장애인 거주시설 308개, 중증장애인 거주시설 252개 등의 순이다. 반면, 시설 수에 비교해서 거주인 수는 지적장애인 시설이 10,689명, 중증장애인 시설이 10,220명으로 절대 많은 수를 차지하고 있는 실정이다(보건복지부, 2024b).

2) 장애인 거주시설 서비스 최저기준

「장애인복지법」 제60조의3(장애인 거주시설의 서비스 최저기준)에 따라서 보건복지부장관은 장애인 거주시설에서 제공하여야 하는 서비스의 최저기준을 마련하여야 하며, 장애인복지 실시기관은 그 기준이 충족될 수 있도록 필요한 조치를 취하도록 하고 있다.

표 10-2 장애인 거주시설의 서비스 최저기준

1. 서비스 안내 및 상담 • 기준 1: 서비스 이용자 안내 • 기준 2: 이용 상담 • 기준 3: 욕구와 서비스의 적합성 검토 • 기준 4: 예비방문 • 기준 5: 서비스 결정, 서비스 제공 조건 및 퇴소 2. 개인의 욕구와 선택 • 기준 6: 욕구사정 • 기준 7: 개별 서비스 이용계획 3. 이용자의 참여와 권리 • 기준 8: 의사결정 • 기준 9: 참여 • 기준 10: 위험관리 • 기준 11: 비밀보장 • 기준 12: 학대 등으로부터의 보호 • 기준 13: 이의제기	6. 개별지원 • 기준 21: 개별지원 • 기준 22: 건강관리 • 기준 23: 약물관리 • 기준 24: 노화와 사망 7. 환경 • 기준 25: 시설과 설비 • 기준 26: 개인침실; 공간 요구 • 기준 27: 개인침실; 가구와 시설물 • 기준 28: 화장실과 욕실 • 기준 29: 공용 공간 • 기준 30: 보조기구와 설비 • 기준 31: 위생과 감염 예방 8. 직원관리 • 기준 32: 역할 • 기준 33: 자격과 자질 • 기준 34: 직원 구성

4. 능력개발
   - 기준 14: 개인적인 발전
   - 기준 15: 교육과 직업
   - 기준 16: 지역사회 연계와 네트워크
5. 일상생활
   - 기준 17: 여가
   - 기준 18: 관계
   - 기준 19: 사생활
   - 기준 20: 식사
   - 기준 35: 훈련과 개발
   - 기준 36: 지도감독과 지지
9. 시설운영
   - 기준 37: 질 관리
   - 기준 38: 정책과 절차
   - 기준 39: 기록 유지
   - 기준 40: 안전의 실천

*핵심 영역: 개인의 욕구와 선택, 이용자의 참여와 권리, 환경
*기본 영역: 능력개발, 일상생활, 개별지원
*일반 영역: 서비스안내 및 상담, 직원관리, 시설운영
출처: 보건복지부(2025d).

☞ 장애인거주시설 〈인권지킴이단〉을 아십니까?

장애인 거주시설 이용장애인(이하 "이용자")의 인권침해를 예방하고 인권침해 발생 시 확인과 필요한 조치를 통해 이용자의 인권이 보장될 수 있도록 하기 위하여 거주시설 내에 인권지킴이단을 설치 · 운영하도록 한다(「장애인복지법」 제60조의4 제4항).

2. 장애인 지역사회재활시설

장애인을 전문적으로 상담 · 치료 · 훈련하거나 장애인의 일상생활, 여가활동 및 사회참여활동 등을 지원하는 시설(「장애인복지법」 제58조 제1항 제2호)을 말한다.

1) 장애인 지역사회재활시설의 종류와 현황

- 장애인복지관: 장애인에 대한 각종 상담 및 사회심리 · 교육 · 직업 · 의료재활 등 장애인의 지역사회생활에 필요한 종합적인 재활서비스를 제공하고 장애

에 대한 사회적 인식 개선사업을 수행하는 시설

- 2의2. 장애인 자립생활지원시설: 장애인의 자립생활 역량을 강화하기 위하여 동료상담, 지역사회의 물리적 · 사회적 환경개선 사업, 장애인의 권익 옹호 · 증진, 장애인 적합 서비스 등을 제공하는 시설
- 장애인 주간이용시설: 일상생활 및 지역사회생활을 영위하는 데 지원이 필요한 장애인에게 낮시간 동안 활동 위주의 프로그램 및 교육 지원 등을 제공하는 시설
- 장애인 체육시설: 장애인의 체력증진 또는 신체기능 회복 활동을 지원하고 이와 관련된 편의를 제공하는 시설
- 장애인 수련시설: 장애인의 문화 · 취미 · 오락활동 등을 통한 심신수련을 조장 · 지원하고 이와 관련된 편의를 제공하는 시설
- 시각장애인 등 생활지원센터: 시각장애인 등에게 이동서비스를 지원하고, 지역사회 거주 시각장애인 등을 적시에 발굴하여 재활상담, 보행 · 점자 · 정보화 등 교육, 일상생활기술 훈련 등 개인별 맞춤 복지서비스를 제공하는 시설
- 수어통역센터: 의사소통에 지장이 있는 청각 · 언어장애인에게 한국수어 통역 및 상담서비스를 제공하는 시설
- 점자도서관: 시각장애인에게 점자간행물 및 녹음서를 열람하게 하는 시설
- 점서 및 녹음서 출판시설: 시각장애인을 위한 점자간행물 및 녹음서를 출판하는 시설
- 장애인 재활치료시설: 장애아동을 포함한 장애인에게 언어 · 미술 · 음악 등 재활치료에 필요한 치료, 상담, 훈련 등의 서비스를 제공하고 서비스를 이용한 자로부터 비용을 수납하여 운영하는 시설

표 10-3 장애인 지역사회재활시설 현황

시설 유형	장애인 복지관	장애인 주간이용 시설	장애인 체육시설	시각장애인 등 생활지원센터	수어 통역 센터	점자 도서관	점서 및 녹음서 출판시설	장애인 재활치료 시설
시설 수	262	855	30	167	206	19	1	69

출처: 보건복지부(2025e).

3. 장애인 직업재활시설

일반 작업환경에서는 일하기 어려운 장애인이 특별히 준비된 작업환경에서 직업훈련을 받거나 직업생활을 할 수 있도록 하는 시설(직업훈련 및 직업생활을 위하여 필요한 제조 · 가공 시설, 공장 및 영업장 등 부속용도의 시설로서 보건복지부령으로 정하는 시설을 포함한다)(「장애인복지법」 제58조 제1항 제3호)을 말한다.

1) 장애인 직업재활시설 유형 및 현황

직업재활시설은 장애인 직업재활서비스를 통하여 취업기회를 제공하기 위한 목적으로 설립되어 운영되고 있으며, 장애인직업재활시설은 총 815개소에서 21,761명의 장애인이 시설을 이용하고 있다. 2023년 「장애인직업재활시설 실태조사」에 따르면 직업재활시설은 2020년 720개소, 2021년 773개소, 2022년 794개소로 매년 증가하는 것으로 나타났다(한국장애인개발원, 2023c).

장애인 직업재활시설의 유형별 현황을 살펴보면, 보호작업장은 2025년 701개소로 가장 많았으며, 근로사업장 76개소, 직업적응훈련시설은 38개소로 나타났다. 장애인 직업재활시설 유형별 분포는 〈표 10-4〉와 같다.

표 10-4 장애인 직업재활시설 현황

유형	근로사업장	보호작업장	직업적응훈련시설
시설 수	76	701	38
장애인 수	3,131	17,747	883

출처: 보건복지부(2025e).

2) 장애인 직업재활시설의 서비스 과정

한국장애인개발원의 『2021 중증장애인직업재활지원사업 운영매뉴얼』에서 제시된 장애인 직업재활서비스 과정은 장애인의 직업적응, 역량강화, 사회통합을 위해 계획된 서비스로 직업상담, 직업평가, 직업재활계획수립, 직업적응훈련, 취업알선, 취업 후 적응지도, 종결 및 사후관리와 같은 과정을 가진다(한국장애인개발원, 2022).

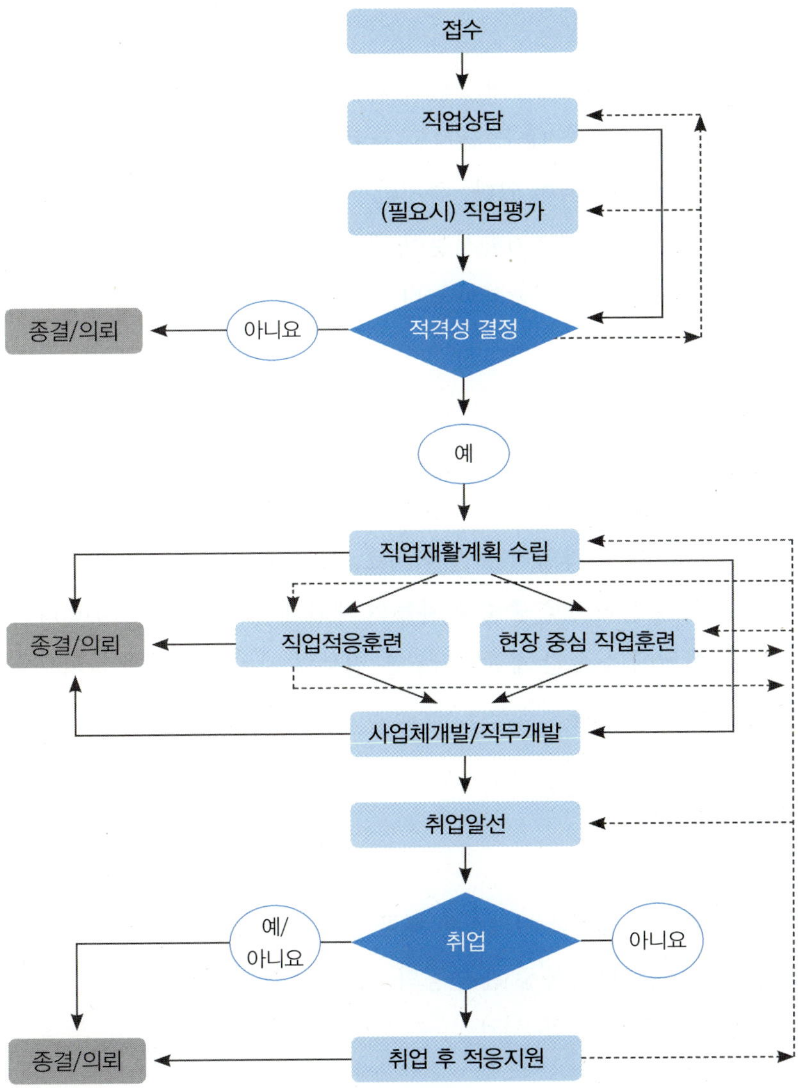

[그림 10-1] 장애인 직업재활시설 직업재활서비스 과정도

출처: 한국장애인개발원(2022).

4. 장애인 의료재활시설

장애인 의료재활시설은 장애인을 입원 또는 통원하게 하여 상담, 진단·판정, 치료 등 의료재활서비스를 제공하는 시설(「장애인복지법」 제58조 제1항 제4호)을 말한다.

장애인 의료재활시설의 경우 서울에 6개의 시설이 개소되어 운영 중이며, 인천과 대전, 경남에 각 2개소, 부산/대구/경기도/강원특별자치도/충청북도/경상북도/제주도에 각 1개소가 개설되어 있다. 하지만 광주/울산/세종/충청남도/전북특별자치도/전라남도의 경우 의료재활시설이 개소되지 않아 장애인의 의료재활서비스가 충분히 제공되지 못할 가능성이 높다.

1) 재활병원

재활병원은 일반적으로 환자들에게 종합적인 재활서비스를 제공하는 병원이다. 이러한 시설은 물리치료, 작업치료, 언어치료, 심리치료 등 다양한 치료서비스를 제공할 수 있다. 일반적으로 중증 환자들의 재활에 중점을 둔다. 우리나라 장애인재활병의원 협회에 소속된 재활병의원은 정부의 지원이 미비한 상황으로 재정적 어려움을 겪는 상황이다.

2) 물리치료센터

물리치료센터는 주로 물리치료 서비스를 제공하는 시설이다. 이곳에서는 주로 운동치료, 근력강화, 균형 향상, 통증 관리 등의 치료가 이루어진다.

3) 작업치료센터

작업치료센터는 주로 작업치료서비스를 제공하는 시설로, 환자들이 일상생활에서 필요로 하는 기능을 회복하고 향상시키는 데 중점을 둔다. 이곳에서는 일상생활 기술 향상 및 장애 극복을 위한 프로그램이 제공된다.

4) 언어치료센터

언어치료센터는 주로 언어 및 음성 장애를 갖는 환자들을 대상으로 언어치료서비스를 제공한다. 언어치료센터는 말의 이해와 사용 능력을 향상시키는 데 도움을 준다.

5) 재활치료센터

재활치료센터는 다양한 형태의 재활서비스를 제공하는 시설로, 물리치료, 작업치료, 언어치료, 심리치료 등을 종합적으로 제공할 수 있다.

5. 장애인 생산품 판매시설

장애인 생산품의 판매활동 및 유통을 대행하고, 장애인 생산품이나 서비스용역에 관한 상담, 홍보, 판로 개척 및 정보제공 등 마케팅을 지원하는 시설(「장애인복지법」 제58조 제1항 제5호 및 동법 시행령 제36조)을 말한다.

1) 운영 목적과 현황

장애인 생산품 판매시설은 「장애인복지법」과 「중증장애인생산품 우선구매 특별법」(이하 「중증장애인생산품법」)에 따라 국가 · 지방자치단체 · 공공기관 등으로 장애인 직업재활시설 등이 생산하는 장애인 생산품과 서비스 · 용역의 마케팅 및 판매를 활성화하기 위한 업무를 수행한다. 보건복지부장관 및 시 · 도지사는 중증장애인 생산품 우선구매제도의 조기정착과 활성화를 위하여 장애인 생산품 판매시설이 적극적으로 활동할 수 있도록 지원하며, 특히 인터넷 등 정보매체를 활용한 판매활동을 적극 지원한다. 장애인 생산품 판매시설은 「중증장애인생산품법」에 따른 중증장애인 생산품 생산시설에서 생산되는 모든 제품에 대한 홍보와 판매 촉진을 위하여 노력해야 하며, 그 밖에 장애인복지시설 및 단체, 재가 장애인이 생산하는 물품의 판매에도 노력하여야 한다(보건복지부, 2025d).

2025년 현재 전국의 16개 시 · 도와 세종특별자치시에 각 1개소씩 총 17개의 장애인 생산품 판매시설이 설치 · 운영되고 있다(보건복지부-중증장애인생산품 우선구매제도 및 생산품 판매시설 안내). 생산품 판매시설에서는 생활용품, 식품, 인쇄 · 광고, 사무용품, 가구류, 조명 등 다양한 품목을 판매하고 있다.

2) 중증장애인 생산품 우선구매제도

중증장애인 생산품 우선구매제도는 중증장애인의 고용 촉진 및 사회적 자립을 지원하기 위해 설계되었다. 이 제도는 2008년에 제정된 「중증장애인생산품법」에 의해 법적 토대가 마련되었다. 공공기관이 중증장애인이 생산한 제품이나 서비스를 자신들의 총구매액의 최소 1% 이상 우선적으로 구매하도록 하는 것이 핵심이다. 이 의무 구매는 중증장애인에게 지속 가능한 고용 기회를 제공하고, 사회적 자립과 통합을 촉진하는 데 목적이 있다. 중증장애인 생산품을 생산하는 시설은 보건복지부장관의 지정을 받아야 하며, 장애인 근로자의 비율, 근로시간 등의 기준을 충족해야 한다. 이는 직업 재활을 통해 중증장애인이 사회적 · 경제적으로 자립할 수 있는 기반을 마련하기 위함이다.

제도 시행 이후, 공공기관의 우선구매 비율은 점차 증가하는 긍정적인 결과를 보였으나, 여전히 법정 구매 비율을 달성하지 못하는 기관이 다수 존재한다. 공공기관의 우선구매 실적을 평가 지표에 반영하고, 법정 비율을 충족하지 못한 기관에 대해 시정 요구와 명단 공표 등의 조치가 도입되었다. 이는 구매기관의 책임성을 높이고, 중증장애인 생산품에 대한 구매를 촉진하기 위한 조치이다. 그럼에도 불구하고, 중증장애인 생산품 우선구매제도에 대한 인식 부족과 이해도가 낮은 것이 주요 문제로 지적되었다. 구매자 및 관련 이해관계자들을 대상으로 한 적극적인 홍보와 교육이 필요하다. 우선구매제도의 실행과정 및 결과에 대한 지속적인 모니터링과 평가가 필수적이다.

제도적 보완은 공공기관의 구매 의무 이행을 강화하고, 중증장애인이 생산하는 제품과 서비스의 질을 향상시키며, 제품과 서비스의 다양화를 추구하는 방향으로 이루어져야 한다. 이를 통해 중증장애인 생산품의 경쟁력을 강화하고, 공공기관뿐만 아니라 일반 시장에서도 중증장애인 생산품에 대한 수요를 창출할 수 있을 것이다.

중증장애인 생산품 우선구매제도는 중증장애인의 고용을 촉진하고 사회적 통합을 지원하는 중요한 정책 도구이다. 정부, 공공기관, 생산시설, 그리고 사회 전체의 적극적인 참여와 관심이 필요하다. 중증장애인이 사회의 일원으로서 활발히 참여하고, 그들의 잠재력을 최대한 발휘할 수 있는 환경을 조성하는 것이 중요하다.

6. 장애인자립생활지원센터[1)]

장애인자립생활지원센터는 장애인을 대상으로 포괄적인 자립생활 정보제공, 권익옹호 활동, 동료상담, 자립생활기술 훈련, 개인별 자립지원, 거주시설 장애인

1) 「장애인복지법」 제58조 제1항2의2(장애인 자립생활지원시설)로 동법에서는 “장애인의 자립생활 역량을 강화하기 위하여 동료상담, 지역사회의 물리적 · 사회적 환경개선 사업, 장애인의 권익 옹호 · 증진, 장애인 적합 서비스 등을 제공하는 시설”로 규정하고 있다(일부개정 2024. 1. 2., 시행 2025. 7. 3.).

등에 대한 자립지원 등의 서비스를 통하여 장애인의 자립생활 역량강화와 지역사회에서의 다양한 사회참여 활동을 지원하기 위한 목적으로 설립된 시설을 말한다(보건복지부, 2025c).

장애인자립생활지원센터는 「장애인복지법」 제53조(자립생활지원), 제54조(장애인자립생활지원센터)와 제56조(장애동료간 상담)에 근거하며, 운영 주체는 시 · 군 · 구청장의 추천을 통해 각 시 · 도지사에 의해서 선정된 장애인자립생활(Independent Living: IL)지원센터로서 운영의 기본 방침과 주요 기능 및 사업(예시)에 대해서는 보건복지부의 『장애인복지사업안내 제II권』 장애인 지역사회 복지사업 편 '장애인 자립생활(IL) 지원 사업 운영'에 명시되어 있다.

보건복지부의 중증장애인자립생활센터 지원 현황(2024. 5. 31.)에 따르면, 2023년 현재 전국에 75개 시설이 운영 중에 있다.

표 10-5 장애인자립생활지원센터 기본 방침

1. 자립생활 철학과 이념
   - 센터의 모든 활동은 영리활동, 특정 종교활동 등에 연관되거나 이용할 수 없으며, 자립생활 이념에 기반을 두고 장애인의 자기선택권과 결정권을 최대한 존중하며 장애인의 참여를 최우선으로 한다.
   - 센터는 「장애인차별금지법」에 명시한 차별행위나 어떠한 활동에도 차별 없이 장애인에게 동등한 서비스를 제공해야 한다.
   - 의사결정, 서비스 제공, 운영 규정 등을 포함한 센터의 운영은 장애인이 중심이 된다.
   - 장애인들 간에 서로 지원하고 옹호하는 동료지원(peer support)모델이 자립생활서비스 제공의 원리이다.
   - 장애인들은 누구나 모든 서비스에 동등하게 접근할 수 있어야 한다.
2. 서비스 대상
   - 센터는 장애의 정도와 유형에 상관없이 모든 영역의 장애인들에게 동등한 서비스를 제공한다.
3. 자립생활 지원 목적
   - 센터는 장애인들의 욕구와 선택을 존중하면서 개별 자립생활을 지원해야 한다.

4. 개별 자립생활 지원
   - 센터는 개별 장애인들이 지역사회에서 자신의 자립생활 목표를 달성하는 데 필요한 자원을 개발하고 개선해야 한다.
   - 장애인이 개별적 욕구(자립생활, 교육 · 문화 등의 사회참여, 가족지원 등)에 대응하고 이를 위한 자원을 연계 · 동원해야 한다.
   - 거주시설 등과 연계하여 시설거주 장애인, 지역사회 자립 장애인, 재가 장애인의 지역사회 역량강화에 대한 사업을 적극적으로 수행해야 한다.
5. 자립생활 기본 서비스
   - 센터는 지역사회를 기반으로 기본사업과 선택사업을 적절히 조합하여 자립생활의 기본적 서비스를 제공해야 한다.
6. 지역사회 강화 활동
   - 센터는 해당 지역 장애인의 욕구를 충족할 수 있도록 지역 공동체 역량을 강화하는 활동을 수행해야 한다.
   - 지역사회의 비장애인 등과의 연대활동을 통해 장애인에 대한 이해 촉진 및 소통 활성화를 도모해야 한다.
7. 자원개발 활동
   - 센터는 자립생활서비스 개발과 제공에 필요한 정부 보조금 이외의 자원개발 활동을 수행해야 한다.

출처: 보건복지부(2025c).

표 10-6 장애인자립생활지원센터의 주요기능 및 주요사업(예시)

주요기능			주요사업(예시)
구분	대분류	중분류	
기본사업	동료상담	동료상담 및 동료상담가 지원	• 지역사회 자립을 위한 정보제공 • 개별 및 집단 동료상담 • 동료상담가 양성 • 동료상담 프로그램 개발
	장애인 권익옹호 지원	이용자 중심 권익옹호 지원	• 장애인 인권침해, 학대 긴급지원 및 자원연계 • 장애인권 교육 • 차별 대응 및 법률지원 연계활동 • 장애인 차별 모니터링 및 긴급구제 활동

		지역사회 역량 강화 활동	• 장애인 지역사회 사회참여 활동지원 • 장애인 자립을 위한 (포용적) 지역사회환경 변화 지원 • 장애인 권익향상 네트워크 구축 · 운영 • 장애인 자립생활 지원 및 기타 복지증진 활동(제도 및 서비스 개선, 정책 제안 및 모니터링 등)
	개인별 자립지원	개인별 자립 생활지원 및 자립생활기술 훈련	• 개인별 자립생활 지원 계획 수립 및 지원 • 개인별 자립지원 모니터링 및 사후지원(금융피해, 법률자문 등 연계) • 장애인 자립생활기술훈련 지원 • 개인별 지역사회자원 정보 제공과 의뢰 • 장애인 자립생활을 위한 지역사회 내 협력체계 구축
	거주시설 장애인 탈시설 자립지원	지역사회 자립 장애인 자립지원 기획 및 관리	• 지역사회 자립을 위한 자원 정보제공 • 지역사회 거주지원을 위한 상담(고립감 해소 등) • 자립생활기술 훈련 및 교육 실시 • 지역사회 거주지원을 위한 관련 기관 네트워크 협력 • 자립장애인 사각지대 발굴 • 체험 홈 등 자립지원 시설 관리 • 자립생활서비스 지원
선택 사업	지역사회 서비스 지원	자립지원 서비스	• 자원개발 활동(정부지원 외 추가 자원개발, 후원개발 등) • 이동서비스 및 보장구 지원 • 문화 · 여가 활동 • 의사소통 지원 • 사각지대 발굴 등 현장지원 · 활동 • 재난 피해 예방 및 응급안전서비스 연계 • 주거서비스(주택개조, 자립생활 주택 등) • 활동지원서비스 • 고용 및 직업 서비스 연계 • 기타 자립생활 지원을 위한 서비스

출처: 보건복지부(2025c).

7. 발달장애인지원센터

발달장애인의 적절한 발달과 원활한 사회통합을 촉진하기 위하여 「발달장애인 권리보장 및 지원에 관한 법률」(이하 「발달장애인법」)에 근거하여 발달장애인지원센터(중앙 · 지역)를 설치 · 운영하고, 발달장애인에 대한 통합적 지원체계를 마련하였다(보건복지부, 2025a).

발달장애인지원센터는 「발달장애인법」 제5장 발달장애인지원센터 등[제33조(발달장애인지원센터), 제34조(발달장애인지원센터의 임무) 등]에 근거하여 보건복지부장관이 설치 주체인 중앙발달장애인지원센터 1개, 시 · 도지사 주체의 지역발달장애인지원센터 17개가 운영되고 있으며, 중앙 및 지역센터의 업무를 살펴보면 〈표 10–7〉과 같다(보건복지부, 2025a).

표 10–7 발달장애인지원센터의 업무

중앙발달장애인지원센터 (「발달장애인법」 제34조 제1항)	지역발달장애인지원센터 (「발달장애인법」 제34조 제2항)
• 발달장애인에 대한 연구수행 지원 • 발달장애인이 이용 가능한 복지정보 데이터베이스 구축 및 정보 제공 • 발달장애인가족 및 관련 서비스 종사자에 대한 지침 · 편람 마련 및 교육지원 • 발달장애인에 대한 인식개선 홍보 • 발달장애인 지원 프로그램 개발 • 지역발달장애인지원센터의 지원 • 제9조 제3항에 따른 후견인 후보자의 추천 • 발달장애인 권리침해의 모니터링 및 권리구제의 지원 • 발달장애인지원정보시스템의 구축 및 관리 · 운영(「발달장애인법」 제36조)	• 발달장애인에 대한 개인별 지원계획의 수립 • 발달장애인을 위한 복지지원 정보의 제공 및 연계 • 발달장애인가족 및 관련 서비스 종사자에 대한 교육지원 • 발달장애인에게 서비스를 제공하는 기관에 대한 정보의 축적 및 관리 • 발달장애 조기 발견과 발달장애인에 대한 인식개선을 위한 지역사회 홍보 • 발달장애인 및 그 가족에 대한 상담지원 • 제2조 제2호 라목에 따른 보호자에 대한 감독 • 제9조에 따라 선임된 후견인에 대한 감독지원 및 후견업무의 지원 • 제16조 및 제17조에 따른 현장조사 및 보호조치 등 발달장애인의 권리구제 지원

• 제34조 제2항에 따른 성인 발달장애인 주간활동서비스 및 청소년 발달장애학생 방과후활동 서비스 사업 지원 • 발달장애인 관련 자조모임, 사회적 경제기업 지원계획 수립 • 제29조의3에 따른 최중증발달장애인에 대한 통합돌봄 지원 • 그 밖에 보건복지부장관이 필요하다고 인정하는 사항	• 지역 내 발달장애인 서비스 제공 운영 업무 지원(「발달장애인법」 제35조) • 발달장애인지원정보시스템의 운영 업무 지원(「발달장애인법」 제36조) • 제34조 제2항에 따른 발달장애인 주간활동서비스 및 청소년 발달장애학생 방과후활동서비스 사업 지원 • 발달장애인 관련 자조모임, 사회적 경제기업 지원 • 발달장애인 및 그 가족에 대한 가족휴식 지원(「발달장애인법」 제32조) • 발달장애인 부모상담 지원 사업 지원(「발달장애인법」 제31조) • 발달장애인 긴급돌봄 사업 운영 지원 • 제29조의3에 따른 최중증발달장애인에 대한 통합돌봄 지원 • 그 밖에 보건복지부장관이 필요하다고 인정하는 사항

8. 장애인권익옹호기관

장애인은 신체적·정신적 장애로 인해 타인으로부터 학대를 당하기 쉬운 환경에 놓여 있다. 「2023 장애인학대 현황보고서」(보건복지부, 중앙장애인권익옹호기관, 2024)에 따르면, 학대 의심 사례로 신고된 경우는 2,969건으로 2018년 1,835건에서 매년 증가해 왔으며, 2022년 2,641건 대비 12.4% 증가하였다. 학대 행위자로는 지인 20.9%(297건), 사회복지시설 종사자 16.5%(234건), 부(父) 10.1%(143건), 모르는 사람 9.7%(138건), 배우자 7.1%(100건), 모(母) 6.5%(92건) 순으로 대다수가 주변 인물이었다.

학대 유형을 살펴보면 신체적 학대가 30.8%로 가장 많았으며, 그다음으로 정서적 학대 24.8%, 경제적 착취 23.9%, 성적 학대 14.1%, 방임 6.4%의 순으로 나타났다.

장애인권익옹호기관은 이러한 장애인학대를 예방하고, 피해장애인의 종합적인 지원을 위해 중앙 및 지역 장애인권익옹호기관을 설치하여 학대 피해장애인의 권익옹호 지원을 목적으로 설치된 시설이다(보건복지부, 2025c).

「장애인복지법」 제59조의10(장애인학대의 예방과 방지 의무), 제59조의11(장애인권익옹호기관의 설치 등), 제59조의12(사후관리 등)에 근거하여 국가는 장애인학대를 예방하기 위하여 중앙장애인권익옹호기관을 설치 · 운영하여야 하며, 학대받은 장애인을 신속히 발견 · 보호 · 치료하고 장애인학대를 예방하기 위하여 특별시 · 광역시 · 특별자치시 · 도 · 특별자치도에 두도록 하고 있다.

2025년 1월 기준 중앙장애인권익옹호기관 1개소, 지역장애인권익옹호기관은

표 10-8 장애인권익옹호기관의 주요 업무

중앙장애인권익옹호기관 (「장애인복지법」 제59조의11 제1항)	지역장애인권익옹호기관 (「장애인복지법」 제59조의11 제2항)
• 지역장애인권익옹호기관에 대한 지원 • 장애인학대 예방 관련 연구 및 실태조사 • 장애인학대 예방 관련 프로그램의 개발 · 보급 • 장애인학대 예방 관련 교육 및 홍보 • 장애인학대 예방 관련 전문인력의 양성 및 능력개발 • 관계 기관 · 법인 · 단체 · 시설 간 협력체계의 구축 및 교류 • 장애인학대 예방 관련 정책의 개발 • 장애인학대 신고접수 및 관리를 위한 전산시스템의 구축 및 운영 • 장애인학대 관련 통계의 생산 및 제공 • 장애인권익옹호에 관한 국제 교류	• 장애인학대의 신고접수, 현장조사 및 응급보호 • 피해장애인과 그 가족, 장애인학대 행위자에 대한 상담 및 사후관리 • 장애인학대 예방 관련 교육 및 홍보 • 장애인학대사례판정위원회 설치 · 운영 • 피해장애인의 보호 및 피해 회복 • 관계기관 · 법인 · 단체 · 시설 간 협력체계의 구축 및 교류 • 장애인학대 사건 조사 현황 및 결과 등에 관한 정보제공 요청 등 중앙장애인권익옹호기관의 요청에 따른 업무 • 장애인학대 신고 · 현장조사 · 응급조치 현황 및 처리 결과 보고 • 장애인학대사례판정위원회 구성, 회의 개최 현황 및 결과 보고 • 월별 실적, 주요 활동(홍보, 교육 등), 주요 학대사례 보고 • 사업계획서 공유, 기타 요청에 따른 업무

출처: 보건복지부(2025c).

19개소가 운영 중이며, 경기도의 경우 경기남부지역과 경기북부지역을 담당하는 2개의 장애인권익옹호기관을, 충청북도의 경우도 충북장애인권익옹호기관과 충북북부장애인권익옹호기관 2개소를 설치 · 운영하고 있다. 이들 기관의 장애인학대 사례지원 체계는 [그림 10-2]와 같다.

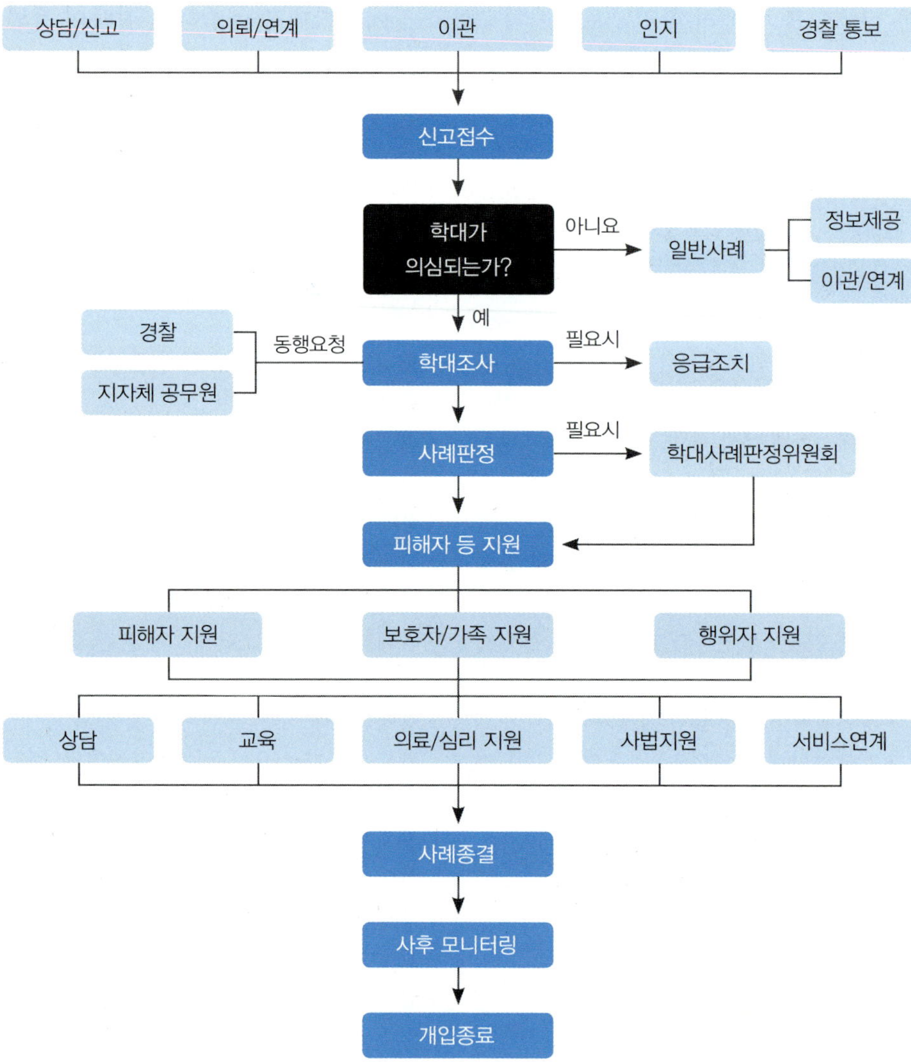

[그림 10-2] 장애인학대 사례지원 체계도

출처: 보건복지부(2025c).

☞ 보건복지부와 중앙장애인권익옹호기관에서 발행하는
연차별 「장애인학대 현황보고서」를 탐색하여 주요 실태와 동향을 파악해 봅시다.

요약

1. 장애인 거주시설

거주공간을 활용하여 일반 가정에서 생활하기 어려운 장애인에게 일정 기간 동안 거주 · 요양 · 지원 등의 서비스를 제공하는 동시에 지역사회생활을 지원하는 시설

2. 장애인 지역사회재활시설

장애인을 전문적으로 상담치료 · 훈련하거나 장애인의 일상생활, 여가활동 및 사회참여활동 등을 지원하는 시설로서 장애인복지관, 장애인 자립생활지원시설, 장애인 주간이용시설, 장애인 체육시설, 장애인 수련시설, 시각장애인 등 생활지원센터, 수어통역센터, 점자도서관, 점자도서 및 녹음서 출판시설, 장애인 재활치료시설 등이 포함

3. 장애인 직업재활시설

장애인의 직업 능력을 개발하고 취업 기회를 확대하는 목적으로 장애인 보호작업장, 근로사업장, 직업훈련시설로 구분하여 서비스 제공

4. 장애인 의료재활시설

장애인을 입원 또는 통원하게 하여 상담, 진단 · 판정, 치료 등 의료재활서비스를 제공하는 시설

5. 장애인 생산품 판매시설

장애인 직업재활시설이 생산하는 장애인 생산품 및 서비스의 판매 촉진과 마케팅 지원을 목적으로 설치

6. 장애인자립생활지원센터

장애인에게 자립생활 지원을 제공하는 기능과 역할을 충실히 수행하기 위하여 권익옹호, 동료상담, 개인별 자립지원, 거주시설 장애인 탈시설 자립지원 등 기본사업과 지역사회 서비스 지원이라는 선택사업 수행

7. 발달장애인지원센터

발달장애인의 적절한 발달과 원활한 사회통합 촉진 및 그 가족을 지원하기 위한 통합적 서비스 제공 시설

8. 장애인권익옹호기관

장애인학대를 사전에 예방하고, 학대 피해장애인의 사후지원을 통한 권익옹호 강화 목적의 전문기관

Issues & Discussions

1. 「장애인복지법」을 비롯한 장애인 관계 법령에서 규정하는 장애인복지시설의 종류를 파악하고 각 시설의 정의를 설명하시오.
2. 장애인 거주시설과 최근의 탈시설화 이슈에 대한 입장을 정리하고 논의하시오.
3. 장애인 지역사회재활시설의 목적과 시설 유형을 파악하고, 그 필요성을 설명하시오.
4. 장애인 직업재활시설의 유형별 특성과 방향성을 설명하시오.
5. 장애인 의료재활시설의 현황과 문제점을 파악하여 대안을 논의하시오.
6. 장애인 생산품 판매시설의 설치 목적과 주요 수행 활동, 우선구매제도의 취지에 대해 설명하시오.
7. 장애인자립생활센터의 필요성과 주요 사업을 설명하시오.
8. 발달장애인지원센터의 설치 배경과 기능 및 목적을 설명하시오.
9. 장애인권익옹호기관의 설치 배경과 기능 및 목적을 설명하시오.

Workshop

- **주제**: 우리 동네 장애인복지 현장의 이해
- **개요**: 장애인복지론 수업에서 배운 장애인복지시설 및 기관에 대한 이론적 지식을 우리가 살고 있는 지역사회 실제 현장 상황에 적용하고, 참여 학생들이 장애인 당사자의 관점에서 복지 서비스를 이해하며, 미래 복지 전문가로서 필요한 실천적 역량을 함양할 수 있는 체험형 교육 프로그램
- **목표**: 이론 지식의 현장 사례 적용 능력 배양, 다양한 장애인복지시설 및 기관의 기능과 역할 심층 이해, 장애인 당사자 및 시설 종사자의 입장 이해와 공감 능력 함양
- **프로그램(안)**

구분	시간(분)	주제	활동내용
1교시	30	아이스브레이킹 & 현장 워밍업	• 학생들이 편안하게 서로 알아 가고, 워크숍에 대한 기대감을 높이며, 지난 수업 내용을 가볍게 상기시켜요.
			• "내가 생각하는 최고의 장애인복지시설은?" • "퀴즈! 복지시설 유형 맞추기" 등
2교시	90	사례로 배우는 현장 속으로!	• 실제 장애인복지 현장 사례를 분석하고, 문제 해결 방안을 모색하며 실무 역량을 키워요.
			• 현장전문가 인터뷰, 그룹 토론, 발표 및 피드백
3교시	60	역할극으로 체험하는 공감의 시간	• 장애인 당사자, 가족, 시설 종사자 등 다양한 입장이 되어 보면서 서로의 어려움과 요구사항을 이해하고 공감 능력을 키워요.
			• 역할극 진행 및 감정 공유(대본 작성하기 등 포함)
4교시	60	우리가 꿈꾸는 복지 현장	• 워크숍을 통해 배운 내용을 정리하고, 미래의 장애인복지 현장에 대한 자신만의 비전을 그려 보는 시간이에요.
			• "우리가 만들고 싶은 이상적인 장애인복지시설/기관" 발표, 자유 토론 및 네트워킹

- **지도를 위한 팁!**
  - 편안한 분위기 조성: 자유롭게 질문하고 자신의 의견을 나눌 수 있는 안정적 분위기
  - 적극적 경청과 공감: 눈을 맞추며 경청하고, 그들의 의견에 공감해 주는 리액션
  - 다양한 자료 활용: 딱딱한 자료보다는 사진, 짧은 영상, 뉴스 기사 등을 활용
  - 구체적인 피드백 제공: 단순한 칭찬보다는 “○○ 사례에서 ○○한 해결책 제시” 등 구체화
  - 질문으로 생각 유도: “만약 이런 상황이라면 어떻게” “이 문제의 근본적 원인은?” 등
  - 경험 공유의 장 마련: 장애인복지 실습이나 봉사활동 경험 학생의 체험담 공유 등
  - 긍정적 마무리: 참여자의 경험의 가치, 향후 장애인복지 분야에서의 역할 기대 등

PART 03

장애인복지 현장의 핵심 이슈와 과제

11 장애인복지 핵심 이슈 1

이 장에서는 장애인복지의 핵심 이슈를 다룬다. 이 이슈들은 장애인이 인간으로서의 존엄성과 사회 구성원으로 살아가는 데 있어서 기본적 권리보장에 저해를 가져오는 본질적 문제에서부터 급속한 산업화와 기술 고도화에 따른 생활양식의 변화나 미래 적응에 관련한 문제의식에 이르기까지 다양하다. 그러나 이 같은 본질적 또는 새로이 부상한 이슈 다수가 법 · 제도적, 사회경제적, 사회인식 및 문화적 측면 등 우리 사회 전반에서 충분히 고려되지 못하는 현실과 마주하고 있으며, 최근의 장애인복지 분야는 그만큼 적극적인 대응 방안을 요구하고 있다.

이러한 맥락에서 이 장에서는 먼저 장애와 고령화 문제를 다루고자 한다. 장애인 고령화 문제는 우리 사회에서 직면하고 있는 급격한 인구 고령화 추세보다 더 빠르게 진행되고 있음에도 정책적 접근이 미처 따라가지 못하는 주요한 이슈이다. 이어서 인간의 기본적 삶의 권리이자 수단이며, 법적 권리로서도 보장되어야 할 중요한 가치인 장애인의 성적 자기결정권과 모 · 부성권을 다룬다. 또한 장애인을 사회의 일원으로 인정하고 그들의 삶의 질 향상을 위한 중요한 권리로서 장애인의 문화 · 여가 활동에 관하여 학습하고, 마지막으로 4차 산업혁명으로 대표되는 첨단 과학기술의 발전과 장애인의 삶을 어떻게 조화시킬 수 있을지에 대한 이슈를 다루고자 한다.

학습목표

1. 최근 장애인복지 현장의 변화 흐름과 핵심 이슈들을 파악할 수 있다.
2. 우리 사회 인구고령화 추세와 '장애와 고령화' 이슈를 비교하여 논의할 수 있다.
3. 장애인의 성적 자기결정권을 이해하고, 관련한 국제적 이슈를 파악할 수 있다.
4. 장애인의 모 · 부성권의 개념을 이해하고, 현실의 한계를 설명할 수 있다.
5. 장애인의 문화 · 여가 활동이 삶의 질에 미치는 영향을 설명하고 참여 확대 방안을 제시할 수 있다.
6. 4차 산업혁명과 장애인복지에 대한 세부적 이슈들을 파악하고, 기술의 발달이 장애인의 삶에 미치는 영향을 토론할 수 있다.

키워드

장애와 고령화/장애와 성/장애인의 결혼과 모 · 부성권/장애인의 문화 · 여가 활동/장애인과 4차 산업혁명

1. 장애와 고령화

우리는 일반적으로 노화와 장애를 별개의 현상으로 생각하기 쉽다. 그러나 현대사회에서는 점점 더 많은 사람이 '장애를 가진 채로 고령에 이르거나' '노화로 인해 새로운 장애를 경험하는' 복합적인 삶의 경로를 밟고 있다. 특히 선천적 또는 청장년기부터 장애를 가지고 살아온 장애인이 고령화되는 현상은 단지 나이가 들어 가는 과정 그 이상을 의미한다.

장애인의 고령화는 단순하게 나이가 많아짐으로 인한 노화의 의미가 아니라, 이들이 경험하는 건강 문제, 기능 저하, 돌봄 욕구, 소득보장, 사회적 고립 등의 문제들이 더욱 복합적이고 중첩되어 나타나는 것을 의미한다. 이는 장애인의 삶의 질에 큰 영향을 미치며, 동시에 기존의 노인복지와 장애인복지 체계가 이들을 충분히 포괄하고 있는지에 대한 비판적 검토를 요구한다.

예를 들어, 65세가 된 지체장애인의 경우 단지 '노인'으로서의 노화 문제뿐만 아니라, 기존의 장애로 인한 신체적 제한이 더 심화될 수 있다. 청각장애인이 고령화되면, 청각 손실이 심해지고 인지기능 저하로 의사소통이 더욱 어려워질 수 있다. 이러한 상황은 단지 '장애인의 노화'가 아니라, '장애 상태에서 경험하는 고령화'로 이해되어야 한다.

따라서 장애인복지에서의 고령화는 단순히 고령 장애인의 수가 증가한다는 통계적 현상을 넘어 서비스 체계 전반의 변화와 통합적 접근을 요구하는 복지정책의 중요한 이슈이다. 특히 이 주제는 초고령사회로 진입하고 있는 한국 사회에서 점점 더 중요한 이슈가 되고 있으며, 앞으로의 장애인복지는 고령화된 장애인의 다양한 삶의 조건을 반영한 맞춤형 정책 설계와 실천 전략을 요구받고 있다.

1) 고령화 개념과 특성

고령장애인에 대한 개념을 정의하기 위해서는 장애노인에 대한 이해와 정의가 먼저 이루어져야 한다. 표준국어대사전에서 정의하는 고령(高齡)은 "늙은이로서 썩 많은 나이. 또는 그런 나이가 된 사람"을 의미한다. 이러한 정의는 인간의 생애 과정에서 자연스러운 노화의 과정을 전제하는 것으로 장애와 고령화의 두 가지 이슈를 가진 장애인에게는 단편적인 정의라 할 수 있다. 왜냐하면 생애주기의 시작을 장애와 함께하는 사람과 삶의 과정에서 장애가 동반된 사람은 욕구와 특성이 매우 다르기 때문이다.

일반적으로 '고령장애인'은 '나이가 많은 장애인' 내지는 '연령대가 높은 장애인'으로 간주된다. 표현상 고령장애인과 함께 '장애노인'이라는 용어도 자주 사용되는데, 이는 나이를 기준으로 하는 고령장애인과 달리 '장애를 가진 노인'이라는 의미에서 장애가 부각된 것으로 이해할 수 있다. 고령장애인 또는 장애노인에 대해서는 현재, 법・제도적 차원에서 통용되는 연령 기준은 없으며, 일반적으로 노인 관련 법률들의 각 입법 취지 등에 따라 대상 연령을 50세부터 65세까지 적용함으로써 각종 사회・정책적 권리를 규정하는 데 머물고 있다.

그러나 동일한 연령 집단에 속했다는 이유로 동일한 고령장애인이라 정의하는 데에는 한계가 있다. 왜냐하면 '장애'와 '노화'라는 두 가지 특성을 동시에 가지고 있지만, 장애 발생 시기에 따라 욕구와 특성에 차이가 있기 때문이다. 이에 국립재활원에서는 고령장애인을 '고령화된 장애인(Disability with Aging with Disability)'과 '노인성 장애인(Disability with Disability with Aging)'으로 구분한다. 즉, 고령장애인의 경우 연령 기준과 함께 장애 발생 시기와 장애 기간에 따른 이질성도 중요한 고려사항으로, 이들이 갖는 장애와 노화의 이중경험 차원에서 장애경험에 초점을 둔 'Aging with Disability'와 노화 경험에 초점을 둔 'Disability with Aging'의 공통성과 차별성에 주목할 필요가 있다는 것이다(노승현 외, 2024).

이와 같이 고령장애인은 '장애'와 '노화'를 공통적으로 경험하여 건강, 가족지원, 고용, 지역사회 참여 등에 직면하지만 '노인성 장애'와 '장애인의 고령화'라는 다른 특징과 욕구를 가진다. 예를 들면, 신체적・정신적 장애가 있는 고령화된 장애인은 장애 발생 이후 15~20년 이상이 되면 조기노화를 경험하게 되며, 기존에 가지고 있던 장애와 함께 이차적 장애(secondary condition)를 함께 경험하게 된다.

표 11-1 고령장애인의 장애 발생 시기에 따른 정의 구분과 특징

구분	고령화된 장애인 (Aging with Disabilities)	노인성 장애인 (Disability with Aging)
장애 발생 시기 및 특징	• 선천 또는 후천적으로 노년기 이전에 장애가 발생하였고, 일정 기간(10~20년) 동안 장애인으로 살다가 노년기를 맞이한 경우	• 노년기 이전에는 비장애인으로 살다가 노화로 인해 노인성질환(치매, 중풍, 관절염, 시력 및 청력 감퇴 등)이 발생하여 장애인으로 등록한 경우
장애 정체성	• 장애 보유기간이 높을수록 비교적 높음	• 장애 보유기간이 짧아 비교적 낮음 • 장애보다 환자의 정체성이 높음
서비스 욕구	• 장애인복지서비스를 우선적으로 받기 원하며, 지역사회의 참여와 활동을 원함 • 노인복지서비스 등에서 장애 특성이 고려되지 않아 차별과 배제를 겪는다고 생각함	• 신체적 건강 회복을 위한 의료서비스 중심에 집중되어 있음 • 장애인복지서비스보다 노인복지서비스 내에 포괄되기를 원하기도 함

출처: 조윤화 외(2023).

이렇듯 고령화된 장애인과 노인성 장애인의 욕구와 특징은 차이가 있다.

한편, 장애계에서는 연령과 관계없이 장애로 인한 노화를 좀 더 이르게 정의해야 한다고 주장한다. 즉, 발달장애인의 경우 일반인에 비해 15~20년 노화를 빠르게 경험하는 조기노화(premature aging)를 경험한다는 보고가 있으며, 고령화된 장애노인의 경우 조기노화와 함께 기본 장애에 더하여 새롭게 발생하는 건강상 쇠퇴 등 이차적 장애(secondary condition)를 경험한다는 보고도 있어, 고령장애인의 개념 정의는 일률적인 연령 기준 적용보다는 개인의 지각, 사회적 역할 상실, 기능적 연령 등 다차원적인 특성을 반영한 정의가 필요할 것이다(김형수, 1996; 노승현 외, 2024; 황주희 외, 2014 등).

2) 장애 인구의 고령화 실태와 복지 욕구

우리나라 전체 인구의 급속한 고령화와 평균수명의 증가 등에 의한 인구사회학

적 변화, 그리고 그에 따른 사회 정책적 대응 모색이 어느 때보다도 다양하게 시도되는 가운데, 장애 인구는 일반 사회의 고령화 추세를 훨씬 뛰어넘는 수준의 심각성을 보이고 있다. 실제로 한국장애인개발원의 「통계로 보는 장애 인구」(2022. 8. 14. 보도자료)에 따르면, 2021년 기준 만 65세 이상 등록장애인 비율은 지속적인 증가세를 보여, 2010년 37.1%에서 2015년 42.3%, 2022년도에는 전체 등록장애인 수의 과반이 넘는 52.8%를 차지하고 있으며, 동 기관의 「2024 장애통계연보」(한국장애인개발원, 2024)에 따른 비율은 2023년 기준 53.9%로 나타났다.

장애유형별 고령화율은 2023년 말 기준 청각장애인이 80.7%로 가장 높았고 뇌병변장애인 58.0%, 지체장애인 56.1%, 시각장애인 55.0% 등의 순으로 높게 나타났다. 여기에는 기존 장애 인구의 고령화뿐 아니라 일반 노인 인구의 만성질환 등에 따른 장애 편입이 함께 반영되고 있다. 즉, 노화와 장애로 인한 복합적 현상으로 복지 사각지대도 발생하고 있다는 것이다.

앞서 살펴본 바와 같이 고령장애인의 장애 발생 시기에 따라 서비스 욕구에도 차이가 존재한다. 장애인으로 살다가 노년기를 맞는 고령화된 장애인의 경우 장

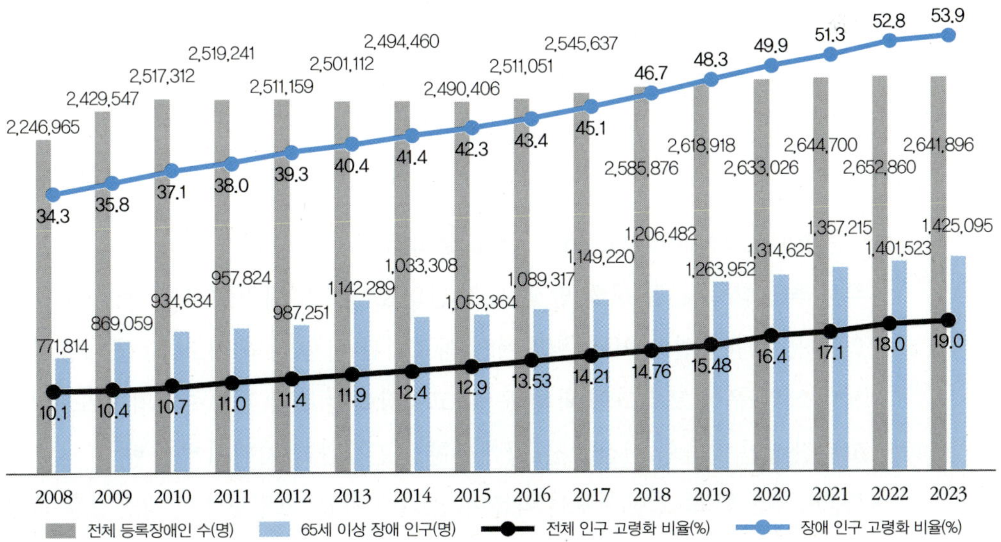

[그림 11-1] 전체 인구 대비 장애인 고령화 수준

출처: 한국장애인개발원(2024).

애인복지서비스를 우선으로 받기를 원하면서 지역사회의 참여와 활동 욕구가 크지만, 비장애인으로 살다가 노화로 인해 장애인으로 등록한 장애인의 경우 신체적 건강 회복에 대한 욕구가 크게 나타난다(조윤화 외, 2023).

그러나 이 상황을 고려한 정책적 지원은 장애인정책과 노인정책 모두에서 충분하지 않다는 지적이 많다. 그만큼 인구 고령화와 '장애 인지적' 관점의 복지 변화와 도전이 요구되고 있다는 것이다. 따라서 고령장애인의 복지 욕구는 인간발달의 전 과정에서 요구되는 공통적 요소와 노년기 생애주기 특성이 반영된 차별적 요소의 조화가 필요하다. 대표적으로 기초생계나 의료보장을 기초로 하여 일상 및 주거 안정, 경제적 · 심리정서적 지원 차원의 맞춤형 서비스 제공을 비롯해서 부양가족 부담 경감 방안, 보장구 지원을 포함한 보조공학 차원의 기술적 접근, 평생학습 여건 조성, 자립생활 유지를 위한 다양한 사회적 지지와 자원 연계에 이르기까지 다양한 욕구의 반영이 필요하다.

3) 고령장애인 정책지원 방향

노승현(2024)은 고령장애인 관련 기존 정책보고서들을 분석하여 고령장애인 지원을 위한 정책의 세 가지 차원과 그 하위의 우선 및 중장기 추진 항목들을 도출한 바 있는데, 주요 내용을 정리하면 다음과 같다.

(1) 건강한 노후(Healthy Aging): 건강 및 의료

- 우선 추진 항목: 긴급 상황 발생 시 보건의료서비스 지원체계 구축, 고령장애인 전문 요양병원 설치, 고령장애인 의료기관 이용 장벽 해소, 고령 재활치료 서비스 및 운동 프로그램 확대 운영, 고령장애인 전담 건강주치의 제도 운영, 고령장애인 맞춤형 건강검진, 장애유형별 건강관리 지원체계 마련
- 중장기 추진 항목: 고령장애인 의료비(진료비) 지원, 고령장애인 정신건강 증진 서비스 지원책 마련

(2) 활기찬 노후(Active Aging): 소득보장, 문화 · 여가 및 사회참여, 장애인가족 지원, 고용 및 일자리

- 우선 추진 항목: 고령장애인 소득보장 사각지대 해소, 고령 발달장애인 낮 활동 및 고령장애인 문화 · 여가 프로그램/편의시설 및 이동교통수단 확충, 고령장애인에 대한 휴식지원
- 중장기 추진 항목: 고령장애인 의사소통 지원, 고령장애인가족기능 강화 및 사회 · 정서적 지원, 고령장애인 특성을 고려한 직업 능력 향상 지원

(3) 친숙한 환경에서 노후(Aging In Place): 주거, 돌봄 및 요양, 서비스 연계 및 통합, 노후준비

- 우선 추진 항목: 고령장애인 주거지원서비스 제공, 맞춤형 지원주택 마련, 주택개조 지원 확대, 활동지원서비스 · 장기요양제도 상호 보완성 강화, 1인 독거 고령장애인을 위한 스마트 기술 기반 생활안전 대응 체계 마련, 고령장애인 긴급 단기 돌봄 서비스, 고령장애인 맞춤형 도우미 서비스 확대, 고령장애인 전문 요양시설 설치, 고령장애인을 위한 종사자 교육훈련 및 매뉴얼 개발, 고령장애인 통합서비스 전달체계 구축, 보건의료 분야와의 다학제 간 연구 활성화
- 중장기 추진 항목: 고령장애인 특별공급/공공임대주택 입주 기회 확대, 중고령 발달장애인 노년기 전환서비스 및 미래계획 수립 지원, 중고령 장애인 성년후견제도 활성화, 중고령 장애인 노후준비를 위한 법적 근거 및 지역별 추진 체계 마련, 당사자 및 보호자의 생의 마지막 수용 및 준비

2. 장애와 성

인간은 누구나 남성 혹은 여성이라는 성(性)을 지니고 태어났으며, 장애인 혹은 비장애인이라는 구분을 떠나서 성에 대한 욕구는 인간의 기본적인 욕구이며 권리

인 동시에 인간관계의 결정이라고 할 수 있다. 즉, 성적 표현은 사람과 사람 사이의 관계를 맺어 주는 의사소통 방법이므로 장애인이든 비장애인이든 자유로운 인간관계를 맺을 수 있는 동등한 기회를 부여받아야 한다(정무성 외, 2006).

그러나 장애인이 성적 존재로서 권리와 책임을 이행하기에는 우리 사회에서 많은 어려움이 존재하며, 그것은 성적 억압으로 나타나거나 성차별주의로 인한 희생이 되어 왔다. 성적 억압에는 여성 장애인이 월경을 할 경우 부모나 주위로부터 성적 존재로서 인정을 받지 못하거나 임신 · 출산 · 육아에 대한 자기결정권을 주위에서 행사하지 못하게 하는 것도 해당한다(이상도, 김대원, 2008). 성차별주의란 '남성 위주의 사회문화적 풍토에서 남성이 여성을 수준이나 능력, 가치 등이 더 낮은 존재로 여기는 것'을 말한다. 이러한 성차별주의는 시간이 흐름에 따라 점차 완화되는 경향으로 나타났고, 전반적으로 20세기 후반에 들어서부터는 남녀평등, 인권, 언론자유 등 여러 가지 사회적 변화로 성에 대한 억압적 태도가 수그러지면서 남녀의 능력이나 역할 등 제반 특성의 구분 등도 재조명되고 있다(윤가현, 2006).

이렇듯 인간사회에서 성차별주의가 점차 완화되어 왔음에도 장애인에 대한 성차별은 여전히 나타나고 있으며, 대부분의 사람은 장애인에게는 성적 쾌락을 향유할 수 있는 권리가 없는 존재로 생각하기 쉽다. 특히 여성 장애인의 경우는 여성으로서의 차별과 장애인으로서의 차별을 동시에 받고 있는 것으로 알려져 있으며, 남성장애인에 비해 성과 관련된 문제들에서 많은 어려움을 겪고 있을 가능성이 높다.

1) 성적 자기결정권

성적 자기결정권이라 함은 자신의 의지와 판단에 따라 자율적이고 책임감 있게 성적 의사결정을 할 권리로서, 개인에게 부여된 성 관련 행복추구권으로 볼 수 있다. 이것은 적극적으로는 자신이 원하는 성생활을 스스로 결정하는 것이고, 소극적으로는 원하지 않은 성행위를 거부할 수 있는 권리를 포함한다. 즉, 성적 자기결정권은 한 개인이 자신의 성 정체성과 관련하여 자유롭게 선택하고 결정하는 자율적인 주체라는 것을 인정하는 법적 · 권리적 표현이라 할 수 있다(우주형 외, 2022).

현행법상 장애인의 성적 자기결정권의 근거로서는 「헌법」 제10조(인간으로서의 존엄과 가치, 행복을 추구할 권리), 제34조(인간다운 생활을 할 권리), 제36조(혼인과 가족생활) 등에 명시되어 있으며, 「장애인차별금지법」 제7조 자기결정권 및 선택권, 제28조 모 · 부성권의 차별금지, 제29조 성에서의 차별금지 등의 규정이 있다. 또한 「UN장애인권리협약」 제23조 제1항 가호는 결혼 적령기에 있는 모든 장애인은 장래 배우자의 자유롭고 완전한 동의 아래 결혼을 하고 가정을 이룰 수 있는 권리가 인정된다고 규정하고 있다.

이렇듯 장애인에게도 성적 자기결정권이 절대적으로 보장되어야 하는 권리임에도 장애인의 성행동, 성적 자기결정권에 합당한 권리를 보장받지 못하고 있는 것이 현실이다. 특히 발달장애인의 경우는 더욱 그러하다.

2) 발달장애인과 성

김진우 등(2014)은 발달장애인의 성적 표현, 발달장애인이 자녀를 양육할 권리 등은 모두에게 보통의 삶(ordinary life)의 구성요소임에도 불구하고 정책 및 현장에서는 어려운 문제로 여기고 있는데, 그 이유를 다음과 같이 제시하고 있다.

첫째, 성(sexuality)이 내포하고 있는 다양한 개념을 고려하지 않고, 성적 표현 및 개인적 관계로만 해석함으로써 나타나는 문제이다. WHO(2006)에 따르면, 성은 모든 사람의 인격을 구성하는 요인으로, 성적 표현, 재생산, 성에 관련된 정보 접근, 아이를 낳고, 양육하는 등의 다양한 내용을 포함한다. 사람들의 성과 개인적 관계의 즐거움의 핵심적 측면으로 '부모될 기회와 가능성'이 있음에도 불구하고, 성의 개인적 관계만을 중요시하다 보면 이러한 면의 중요성을 놓칠 수 있다는 것이다(AAIDD, 2012). 따라서 발달장애인의 성은 보통의 삶을 추구하는 것으로서, 남녀의 개인적 본능에서 타인과 관계를 맺어 가는 일련의 인간관계 과정으로 바라봐야 한다.

둘째, 서비스 공급주체들의 '발달장애인의 성'에 관련된 서비스 및 정책에 대한 가치판단적 측면이다. 이는 전술한 발달장애인의 성의 개념의 왜곡된 해석에 대한 사회 · 문화적 기류를 반영한다. 즉, 발달장애인의 성 및 부모됨에 대한 영역은 사적인 영역으로 전문가적 개입의 적절한 주제가 아니며, 정책과 전문가 실천 영역의 범위 바깥에 있다고 판단함으로써 개입을 꺼리는 것이다. 그러나 오크스와 데이비스(Oakes & Davies, 2012)는 이러한 입장이 옹호될 수 없는 이유를 두 가지로 제시하고 있다. 첫째, 발달장애인은 발달장애의 특성상 생애 전 부분에서 지원이 필요하다는 것이다. 즉, 사람을 만나고, 친밀한 관계를 유지하고 발전시키는 데 적절한 지원이 필요함을 의미한다. 둘째, 발달장애인이 충족할 만한 인간관계가 없을 경우에는 개인적 · 감정적 · 정신적 차별의 위험에 노출될 확률이 높다는 것이다. 발달장애인의 이러한 위험과 고통을 예방하고 권익을 옹호하기 위해 전문가 및 지원자들이 함께 실천적 방법을 찾아야 함을 뜻한다.

3. 장애인의 결혼과 모 · 부성권

장애인도 비장애인과 마찬가지로 성인이 되면 자기결정과 선택에 따라, 때로는 의사결정 지원을 통해서 지역사회에서 연애와 결혼을 할 수 있고 가족을 이루며 가정생활을 영위한다. 이 과정에서 자녀의 임신과 출산, 양육 등 부모로서의 정체성과 역할을 다하고 정서적 · 사회적으로 삶의 만족을 경험하면서 일반적인 생활을 할 수 있다.

이 장에서는 장애인의 결혼 관련 현황과 모 · 부성권 실태를 「2023년 장애인실태조사」(보건복지부, 2024a) 결과를 중심으로 살펴봄으로써 장애인복지의 대상과 기능확장 및 장애인가족의 이해도를 높이고자 한다.

1) 장애인의 결혼 관련 현황

- 현재 결혼상태 및 연령대: '유배우자' 51.8%, '사별' 20.7%, '미혼' 17%, '이혼' 9.7%, '별거' 0.8% 순으로 나타났으며, 미혼의 경우는 지적장애(82.4%), 정신장애(63.0%), 뇌전증장애(42.3%)에서 높게 나타났으며, 자폐성장애의 경우는 100% 미혼이었다. 결혼 연령대는 73.1%는 '만 20~29세' '만 30~39세' 17.8%, '만 10~19세' 6.4%, '만 40~49세' 1.8%, '만 50세 이상' 0.8% 순이었다.
- 결혼을 하지 않은 장애인의 주된 이유: '건강 · 장애 문제'가 43.3%로 가장 높았고, '결혼 생각이 없어서' 16.2%, '이성을 만날 기회가 없어서' 12.8%, '아직 결혼하기 이른 나이여서' 10.9%, '결혼 준비의 경제적 부담' 5.8% 순으로 나타났다. 결혼은 배우자라는 가장 가까운 사회적 · 정서적 지지체계를 만들 수 있는 방안이 될 수 있으므로 결혼 의사가 있음에도 결혼을 하지 못하는 장애인에게 만남의 기회를 제공하는 등 다양한 지원방안을 적극적으로 모색할 필요가 있다.
- 향후 동거를 포함한 결혼 의향: 이 질문에 대해 '아니요' 72.2%, '예' 27.8%로 미혼자 3명 중 1명은 결혼할 의사가 있음을 확인할 수 있다. 결혼 의사가 있는 장애인들을 위해서 만남의 기회를 제공하거나 결혼을 제약하는 요소들을 개선할 수 있는 방안들을 보다 적극적으로 마련할 필요가 있다.
- 현재 자녀가 있는지에 대해 95.6%가 있다고 응답하였으며, 5.1%는 없는 것으로 파악되었다. 장애유형별로는 지적장애, 정신장애, 뇌전증장애에서 자녀가 없다는 비율이 상대적으로 높았다. 자녀의 수는 2명(43.8%), 3명(21.9%), 1명(14.7%), 4명(11.1%) 순으로 나타났다.

2) 장애인의 모·부성권 실태와 사회적 인식

우리 사회에 만연했던 장애인에 대한 각종 차별은 모 · 부성의 주체로서 장애인의 지위마저도 인정하지 않은 결과로 나타나기도 하였다. 이는 장애에 대한 사회적 모델 관점에서 볼 때 신체적 · 인지적 · 정신적 장애를 이유로 장애인의 모 · 부성권을 제한하는 사회의 미성숙한 태도로 설명할 수 있다.

장애인의 모・부성권은 장애여성의 모성권에 대한 이해로부터 시작하여 장애여성의 모성권 보장 운동을 통해 실현되고 있다. 우리나라는 「장애인차별금지법」 제28조에 장애인의 모・부성권에 있어 장애를 이유로 차별금지를 명시하여 이 권리를 법적으로 인정하며, 장애인의 임신・출산・양육에 대한 국가와 지방자치단체 지원책을 마련할 것을 명문화하고 있다.

장애인의 모・부성권의 범주는 크게 임신 및 피임을 선택할 수 있는 권리, 합법적 낙태 등의 임신 중단 및 선택의 권리, 임신 및 출산의 건강권, 친권 및 육아 권리로 나누어 볼 수 있다(김채윤, 2016). 특히 여성이자 장애가 있다는 이유로 이중고를 겪고 있는 여성 장애인은 장애를 이유로 양육권 침해, 산전・후조리 차별, 낙태 등을 강요당하는데, 그중에서도 장애를 이유로 양육권을 침해당하는 경우가 두드러진다. 이는 주로 장애가 있다는 이유로 이혼을 요구당하고 양육권 포기를 요구당하는데, 이것이 소송으로 이어질 경우에 재판과정에서도 장애를 가져 경제력이 없다는 이유로 양육권은 대체적으로 장애가 없는 남편이 갖게 되는 경우를 말한다. 이는 장애가 있는 상태로 결혼을 하는 경우에도 종종 나타나지만, 결혼 후 장애를 갖는 경우에 더 많이 나타난다. 또한 장애가 있다는 사실을 알고서 결혼 혹은 연애를 하는 동안 임신을 하게 되면 유전 등의 이유로 낙태를 강요당하는 등 심각한 모성권 침해가 발생하기도 한다(우주형 외, 2022).

「2023년 장애인실태조사」에 따르면, 임신경험이 있는 여성 장애인이 임신 기간에 힘들었던 점에 대해 '어려움 없었음' 28.7%를 제외하고는 '자녀가 장애를 가질까 봐 두려워서' 15.1%, '자녀를 양육할 수 있을지 두려워서' 14.6%, '출산과정에 대한 두려움' 7.4%, '집안일 하기가 힘들어서' 6.4%, '임신・출산 관련 정보 부족' 5.5% 등의 순으로 응답하였다. 이를 통해 여성 장애인은 자녀가 장애를 가질까 봐 두려워하고, 자녀 양육에 대한 두려움 등을 갖게 되는 것을 알 수 있다. 만 49세 이하의 임신경험이 있는 여성 장애인 중에 24.7%가 유산경험이 있는 것으로 나타났으며, 유산경험이 있는 여성 장애인 중 인공유산경험이 있는 경우는 50.8%에 달했다. 인공유산의 이유는 '태아 이상' 30.8%, '자녀를 원치 않음' 20.7%, '자궁 외

임신' 16.9%, '기타' 11.4%, '남편, 가족, 후견인의 반대로' 9.1%, '혼전 임신' 5.9%, '본인의 장애 때문에' 5.2% 순이었다.

조사 결과를 통해 나타난 것처럼 유산경험이 있는 여성 장애인 중 절반 이상이 인공유산경험이 있다는 점과 그 원인에 주목할 필요가 있다. 인공유산이 여성 장애인의 건강에 미치는 부정적 영향을 고려할 때 이에 대한 다각적인 대책 마련이 필요하다.

또한 여성 장애인에게 가장 필요한 서비스가 무엇인지 질문한 결과, '활동지원사, 가사도우미 등 일상생활 지원서비스'가 38.0%로 가장 높았고, 그다음으로 '자녀양육지원서비스' 20.9%, '직업훈련 및 취업지원' 7.0%, '건강관리 프로그램' 5.9%, '출산비용 지원' 4.9%, '여성 장애인 임신 · 출산 전문병원' 4.9% 등의 순으로 나타났다.

여성 장애인으로서 특히 어려웠던 점으로는 '취업 등 경제적 자립 어려움' 32.2%, '자녀 양육의 어려움' 12.4%, '사회화 기회의 부족' 11.6%, '친구 등 동료 교제의 어려움' 9.8%, '사회의 편견과 무시, 이중차별' 7.9%, '교육 기회 부족' 5.2% 등의 순으로 나타났다. 따라서 여성 장애인의 경제적 자립을 위한 다각적인 지원 방안을 적극적으로 모색할 필요가 있다.

국가인권위원회의 2018년 「장애인 모 · 부성권 증진을 위한 실태조사」에서 불특정 다수의 비장애인들(남성 242명, 여성 363명 총 605명)을 대상으로 장애인 모 · 부성권 관련 인식과 태도를 분석한 결과, 〈표 11-2〉와 같이 비장애인들의 대다수는 장애인의 모 · 부성권 보장을 위한 국가와 사회의 지원이 필요하다고 인식하고 있으면서도 부모가 장애인일 경우 자녀도 장애를 가진 확률이 높다거나 직접 양육이 어려운 장애인은 임신이나 출산을 하지 않는 것이 더 낫다고 생각하는 등 장애인의 모 · 부성권에 대한 구체적 항목에서는 부정적으로 나타나 양가적인 정서를 가지고 있는 것으로 나타났다(김호연 외, 2018).

또한 현재까지 장애인의 부성권에 대한 국내 연구는 전무하고 정책 또한 장애여성으로 대상을 국한된 점에서는 임신 · 출산 · 자녀 양육의 책임 소재를 여성에 두고 있다는 성인지적 차별의 문제를 내포하고 있다고 할 수 있다. 이는 사회적

표 11-2 **비장애인의 장애인 모·부성권 관련 인식과 태도**

문항	구분	빈도	%
평소 장애인의 모·부성권에 대해 생각해 본 적이 있다.	예	257	42.5
	아니요	343	57.5
부모가 장애인일 경우 자녀가 장애를 가질 확률은 높을 것이다.	예	420	69.4
	아니요	135	30.6
국가와 사회는 장애인의 모·부성권 보장을 위해 임신, 출산, 양육을 지원해 주어야 한다.	예	569	94.0
	아니요	36	6.0
귀하의 가족 또는 사회적 친분을 가진 장애인이 자녀를 임신, 출산, 양육하고자 한다면 지지한다.	예	355	58.7
	아니요	250	41.3
직접 양육이 어려운 장애인 부부는 임신이나 출산을 하지 않는 것이 더 낫다고 본다.	예	423	69.9
	아니요	182	30.1

출처: 김호연 외(2018).

권리로 인정하는 비장애인의 모·부성권과 달리 장애인의 모·부성권은 자연적 권리로만 강조하여 일부 제약에 대한 지원의 필요로 인식되기 때문이라고 할 수 있다. 이러한 한계를 넘어 장애인을 동등한 시민으로서의 권리, 보편적 권리를 토대로 접근해야 할 것이다(김호연 외, 2018).

표 11-3 **장애인 가정 홈헬퍼 지원사업**

- 지원대상: 임신·출산 또는 만 9세 미만 자녀 양육 서울시 등록장애인으로 중위소득 120% 이하 가정
- 사업내용
  - 장애인 가정 임신, 출산, 자녀 양육을 지원하기 위한 홈헬퍼 무료 파견
  - 장애인 가정 양육지원을 위한 프로그램 운영
- 신청방법: 서비스 수행기관에 신청
- 누리집: 서울복지포털
- 문의: 안심돌봄120(1668-0120)

출처: 서울특별시 홈페이지 '내 손안에 서울'(https://mediahub.seoul.go.kr/news/newsMain.do)(2025. 4. 11. 검색).

4. 장애인의 문화 · 여가 활동

1) 문화 · 여가 활동의 의의와 장애인의 참여 현황

산업사회의 발전에 따라 개인의 여가생활에 대한 만족이 전반적인 생활만족에 큰 비중을 갖게 되고 문화 · 여가 향유는 장애인을 포함한 모든 인간의 권리로 인식되기 시작하였다. 건전한 문화 · 여가 활동은 개인의 인격형성에 크게 영향을 미치며 심신의 피로회복과 기분전환에도 매우 필요한 요소로 자리 잡고 있다. 특히 장애인에게 있어서의 문화 · 여가 생활은 친구와 가정, 학교 및 사회생활 속에서 반복되는 장애인의 좌절 경험에 대처하여 보다 안전한 맥락에서 좌절을 극복할 수 있는 체험적 경험의 기회를 제공하고 다양한 감정의 양상을 통해 비장애인과의 다양한 대인관계를 경험할 수 있는 치료적 효과를 나타내게 된다. 김두영 등(2024)은 장애인 문화예술 프로그램에 참여한 장애인의 경우 자아존중감이 향상되고 내적으로 성장하였으며, 사회참여와 장애인 문화예술에 대한 인식이 향상되었다고 보고하였다. 이처럼 장애인의 여가문화 생활은 단순히 장애인의 삶의 질을 향상시키는 목적에만 한정되지 않으며 그 이상의 수단으로서 효과를 발휘하므로 장애인 개인의 여가를 건전하게 즐기며 적극적인 사회적 기능을 발휘할 수 있는 생산적 활동공간을 마련해 줌으로써 사회적 기능을 전반적으로 향상하는 계기가 되도록 하여야 할 것이다(이수봉, 2012).

실제로 장애인의 여가활동은 신체적 차원, 사회적 차원, 심리정서적 차원에서 다음과 같은 구체적인 의의를 찾아볼 수 있다(강미경 외, 2010).

첫째, 신체적 차원에서 대부분의 장애인은 비장애인에 비해 제한적 환경에 처하기 쉽다. 신체적 발달은 개인의 건강에 영향을 줄 뿐 아니라 자기개념에도 영향을 주기 때문에 운동 능력을 개선하고 여가를 즐길 기회를 제공하는 것은 장애인의 재활에 크게 공헌할 수 있다. 장애인에게 활동적인 여가 프로그램을 통하여 잠재적인 신체 능력을 발달시켜 비장애인과 동일한 수준에서 경쟁할 수 있게 할 수도 있으며 나아가 자기 자신의 발달 수준에서 보다 풍요로운 생활을 하도록 도와준다.

둘째, 사회적 차원으로 보면, 장애인은 비장애인과의 통합적인 여가활동을 통해서 자신이 지켜야 할 규칙과 타인의 존재를 인식하는 등 사회적 관계를 향상시키는 데 도움을 준다.

셋째, 심리 · 정서적 차원에서는 여가활동을 통해 일상생활에서 느끼는 단조로움, 소극적 태도 및 우울한 심리적 상태를 극복하고 개인적인 만족감과 자기활동의 기회를 가질 수 있다. 이처럼 장애인에게도 여가활동은 삶의 중요한 일부분을 차지함과 동시에 그 의의가 큼에도 불구하고 장애인들의 여가활동 참여에는 많은 어려움이 있다.

「2023년 장애인실태조사」 결과를 보면, 문화 · 여가 활동 전반에 대한 만족도 수준과 참여활동 분야 및 수준을 알 수 있다(보건복지부, 2024a).

- 문화 · 여가 활동에 대한 만족 정도: '매우 만족' 5.0%, '약간 만족' 46.7%, '약간 불만족' 38.2% '매우 불만족' 10.1%로 만족 비율이 다소 높게 나타났다. 자신의 여가활동에 대해 '매우 불만족'으로 응답한 비율은 뇌병변장애 25.0%, 호흡기장애 21.4%, 뇌전증장애 17.0% 등의 순으로 높게 나타났다.
- 지난 일주일 동안 참여한 문화 · 여가 활동: 거의 모든 장애인(97.4%)이 '동영상 콘텐츠 시청'이라고 응답하였으며, 그 밖에 '사교 일(친구, 친척 만남, 모임 등)' 54.4%, '컴퓨터 게임, 인터넷 검색 등' 42.1%, '가족 관련 일(외식, 쇼핑, 주말농장 등)' 40.0% 등의 순으로 나타났다. 반면, '장애인단체 자조모임 참여' 2.3%, '문화예술 참여 및 활동' 2.9%, '해외여행(지난 1년 동안)' 3.3%, '문화예술 관람' 3.6%, '취미 · 자기계발 활동(요리, 독서, 기술 · 자격증 공부, 영어, 교양강좌 등)' 5.5% 등은 참여 경험이 매우 낮아 참여경험이 낮은 문화 · 여가 활동 기회가 확대될 수 있도록 다양한 개선 노력이 필요하다.

2) 장애인의 문화 · 여가 권리와 사회적 지원

장애인도 비장애인과 마찬가지로 문화적 권리의 주체임에도 불구하고 여러 가지 제약에 의해 그 권리를 당당하게 누리지 못하고 있는 것이 현실이다. 이에 「UN장애인권리협약(CRPD)」의 제30조 문화생활, 레크리에이션, 여가생활, 체육활동 등에 대한 참여 조항에서 장애인이 문화생활에 참여할 수 있는 권리를 인정하며, 장애인의 참여를 보장하기 위해 적절한 조치를 취할 것을 명시하였다.

우리나라에서는 2008년 4월 11일부터 시행된 「장애인차별금지법」에 장애인의 문화권 및 여가권을 보장하기 위한 조항을 포함하고 있다. 제24조 문화 · 예술 활동의 차별금지를 규정하면서, 국가와 지방자치단체 및 문화 · 예술사업자는 장애인이 문화 · 예술 활동에 참여할 수 있도록 정당한 편의 제공 및 필요한 시책 강구를 명시하고 있다. 제24조의2 관광활동의 차별금지, 제25조 체육활동의 차별금지의 개별 조항에서 여가활동 등에 대한 차별을 금지하고 있다.

신진호(2022)는 장애인의 동등하고 완전한 문화 · 여가 · 체육 활동의 참여를 위해 여가활동을 일상휴식형(1유형), 스포츠참여 및 관광형(2유형), 취미오락형(3유형), 적극적 여가참여형(4유형), 사회교류형(5유형)으로 유형화한 후, 한 개인(장애인)이 여가에 참여하지 못하는 방해요인, 즉 여가제약요인을 내재적 제약요인, 대인적 제약요인, 구조적 제약요인의 세 가지로 구분하여 장애인의 여가활동 유형에 따라 어떠한 제약요인들이 특징적으로 나타나는지를 살펴보는 연구를 수행하였다. 이 연구에서 구조적 제약을 측정하는 질문으로 장애인이 사회에서 더 존중받을 권리를 묻는 설문 12문항 중에서 '교육권'이나 '자립생활과 지역사회에 동참할 권리', '이동권' 등보다 '문화 · 여가 · 체육 활동에 참여할 권리'에 대한 응답이 모든 유형에서 더 높게 나타났다. 이것은 장애인 개인에게 있어 자유로운 선택에 의해 문화 · 여가 · 체육 활동을 경험하는 것이 개인의 삶의 질 향상에 있어 중요하고, 이러한 권리를 보장하는 것이 이제는 장애인이 사회에서 더 존중받을 권리 중 하나로 인식된다는 점이다. 장애인들은 이제 여가생활을 할 권리가 사회적으로 보장되어야 함을 인식하고 있고, 이러한 장애인 당사자의 인식 수준을 국가사회가 맞추어야 하는 상황이라는 것을 주지해야 한다는 것이다.

장애인에 대한 문화·여가 활동 지원 사업으로는 문화누리카드(통합문화이용권), 창작활동 지원, 장애인 관련 단체 문화예술교육 지원, 장애인인권영화제 개최 지원, 장애인 e-스포츠대회 지원, 문화복지관광 지원 등이 있다. 대표적으로 문화누리카드는 2005년부터 문화바우처 시범사업으로 추진해 오다가 2014년부터 통합 문화이용권(문화, 여행, 스포츠관람이용권을 통합) 형태로 지속적으로 추진을 해 오고 있다. 삶의 질 향상과 문화격차 완화를 위해 6세 이상의 기초생활수급자, 차상위계층을 대상으로 문화예술, 국내여행 및 체육활동 등을 지원하는 카드로 2025년에는 1인당 연간 14만 원이 지원된다. 장애인스포츠강좌이용권은 장애인의 건전한 여가활동을 통한 삶의 질 향상으로 스포츠복지 사회 구현에 기여하고자 하는 목적으로 만들어졌으며, 2023년 11월부터 지원대상 연령이 5~69세로 확대되었으며, 지원금도 월 11만 원으로 인상되었다.

한편, 일반적인 장애인의 문화활동 측면을 넘어서 문화예술 전문인으로서의 장애인에 대한 지원 실태도 파악할 필요가 있다. 이를 「2024 장애예술인 문화예술 활동 실태조사」 결과를 중심으로 살펴보면 다음과 같다(문화체육관광부, 2025).

- 장애예술인의 장애유형은 지체장애 30%, 지적장애 23.1%, 자폐성장애 14.4%, 시각장애 14.3% 등의 순으로 나타났으며, 장애예술인이 주로 활동하는 문화예술 분야는 '미술' 분야가 30.3%로 가장 많았으며, '음악(양악, 클래식)' 23.1%, '문학' 11.5% 등의 순이었다.
- 장애예술인의 지난 3년간(2021~2024) 문화예술 작품 발표 또는 참여 횟수는 '1~3회'가 29.4%로 가장 높았으며, 평균 횟수는 16.8회로 2021년 평균 12회보다 4.8회 증가하였다. 문화예술활동 기회는 '부족하다'라고 응답한 비율이 61.2%로 나타났으며, 문화예술활동을 하는 데 있어서 어려운 점으로는 '창작을 위한 지원금(기금) 부족'이 26.7%로 가장 높았고 '연습 및 창작을 위한 공간 부족' 19.3%, '작품 발표/전시/공연을 위한 공간 대관의 어려움' 15.6% 등의 순으로 나타났다.

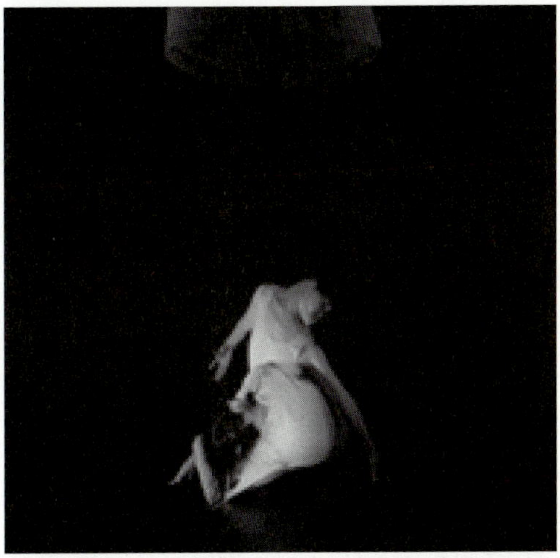

[그림 11-2] 장애인문화예술판 활동 장면

출처: https://www.artpan.net

[그림 11-3] 정은혜 작가 작품

출처: 뉴시스(2025. 4. 23.).

- 장애예술인의 문화예술활동을 위한 지원 과제로 '장애예술인 문화예술 창작 활동비 지원'이 41.9%로 가장 많았고, '장애예술인 대상 문화예술 프로그램 확대' 27.7%, '장애예술인 문화예술 활동 공간 확대' 14.7%의 순으로 나타났다.

이러한 결과는 장애예술인의 창작활동을 위한 지원금 및 창작 공간 확충 등을 통해 장애예술인의 문화예술활동이 활발하게 이루어질 수 있도록 지원이 필요하다는 것을 보여 준다.

5. 장애인과 4차 산업혁명

4차 산업혁명은 인공지능(AI), 사물인터넷(IoT), 빅데이터, 로봇 기술, 가상현실(VR), 증강현실(AR) 등의 첨단 기술을 기반으로 사회 전반에 혁신적인 변화를 가져오는 시대를 의미한다. 이러한 기술 발전은 장애인의 삶의 질을 향상시키고 사회적 포용성을 강화할 수 있는 기회를 제공한다. 또한 4차 산업혁명의 발전은 장애인의 접근성과 이동성을 크게 개선할 수 있다. 예를 들어, 자율주행차 기술은 시각장애인이나 휠체어 사용자의 이동권을 확대할 수 있으며, 스마트 시티 기술을 활용한 장애인 친화적 교통체계가 구축될 경우 더욱 안전하고 편리한 이동 환경이 조성될 것이다. 의사소통 보조 기술의 발전 역시 장애인의 사회적 참여를 촉진할 수 있다. AI 기반 음성인식 및 텍스트 변환 기술은 청각장애인의 원활한 의사소통을 지원하며, 한국수어(KSL) 자동 번역 기술이 발전하면 청각장애인의 정보 접근성이 한층 더 향상될 것이다.

이렇듯 인간의 삶은 과학기술에 의해 더 윤택해지기도 했지만, 삶의 현장이 자동화되면서 어떤 사람들은 정보 격차(digital divide)로 인해 디지털 리터러시(digital literacy) 부족으로 일상적인 생활을 유지하기 힘든 상황에 직면하기도 한다(이문오 외, 2025). 장애인과 노인이 그 대표적인 예라 할 수 있다.

한편, 스마트 헬스케어 및 재활 기술이 장애인의 건강관리와 신체기능 보완에 기여할 수 있다는 측면에서 많은 연구와 발전이 이루어지고 있다. 원격의료 서비스와 스마트 헬스케어 시스템은 장애인의 의료접근성을 높이고 지속적인 건강관리를 가능하게 하며, 로봇 의수·의족, 뇌-컴퓨터 인터페이스(BCI) 기술 등의 발전은 장애인의 신체적 기능을 보완하는 데 중요한 역할을 할 것이다. 또한 4차 산업혁명의 기술 발전은 장애인의 교육 및 고용 기회를 확대하는 데에도 기여할 수 있다. AI 및 가상현실(VR) 기반 교육 프로그램을 활용하면 장애인의 개별적인 요

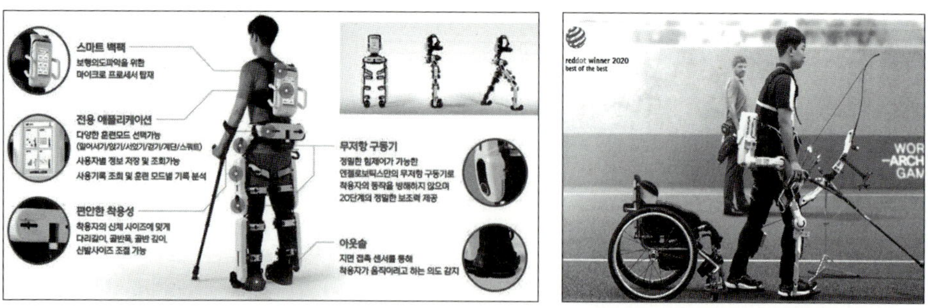

출처: https://www.chosun.com/special/special_section　　출처: https://www.red-dot.org/ko

[그림 11-4] 4차 산업혁명 기술 접목 예시

구에 맞춘 맞춤형 학습 환경이 제공될 수 있으며, 비대면 근무 확대와 AI 도우미의 활용을 통해 장애인의 고용 기회도 증가할 것으로 기대된다.

이에 발맞추어 최근 정부의 제6차 장애인정책종합계획(2023~2027)의 핵심키워드 중 하나는 고도화와 수요자 중심의 개별화 서비스 지원 확대로, 이러한 복지서비스의 고도화를 위해서는 디지털화와 기술 등의 활용은 불가피한 조건이 되어가고 있다. 특히 코로나19로 인해 비대면 서비스와 디지털 환경 변화가 크게 진전되어 이러한 기술을 확대 적용해야 하는 시대적 변화가 이루어지고 있다. 반면에 장애인, 고령자 등을 위한 정보접근성 분야는 무인 단말기 키오스크의 사용 증가로 인하여 웹과 모바일 기기 외에 새로운 정보 접근성 문제가 대두되는 상황으로 이처럼 디지털 혁명 안에서 장애인들이 소외되지 않기 위한 서비스 개선과 정부정책이 함께 마련되어야 한다. 또한 복지 욕구는 양적 질적으로 증가하는 데 반해 이를 위한 돌봄 인력 수급의 문제와 한정된 예산 등으로 서비스 제공의 어려움이 가중되고 있는 상황으로 서비스의 효율성과 효과성 확보를 위한 복지와 디지털 기술의 융합 및 복지기술 발전 전략 수립이 절실히 요구되고 있다.

1) 국가 차원의 지원과 정책[1)]

(1) 디지털 교육 및 리스킬링 프로그램 지원 강화

디지털 기술이 급속도로 발전하면서 장애인을 위한 국가 차원의 디지털 교육 및 리스킬링(reskilling) 프로그램 지원이 필수적인 요소로 자리 잡고 있다. 이러한 프로그램은 장애인이 최신 디지털 기술을 습득하고, 새로운 직업기회를 얻을 수 있도록 돕는 중요한 역할을 한다. 특히 정보통신 기술(ICT) 활용 능력을 강화하면 장애인은 다양한 분야에서 경제적 자립을 실현할 수 있으며, 이는 단순한 취업 지원을 넘어 사회적 통합을 촉진하는 효과도 기대할 수 있다.

1) 한국장애인재단(2023)의 내용을 재구성하였음.

이를 위해 정부는 장애유형과 개별적인 요구를 반영한 맞춤형 디지털 교육을 제공해야 한다. 예를 들어, 시각장애인을 위한 스크린 리더(screen reader) 사용 교육, 청각장애인을 위한 실시간 AI 자막 활용 교육, 발달장애인을 위한 쉬운 인터페이스 기반 디지털 리터러시 교육 등이 포함될 수 있다. 또한, 장애인이 IT 및 소프트웨어 개발, 데이터 분석, 온라인 마케팅 등 4차 산업혁명 시대에 적합한 직무 역량을 배울 수 있도록 리스킬링 프로그램을 강화하는 것도 필요하다. 이를 통해 장애인은 새로운 직업 기회를 찾을 수 있을 뿐만 아니라, 빠르게 변화하는 디지털 환경 속에서 지속적으로 성장할 수 있는 기반을 마련할 수 있다.

(2) 보조기기 및 디지털 기술 연구개발 투자 확대

장애인의 자립생활과 사회참여를 증진하기 위해서는 보조기기 및 디지털 기술에 대한 연구개발(R&D) 투자를 확대하는 것이 필수적이다. 보건복지부를 비롯한 정부 기관과 관련 부처는 혁신적인 보조기기 개발을 적극적으로 지원해야 하며, 이를 위해 공공·민간 협력을 통한 연구개발을 활성화할 필요가 있다. 현재 장애인의 일상생활을 지원하는 다양한 보조기기가 존재하지만, 기술적 한계나 경제적 부담으로 인해 접근성이 낮은 경우가 많다. 이에 따라 인공지능(AI), 사물인터넷(IoT), 로봇 기술을 활용한 첨단 보조기기의 개발과 보급을 확대해야 한다. 예를 들어, 시각장애인을 위한 스마트 글래스, 청각장애인을 위한 AI 기반 실시간 수어 번역 시스템, 지체장애인을 위한 로봇 의수·의족 및 뇌-컴퓨터 인터페이스(BCI) 기술 등이 있다. 또한 이러한 보조기기의 개발뿐만 아니라, 장애인이 실질적으로 이를 활용할 수 있도록 정부 차원의 지원책이 마련되어야 한다. 국가 보조금 지원 확대, 보조기기 대여 서비스 운영, 유지보수 지원체계 구축 등을 통해 장애인의 경제적 부담을 줄이고, 누구나 손쉽게 최신 기술을 활용할 수 있는 환경을 조성하는 것이 중요하다.

(3) AI 및 GPT 기반 기술 활용 정책 발전

최근 인공지능(AI) 기술, 특히 생성형 AI(GPTs)와 같은 첨단 기술의 발전은 장애인의 정보 접근성을 획기적으로 향상시킬 수 있는 가능성을 제공하고 있다. 이에 따라 정부는 AI 기술을 장애인지원 정책에 적극적으로 활용할 수 있도록 체계적인 전략을 마련해야 한다.

GPT 기반 기술은 장애인의 일상생활을 지원하는 다양한 역할을 수행할 수 있다. 예를 들어, 시각장애인을 위한 음성 안내 시스템, 청각장애인을 위한 실시간 텍스트 변환 서비스, 발달장애인을 위한 맞춤형 의사소통 지원 도구 등이 개발될 수 있다. 또한 공공 행정 서비스에서도 AI 챗봇을 활용하여 장애인이 보다 쉽게 정보를 얻고, 민원 신청이나 복지 서비스 이용 절차를 간소화할 수 있도록 개선할 필요가 있다. 이를 위해 국가 차원에서 AI 기반 서비스의 접근성을 높이고, 장애친화적인 기술 개발을 촉진하는 정책이 필요하다. 예를 들어, AI 시스템이 장애인의 다양한 요구를 반영할 수 있도록 데이터를 구축하고, 알고리즘의 편향성을 방지하기 위한 윤리적 가이드라인을 마련해야 한다. 또한 공공부문에서 AI 활용도를 높이고, 장애인을 위한 맞춤형 서비스 개발을 장려하는 연구개발 지원 정책을 추진할 필요가 있다.

2) 장애인복지실천과 디지털 융합

(1) 장애인을 위한 맞춤형 교육 프로그램의 개발 및 시행

장애인이 디지털 기술을 효과적으로 활용하고 사회적 참여를 확대할 수 있도록 지원하기 위해서는 맞춤형 교육 프로그램의 개발과 시행이 필수적이다. 사회복지기관과 단체는 장애인의 특성과 필요를 반영한 교육을 제공함으로써 정보격차를 줄이고, 장애인의 자립과 사회적응을 돕는 역할을 해야 한다.

예를 들어, 시각장애인을 위한 점자 키보드와 음성인식 소프트웨어 활용 교육이 필요하다. 스마트폰의 음성지원 기능(예: iOS의 Voice Over, Android의 Talk Back)을 충분히 활용할 수 있도록 체계적인 교육을 제공하면, 시각장애인이 온라인 정보를 검색하고, 메신저를 사용하며, 모바일 뱅킹을 활용하는 것이 좀 더 수월해진다. 또한 지적 · 발달장애인을 위한 디지털 리터러시 교육도 중요하다. 예를 들어, 그림과 음성 안내가 포함된 쉬운 인터넷 사용법 교육이나, SNS에서의 올바른 소통 방법을 배우는 프로그램을 운영하면 디지털 환경에서의 독립적인 활동이 가능해진다.

(2) 심리적 지원 및 감성적 연결의 강화

장애인의 정신건강을 향상시키고 사회적 관계 형성을 돕기 위해 AI 기반의 심리적 지원 및 감성적 연결 서비스를 활용할 필요가 있다. 장애인은 신체적 · 사회적 환경으로 인해 외로움을 느끼거나 스트레스가 높아질 가능성이 크기 때문에, 디지털 기술을 이용한 심리적 지원이 중요한 역할을 할 수 있다.

예를 들어, 인공지능 챗봇을 활용한 정서지원 프로그램을 운영하면 장애인이 언제든지 감정적인 도움을 받을 수 있다. 최근에는 AI가 사용자의 감정을 분석하여 맞춤형 대화를 제공하는 기술이 발전하고 있다. 예를 들어, AI 기반 대화형 프로그램인 '레플리카(Replika)'는 사용자와 지속적인 대화를 나누면서 감정적 교감을 형성하는데, 이를 장애인복지 분야에 적용하면 장애인의 정서적 안정을 돕는데 효과적일 수 있다.

또한 가상현실(VR) 기술을 활용한 심리치료 프로그램도 장애인의 정신건강에 긍정적인 영향을 미칠 수 있다. 예를 들어, 발달장애인을 대상으로 한 VR 기반 사회적 기술 훈련 프로그램을 제공하면, 현실에서 다양한 사회적 상황을 경험하고 연습할 수 있는 기회를 제공할 수 있다. 한 연구에 따르면, VR 환경에서 반복적으로 사회적 상호작용을 연습한 자폐 스펙트럼 장애(ASD) 아동이 실제 대인관계 기술이 향상된 사례도 보고된 바 있다.

(3) 디지털 접근의 장애인복지에서 고려할 사항

① 기술 접근성과 사용 용이성에 중점 두기

4차 산업혁명이 장애인의 삶에 긍정적인 영향을 미치는 반면, 몇 가지 도전 과제도 존재한다. 가장 큰 문제 중 하나는 정보격차, 특히 디지털 시대의 정보나 기기 활용 제한에 따른 문제일 것이다. 첨단 기술을 활용하기 위해서는 디지털 기기와 인터넷 접근성이 필수적이지만, 경제적 부담과 기술 교육 부족으로 인해 장애인은 이러한 기술 혁신에서 소외될 가능성이 있다. 이를 위해 고려해야 할 내용은 다음과 같다. 첫째, 모든 장애인이 기술에 손쉽게 접근하고 사용할 수 있도록 하는 것이 중요하다. 이를 위해 사용자 인터페이스와 경험을 개선하는 데 초점을 맞춰야 한다. 둘째, 기술이 장애인의 특별한 요구를 충족시키고 실제 생활에서 유용하게 활용될 수 있도록 하는 것이 중요하다.

② 법적 · 윤리적 고려사항에 주의

4차 산업혁명의 발전으로 인한 윤리적 문제와 개인정보보호 문제도 중요한 고려사항이다. AI와 빅데이터 기술이 장애인의 개인정보를 수집하고 활용하는 과정에서 사생활 침해 문제가 발생할 가능성이 있으며, AI 알고리즘이 편향된 데이터를 학습하게 될 경우, 장애인을 차별하거나 배제하는 결과를 초래할 수도 있다. 이를 위해 고려해야 할 내용은 다음과 같다.

첫째, 디지털 기술의 발전과 적용에 있어 법적 · 윤리적 고려사항을 간과해서는 안 된다. 기술의 발전이 사회적 가치와 윤리에 부합하는 방향으로 이루어져야 한다. 둘째, 기술의 사용에 있어 개인정보보호 사용자의 권리보장 등의 측면에서도 신중한 접근이 필요하다. 셋째, 4차 산업혁명이 장애인을 포함한 모든 사람에게 긍정적인 영향을 미치기 위해서는 포용적인 기술 개발과 정책적 지원이 필요하다.

디지털 기술의 발전은 장애인의 삶에 많은 긍정적인 변화를 불러올 수 있지만 이에 대한 적절한 교육과 정책, 법 · 제도적, 윤리적 고려가 전제되어야 한다. 사회복지실천 차원에서는 기술의 적용을 통해 장애인의 자립과 사회참여를 촉진하는 동시에 기술의 접근성과 용이성에 주의를 기울여야 한다. 마지막으로, 기술은 단순한 도구일 뿐이며 중요한 것은 기술을 통해 장애인이 사회의 일원으로서 존중받고 그들의 삶의 질을 향상하는 것이다.

요약

1. 장애와 고령화

장애 인구는 일반 사회의 고령화 추세를 훨씬 뛰어넘는 수준의 심각성을 보이고 있으며, 노화와 장애로 인한 복합적 현상으로 복지 사각지대도 발생하고 있다. 이 과정에서 장애경험에 초점을 둔 'Aging with Disability'와 노화경험에 초점을 둔 'Disability with Aging'의 각 현상에 따른 안정적 복지지원이 요구된다.

2. 장애와 성

인간은 장애 유무와 관계없이 성적 욕구를 가진 존재이며, 성적 표현은 인간관계를 형성하는 중요한 의사소통 수단이므로 장애인도 동등한 성적 권리를 보장받아야 한다. 현행법과 「UN장애인권리협약」은 장애인의 성적 자기결정권을 보장하고 있지만, 현실에서 장애인들은 이러한 권리를 충분히 누리지 못하고 있다.

3. 장애인의 결혼과 모 · 부성권

장애인의 모 · 부성권은 법적으로 보장되고 있으나, 사회적 편견과 구조적 차별로 인해 임신 · 출산 · 양육 과정에서 많은 어려움을 겪고 있다. 여성 장애인은 특히 양육권 침해와 인공유산 강요 등의 문제에 직면하며, 비장애인들은 국가의 지원 필요성을 인정하면서도 장애인의 출산과 양육에 대해 부정적 시각을 보였다. 장애인을 동등한 시민으로서 보편적 권리의 관점에서 접근할 필요가 있다.

4. 장애인의 문화 · 여가 활동

산업사회 발전으로 여가문화는 장애인을 포함한 모든 인간의 권리로 인식되며, 장애인에게 여가활동은 신체적 · 사회적 · 심리적 측면에서 중요한 의미를 가진다. 신체적 발달을 돕고, 사회적 관계 형성을 향상시키며, 정서적 안정을 제공해 준다.

5. 장애인과 4차 산업혁명

4차 산업혁명 기술은 장애인의 삶의 질 향상과 사회적 포용성을 강화할 기회를 제공하며, 정부는 디지털 교육 및 AI 기반 기술 활용 정책을 통해 장애인의 디지털 접근성과 사회참여를 증진해야 한다. 또한 맞춤형 교육 프로그램과 심리적 지원을 강화하여 장애인의 자립과 사회적 통합을 촉진하고, 디지털 기술 적용 시 접근성, 용이성, 법적 · 윤리적 고려도 중요하다.

Issues & Discussions

1. 고령화된 장애인과 노인성 장애인의 복지 욕구를 비교하여 설명하시오.

2. 장애인의 성에 대한 사회적 인식을 주제로 토론하시오.

3. 장애인의 성적 자기결정권 보장을 위한 사회적 노력에 대해 생각하시오.

4. 발달장애인의 결혼에 대한 의견을 권리 측면에서 생각해 보고 토론하시오.

5. 장애인의 문화 · 여가 활동이 장애인 삶에 어떠한 영향을 미치는지 설명하시오.

6. 과학기술의 발달과 디지털 시대에서 장애인의 삶은 어떻게 변화할지 생각하시오.

Workshop

장애계 이슈에 대한 사회적 인식 조사를 실시하고 기초 통계분석 후 카드뉴스로 제작, 공유하는 시간을 가져 봅시다.

- **형식**: 조별 활동
- **방법**: 학습한 이슈 중 하나를 선정하여 인식 조사를 위한 설문지를 작성하고 구글폼으로 변환 후 조사를 실시하여 정리 및 발표
- **발표**: 세미나 형식으로 진행하며 조별 발제 후 토론을 통해 장애 이슈에 대한 심층적인 이해를 돕도록 구성함
- **활동 정리 시트**

구분	내용
이슈 주제	
조사의 목적과 배경	
조사대상	
조사방법	
조사내용	
제언	

12
장애인복지 핵심 이슈 2

이 장에서는 최근 장애인복지 현장에서 법·제도적 차원에서 논의가 요구되는 대표적인 핵심 이슈인 개인예산제도, 장애인 성년후견, 발달장애인 공공후견, 최중증발달장애인 통합돌봄서비스, 장애인 평생교육에 대해서 알아본다.

먼저, 장애인 이용자의 개인별 지원계획 수립에 근거하여 이용자 욕구에 맞는 서비스의 선택권 보장을 목적으로 계획된 개인예산제도의 기초적 이해와 운영에 관하여 살펴보고자 한다. 이어서 장애인 성년후견제의 도입 배경과 의의, 주요 내용과 사례를, 발달장애인 공공후견서비스 개요를 학습한다. 2024년 「발달장애인법」 개정으로 시행된 최중증발달장애인 통합돌봄서비스는 도전행동을 수반하는 장애정도가 극히 심한 발달장애인 대상 돌봄지원을 목적으로 하는데, 이에 대한 사업 개요를 파악하고자 한다. 마지막으로, 장애인의 학령기 이후 성인교육 차원에서 그 필요성이 점차 강조되고 있는 장애인 평생교육에 관련한 실태와 과제를 학습한다.

학습목표

1. 개인예산제의 도입 취지와 기대효과를 설명할 수 있다.
2. 성년후견제 입법 취지를 파악하고 유형과 과제를 설명할 수 있다.
3. 발달장애인 공공후견서비스 개요를 파악하고 공공후견인의 역할을 논의할 수 있다.
4. 최중증발달장애인 통합돌봄서비스 도입의 배경과 사업 개요를 파악할 수 있다.
5. 장애인 평생교육의 필요성과 주요 현황을 파악하고, 정책적 쟁점에 대해서 논의할 수 있다.

키워드

개인예산제도/장애인 성년후견/발달장애인 공공후견/최중증발달장애인 통합돌봄서비스/장애인 평생교육

1. 개인예산제도

1) 장애인 개인예산제 도입과 의의

우리나라는 제6차 장애인정책종합계획(2023~2027)에 장애인 개인예산제를 포함함으로써 2023년 시범사업 모델 개발을 위한 모의적용 연구를 진행하였고, 2024년부터 2025년 시범사업 진행 후 2026년 본 사업 추진 계획을 수립하였다.

개인예산제는 사회서비스를 제공할 때 개별적으로 평가한 이용자의 욕구에 기초하여 예산을 할당하고 스스로 수립한 계획에 따라 집행하도록 하는 제도이다(이한나 외, 2021). 즉, 이용자는 개별적 욕구 평가에 따라 할당된 예산을 각 제도의 허용 범위 내에서 자신의 욕구와 상황에 맞게 서비스 제공자 및 서비스 관리 방식 등을 선택하여 사용할 수 있다. 개인예산제하에서 공공은 서비스의 직접 제공이 아닌 서비스를 구매할 수 있는 자원을 할당하는 역할을 주로 수행하고, 표준화된 형태를 벗어난 서비스의 제공은 주로 민간의 역할이 되며, 장애인은 재화와 서비스를 구매할 수 있는 소비자로서의 지위를 지니게 된다(김동기, 이한나, 어유경, 2023).

이는 서비스의 개별유연화(personalisation)와 이용자 자기주도(self-direction)를 근본적 방향으로 삼는다(이한나, 2024).

- 개별유연화는 이용자의 개별적 선호에 따라 자신의 욕구를 선택하거나 결정하는 등 이용자가 자율적으로 서비스를 유연하게 이용하는 것으로 서비스의 설계 방향과 관련된다.
- 이용자 자기주도는 이용자가 서비스를 이용하는 고용주로서 자신을 지원할 인력을 고용하여 급여를 제공하는 고용 권한과 할당된 예산에서 재화를 구매하는 구매자로서의 예산 권한을 갖는 것으로, 이용자가 자기주도적으로 서비스를 이용하기 위해 고용과 예산 사용을 효과적으로 지원할 조력자 등 인적 지원체계가 필요하므로 자기주도적 서비스 이용은 '이용자에게 주어지는 구

체적 권한'과 '권한 행사를 조력하는 지지체계'가 핵심이 된다.

개인예산제는 1970년대 영국과 미국을 중심으로 전개된 장애인의 자립생활운동에서 뿌리를 찾을 수 있으며, 1990년대 이후 북미와 유럽 등 국가에서 개인예산제를 다양한 형태로 제도화하여 발달장애 및 정신건강 서비스 이용자, 고령자를 대상으로 확대되고 있다(김동기 외, 2023). 이로써 사회의 주류에 속할 수 없었던 당사자들이 서비스 이용자로서의 지위를 확보하고 시민권 실현 범위를 확장하여 이용자의 권한을 강화할 수 있다는 기대효과를 확인할 수 있다.

2) 장애인 개인예산제 운영

장애인 개인예산제 운영의 전제는 서비스 이용의 전 과정에서 이용자는 서비스 구매자로서의 권리보장과 이용자의 욕구에 맞는 서비스 제공을 위한 개인별 지원계획 수립이다. 이를 근거로 이용자에게 적용 가능한 사회서비스 급여를 할당된 예산 내에서 필요한 공공 및 민간서비스를 구매하도록 함으로써 장애인 욕구에 맞춰 서비스 다양화 및 질 제고를 지속적으로 추진하고 이용자의 자유로운 선택권을 보장토록 한다.

'장애인 개인예산제 시범사업'(2024~2025)의 절차는 지역의 읍 · 면 · 동 행정복지센터에서 신청하는 것으로 시작되며, 참여자 선정, 개인예산 이용계획 수립, 이용계획 합의 및 결과 안내, 개인예산 급여 이용, 정산 및 모니터링이다. 장애인 당사자가 직접 신청이 어렵다면 가족이나 후견인이 대신 신청할 수 있으며, 지역의 복지전문기관인 장애인복지관, 발달장애인지원센터, 희망복지지원단, 사회서비스원 등에서 개인예산이용계획 수립에 참여한다.

대상자는 바우처 서비스인 장애인 활동지원서비스 및 발달장애인 주간활동서비스, 발달장애인 방과후활동서비스, 발달재활서비스 중 1개 이상의 서비스를 받고 있는 장애인으로, 바우처 서비스 급여의 일부(20%)를 장애인이 생활하는 데 필요한 물건을 사거나 다른 서비스를 이용할 경우에 사용할 수 있다. 그러나 법에 어긋나는 것(도박 등등), 생활비, 가족이 직접 제공하는 서비스 비용, 돈을 버는 것과 관련된 일, 의료비, 법률 또는 지침에 의한 제한된 비용, 개인예산 이용계획에 포함되지 않은 서비스, 기타 이용자의 장애와 관련 없는 지출에 개인예산제를 이용할 수 없다(보건복지부, 2024c).

한편, 해외 여러 나라에서 시행 중인 개인예산제도도 살펴볼 필요가 있다. 국가별로 각 환경에 맞게 운영되면서 적용범위나 대상, 전달체계 등에서는 다소의 차이점이 있지만, 급여, 재정 등에서는 일정 수준 유사한 요소들을 포함하고 있다. 구체적으로는 이용자 선정 시 소득 수준에 제한이 없고 현물과 현금급여를 포함하고 있으며, 제도의 이용은 신청, 사정, 승인, 계약, 급여 및 이용 등 유사한 절차로 운영되고 재정은 보험과 조세 등의 방식으로 운용된다(김동홍, 정종화, 2021; 이한나 외, 2020).

표 12-1 국가별 사회서비스 분야 개인예산제도 비교

구분	스웨덴	영국	독일	호주	네덜란드
적용범위	• 활동지원제도(장애인지원 및 서비스법)	• 사회적 돌봄과 지원	• 현물로 지원되던 서비스	• 국가장애인보장제도	• 사회지원법, 장기요양법
대상	• 65세 이상(단, 65세 이전 서비스 진입 시 계속 이용 가능) • 노인성질환자 제외	• 16세 이상 • 소득 수준 제한 없음	• 연령, 소득수준 제한 없음 • 시설거주자 포함	• 65세 이하(단, 65세 이전 서비스 진입 시 계속 이용 가능) • 소득수준 제한 없음	• 사회지원법: 중증 치매환자, 중증 신체 및 정신적 장애, 만성 정신질환자 • 장기요양법: 지역사회 거주 장애인, 지역마다 차이
급여	• 현금+현물	• 현금+현물 • 의료서비스 이용비 제외	• 현금+현물 • 단, 돌봄서비스는 바우처로 지급	• 현금+현물 • 이용자의 장애와 관련 없는 예산, 메디케어 서비스 등 이용 불가	• 현금+현물 • 의료서비스 이용비 제외

전달체계	• 지자체 서비스 이용, 영리기관 서비스 이용, 제공인력 직접 고용, 이용자 조합을 통합 집합적 고용	• 직접지불(현금급여), 관리형예산제, 개인서비스 기금, 혼합 방식 운영	• 제공기관 관리 방식, 직접고용 방식 • 신청 → 필요 확정 → 목표 합의 → 운영	• 기관 관리 모형, 플랜매니저관리모형, 자기관리모형(현금급여), 혼합급여	• 현금, 현물 방식 • 현금 방식은 개인이 아닌 사회보험은행 계좌로 급여 지급
재정	• 사회보험 또는 지방 재정 • 본인부담금 없음	• 조세+기금 • 지방정부+중앙정부 교부금 • 자산결과에 따라 일부 본인부담금 있음	• 사회보험 • 이용자 사회보험료 부담	• 일반조세+기금 • 연방정부+주정부 • 본인부담금 없음	• 사회보험 • 본인부담금 있음

출처: 이한나 외(2020).

3) 장애인 개인예산제 요구사항

개인예산제는 이용자의 서비스 선택과 통제 권한을 증진한다는 궁극의 취지와 그 의의는 부인할 수 없다. 그러나 동시에 개인예산제 이행에 대한 우려도 제기되고 있는 실정이다. 대표적으로 개인예산제를 통한 제공 가능 서비스 총량이 충분하지 못한 상황에서 시장화를 확대한다는 점이다(이병화, 박지환, 2022). 이는 우리나라 장애인복지 예산의 근본적인 예산 부족의 문제에서부터 지역별 인프라 불균형 문제, 적용되는 바우처 서비스가 한정적인 점 등(김동기 외, 2023; 신은경, 이한나, 2024; 유정원, 박지영, 2023)과 연계된 문제들이다.

구체적으로는 기존에 받던 바우처 서비스 급여를 대신 사용하여 부담이 존재하는 구조로 지금도 장애인 활동지원 예산이 충분하지 않은 상황에서 예산 총량을 늘리지 않는다면 실효성을 기대하기 어렵다는 것이다. 따라서 장애인 개인예산제가 실효성을 갖추기 위해서는 이용자가 필요로 하는 서비스를 필요한 만큼 지원이 가능한 수준으로 총예산이 확보되어야 할 것이다. 또한 제공기관의 도시집중에 따른 지역적 편차가 존재하고, 중증의 장애인이 활동지원사를 구하지 못하는 등 서비스 편차의 존재 등 이용자가 인프라 부족으로 인해 서비스를 이용하지 못하는 일이 발생되지 않도록 인프라 구축도 필요하다. 특히 지역사회의 특성에 따른 인프라 지원으로 서비스 불균형 해소가 필요할 것이다. 동시에 개인예산제에 적용되는 바우처 서비스는 장애인 활동지원서비스 및 발달장애인 주간활동서비스, 발달장애인 방과후활동서비스, 발달재활서비스로 극히 한정적이라는 점에서 이용 서비스의 확대가 필요하다. 아울러 서비스 품질 보증 및 개선을 위한 품질관리 체계 마련이 요구되고 있다. 장애인 개인예산제를 통한 서비스 제공 방식이 성공하기 위해서는 서비스 계획단계부터 성과 평가까지 서비스 절차에 대한 평가와 품질관리가 요구되며, 기존 전달체계 및 인력의 역량 강화를 통한 서비스 질의 유지와 향상을 위한 관리가 요구된다(유정원, 박지영, 2023).

2. 장애인 성년후견

1) 도입 배경과 의의

'성년후견'은 장애 · 질병 · 노령, 그 밖의 사유로 인한 정신적 제약으로 사무처리 능력에 도움이 필요한 성인에게 가정법원의 결정 또는 후견계약으로 선임된 후견인이 재산관리 및 일상생활에 관한 폭넓은 보호와 지원 제공을 목적으로 한다. 이는 2011년 3월 7일 「민법」 개정으로 종래의 한정치산 · 금치산제도를 폐지하고 도입된 제도로 2013년 7월 1일부터 시행되었다.

2013년 제도 시행에 즈음하여 보건복지부는 정신적 능력의 제약으로 의사결정과 권리주장에 어려움이 있는 발달장애인(138천 명), 정신장애인(94천 명)과 치매노인(576천 명)이 성견후견제의 주된 이용자가 될 것으로 예상하였다(보건복지부, 2013. 6. 24. 보도자료). 그만큼 성년후견은 판단 능력이 다소 불충분하여 계약체결 등의 법률행위에 있어서 의사결정이 곤란한 자의 판단 능력을 보충하고 불측의 손해를 받지 않게 하기 위한 제도로 설명될 수 있다.

개정 전 민법에서는 심신상실 상태에 있는 자에 대하여는 본인, 배우자, 일정한 친족, 후견인 또는 검사가 금치산 선고를 청구할 수 있도록 하였고, 심신박약이나 낭비로 자기나 가족의 생활을 궁박하게 할 염려가 있는 자에 대하여는 한정치산의 선고를 청구할 수 있도록 하였다(개정 전 「민법」 제9조~제14조8). 그러나 이 내용은, ① 획일적으로 행위 능력을 제한하고 포괄적 법정대리권을 부여하여 재산의 유지 또는 보존을 위한 명목으로 본인의 권리와 자율성을 침해한다는 점, ② 금치산자나 한정치산자를 말 그대로 '무능력'한 자로 낙인찍는다는 점, ③ 거래의 안전에 중점을 두고 주로 재산관리에 대하여 규율할 뿐 신상에 관한 보호가 미흡하다는 점, ④ 고령, 질병, 사고 등으로 인한 정신적 장애인의 증가에도 불구하고 재산관리를 둘러싼 가족 간 분쟁이 발생하는 등 부득이한 사정이 없는 한 제도가 잘 이용되지 않는다는 점에서 비판이 있었다. 이에 새로운 후견제도를 도입하자는 주장이 1990년대부터 제기되었다(소은영, 2024).

결국 이 제도의 시행에 따라 〈표 12-2〉의 내용과 같이 기존 제도의 부정적 용어의 수정, 중증정신질환자의 재산관리에 국한했던 대상과 범위의 확대, 후견인 선임이나 본인 의사의 반영 등 후견체제 전반에서 긍정적 변화를 비교 확인할 수 있다. 따라서 성년후견제도는 '정신상의 장애 등으로 말미암아 판단 능력이 다소 불충분한 사람의 재산관리와 신상보호에 관한 제도'라고도 할 수 있지만, 시민사회 관계를 규율하는 「민법」상의 제도이면서 동시에 더 나아가 '사회복지제도'라는 측면이 있다(이경준, 최윤영, 2020). 이런 관점에서 성년후견제도는 당사자의 잔존 능력을 최대한 존중하고, 비경제적 영역에서의 지원과 함께 후견인에 대한 실질적인 감독이 가능하다는 점에서 장애인 등의 의사결정 지원과 권익옹호에 기여할 수 있다는 의의가 있다.

표 12-2 **기존 제도와 새로운 성년후견제도의 비교**

구분	과거의 후견제도	성년후견제도
용어	금치산 · 한정치산의 부정적 용어	부정적 용어 폐지/성년후견제
대상	중증정신질환자에 국한	정신장애 및 치매노인 등 고령자까지 확대
범위	재산관리행위 치중	의료, 요양 등 복지 영역까지 확대
후견인 선임	사전 순위 규정(배우자, 직계 혈주)	가정법원이 상황을 고려하여 선임
본인 의사	본인 의사 반영절차 없음	후견심판 시 본인 의사를 청취
감독기관	친족회	가정법원이 선임한 후견감독인
후견인 자격	자연인 1인만 가능	복수 또는 법인 후견인 가능
후견계약	본인 결정 불가능	본인이 후견인과 협의하여 내용 결정 가능

출처: 염형국(2012)의 자료집 재구성; 이경준, 최윤영(2020).

2) 성년후견제의 유형과 사례(보건복지부 보도자료, 2013. 6. 24.)

우리나라 성년후견제도는 미성년후견과 광의의 성년후견으로 구분되고, 성년자에 대한 후견은 가정법원의 선고를 요하는 법정후견으로 협의의 성년후견과 한정후견 및 특정후견을, 그리고 본인의 의사에 따라 체결되는 후견계약(임의후견)을 규정하고 있다.

표 12-3 **우리나라 성년후견제도의 유형**

구분	법정후견			임의후견
	성년후견	한정후견	특정후견 (보건복지부 지원)	
후견의 필요성	사무처리 능력의 지속적 결여	사무처리 능력의 부족	일시적 지원 또는 특정 사무 지원	사무처리 능력의 부족
후견 심판 청구인	본인(발달장애인), 배우자, 4촌 이내 혈족, 검사 또는 지방자치단체장			본인, 배우자, 4촌 이내 혈족, 임의후견인, 검사, 지방자치단체장

후견인 권한	포괄적인 대리권 및 취소권	법원이 정한 범위 내에서 대리권, 동의권, 취소권	법원이 정한 범위 내에서 대리권	각 계약에서 정한 범위
특징	후견인의 권한이 너무 커 피후견인의 자기결정권 침해가 큼	지속적 후견 유형으로 피후견인의 사망 외에는 종료가 불가하여 후견인으로 가족이 적합함	후견 기간(2~5년)이 있어 공공후견인에게 적합 (제삼자 후견)	치매 및 정신적 장애인 이용 권장

출처: 이경준, 최윤영(2020).

(1) 성년후견 정의와 사례

질병, 장애, 노령, 그 밖의 사유로 인한 정신적 제약으로 사무를 처리할 능력이 지속적으로 결여된 성인이 가정법원의 후견개시심판으로 선임된 후견인의 지원을 통해 보호를 받는 제도(「민법」 제9조)를 말한다.

사례 1 이현우(가명, 지적장애)

- 어릴 때 가족이 현우 씨를 시설 앞에 유기하여 시설에서 성장
- 시설에서 현우 씨에 대한 장애인연금급여 등 복지급여와 기부금, 직업재활시설에서 받은 급여를 잘 관리해 준 덕분에 통장에 수천 만원이 모이고 탈시설과 자립을 계획
- 우연히 가족들이 찾아왔을 때 현우 씨는 반가운 마음에 자신의 통장을 자랑하게 되고, 경제적 상황이 어려웠던 가족들은 현우 씨를 시설로부터 데리고 나감
- 수개월 뒤 현우 씨의 저축은 가족이 다 소모해 버리고 현우 씨는 혼자 집에 방치
  ⇒ 현우 씨에게 통장관리를 담당하는 후견인이 선임되어 있었다면 가족들이 현우 씨의 재산을 모두 탕진하는 것을 막을 수 있었을 것임

(2) 한정후견

질병, 장애, 노령, 그 밖의 사유로 인한 정신적 제약으로 사무를 처리할 능력이 부족한 성인이 가정법원의 후견개시심판으로 선임된 후견인의 지원을 통해 보호를 받는 제도(「민법」 제12조)를 말한다.

사례 2 안현수(가명, 지적장애)

- 현수 씨의 어머니는 젊어서 남편을 잃고 장애가 있는 외아들을 위해 상당한 재산을 축적
- 그러나 현수 씨의 어머니는 70대 중반이 넘어서고 최근 건강이 나빠지자 본인의 사후 아들의 장래가 염려되는 상황이나 재산으로 인해 가까운 친척도 믿기 곤란
- 현수 씨의 주변에 현수 씨를 도울 사람으로는 평소 유대관계가 높은 현수 씨의 사촌형 A씨, 같은 교회에 다니는 집사 B씨, 현수 씨의 특수학교 담임이었던 C씨가 있음

  ⇒ 평소 유대관계가 높은 A씨가 후견인이 되고, B씨와 C씨가 후견감독인이 된다면 어머니 사후에도 재산관리나 신상보호에 적절하게 대응할 수 있을 것임

(3) 특정후견

질병, 장애, 노령, 그 밖의 사유로 인한 정신적 제약으로 일시적 후원 또는 특정한 사무에 관한 후원이 필요한 성인이 가정법원의 후견개시심판으로 선임된 후견인의 지원을 통해 보호를 받는 제도를 말한다(「민법」 제14조의2).

사례 3 김복동(가명, 75세, 치매)

- 김복동 할머니는 남편 사별 후 혼자 생활하다 최근 치매 발병
- 치매 증세가 심하지 않고 할머니가 원래 거주하던 주택을 떠나기 싫어해 홀로 생활 중
- 그러나 최근 필요 없는 물건을 사 모으는 등 이상행동이 보이자 자녀들은 할머니의 유일한 재산인 주택을 임의로 처분하여 탕진할까 우려

  ⇒ 장남을 특정후견인으로 선임하여 주택의 매매는 후견인을 통해서만 할 수 있도록 조치하면 우려되는 상황을 예방 가능

(4) 임의후견

일반 성인이 질병, 장애, 노령, 그 밖의 사유로 인한 정신적 제약으로 사무를 처리할 능력이 부족한 상황에 있거나 부족하게 될 상황에 대비하여 스스로 후견계약을 체결하여 자신의 재산관리 및 신상보호에 관한 사무의 전부 또는 일부를 후견인에게 위탁하고 그 위탁사무에 관하여 대리권을 수여하는 것을 내용으로 하는 제도(「민법」 제959조의14)를 말한다.

사례 4 홍길동(가명, 80세)

- 길동 씨는 최근 기억이 가물가물해지는 등 치매에 걸릴까 봐 우려
- 길동 씨는 자신이 치매에 걸렸을 때를 대비하여 평소 소원한 장남 대신 차남을 임의후견인으로 선임하는 임의후견계약을 체결

  ⇒ 길동 씨가 치매에 걸리게 되는 경우 차남이 가정법원에 임의후견감독인 선임을 청구하고 법원이 이를 선임할 경우 임의후견계약대로 차남이 후견인으로 활동하게 될 것임

3) 제도의 한계와 과제

「UN장애인권리협약」 제12조는 "장애인이 장애를 이유로 차별을 받지 아니하고 완전한 법적 권리를 행사할 수 있음을 확인하고 각국에 대하여 장애인의 권리 행사 능력을 조력하는 제도를 마련할 것을 규정한다."라고 하였다. 이에 부응하여 우리나라도 성년후견제도 도입의 시대적 간절함과 긍정적 기대효과를 꾀하면서 시행에 이르게 되었다.

그럼에도 이 제도 논의 초창기부터 도입 이후 현재까지 지속적으로 제기되는 우려들도 있다. 대표적으로 「UN장애인권리협약」 제12조 제2항에서 "협약국은 장애인이 생활의 모든 영역에서 다른 사람과 동일한 기반 위에서 법적 능력(legal capacity)을 누린다는 점을 인정해야 한다.", 제3항에서는 "협약국은 장애인이 자

신의 법적 능력을 행사함에 있어서 필요할 수 있는 지원에 접근할 수 있도록 적절한 조치를 취해야 한다.", 제4항에서는 "협약국은 정신장애인의 법적 능력 행사와 관련이 있는 모든 입법 또는 기타 조치들이 국제인권법에 반하는 것을 막기 위한 조치를 하여야 한다."라고 규정하고 있다. 이에 비추어 볼 때, 우리나라의 현행 성견후견제도는 필연적인 한계와 모순을 가지고 있다는 지적이다. 즉, 성년후견의 경우 피후견인의 법률행위 능력은 인정되지 않으며, 후견인이 피후견인을 대리하여 법률행위와 신상보호를 위한 일을 하게 된다. 한정후견은 가정법원이 후견인의 동의를 받아야 할 법률행위를 정해 주고 이러한 법률행위에 있어서 피후견인이 후견인의 동의를 받지 않으면 취소할 수 있다(유엔인권정책센터, 2013. 5. 31.).

실제로 유엔장애인권리위원회는 2014년 우리 정부의 국가보고서에 대한 1차 최종 견해에서, 한국의 성년후견제도는 '대체의사결정제도(substituted decision-making system)'라며 이를 '조력의사결정제도(supported decision-making system)'로 바꾸라고 권고한 바 있다. 의사결정 능력이 부족한 장애인의 의사를 타인이 대신 행사하는 것이 아니라, 당사자를 최대한 조력하여 자기결정권을 행사할 수 있는 방법을 고안하라는 의미이다. 그런데 정부는 위원회 권고를 따르지 않고 2019년에 제출한 국가보고서에 "성년후견제도는 협약이 금지하는 차별이라 보기 어렵다."라는 의견을 제시하였다(비마이너, 2022. 9. 13.).

3. 발달장애인 공공후견

1) 성년후견과 발달장애인 공공후견지원제도

성년후견제가 입법화된 주된 동기는 발달장애인들이 상시적으로 권리를 침해당할 위험에 노출되어 있기 때문이다. 이 같은 사회적 약자를 위해 재산관리를 포함한 일상생활 지원 및 권익옹호의 필요성이 꾸준히 제기되어 왔다. 그러나 이 제도만으로는 발달장애인의 기본권과 권리를 실현하기에는 충분하지 않다고 지적되었다. 간단한 일상생활에도 타인으로부터 다양한 지원을 필요로 하기에 이들의 자기결정권과 권리옹호의 보장은 쉽지 않은 것이 현실이다.

2013년 성년후견제도 시행과 함께 보건복지부는 같은 해 서울 및 각 지방의 가정법원에 여러 건의 '특정후견 신청'을 하였으며, 그해 9월 1일부터 '발달장애인 공공후견 지원사업'을 시작하였다. 이러한 공공후견 지원사업은 초기에는 공공후견인 후보자 양성, 교육기관을 통한 공공후견인 후보자 양성과 후견심판청구 지원으로 구성되었다.

이후 공공후견 지원사업은 2016년 11월 「발달장애인 권리보장 및 지원에 관한 법률」(이하 「발달장애인법」) 시행으로 법률적 근거를 갖춘 서비스로 발전하였으며, 발달장애인의 자기결정권의 존중, 보충성의 원칙, 최소 개입의 원칙, 주변 자원의 최대 활용의 원칙을 원리로 삼는다. 이를 기반으로 법원으로부터 발달장애인과 관련된 특정한 사무의 처리나 재산관리, 신상보호 등의 업무를 지원하는 후견인을 선임함으로써 의사결정 능력 부족으로 어려움을 겪고 있는 성인 발달장애인의 자립생활 지원 도모를 목적으로 한다.

공공후견인은 법원이 특정후견 범위로 정해 준 업무 범위 내에서 피후견인의 의사결정을 지원하는데, 특정후견의 경우, 후견인은 피후견인의 단독행위를 법률적으로 취소할 권한은 없으며, 단지 피후견인을 대리하여 사무처리가 가능하다. 결정문에 가정법원이나 특정후견감독인의 동의를 받도록 되어 있는 경우에는 가정법원이나 특정후견 감독인에 동의 신청을 하여 동의를 받은 후 대리권을 행사하도록 하고 있다[「민법」 제959조의 11(특정후견인의 대리권) 제2항].

2) 사업개요

보건복지부의 「2025년 발달장애인지원센터 사업안내」(보건복지부, 2025a)에 따른 발달장애인 공공후견 지원사업은 지원내용과 사업대상, 지원금액, 공공후견인의 자격 등은 〈표 12-4〉와 같다.

표 12-4 공공후견 지원사업 개요

<table>
<tr><th>구분</th><th colspan="2">주요 내용</th></tr>
<tr><td>지원내용</td><td colspan="2">• 후견심판청구 지원 및 공공후견인 활동 지원</td></tr>
<tr><td>목표물량</td><td colspan="2">• 후견심판청구: 600건, 공공후견인 활동: 1,563명</td></tr>
<tr><td rowspan="2">사업대상</td><td>후견심판
청구 지원</td><td>• 성인(19세 이상) 발달장애인(지적 · 자폐성 장애인)</td></tr>
<tr><td>공공후견인
활동 지원</td><td>• 법원에서 선임된 공공후견인[피후견인의 가족(「민법」 제779조)이 후견인이 되는 경우는 비용 미지원]</td></tr>
<tr><td>지원금액</td><td colspan="2">• 후견심판청구: 실비(1인당 연간 최대 50만 원)
※ 예외적으로 50만 원을 초과한 금액 소요 시 지역발달장애인지원센터는 중앙발달장애인지원센터 및 시 · 도 광역지방자치단체와 사전협의를 실시해야 함
※ 특정후견 개시 후 공공후견인이 청구인이 되는 사건(후견인사임청구 등), 각종 변경청구, 사전처분 등 발생 비용
※ 법률자문(법무법인 또는 변호사) 수당 지급 기준
<table>
<tr><th>자문내용</th><th>기준금액</th></tr>
<tr><td>후견심판청구 관련 서면 작성</td><td>각 건당 300천 원 이내</td></tr>
<tr><td>후견심판청구사건의 대리</td><td>각 건당 500천 원 이내</td></tr>
</table>
–후견심판청구 관련 서면 작성 자문료(이하 '서면 작성 자문료')는 후견심판개시, 후견인 변경 등 「민법」에 의한 후견 관련 사건 일체를 포함하며, 각 사건 유선자문, 가정법원의 보정명령에 의한 보정서도 포함
–지급일: 사건 인용일로부터 3주 이내 해당사건 심판문을 지역발달장애인지원센터로 제출하여 지급(단, 예산 교부 등 사정에 따라 조정 지급 가능)
• 공공후견인 활동: 월 20만 원(월 최대 60만 원)
※ 후견법인이 공공후견인이 되는 경우 활동비 동일(단, 상한 제한 없음)
※ 1명의 후견인이 다수의 피후견인을 후견할 경우 활동비 지급에 관해서는 후견법인 간 논의하여 지급(단, 지급금액은 60만 원을 초과할 수 없음)</td></tr>
<tr><td>공공후견인
자격</td><td colspan="2">• 지정기관에서 공공후견인 후보자 양성 교육을 받거나 받을 예정인 사람 또는 보건복지부가 지정한 공공후견법인으로, 피후견인과의 관계 및 공공후견인 활동 적합성 고려
• 중앙발달장애인지원센터의 장이 추천하는 자(「발달장애인법 시행규칙」 제2조 근거)</td></tr>
</table>

선정 방식	• 읍 · 면 · 동에서 대상자를 발굴하여 시 · 군 · 구에서 후견 필요성 조사 · 확인 후 대상자 선정 ※ 공공후견법인은 지역사회에서 서비스의 내용과 절차에 대해 홍보하고 서비스 대상자 발굴을 위해 협조해야 함
후견 유형	• 특정후견을 원칙으로 함
공공후견인 감독관리	• 후견인 정기보고서 점검(매월 제출, 후견인 또는 후견법인을 통해서 수령) • 시 · 군 · 구가 후견인의 감독관리 업무 시, 후견법인과 중앙 · 지역 발달장애인지원센터의 업무 협조를 구하여 지도 · 점검 가능

출처: 보건복지부(2025a).

3) 발달장애인 공공후견 지원사업의 과제

공공후견 지원은 분명 발달장애인의 자립생활 지원을 위한 핵심적인 제도이지만, 기초적인 사회적 인식 확산을 비롯해서 사업의 효과성 증진, 후견인의 전문성 제고 등을 위한 과제도 남아 있다. 먼저, 공공후견 지원사업이 발달장애인의 실질적인 삶의 변화를 가져오고 사회통합 여건을 조성하기 위해서는 사업의 취지와 가치에 부합하는 발달장애인의 권리와 존엄성 보장에 관한 대국민 인식 제고가 필수적이다. 또한 서비스 전달체계상의 업무관계에 놓일 수 있는 지역사회 공적 자원체계 내 이해도를 높이는 노력이 더욱 필요하며, 사업의 효과성을 높이기 위한 공공후견인 양성교육 과정 내실화, 자격의 질 관리 방안 역시 중요하게 다루어져야 한다. 후견 심판 절차의 효율성을 높이고 후견인의 활동지원을 위한 법원과의 협력도 기본이자 핵심과제라 할 수 있는데, 이 과정에서 안정적인 재정 확보와 집행 방안을 갖추어야 한다.

4. 최중증발달장애인 통합돌봄서비스

1) 서비스 개요(보건복지부, 2025i)

발달장애인 중 도전행동(자해 · 타해 등)을 수반하는 등 장애정도가 극히 심한 최중증발달장애인은 기존 서비스 이용이 어려운 사각지대에 놓여 있으며, 가족의 돌봄부담도 가중되는 이중적 어려움에 처할 수 있으므로 이에 대한 돌봄 확대 필요성이 대두되었다. 이에 따라 최중증발달장애인 통합돌봄서비스 지원계획을 마련하여 사회적 지원체계를 강화하는 법적 근거를 마련하게 되었다.

「발달장애인법」 제29조의3(최중증발달장애인 통합돌봄 지원)

① 국가와 지방자치단체는 장애의 정도가 극히 심한 발달장애인(이하 "최중증발달장애인"이라 한다)에게 일상생활 훈련, 취미활동, 긴급돌봄, 자립생활 등을 전문적 · 통합적으로 지원하는 서비스(이하 "통합돌봄서비스"라 한다)를 제공할 수 있다.
② 통합돌봄서비스의 지원 대상, 지원 기준 및 방법 등에 필요한 사항은 보건복지부령으로 정한다.
[본조신설 2022. 6. 10.] [시행일 2024. 6. 11.]

관련 법령 내 조항 신설 취지에 따라 이 서비스는 돌봄 사각지대에 놓여 있는 최중증발달장애인을 대상으로 파악된 욕구 및 지원 필요도에 따라 통합적 · 맞춤형 서비스를 제공하고, 최중증발달장애인에게 필요한 다양한 사회적 지원을 통해 사회참여 및 적응도를 향상시켜 다른 지원체계로의 전이를 목적으로 한다.

최중증발달장애인 통합돌봄서비스 운영 및 지원기간 관련 사항은 〈표 12-5〉와 같다.

표 12-5 최중증발달장애인 통합돌봄서비스 유형별 개요

구분	24시간 개별 1:1	주간 개별 1:1	주간 그룹 1:1
서비스 내용	• 낮활동 지원 및 야간 주거지원을 통한 24시간 돌봄서비스 지원	• 이용자 특성에 맞는 개인별 낮활동 서비스 제공	• 사회서비스 이용권(바우처)을 통한 그룹형 1:1 낮활동서비스 제공
이용 시간	• (주간) 09:00~17:00 • (야간) 17:00~09:00 * 금요일은 20시까지 운영 * 주말 · 공휴일은 휴무	• (주간) 10:00~17:00 * 주말 · 공휴일은 휴무	• (주간) 09:00~18:00 • 일 최대 8시간 • 월 최대 176시간 * 주말 · 공휴일은 휴무
지원 기간	• 3년 ※ 2회(회당 1년) 연장 가능하며, 최대 5년간 이용 가능	• 3년 ※ 2회(회당 1년) 연장 가능하며, 최대 5년간 이용 가능	• 3년 ※ 재조사 후 갱신 가능

출처: 보건복지부(2025i).

그리고 이 서비스는 [그림 12-1]과 같이 '최중증발달장애인의 사회적 포함(social inclusion)과 좋은 삶 및 가족의 돌봄부담 감소를 통한 더 나은 삶'을 추구 목표로 하면서, 사람중심 접근과 포괄적이고 장기적 접근, 성장 기반 관점과 임파워먼트 관점을 기반으로 서비스 유형별로 핵심 과제이자 가치를 포함한 체계를 갖추고 있다.

통합돌봄서비스 제공기관 종사자는 통합돌봄서비스에 대한 이해와 최중증발달장애인 관련 전문지식 함양, 실천기술 및 전문성 강화를 통한 통합돌봄서비스 품질 제고 차원에서 사업관리자는 총 35시간, 제공인력은 총 80시간의 의무교육 시간 이수를 정하고 있으며, 대체인력의 경우에는 총 8시간 의무교육 이수 후 서비스를 제공해야 한다.

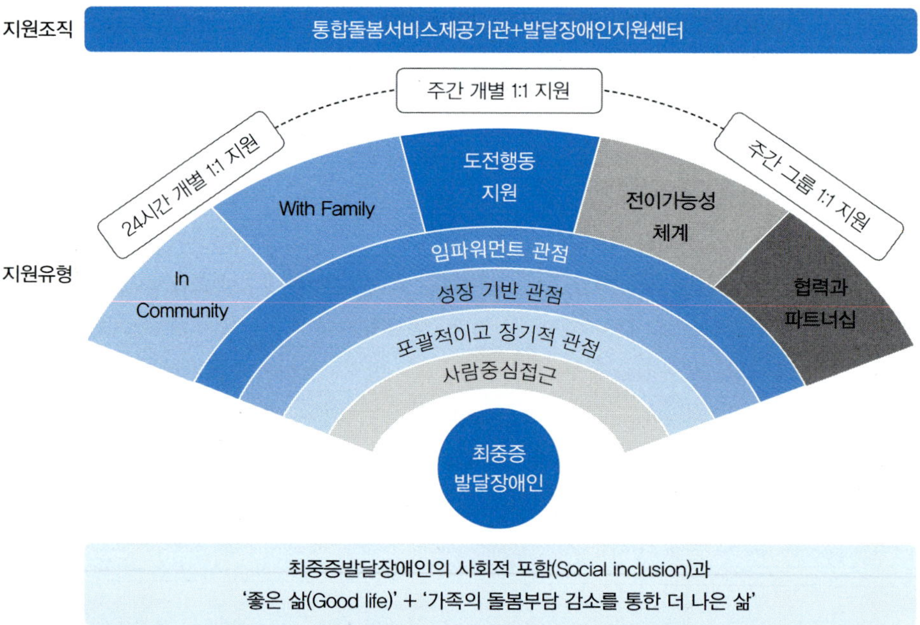

[그림 12-1] 최중증발달장애인 통합돌봄서비스 실행모형

출처: 보건복지부(2025i).

2) 발달장애인의 특성과 도전적 행동의 이해

발달장애인들의 감각신경은 대체로 매우 민감하다. 일반적으로 평범하게 받아들이거나 별로 신경 쓰지 않는 소리, 냄새, 맛, 움직임, 감촉, 광경에 매우 크게 자극받고 때로는 고통을 느낀다. 힘든 감각자극으로 눈이 시리거나, 두통이 생기거나, 구역질, 어지러움을 느끼고 몸이 어디에 있는지 알지 못하는 상태가 되기도 하며, 이런 힘든 느낌을 표현하지 못하고 귀를 막거나, 소리를 지르거나, 어딘가에 들어가지 않으려 하거나, 몸의 자세를 바꾸지 못하는 등의 행동을 한다.

이때 행동을 하는 사람이나 타인의 신체적 안전을 심각하게 해할 가능성이 있는 강도 · 빈도 · 기간 측면에서 지역사회시설을 이용하는 데 심각한 제약을 주거나 접근을 불가능하게 하는 행동을 도전적 행동이라 말한다. 이 정의에서는 '행동의 강도, 빈도, 기간의 측면'을 강조하고 있는데, 이는 단순히 자해 및 타해 행동의 발현을 도전적 행동이라고 지칭해서는 안 됨을 강조하고 있다. 즉, 강도가 낮거나 우연히 발생한 행동 등을 무조건 도전적 행동이라 명명하지 않아야 한다는 것이다(김진우 외, 2014).

도전적 행동은 타인을 향해 직접적으로 행해진 폭력과 고통, 혼란 또는 패닉을 야기시키는 폭력, 자해행동(주먹으로 머리를 치는 것, 딱딱한 물건에 머리를 박는 것, 피부 뜯기 등), 자신이 안전 또는 타인의 안전에 부주의한 행동(혼잡한 도로로 뛰어들기, 방화행동 등), 소유물에 심각한 손해를 가져오게 하는 행동 등이다(김진우 외, 2014).

이러한 '발달장애인의 도전적 행동'은 개인의 상태에 대해 주의를 끌기 위한 수단, 통제되는 것에 대한 불만을 표출하는 방법, 자기결정과 관련하여 개인의 욕구를 표출하는 하나의 방법, 적어도 그 상황에서는 권력에 대한 정당한 행동으로써 기능하는 단 하나의 방법, 다양한 선택과 문제해결 방안 모색이 어려운 발달장애인 당사자 입장에서는 유일하게 자신의 욕구를 표현하는 의사소통 도구이자 문제해결의 방법일 수 있다.

따라서 장애인복지 영역에서의 접근은 이러한 행동을 단순히 소거하는 것이 아니라 이 행동이 무엇을 의미하고 어떠한 기능이 있는지를 파악하여 의사소통의 행위를 사회적으로 수용 가능한 행동으로 대체시키는 대안행동을 알려 주고 지속적으로 사용하여 다른 사람들과의 소통을 지원함으로써 최종적으로 지역사회에서 시민으로서 삶을 영위할 수 있도록 하는 것이다.

물론 이를 위해서는 막 시작된 최중증발달장애인 통합돌봄서비스를 비롯한 다양한 합리적인 지원방안이 더욱 강구되어야 하며 지원체계의 안정화가 더욱 요구된다. 일례로 도전적 행동을 지닌 발달장애인은 대부분 자폐성장애인으로 도전적 행동을 지니지 않은 발달장애인에 비해 지원 강도가 높으며 넓은 공간을 필요로 한다. 그리고 일정 기간(최대 이용기간 5년) 내 이들에 대한 서비스는 도전적 행동의 기능, 사전징후 등을 파악하고 적절히 중재함으로써 도전적 행동의 빈도와 강도를 줄이도록 해야 한다.

그러나 현실적으로 도전적 행동의 소거는 또 다른 도전적 행동으로 변화되어 나타나기도 하여, 이들은 기존의 장애인복지서비스로 전이되기 어려운 경우가 더

☞ 최중증발달장애인 통합돌봄서비스 실천 사례를 탐색해 봅시다.

발행처: 한국장애인개발원, 중앙장애아동 · 발달장애인지원센터(2024. 12.). https://www.broso.or.kr

많다. 따라서 기존 장애인복지서비스로는 도전적 행동을 가진 최중증발달장애인 당사자들이 요구하는 서비스 공간과 시간, 서비스 인력 등에서 많은 한계를 가지고 있기에 이런 행동을 중재할 수 있는 전문인력 양성 및 유입, 가족 전체를 단위로 하는 지원체계, 이들을 포용할 수 있는 지역사회 옹호망 구축 등 더욱 구체적인 방안 마련과 실현 노력이 필요하다.

5. 장애인 평생교육

1) 장애인 평생교육의 이해

평생교육(lifelong education)이라는 용어는 1965년 12월 프랑스 파리에서 개최된 UNESCO 국제회의에서 랑그랑(Lengrand)의 「평생교육이론」이라는 논문에서 처음으로 사용되었다(박경실 외, 2013). 우리나라의 평생교육은 1973년 UNESCO 한국위원회가 평생교육의 개념과 원리를 소개한 후, 1982년 「헌법」에 국가가 평생교육을 진흥해야 한다는 조항을 넣으면서 본격적으로 시작되었다(평생교육진흥원, 2008).

평생교육은 넓은 의미와 좁은 의미의 평생교육으로 논의될 수 있다. 넓은 의미의 평생교육은 학교교육을 포함하여 전 생애에 걸쳐 형식의 구애 없이 참여하는 교육 및 학습의 총칭이다. 우리나라의 「평생교육법」은 평생교육을 좁은 의미로 해석하고 있다. 동법 제2조 제1항에서는 평생교육을 "학교교육을 제외한 모든 형태의 조직적인 교육활동"으로 정의하고 있다.

우리나라는 2008년부터 평생교육 소외계층을 대상으로 평생교육에 참여할 수 있는 기회를 확대하기 위하여 '소외계층 평생교육 프로그램 지원사업'을 꾸준히 실시하고 있다(교육과학기술부, 평생교육진흥원, 2008). 소외계층 평생교육 프로그램 지원사업의 주요 대상은 저소득층, 저학력자, 장애인, 노인, 이주여성 및 다문화가정, 조손가정 및 한부모가정, 외국인 노동자, 노숙인, 새터민 등이다.

이 같은 평생교육 참여 확대 노력은 차별 없이 동등하게 학습할 권리를 보장하는 「교육기본법」에 근거를 두고 있다. 특히 장애로 인해 각종 제한적 환경에 놓이기 쉬운 장애인 당사자들의 평생학습권 보장은 기본적 인권과 행복추구권 측면으로서 비장애인의 권리와 공통성을 갖지만, 동시에 차별성이 존재한다. 이에 관련하여 박원희(2002)는 비장애인의 평생교육과 다른 차원에서 장애인의 평생학습권이 강조되는 이유를 몇 가지로 제시한 바 있다. 먼저, 장애인의 평생학습권은 생의 수단이자 목표이기 때문이다. 즉, 장애로 인한 심리적 · 지적 · 신체적 · 환경적 제한 때문에 배운다는 것은 필요한 정보를 얻고 응용하려는 소망과 그 자체가 주는 보람에서 느끼는 행복 추구가 생의 목표가 될 수 있다는 것이다. 둘째, 장애인의 평생학습권은 재활의 수단으로서, 특히 교육적 · 직업적 · 사회적 측면 전반에서의 학습과 적응의 가능성을 제고하기 때문일 것으로 보인다. 셋째, 장애인의 평생학습권 보장은 장애인복지의 완성이라 할 수 있다. 이들의 학습권이 보장될 때 진정한 의미에서 생산적이고 상호 호혜적인 관계로 장애인복지가 수행될 수 있기 때문이다. 따라서 장애인 평생교육은 각 개인이 가지고 있는 기능을 향상시키고, 사회적 통합을 촉진할 수 있는 통합교육와 긍정적 행동의 지원, 일상생활의 능력을 향상시켜 결국은 자립생활이 가능하게 되도록 지원하는 것을 목적으로 한다

(이민희, 2018).

그리고 장애인 평생교육은 지식과 기술 획득에 대한 접근 기회를 확대시킬 뿐 아니라 학습을 통해 타인을 만날 수 있고 신뢰와 새로운 네트워크를 구축할 수 있게 해주므로 사회참여의 한 요소가 된다. 그뿐만 아니라 지역사회에서 적응해서 살아가기 위해 필요한 다양한 요구에 반응하고, 각 개인에게 주어지는 다양한 역할을 수행할 수 있는 역량을 키우기 위해 다양한 기관에서 이루어지는 평생교육이 필요하다(정연수 외, 2023).

2) 장애인 평생교육 추진 현황

우리나라는 2016년 6월「평생교육법」개정으로 장애인 평생교육에 대한 국가의 책무성을 강화하기 위해 2018년 5월에 국가장애인평생교육진흥센터를 설치하고 국가, 시 · 도 간 분담체계를 구축하기 시작하였다. 또한 2021년 6월 동법 제15조의2(장애인 평생학습도시)를 신설하여 장애인이 소외됨 없이 평생학습권을 보장받는 장애친화적 평생학습 체계 구축을 목적으로 하는 '장애인 평생학습도시'를 지정 · 운영하고 있다.

(1) 국가장애인평생교육진흥센터

우리나라는 2016년「평생교육법」개정을 통해서 제19조의2(국가장애인평생교육진흥센터)를 신설하여 국가의 장애인 평생교육진흥과 관련된 업무를 지원하기 위해 국가장애인평생교육진흥센터를 두도록 명시하고 있다. 그에 따른 센터의 업무는 다음과 같다.

1. 장애인 평생교육진흥을 위한 지원 및 조사 업무
2. 진흥위원회가 심의하는 기본계획에 관한 사항 중 장애인 평생교육진흥에 관한 사항

3. 장애유형별 평생교육 프로그램 개발의 지원
4. 장애인 평생교육 종사자의 양성 · 교육 및 연수와 공무원의 장애인 의사소통 교육
5. 장애인 평생교육기관 간의 연계체제 구축
6. 발달장애인의 평생교육과정의 개발
7. 발달장애인의 의사소통 도구의 개발과 보급
8. 장애인 평생교육 프로그램을 운영하는 각급학교와 평생교육기관 양성을 위한 지원
9. 장애유형별 평생교육 교재 · 교구의 개발과 보급
10. 그 밖에 장애인평생교육진흥센터의 목적수행을 위하여 필요한 사업

(2) 장애인 평생학습도시

장애인 평생학습도시는 지역에 기반한 장애인의 역량개발 지원 및 지역 중심 장애인 평생교육 활성화 기반 조성을 위해 국가가 시 · 군 및 자치구를 대상으로 '장애인 평생학습도시'를 지정하여 장애유형 및 정도에 따른 다양한 평생교육 프로그램을 제공하고, 이에 대한 접근성 향상을 위해 이동 · 편의 사항을 지원하는 사업으로 지방자치단체의 신청으로 심사를 통하여 지정한다(관계부처합동, 2019. 12.).

장애인 평생학습도시는 장애인 평생교육을 위한 편의시설 구축과 장애인 평생교육 이동권 및 접근성 확보 등 지역의 장애인 평생교육 인프라 구축에 중점을 두고 있다. 장애인 평생학습도시 사업은 지방자치단체가 장애인의 지역사회 통합 촉진과 활성화를 위하여 지역별 및 장애인의 장애유형과 장애정도를 고려한 평생교육 프로그램을 운영하도록 지원하고, 지역의 공공 및 민간 기관 · 장애인 복지시설 · 교육기관 간에 장애인 평생교육 지원 협의체를 구성하여 운영하는 등 장애인 평생교육을 진흥하기 위한 네트워크 활성화를 위한 목적으로 추진하고 있다(조인식, 2022).

2025년 현재 전국적으로 96개의 장애인 평생학습도시가 지정, 운영되고 있다(국가장애인평생교육진흥센터, https://www.nise.go.kr/lifelong, 2025. 5. 1. 검색).

(3) 장애인 평생교육 실태

「2023년 장애인실태조사」 보고서에 의하면, 만 18세 이상의 초 · 중 · 고 재학중이 아닌 장애인 중 지난 1년간 평생교육 프로그램 참여했던 경우는 2.4%로 나타났다. 이는 2023년 한국교육개발원이 발표한 「한국 성인의 평생학습 실태」에서 전체 국민의 평생교육 참여율이 32.3%로 집계된 것과 비교해 현저히 낮은 수준이다.

국가장애인평생교육진흥센터는 매년 장애인 평생교육 현황조사를 실시하고 있는데, 이 장에서는 『2024 장애인 평생교육 현황조사(후속조치) 통계자료집』(국립특수교육원, 국가장애인평생교육진흥센터, 2024)에 근거한 2023년 기준 주요 통계 결과를 살펴본다.

조사 결과에 의하면, 장애인 평생교육 프로그램을 운영하는 기관은 1,311개로 장애인복지시설이 766개, 일반평생교육기관이 242개, 장애인 직업 및 고용시설이 162개, 장애인 평생교육시설이 131개의 순으로 많았다.

장애유형별 학습자 현황은 지적장애 41.2%, 지체장애 19.6%, 기타 11.0%, 뇌

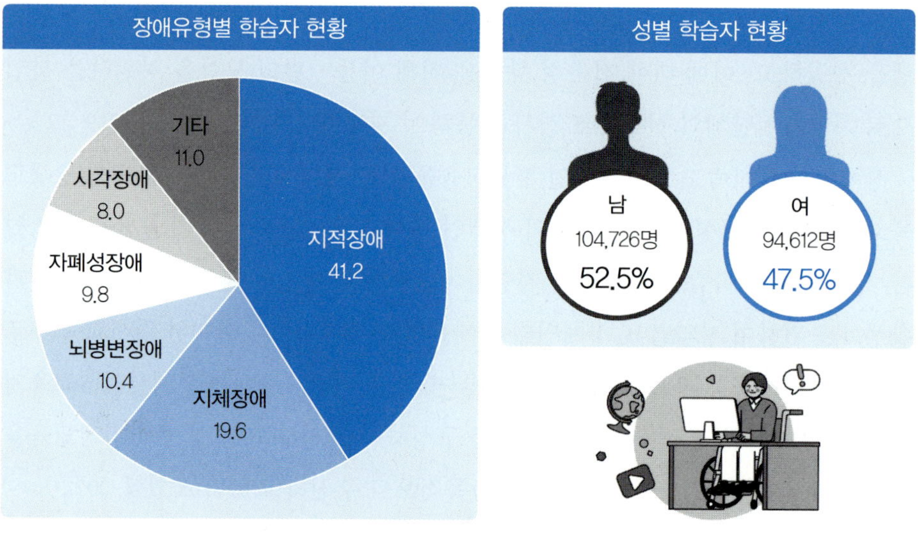

[그림 12-2] 장애유형별, 성별 학습자 현황

출처: 국립특수교육원, 국가장애인평생교육진흥센터(2024).

병변장애 10.4%, 자폐성장애 9.8%, 시각장애 8.0% 순이었으며, 참여자의 성별은 남성은 104,726명(52.5%), 여성은 94,612명(47.5%)으로 나타났다.

이들 기관의 프로그램 운영 세부 현황을 보면, 장애인 평생교육의 6진 분류를 기준으로 문화예술 영역이 50.3%로 가장 많았고, 이어서 인문교양, 직업 능력 향상, 시민참여, 성인문해, 학력보완 순을 보이고 있어 영역별 편차가 두드러짐을 확인할 수 있다.

(단위: %)

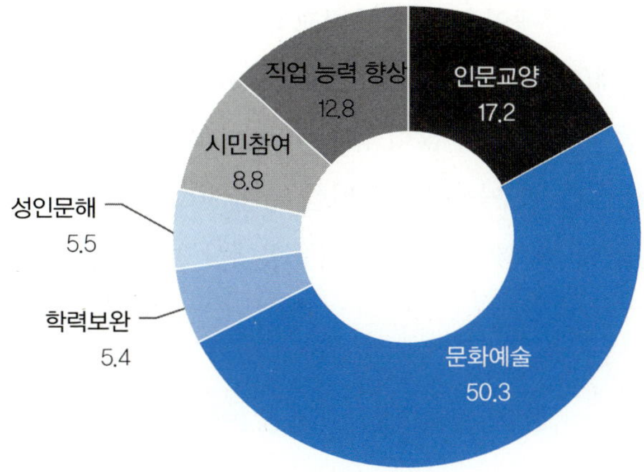

[그림 12-3] 장애인 평생교육기관의 프로그램 운영 세부 현황

출처: 국립특수교육원, 국가장애인평생교육진흥센터(2024).

이런 결과들과 더불어 「2023년 장애인실태조사」에서는 장애인의 평생교육 참여율이 2.4%로 나타난 것 외에도 장애인의 51.5%가 중학교 졸업 이하의 학력을 보이고 있어 학령기 교육 보장의 미흡함이 드러나고 있다. 즉, 기초학력을 포함한 성인기 학습의 기본적 학습이 필요하고, 이에 기반하여 자기계발과 안정적 사회 적응과 참여를 활성화시킬 수 있는 다차원적인 노력이 더욱 요구된다는 것이고, 이 점은 장애유형별 특성과 현황을 고려하여 합리적인 방안들이 만들어져야 함을 전제로 한다.

실제로 동 조사결과 중에서, 향후 참여하고 싶은 평생교육 영역을 장애유형별로 보면, '직업 능력 향상 교육'을 희망하는 경우는 자폐성장애(21.4%), 지적장애

(19.0%), 정신장애(13.2%), 뇌전증장애(11.3%) 등이 높았고, '문화 · 체육 · 예술 교육'을 희망하는 경우는 간장애(21.3%), 뇌전증장애(17.1%), 안면장애(15.1%), 지체장애(13.7%), 자폐성장애(12.5%), 지적장애(12.0%) 등의 순서로 높았으므로 유연한 프로그램 기획과 수행으로 이어져야 한다. 또한 평생교육 프로그램에 참여하기 위해 가장 필요한 지원은 '프로그램 홍보 강화'가 29.8%로 응답이 가장 많았고, '교육기관까지의 이동지원' 21.3%, '학습보조금 지원' 18.2%, '장애인을 위한 특별교육과정 운영' 16.3%, '학습지원 인력제공' 4.7% 등의 순서로 나타났다. 장애유형별로 보면, 다른 지원보다 '장애인을 위한 특별교육과정 운영'이 필요하다는 비율이 높은 경우는 언어장애(26.9%), 지적장애(39.8%), 자폐성장애(38.9%), 정신장애(29.7%) 순이었고, '이동지원'을 가장 많이 꼽은 경우는 뇌병변장애(31.4%)였으며, '프로그램 홍보 강화'를 꼽은 경우는 이를 제외한 간장애(42.8%), 지체장애(34.5%), 시각장애(32.9%), 청각장애(28.6%) 등 모든 장애유형에서 높은 비율을 보였다.

☞ 「장애인평생교육법」 제정 논쟁

2021년 4월 20일, 유기홍 의원 등 47인 공동발의로 「장애인평생교육법안」이 국회에 제출되었으며, 이 법안에는 모든 장애인이 평생교육 참여 기회를 골고루 보장받을 수 있도록 하기 위해 장애인의 평생교육 권리를 명확히 규정하고, 장애인 평생교육에 관한 국가 및 지방자치단체의 책무성 강화와 장애인 평생교육 전달체계 및 심의체계 구축 등의 장애인의 교육권 보장을 법적으로 명문화하는 내용을 담고 있다(비마이너, 2021. 4. 21).

그러나 제21대 국회 임기 종료로 이 법안은 자동 폐기가 되었고, 2024년 22대 국회가 들어서면서 다시 일부 국회의원들에 의해 유사 법안이 재발의되면서 제정 논의가 재점화되기 시작하였다.

관련 법률 제정의 찬성과 반대에 대한 입장차를 확인하고 궁극적인 장애인평생교육 권리보장을 위한 국가적 · 사회적 방안은 무엇일지 함께 논의해 보자.

요약

1. 개인예산제도

장애인 개인예산제는 우리나라 장애인정책종합계획에 포함된 핵심과제 중 하나로 운영의 전제는 서비스 이용의 전 과정에서 이용자는 서비스 구매자로서의 권리보장과 이용자의 욕구에 맞는 서비스 제공을 위한 개인별 지원계획 수립이다. 이에 따른 장애인 선택권 보장과 욕구맞춤형 서비스 보장이 가능하며, 시범사업을 거쳐 2026년 본사업 수행체제를 가동한다.

2. 장애인 성년후견

'성년후견'은 장애 · 질병 · 노령, 그 밖의 사유로 인한 정신적 제약으로 사무처리 능력에 도움이 필요한 성인에게 가정법원의 결정 또는 후견계약으로 선임된 후견인이 재산관리 및 일상생활에 관한 폭넓은 보호와 지원 제공을 목적으로 한다.

3. 발달장애인 공공후견제도

「발달장애인법」 시행으로 발달장애인의 자기결정권의 존중, 보충성의 원칙, 최소 개입의 원칙, 주변 자원의 최대 활용의 원칙을 원리로 삼는다. 이를 기반으로 법원으로부터 발달장애인과 관련된 특정한 사무의 처리나 재산관리, 신상보호 등의 업무를 지원하는 후견인을 선임함으로써 의사결정 능력 부족으로 어려움을 겪고 있는 성인 발달장애인의 자립생활 지원 도모를 목적으로 한다.

4. 최중증발달장애인 통합돌봄서비스

발달장애인 중 도전적 행동(자해 · 타해 등)을 수반하는 등 장애정도가 극히 심한 최중증발달장애인은 기존 서비스 이용이 어려운 사각지대에 놓여 있으며, 가족의 돌봄 부담도 가중되는 이중적 어려움에 처할 수 있으므로 이에 대한 돌봄 확대 필요성이 대두되었다. 이에 따라 최중증발달장애인 통합돌봄서비스 지원계획을 마련하여 사회적 지원체계를 강화하는 법적 근거를 마련하게 되었다.

5. 장애인 평생교육

우리나라의 경우 장애인의 학령기 이후 성인대상 일상 및 직업, 문화예술 등 다양한 생활 영역에서의 지속적인 교육을 장애인 평생교육으로 설명하면서 궁극적인 자립생활과 사회통합을 지향하는 교육, 학습적 분위기 조성에 법 · 제도적 차원에서도 힘쓰고 있다. 그럼에도 실제 참여율이나 효과적 측면은 미약한 것으로 나타나 현행 법률의 한계와 새로운 법률 제정 요구에 대한 목소리도 더욱 커지고 있다.

Issues & Discussions

1. 개인예산제도의 배경과 의의, 추진체계에 대해 설명하시오.
2. 장애인 성년후견제도와 기존 금치산 · 한정치산에 관해 비교 · 설명하시오.
3. 성년후견의 유형을 파악하고, 발달장애인을 위한 공공후견서비스에 대해서 설명하시오.
4. 도전적 행동의 의미와 소통적 맥락을 이해하고 설명하시오.
5. 최중증 발달장애인 통합돌봄 지원의 유형과 내용에 대해서 설명하시오.
6. 장애인 평생교육의 필요성 및 현행 「평생교육법」의 한계와 새로운 법률 제정 움직임에 대해 논의하시오.

Workshop

- **활동주제**: 도전적 행동을 지닌 최중증발달장애인의 지원방안 계획하기
- **활동내용**: 도전적 행동을 지닌 최중증발달장애인 사례를 찾아 지원방안 브레인스토밍
- **활동형식**: 4~5명씩 조를 구성하여 다음의 절차를 수행한 후 발표 및 피드백
- **활동시간**: 1시간
- **활동절차**

절차	활동내용		시간
1단계	조원 구성하기	• 4~5명 1개 조로 구성	5분
2단계	도전적 행동을 지닌 최중증 발달장애인 사례 찾기	• 기관 및 지역사회 내 도전적 행동을 지닌 최중증 발달장애인 사례 찾기	10분
3단계	사례에 따른 권리 지원방안 계획하기	• 당사자의 강점과 필요한 지원 • 당사자의 주간 일정 • 구체적인 일상과 활동 패턴 • 당사자를 잘 지원하기 위한 정보 • 낮활동서비스 지원 방향 등	20분
4단계	발표 및 피드백		20분
정리 및 총평			5분

13
한국 장애인복지 방향과 과제

이 장에서는 장애에 대한 패러다임 변화와 이에 따른 복지정책의 전환과 대응, 사회적으로 장애 감수성과 장애인의 권리를 중심으로 한 인권 기반 강화, 디지털 시대 전환과 접근성 보장, 장애인 탈시설과 지역사회 통합 실현, 그리고 마지막으로 최근 장애인운동의 주요 흐름과 장애학적 관점의 의의를 중심으로 살펴본다. 이를 통해 한국 장애인복지의 현재 위치를 점검하고, 향후 지향해야 할 실천과 정책방향을 모색하고자 한다.

장애인복지 서비스는 단순한 생계 보호나 일률적인 지원이 아니라, 장애인의 다양성과 개별성을 존중하며 자율성과 사회참여를 실현할 수 있도록 설계된 맞춤형 지원체계로 이루어진다. 특히 서비스는 지역사회 중심의 통합적 접근을 통해, 교육, 고용, 건강, 이동, 문화 등 삶의 다양한 영역에서 장애인의 권리와 삶의 질을 실질적으로 향상시키는 방향으로 제공되어야 한다.

학습목표

1. 장애 패러다임 변화의 역사적 맥락과 이론적 전환과정을 이해하고, 복지정책과의 연계성을 설명할 수 있다.
2. 장애 민감성과 인권 기반 접근의 실제 적용 사례를 분석하고, 정책 및 서비스 현장에서 활용 가능한 사례를 수집할 수 있다.
3. 디지털 전환과 장애인복지의 관계를 파악하고 적응 과제를 설명할 수 있다.
4. 탈시설 관련 정책 동향을 파악하고 향후 지역사회 통합 실현의 과제를 논의할 수 있다.
5. 최근 장애인운동의 동향과 장애학적 관점을 바탕으로 장애인복지의 기능과 사회적 의의를 설명할 수 있다.

키워드

장애 패러다임 변화/장애 감수성과 인권 기반 복지/디지털 시대 전환과 장애인 접근성/장애인복지와 지역사회 통합 실현/장애인운동의 과제

1. 장애 패러다임의 변화와 대응

장애에 대한 사회적 인식과 국가 정책의 접근 방식, 즉 복지 패러다임은 지난 수십 년 동안 뚜렷한 변화를 거쳐 왔다. 과거 산업화와 근대화를 배경으로 한 복지 초기 단계에서 장애는 주로 개인의 신체적 손상이나 정신적 결함으로 이해되었으며, 이로 인해 '불완전한 존재'로 간주되거나 '도움이 필요한 대상'으로 규정되는 경우가 많았다. 이러한 관점은 의료적 판단과 과학적 진단에 기반을 둔 의학적 모델(medical model)을 중심으로 발전했으며, 장애인을 사회 내에서 배제하거나 특별한 보호 대상으로 구분하는 제도적 정당화를 낳기도 하였다.

의학적 모델에 따르면 장애는 고칠 수 있거나 최소한 관리되어야 할 개인의 결함으로 간주되기 때문에, 정책적으로는 치료, 재활, 수용 중심의 시설 정책이 정당화되었고, 장애인의 자율성이나 사회적 권리에 대한 고려는 상대적으로 미미하였다. 이러한 인식은 비장애인 중심의 사회에서 장애인을 '특수한 존재'로 분리시키는 데 기여했고, 이는 곧 사회 구조와 환경이 장애를 어떻게 구성하고 유지하는지를 간과하는 결과를 낳았다.

하지만 1970년대 이후 서구 복지국가를 중심으로 장애를 개인의 문제가 아니라 사회가 만든 제도적 · 환경적 장벽의 결과로 이해하는 사회적 모델(social model)이 제기되면서 장애 인식의 근본적 전환이 시작되었다. 이 모델은 장애인이 겪는 어려움이 개인의 손상 때문이 아니라, 오히려 불평등한 사회 구조, 배제적 제도, 차별적 인식에서 비롯된다는 점을 강조하였다. 이처럼 장애를 사회적 구성물로 보는 관점은 장애인의 권리 실현과 사회참여 확대를 위한 새로운 접근을 가능하게 했으며, 다양한 제도와 서비스 설계의 철학적 토대를 제공하였다.

이러한 전환은 국제적 차원에서도 제도화되기 시작하였다. 특히 2006년 UN이 채택한 「UN장애인권리협약(CRPD)」은 그 상징적 전환점이라 할 수 있다. 이 협약은 장애인을 단순한 보호 대상이 아닌 권리의 주체로 명확히 규정하며, 각국 정부가 장애인의 자율성, 자기결정권, 사회참여권, 교육권, 노동권 등을 적극적으로 보장할 책임이 있음을 선언하고 있다. CRPD는 국제인권법의 일환으로 채택되었으며, 장애인을 '비정상적 존재'가 아닌 '동등한 시민'으로 바라보는 관점을 법적으로 명문화한 점에서 중요한 의의를 지닌다.

우리나라도 이러한 국제적 흐름에 발맞추어 관련 법 제도와 정책체계를 단계적으로 개편해 왔다. 2007년 「장애인차별금지법」의 제정은 그 출발점이 되었으며, 이후 「장애인복지법」의 반복적인 개정과 「장애인활동지원법」의 시행을 통해, 장애인의 자립생활과 지역사회 참여를 가능하게 하는 제도적 기반을 마련하였다(정종화, 2022). 특히 최근에는 보건복지부가 주도하여 수립한 제6차 장애인 정책종합계획(2023~2027)을 통해, 장애 개념을 ICF(국제기능장애건강분류)에 기반한 다차원적 접근으로 전환하고, 기능 중심의 평가와 사회적 환경요인의 중요성을 강조하며 정책방향을 새롭게 설정하고 있다(보건복지부, 2023).

이 계획에서는 장애 정의의 확대뿐 아니라, 생애주기별 욕구에 따른 맞춤형 서비스 설계, 지역사회 중심의 서비스 전달체계 구축, 장애인의 완전한 사회참여 보장을 위한 정보 접근성과 이동권 보장, 문화생활권 확보 등 다양한 영역의 정책적 개선이 함께 추진되고 있다. 이는 장애인을 단지 복지의 수혜자가 아니라 자기 삶의 주체로 존중하는 방향으로의 정책적 진화를 의미한다.

이러한 변화는 장애를 더 이상 의학적 진단이나 행정적 판정만으로 규정할 수 없다는 인식에서 출발한다. 장애는 단일한 정체성이 아니라 사회 구조, 경제 조건, 문화적 인식, 제도적 장벽 등 복합적인 요소와 상호작용하여 형성되는 사회적 조건과 관계의 산물이다. 따라서 장애인의 삶을 실질적으로 개선하기 위해서는 복지정책이 이와 같은 사회적 맥락을 깊이 있게 반영할 수 있어야 한다.

교육, 고용, 주거, 건강, 이동, 문화 등 삶의 전 영역에 걸쳐 장애인이 겪는 제약을 단순한 개인의 문제로 다루기보다는 사회가 공동으로 해결해야 할 과제로 인식하는 것이 중요하다. 또한 복지제도는 이러한 영역들이 단절되지 않도록 통합적으로 설계되어야 하며, 특히 지역사회 기반의 접근 방식을 통해 장애인의 일상적 삶 속에서 구체적이고 지속 가능한 지원이 가능해야 한다.

장애에 대한 새로운 인식과 이를 반영한 정책 전환은 사회의 성숙도를 평가하는 중요한 척도이다. 장애인이 시민으로서 동등한 권리를 보장받고, 의미 있는 삶을 실현할 수 있도록 지원하는 것이야말로 궁극적인 장애인복지의 목표이며, 우리 사회가 나아가야 할 방향이라 할 수 있다.

2. 장애 감수성과 인권 기반의 강화

오늘날 장애인복지의 핵심 과제 중 하나는 단순한 제도개선이나 서비스 확대를 넘어서, 장애를 어떻게 바라보고 이해하느냐는 인식 수준의 문제로까지 접근하는 것이다. 이 가운데 중요한 개념으로 주목받는 것이 바로 장애 감수성(disability sensitivity) 또는 장애 인식 감수성이다.

장애 감수성(disability sensitivity)은 '장애'와 '감수성'이 결합한 것으로 인권 감수성과 같은 맥락으로 비장애인들이 일상생활에서 경험하는 다양한 일들을 장애인의 관점에서 인식하고 해석하여 그 일이 어떤 영향을 미칠지 예측함으로써 문제를 해결하는 데 동참하겠다는 심리 사회적 공감을 의미한다(한국장애인고용공단, 2024). 이는 장애인을 이해하고, 그들의 삶의 맥락과 경험을 고려하는 복지실천자의 태도와 자세, 더 나아가 조직과 사회 전체의 반응 역량을 의미한다(이경준, 최윤영, 2020).

장애 감수성은 장애에 대한 단순한 지식이나 정보의 습득을 넘어서, 장애인의 현실과 필요를 공감하고 배려하는 능력을 포함한다. 즉, 이는 인지적인 이해 수준에서 멈추는 것이 아니라, 장애인의 경험을 정서적으로 수용하고, 그것이 조직의 구조와 운영 방식 속에 제도적 반영으로 연결될 수 있도록 하는 다층적 감수성을 뜻한다. 다시 말해, 장애 감수성은 개인의 인식 변화에서 시작하여 조직문화와 정책 설계에까지 영향을 미치는 총체적 능력이라고 할 수 있다.

이러한 장애 감수성은 장애인식, 장애 수용 태도에 영향을 미치고(이무숙, 정대영, 2020), 장애인식, 장애수용 태도는 장애자녀로 인해 겪는 가족의 어려움을 견딜 수 있는 가족역량과 밀접하게 관련되어 나아가 부모의 적극적인 장애 권익 옹호 활동으로 이어진다(고은주, 김유경, 2024 재인용).

장애인복지실천 현장에서 장애 감수성을 실질적으로 구현하기 위해서는 무엇보다도 인권 기반 접근(human rights-based approach)이 전제되어야 한다. 이는 장애인을 단지 보호받아야 할 존재가 아닌, 권리를 가진 시민이자 주체로 인정하고, 이들의 자기결정권, 자율성, 사회참여권을 실현할 수 있도록 모든 복지제도와 서비스가 설계되어야 함을 의미한다. 이러한 접근은 「UN장애인권리협약(CRPD)」에서도 반복적으로 강조되고 있으며, 장애인의 권리보장은 더 이상 선택이 아닌 국가와 사회의 의무로 간주된다.

인권 기반 복지를 위해 반드시 확보되어야 할 요소는 구체적으로 다음과 같다.

첫째, 정당한 편의 제공(reasonable accommodation)의 원칙이다. 이는 장애인이 일상생활이나 사회활동에서 불이익을 겪지 않도록 사전에 제도적 · 물리적 · 정보적 편의를 제공하는 것을 말한다. 예를 들어, 시각장애인을 위한 점자 정보 제공이나 음성 안내, 청각장애인을 위한 수어통역과 자막 서비스, 휠체어 사용자에게 적합한 건축물 설계와 같은 접근환경은 단지 '도움'이 아니라 장애인의 기본권 실현을 위한 전제조건이다. 이러한 편의는 모든 사회 영역에서 비차별과 동등한 참여를 가능하게 하는 최소한의 조건이 되어야 한다.

둘째, 개별적 욕구에 기반한 맞춤형 서비스가 중요하다. 장애인은 장애유형, 장애정도, 생활환경, 나이, 성별 등에 따라 매우 다양한 요구를 가지며, 복지서비스는 획일적 기준이 아니라 당사자의 목소리와 선택을 중심에 둔 유연한 체계여야 한다. 이를 위해 최근에는 '개인 예산제도' '자기주도형 활동지원' 등 장애인의 자율성과 참여를 확대하는 정책적 접근이 시도되고 있다.

셋째, 차별적 환경에 대한 구조적 개선도 필수적이다. 장애인이 단지 도움을 받는 대상이 아니라, 사회 구성원으로서 자신의 권리를 실현하며 살아갈 수 있는 환경을 보장해야 한다. 이는 건축환경, 교육체계, 노동시장, 정보접근체계, 여가활동 등 전 영역에 걸쳐 포괄적으로 적용되어야 하며, 단순한 '보조'나 '임시적 배려' 수준이 아니라 제도와 인식의 구조적 재편성이 요구된다.

장애인의 인권 보장을 위한 이러한 접근이 단순히 선언적 수준에 그치지 않기 위해서는, 장애인 당사자의 실질적인 정책 참여와 의사결정 참여 보장이 반드시 필요하다. 이는 단지 정책 초안에 대한 자문을 넘어서, 제도 기획, 실행, 평가의 전 과정에서 장애인이 주체적으로 참여할 수 있는 구조를 의미한다. 예컨대, 중앙정부나 지자체 차원의 장애인 정책위원회, 활동지원 심의위원회, 장애 영향평가제도의 강화 등이 그것이다.

또한 서비스 제공자 역시 장애 감수성을 강화하기 위한 지속적인 교육과 훈련이 필요하다. 이는 특정 직무교육을 넘어서, 장애인을 동등한 시민으로 존중하고 이해하는 문화적 소양을 포함하는 교육이 되어야 하며, 서비스 제공자 개인뿐 아니라 조직 전반의 감수성 역량을 제고할 수 있는 프로그램으로 확대되어야 한다.

궁극적으로 장애 감수성과 인권 중심 접근은 특정 기관이나 프로그램에만 국한되어서는 안 된다. 이는 복지실천 전체를 관통하는 운영 철학이자 조직문화로 자리 잡아야 하며, 복지행정, 교육, 건강, 고용, 주거 등 모든 복지정책의 기획과 집행, 평가에 통합되어야 할 기본 가치이다. 장애인의 권리를 이해하고 존중하는 감수성은 사회가 성숙해지는 바로미터이며, 복지국가가 진정으로 사람을 중심에 두는지를 판단하는 핵심 지표가 된다.

3. 디지털 시대 전환과 접근성 보장

정보기술은 현대인의 삶에 필수적인 기반이 되었고, 이는 장애인에게도 예외가 아니다. 그러나 디지털 환경의 설계와 구현이 여전히 비장애인 중심으로 이루어지면서, 장애인은 일상 속에서 다양한 정보접근 제한과 기술 소외를 경험하고 있다(한국정보화진흥원, 2020). 디지털 기술은 단순한 편의가 아닌 생존을 위한 필수 조건이 되었기에, 정보 격차는 곧 생존 격차로 이어질 수 있다. 따라서 디지털 시대 도래와 새로운 격차의 발생은 매우 우려스럽게 보일 수도 있고, 반대로 전혀 다른 장애인의 생활환경을 구축하는 계기가 될 수도 있다. 이런 맥락에서 디지털 시대 전환과 접근성 보장은 장애인의 생활 전반과 삶의 질에 기준이 되기에 충분하다.

우리나라의 디지털 접근성을 위한 정책 동향은 여러 차원에서 확인되지만, 무엇보다도 이 또한 누구나 누려야 하는 권리로서 차별받아서는 안 됨을 명시한 「장애인차별금지법」 제21조(정보통신 · 의사소통 등에서의 정당한 편의제공의무) 내지 제23조(정보접근 · 의사소통에서의 국가 및 지방자치단체의 의무)를 근거로 할 수 있다. 그러나 코로나19 팬데믹 상황을 거치며 공공서비스의 비대면 전환이 급속히 이뤄지면서 삶의 질 저하 문제가 대두되고 이에 대처하는 과정에서 디지털 격차가 생존의 문제로 직결되는 경험을 하기 시작하였다. 정책적 한계와 실천적 기술의 부족이 드러나면서 장애인의 접근권은 충분히 고려되지 못했음이 확인된 것으로, 온라인 수업의 자막 부족, 행정서비스 모바일 앱의 시각장애인용 음성지원 미흡 등이 대표적인 사례였다(한국장애인단체총연합회, 2022).

「지능정보화기본법」 제6장 지능정보사회의 기반 조성 차원에서 모든 국민의 정보격차 해소 시책 마련(제45조)을 비롯한 장애인 · 고령자 등의 지능정보서비스 접근 및 이용 보장(제46조) 및 정보통신접근성 품질인증 등(제47조)을 통해서도 합리적인 정보접근 권리와 향유의 주체를 분명히 하고 있다. 여기서 정보통신접근성은 일차적인 웹 접근성 의미로 시각, 이동성, 청각, 인지 측면의 특성을 고려해야 하며, 다양한 보조과학기술도 이용하게 되어 있다. 실천적 사례로 (사)한국장애인단체총연합회 한국웹접근성인증평가원에서는 동법 제47조와 제48조에 따라 장애인 및 고령자가 웹사이트 이용에 불편이 없도록 웹 접근성 지침을 준수한 우수 사이트에 대해 적합 여부를 심사하여 품질인증 마크를 부여하고 있다. 과학기술정보통신부가 공식 지정한 WA 인증마크가 부여된 사이트는 단순히 웹 접근성 지침을 준수하는 것에서 더 나아가 장애인, 전문가들에 의한 실질적인 사용자 평가 후 접근성 및 사용성이 평가된다[(사)한국장애인단체총연합회 한국웹접근성인증평가원, 2025. 5. 1. 검색].

또한 디지털 시대 전환과 접근성 보장은 실제로 보조공학과 스마트기술의 융복합을 통해 더욱 실현 가능성을 높이고 있다. 기술을 통한 포용은 보조공학(assistive technology)의 발전과 밀접히 관련되며, 음성입력 시스템, 화면낭독 프로그램, 점자 디스플레이, 인공지능 기반 개인화 기기 등은 장애인의 사회참여를 실질적으로 가능하게 한다. 특히 AI와 IoT의 접목은 단순한 보조를 넘어 삶의 독립성과 편의를 획기적으로 향상시키고 있다.

이상과 같은 현실에서 향후 장애인복지에서는 디지털 포용을 위한 제도개선 측면의 노력이 더욱 경주되어야 한다. 이로써 실천현장에서의 적용과 다양한 사례가 공유됨으로써 실질적인 장애인의 삶에 질적으로 영향을 주는 변화를 도모할 수 있을 것이다. 따라서 지금까지 꾸준히 제시되어 온 몇 가지 과제를 정리하면 다음과 같다.

첫째, 보편적 디자인(universal design)의 확대 적용으로 '모두를 위한 설계'로의 관점과 전환을 디지털 시대 구현에도 충분히 반영하여야 한다. 이를 위해서는 공공시설, 교통수단, 주거환경뿐만 아니라 디지털 콘텐츠 및 앱 설계 단계에서도 장애인의 접근성이 충분히 고려되어야 함을 의미한다. 특히 도시재생, 스마트시티 구축, 공공임대주택 사업 등 대규모 지역사회 개발사업에 있어서 장애 인지적 관점에서의 설계 반영이 제도적으로 요구되고 있음을 더욱 인식하고, 이를 실행에 옮기기 위한 지자체의 조례 제정 · 개정, 인센티브 제공, 설계자 대상 교육 프로그램의 확대 등이 함께 추진되어야 한다. 또한 지역주민 및 이해관계자와의 협의체 구성 등 참여 기반 거버넌스 모델 구축도 병행될 필요가 있다.

둘째, 이미 다양하게 시행 중인 디지털 문해력 교육의 확대 및 강화 차원에서 장애인을 위한 디지털 역량 교육, 보조기기 교육 프로그램 내실화가 필요하며, 관련 교육 및 프로그램 개발 매뉴얼과 질 관리 방안이 요구된다. 이는 곧 장애인을 위한 디지털 포용의 구현을 의미하며, 단순한 기기 보급을 넘어서 사용자의 실질적 활용 능력 향상까지 고려해야 한다. 이를 위해 디지털 문해력 교육은 장애유형별 특성과 학습 요구에 맞춘 맞춤형 콘텐츠 개발이 필요하며, 텍스트 중심의 교육 외에도 시각 · 청각 · 인지 지원 기술을 활용한 다감각적 교육 방식이 도입되어야 한다. 더불어 보조기기 사용에 관한 실습 중심의 체험형 교육, 지역 내 전문강사 양성 및 교육기관 지정, 사후 피드백 기반 성과평가 체계 마련이 병행되어야 한다. 디지털 격차를 줄이기 위한 기초 · 심화 · 응용 수준별 교육 체계의 구축과 이에 대한 중앙정부 및 지방정부의 지속적 예산지원도 필수적이다.

셋째, 민간 기업의 사회적 책임 강화 및 디지털 접근성 확보도 요구된다. 비대면 서비스 확대 시대에 민간 기업의 디지털 접근성 책임은 더욱 중요해졌다. 웹사이트, 모바일 앱, 키오스크 등 다양한 디지털 서비스에서 장애인의 접근성과 사용성을 보장하기 위해, 접근성 표준지침 준수 의무화를 포함한 제도적 장치 마련이 필요하다. 특히 사용자 피드백을 반영할 수 있는 지속적인 모니터링 및 개선체계 마련이 중요하며, 이를 통해 실질적 활용 가능성을 보장해야 한다. 아울러 중소기업이나 스타트업 등 자원이 부족한 기업에 대한 기술지원, 인센티브 제공 및 ESG 연계 평가제 도입 등을 통해 민간 참여를 유도할 수 있다.

넷째, 정보접근권은 장애인의 사회참여, 자립생활, 교육 기회 확보 등 모든 권리의 전제가 되는 기본권으로, 현재는 복지 · 교육 · 행정 등 각 영역에서 단편적으로 다루어지고 있어 법률 간 충돌이나 공백이 발생할 수 있다. 따라서 정보접근권을 포괄적이고 일관되게 보장할 수 있도록 장애인 및 접근성 관련 기존 관련 법률들을 정보접근권 통합법제로 전환하는 방안도 고려할 수 있다. 이를 통해 접근성 기준, 책임 주체, 이행 점검, 권리구제 절차를 명확히 하며, 정책 수립 단계에서부터 장애인의 의견을 반영할 수 있는 참여 기반 구조 또한 제도화해야 한다. 특히 디지털 환경 전환이 빠르게 진행되는 만큼, 관련 법제의 유연성과 적시 개정 가능성 또한 중요하다.

4. 탈시설과 지역사회 통합 실현

장애인 탈시설화는 현대 장애인복지 패러다임의 변화와 인감감수성을 반영하는 대표적인 이슈라 할 수 있다. 2021년 보건복지부의 '탈시설 장애인 지역사회 자립지원 로드맵'은 장애인 탈시설을 단계적으로 추진하여 시설 중심에서 지역사회 중심으로 전환하는 것을 목표로 한다. 시범사업을 거쳐 20년 동안 단계적으로 시행될 예정으로, 거주시설 신규 개소는 금지되지만 거주인의 자립생활을 지원하기 위한 시설 변환 조치 계획이 담겨 있어 주거, 생활, 사회참여 지원 등 탈시설 중

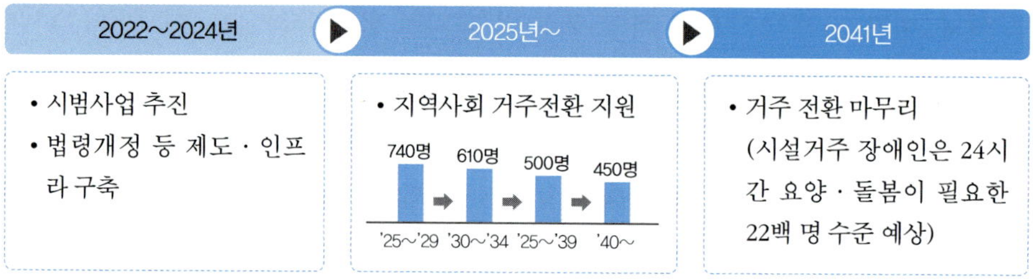

출처: 보건복지부(2022. 1.).

장기 전략 수립이라는 데에 의미가 있다. 하지만 지원대상의 협소함과 예산 부족 등의 이유로 실효성에 대한 지속 우려가 제기되고 있다.

이런 흐름 속에서 2025년 2월 「장애인의 지역사회 자립 및 주거 전환 지원에 관한 법률」(이하 「장애인지역사회자립법」)이 국회를 통과하여 2025년 3월 18일에 제정되었고, 2027년 3월 19일 시행을 앞두게 되었다. 이 법은 거주시설 장애인과 재가 장애인 중 지역사회 자립 및 정착을 희망하는 장애인에 대해 주거생활서비스를 제공하여, 지역사회에서 자립하여 살아가기를 원하는 장애인이라면 누구나 자립생활을 영위할 수 있는 여건을 조성하는 것을 내용으로 한다. 실질적인 탈시설 추진과 향후의 사회통합 지향을 실현할 수 있을 것으로 기대하고 있다.

반면에 이 법 제정에 대해 일부 부모단체의 반대여론도 비등하다. 장애인거주시설이용자부모회는 법률안 폐지에 관한 청원을 게시하고 "자립지원법은 '탈시설'을 '자립지원'으로 용어만 바꾸었을 뿐 그간 중증장애인 자녀를 둔 부모들이 피토하는 심정으로 결사반대해 온 거주시설 장애인 탈시설법과 전혀 다를 바 없다."며 비판하기도 했다(소셜포커스, 2025. 3. 12.).

장애인 탈시설 정책은 단순히 '시설에서 지역사회로의 물리적 이동'을 의미하는 것이 아니다. 진정한 탈시설이란 장애인이 지역사회에서 자율성과 자기결정권을 기반으로, 고립되지 않고 안정적인 삶을 영위할 수 있는 조건을 마련하는 것이다. 단순한 공간의 변화가 아닌 주거, 고용, 보건, 돌봄, 문화 등 전 생애 영역에서의 통합적 지원체계 구축이 필수적이다.

그러나 현재 한국사회는 시설중심 거주가 여전한 상황으로 보이고, 공공부문의 인프라 미흡, 민간 기관 중심의 서비스 공급, 지역 간 복지 격차 등의 구조적 한계를 갖고 있다. 특히 탈시설 이후에도 지역사회 내에서 '다시 고립'될 가능성과 실제 사례가 존재하며, 이는 곧 총체적 자립지원체계의 부재와 분절적 서비스 전달체계 문제에 배경이 있다. 따라서 향후 탈시설 정책은 단순히 '시설에서 나오는 것'을 넘어서 장애인의 선택권 보장, 안정적인 지역 정착, 권리 기반의 통합 서비스 체계 구축으로 확대되어야 한다.

이를 위한 주요 과제를 제시하면 다음과 같다.

첫째, 선택권 기반의 주거 정책 마련이다. 탈시설의 핵심은 장애인이 자신의 삶의 방식과 거주지를 스스로 선택할 수 있도록 하는 것이다. 이를 위해서는 다양한 형태의 주거모델(공공임대, 자립생활가정, 지원주택 등)을 마련하고, 이를 유지하기 위한 지원(돌봄, 생활지원, 방문서비스 등)을 결합하여 궁극적인 자립생활 통합지원 체계가 확립되어야 한다.

둘째, 지역사회 통합 돌봄 인프라 구축 차원에서 탈시설 이후에도 장애인이 지역사회에서 자립적으로 살아가기 위한 건강관리, 심리상담, 이동지원, 직업재활, 문화참여 등이 복합적으로 연결되는 지원망 구축이 필수적이다. 이를 통해서 서비스 전달체계는 관련 부처나 기관 간 연계 부족, 사례관리의 단절 등으로 인해 장애인의 복합적 욕구를 충족시키지 못하고 있는 현실을 개선해야 한다.

셋째, 당사자 중심 권리 기반 접근 확대이다. 탈시설은 장애인의 권리 실현이라는 관점에서 접근되어야 하며, 이는 곧 장애인의 자기결정권과 정책참여권 보장으로 이어져야 한다. 따라서 탈시설정책 전 과정에서 당사자의 목소리가 반영될 수 있도록 자립생활지원센터, 권리옹호기관 및 단체 등 당사자 중심 조직의 참여와 역량 강화가 함께 진행되어야 한다.

넷째, 탈시설 법 · 제도 정비 및 예산 확충이 요구된다. 현재 탈시설 정책은 거의 첫걸음 수준으로 법률적 구속력과 안정적 예산지원 부분은 초창기부터 충분히 다져 나가야 한다. 특히 2027년 시행 예정인 「장애인지역사회자립법」이 추구하는 탈시설지원과 지역사회 통합의 가치를 체감도 있게 수행할 수 있도록 중앙정부와 지방자치단체의 재정 연계 방안을 세심히 다룰 필요가 있다.

우리나라 장애인복지에서 장애인 탈시설은 확실한 화두로 자리 잡고 있으므로 관련 정책과 제도, 실천현장에서의 다양한 쟁점 논의 또한 당분간 지속될 것으로 보인다. 따라서 장애인 탈시설의 당위성과 사회적 인식 확산이라는 기본 전제 속에서 탈시설 메커니즘의 적용과 실제, 탈시설 이후의 진정한 '통합' 실현 전반의 사회적 노력과 방안에 대해 관심을 유지해야 한다.

5. 장애인운동의 동향과 과제

한국의 장애인운동은 제도 내에서 출발한 것이 아니라, 제도 외곽에서 시작된 자발적 시민운동의 성격을 띠며 성장해 왔다. 이는 기존 복지체계가 장애인의 실제 삶을 충분히 대변하지 못한다는 문제의식에서 비롯된 것으로, 장애인 당사자들이 스스로 권리를 요구하고 사회적 목소리를 내기 시작한 데에서 비롯되었다. 이러한 운동은 1980년대 중반 이후 사회 민주화와 시민권 확대 흐름 속에서 본격화되었으며, 특히 1988년 서울올림픽 이후 장애인에 대한 사회적 관심이 증가함에 따라 그 외연이 확대되었다.

초기 장애인운동은 주로 시설 중심 보호 체계에 대한 문제 제기와 탈시설화 요구, 그리고 장애인의 지역사회 자립생활 실현을 핵심 목표로 삼았다. 이는 단순히 더 나은 보호를 요구하는 것이 아니라, 장애인을 비장애인과 동등한 시민으로 인정하고, 지역사회에서 함께 살아갈 수 있는 환경과 제도적 기반을 마련하라는 요구였다. 이와 같은 흐름은 '장애인은 시설이 아닌 지역에서 살 권리가 있다'는 선언으로 이어졌으며, 이는 곧 2000년대 이후의 자립생활 운동으로 제도화되기 시작하였다.

자립생활 운동은 '장애인이 자기 삶을 스스로 선택하고 책임질 수 있어야 한다.'는 사상에 기초하여 활동지원서비스, 장애인자립생활센터 설립, 이동권 보장 운동 등 다양한 실천을 통해 사회변화를 주도하였다(UN, 2006). 특히 2007년 「장애인차별금지법」의 제정과 2011년 「장애인활동지원법」의 시행은 이러한 운동의 제도적 성과라 할 수 있다. 그 과정에서 장애인 당사자의 정치적 발언권과 정책 참여의 폭도 점차 확대되었으며, 지역 기반의 당사자 조직도 꾸준히 성장하였다.

이러한 흐름 속에서 최근 들어 장애인운동의 이론적 기반이 되는 '장애학(disability studies)'의 부상은 주목할 만한 동향이다. 장애학은 장애를 단순히 개인의 결함이나 치료 · 보호의 대상으로 보았던 기존의 관점에서 벗어나, 장애를 구성하는 사회적 · 문화적 · 정치적 구조에 주목한다. 즉, 장애를 개인 안의 문제가 아니라 사회가 만들어 낸 장벽의 결과로 이해하며, 장애인을 그 사회적 구조 속에서 끊임없이 재정의되고 정치화되는 존재로 파악한다.

장애학은 '누가 장애인을 규정하는가?' '장애는 어떤 권력구조와 제도적 담론 속에서 형성되는가?'라는 근본적인 질문을 던지며, 기존 제도와 담론의 틀 자체를 비판적으로 해체하고 재구성하고자 한다. 이 학문은 장애인을 단지 복지 수혜자가 아니라 자기 목소리를 가진 사회적 주체로 바라보며, 정체성, 문화, 표현, 정치 참여 등 보다 폭넓은 삶의 영역으로 연구의 지평을 확장하고 있다.

장애학의 영향은 장애인운동에도 큰 전환을 가져왔다. 전통적으로 시설 개선이나 경제적 지원에 초점을 맞췄던 운동은 이제 사회 전반의 권력구조와 가치체계를 재편하려는 흐름으로 진화하고 있다. 단순히 '더 많은 복지'를 요구하는 데 그치지 않고, "복지의 방향과 운영 방식은 누가 결정하는가?" "왜 장애인의 삶은 타자화되는가?"와 같은 담론적 질문과 권력 구조 비판을 통해 복지의 근본 성격에 도전하고 있다.

또한 장애학은 교차성(intersectionality)의 관점에서도 중요한 기여를 하고 있다. 이는 장애를 성별, 계급, 인종, 나이, 성적 지향 등 다른 억압 구조와 겹쳐진 현실로 파악하는 시각이다. 예컨대, 장애여성은 여성이라는 사회적 소수성과 장애라는 이중의 차별에 직면하며, 발달장애 청소년은 보호와 통제 사이에서 자기결정권이 제약받기 쉽다. 이러한 복합적 억압 구조에 대한 이해는 단일한 정체성에 근거한 접근의 한계를 극복하고, 보다 다층적이고 포용적인 장애인운동의 확장을 가능하게 한다.

하지만 이러한 발전에도 불구하고 한국의 장애인운동은 여전히 여러 과제를 안고 있다.

첫째, 세대 간 연계의 부재가 지속되고 있다. 운동 초기 세대를 중심으로 한 조직이 구조적으로 고착되면서 장애청년 세대의 참여나 리더십 발현이 제한되는 경우가 많으며, 이는 운동의 지속 가능성과 대표성에 문제를 야기한다.

둘째, 지역 간 격차도 심각하다. 수도권과 비수도권 간 자립생활 센터 수, 장애인 정책 참여기회, 지역 복지자원 배분 등에서 불균형이 존재하여, 지역 기반 장애인의 정책 접근성이 낮은 경우가 많다.

셋째, 정체성의 다양성 반영 부족도 과제이다. 발달장애인, 중복장애인, 장애여성, 성 소수 장애인 등은 여전히 운동 내외에서 주류적 위치를 점하지 못하며, 이들의 목소리는 주요 정책 결정 과정에 반영되지 못하고 있다.

이러한 문제들을 해결하기 위해 향후 장애인운동은 다음과 같은 방향으로 나아가야 한다.

첫째, 장애학에 기반한 실천 전략을 이론적 틀로 삼아, 제도 바깥에서 제기되는 당사자의 목소리와 다양한 삶의 경험이 정책과 실천 속에 통합되어야 한다.

둘째, 당사자 조직의 역량 강화가 필요하다. 단체의 전문성 확보, 청년 리더의 발굴, 내부 민주주의 정착 등 운동 조직 내 구조 개혁이 병행되어야 한다.

셋째, 지역사회 기반 자립생활 체계의 내실화가 요구된다. 단순한 서비스 전달 기능을 넘어서, 당사자의 권익옹호와 정치적 조직화 기능을 수행할 수 있도록 자립생활 센터의 역할과 자율성이 보장되어야 한다. 마지막으로, 운동의 방향과 철학을 사회 전체로 확산하기 위해 비장애인과의 연대와 공론화가 함께 이루어져야 한다.

장애인운동은 더 이상 복지의 주변에서 머물 수 없다. 장애인의 권리와 삶은 복지, 정치, 경제, 문화 전 영역과 직결되는 문제이며, 이는 한국 사회 전체의 민주성과 포용성을 가늠하는 척도이기도 하다. 장애학은 그러한 사회적 비전을 제시하는 학문적 토대이며, 장애인운동은 그 비전을 현실로 만드는 실천의 전선이다. 이제 우리는 단지 장애인을 위한 정책이 아니라, 장애인의 참여로 만들어지는 사회를 함께 고민해야 할 때이다.

한국의 장애인복지는 이제 과거의 보호 중심 패러다임을 넘어서 시민권 기반의 포괄적 복지로 나아가야 한다. 이를 위해서는 무엇보다도 장애에 대한 사회적 인식의 전환과 함께, 장애인을 사회 구성원으로서 존중하는 실천 구조가 제도 전반에 내재화되어야 한다.

패러다임 변화에 조응하는 제도 개편, 장애 민감성을 내장한 조직문화의 형성, 장애학적 비판을 반영한 정책 설계는 모두 복지국가의 성숙도를 높이는 지표가 된다. 앞으로의 장애인복지는 물리적 접근성 이상의 차원에서, 존엄한 삶과 자기결정, 의미 있는 사회참여가 보장되는 복지 체계로 진화해야 한다.

장애인의 삶은 개별적이면서도 보편적이며, 사회 전체의 인권과 평등을 가늠하는 척도가 된다. 장애인복지의 방향은 곧 우리가 지향하는 사회 정의의 방향이기도 하다.

요약

1. 장애 패러다임의 변화와 대응

장애에 대한 인식은 개인의 문제로 보던 '의학적 모델'에서, 지금은 사회적 장벽을 중요하게 여기는 '사회적 모델'로 크게 변화하였다. 「UN장애인권리협약」의 탄생이 큰 역할을 하였으며, 우리나라에서도 「장애인차별금지법」 제정 등으로 국제적 흐름에 발맞춰 노력해 왔다. 최근에는 장애를 사회구조와 복합적으로 연결된 것으로 보고, 장애인 생애주기를 강조하고 있다.

2. 장애 감수성과 인권 기반의 강화

장애 감수성은 단순히 아는 것을 넘어 장애를 가진 사람들과 공감하고 사회체계에 반영하는 능력까지 포함한다. 이런 감수성을 바탕으로 장애인의 주체성을 인정하는 인권 기반 접근이 중요하게 인식된다. 따라서 정당한 편의 제공, 맞춤형 서비스, 사회적 차별 해소 등이 이를 실현하기 위한 필수적 요소라 할 수 있다.

3. 디지털 시대 전환과 접근성 보장

디지털 기술은 단순한 편의가 아닌 생존을 위한 필수 조건으로, 정보 격차는 곧 생존 격차로 이어질 수 있다. 디지털 시대 도래와 장애인의 생활환경을 구축을 위한 정보 접근과 활용을 위한 권리 인식을 바탕으로 장애인의 생활 전반과 삶의 질에 스스로 기여할 수 있도록 지원이 필요하다.

4. 탈시설과 지역사회 통합 실현

우리나라 장애인복지에서 장애인 탈시설은 확실한 화두로 자리 잡고 있으므로 관련 정책과 제도, 실천현장에서의 다양한 쟁점 논의 또한 당분간 지속될 것으로 보인다. 따라서 장애인 탈시설의 당위성과 사회적 인식 확산이라는 기본 전제 속에서 탈시설 매커니즘의 적용과 실제, 탈시설 이후의 진정한 '통합' 실현 전반의 사회적 노력과 방안에 대해 관심을 유지해야 한다.

5. 장애인운동의 동향과 과제

우리나라 장애인운동은 제도권 밖에서 권리 쟁취를 위한 다양한 사회운동 성격으로 시작되었다. 초기에는 시설 중심에서 벗어나 지역사회에서 함께 살아가는 자립생활을 목표로 했고, 「장애인차별금지법」 같은 큰 성과도 얻을 수 있었다. 최근에는 '장애학'이 떠오르면서 장애를 개인의 문제가 아닌 사회 구조의 문제로 바라보고, 더 넓은 시야로 변화를 이끌고 있다. 그러나 세대 간 소통 부족, 지역별 격차, 다양한 장애유형의 목소리 반영 등 아직 해결해야 할 과제들도 있어 장애인의 참여 확대와 지원 강화, 포용적 사회환경 조성이 지속 요구된다.

Issues & Discussions

1. 장애학의 관점은 기존 복지정책에 어떤 도전과 질문을 제기하고 있는지 논의하시오.

2. 사회적 모델과 장애학은 복지정책의 설계와 실행에서 어떤 새로운 기준을 제안하는지 논의하시오.

3. 디지털 시대 전환과 장애인 정보접근성 보장에 관련한 법률과 주요 내용을 설명하시오.

4. 탈시설화와 자립생활 운동은 지역사회에 어떤 변화를 요구하고 있는지 토론하시오.

5. 한국 장애인운동의 세대 간 단절 문제는 어떻게 극복할 수 있을지에 대해 논의하시오.

6. 장애인운동이 사회 전체의 가치체계를 변화시키기 위해 어떤 방식의 연대와 담론 확산이 필요한지 논의하시오.

Workshop

- **활동주제**: '3분 강연회' & 이슈 페이퍼 제작
- **활동명**: 장애에 대한 나의 생각, 사회에 전하고 싶은 말
- **주제 예시**

  –"장애는 개인의 문제가 아니다."

  –"시설이 아닌 지역에서 살고 싶다."

  –"당신은 장애 감수성을 갖고 있나요?"

- **진행 방식**

절차	활동내용		시간
1단계	조원 구성하기	• 4~5명 1개 조로 구성	5분
2단계	이슈 선택하기	• 장애 패러다임 변화, 인권 중심 정책, 자립생활 이슈 중 하나 선택	10분
3단계	'3분 강연회' & 이슈 페이퍼 제작	• 이슈와 관련된 내용을 정리하여 3분간 발표내용 정리 • 확장활동: A4 한 장 분량의 이슈페이퍼 작성	30분
4단계	발표 및 피드백		20분
정리 및 총평			5분

- **학습 효과**: 핵심 개념 정리, 자기 입장 정립, 공적 커뮤니케이션 역량 강화

참고문헌

강미경, 이동진, 유가효(2010). 장애인의 여가활동참여가 생활만족도에 미치는 영향. 한국가족복지학, 15(4), 137-155.

고은주, 김유경(2024). 장애 자녀를 둔 부모의 장애 감수성에 대한 인식, 한국언어치료학회 학술발표대회 논문집.

곽복희(2017). 장애 아동의 비장애 형제 관련 연구의 동향분석: 국내 학술지 논문을 중심으로. 특수교육논총, 33(1), 79-109.

관계부처 합동(2019. 12.). 장애인 평생교육 활성화 방안(2020~2022).

관계부처 합동(2024). 제6차 장애인정책종합계획(2023~2027).

교육부(2025). 2025년 보육사업안내.

국립특수교육원(1997). 통합교육의 효율적인 운영 방안.

국립특수교육원, 국가장애인평생교육진흥센터(2024). 2024년 장애인 평생교육 현황조사(후속조치) 통계자료집.

권선진(2005). 장애인복지론. 청목출판사.

권육상, 김남식, 홍석자, 이경숙, 김동호(2005). 장애인복지론. 유풍출판사.

김도현(2024). 차별에 저항하라. 박종철출판사.

김동기, 이한나, 어유경(2023). 한국 장애인복지서비스 분야 개인예산제도 운영 모형에 대한 탐색. 장애인복지연구, 14(1), 295-330.

김동홍, 정종화(2021). 발달장애인의 개인예산제 참여경험에 관한 사례연구: 경계성 발달장애인을 중심으로. 한국장애인복지학, 51, 139-172.

김두영, 임수정, 이문오(2024). 복지시설 이용자 문화예술교육 지원사업 기획사업 성과분석 연구. 한국장애인복지관협회.

김미옥(2003). 장애인복지실천론. 나남출판.

김미옥, 김미희, 송정원(2021). 장애인복지관의 지역사회 중심 실천 경험. **한국지역사회복지학**, 77, 311-346.

김미옥 외(2020). **장애인 재활과 지역사회복지**. 공동체.

김성천, 강욱모, 김진원, 김혜성, 박경숙, 박능후, 박수경, 송미영, 안치민, 엄명용, 윤혜미, 이성기, 장승옥, 최경구, 최현숙, 한동우(2009). **사회복지학개론: 원리와 실제**(개정판 4판). 학지사.

김성희, 이민경, 오욱찬, 오다은, 황주희, 오미애, 김지민, 이연희, 강동욱, 권선진, 백은령, 윤상용, 이선우(2020). **2020년 장애인실태조사**. 보건복지부, 한국보건사회연구원.

김영종(2023). **사회복지행정**(5판). 학지사.

김용득 편저(2019). **장애인복지: Inclusive Society를 위한 상상**. 학지사.

김용득(2000). 생애주기와 장애인복지 서비스. **노틀담복지관 개관 13주년 기념 세미나 자료집**.

김용득(2023). **지역사회 연계와 연결을 만드는 자산접근과 대인사회서비스: 이론과 실천**. 박영스토리.

김용득, 유동철(2005). **한국 장애인복지의 이해**(4판). 인간과복지.

김종인, 우주형, 이준우(2007). **장애인복지론**. 서현사.

김준우(2019). **장애인복지론**. 공동체

김진우, 김고은, 김미옥, 김용득, 김행란(2014). **발달장애인복지론**. EM커뮤니티

김진화, 고영화(2009). **평생교육 프로그램 분류체계연구**. 평생교육진흥원.

김채윤(2016). 임신 · 출산에 관한 여성의 자기결정권. 숙명여자대학교 대학원 박사학위논문.

김한별(2014). **평생교육론**(2판). 학지사.

김형수(1996). 장애노인의 현황 및 특성. **한국노년학**, 16(2), 162-174.

김호연, 김두영, 김은하, 이경준, 오은경, 조창빈(2018). **장애인 모 · 부성권 증진을 위한 실태조사**. 국가인권위원회.

나운환, 장훈석, 전미리, 박용원, 정지은(2025). **발달장애의 이해와 공감**. 정민사.

노승현(2024). **고령장애인 정책 실현전략 마련 토론회 자료집**. 이룸센터(2024. 7. 9.).

노승현, 정덕진, 김현숙(2024). 고령장애인의 개념 및 연령 기준: 주제범위 문헌고찰. **한국장애인복지학**, 65, 111-138.

문선화, 정민숙, 김종윤, 이상호, 장수한, 김현주(2006). **장애인복지론**. 양서원.

문화체육관광부(2024). **2024년 한국수어발전 시행계획**.

문화체육관광부(2025). 2024 장애예술인 문화예술활동 실태조사.

박경실, 박경실, 전기선, 진규동, 한우섭, 최영준, 김대식, 김주섭, 송민열, 신재홍, 최용범(2013). 평생교육론(3판). 학지사.

박병현(2022). 사회복지로의 초대(개정판). 공동체.

박승희, 우충완, 박지연, 김원영 공역(2016). 장애란 무엇인가?. (*Introducing disability studies*). Berger, R. J. 저. 학지사.

박원희(2002). 중도 · 중복장애인 여가활동 프로그램의 방향: 평생교육차원을 중심으로. 중앙대학교 대학원 박사학위논문.

박태영(1994). 사회복지 개론. 홍익재.

보건복지부(2013. 6. 24. 보도자료). 7월 1일부터 성년후견제도 시행.

보건복지부(2022. 1.). 장애인 지역사회 자립지원 시범사업 추진계획.

보건복지부(2023). 제6차 장애인 정책종합계획(2023~2027).

보건복지부(2024a). 2023년 장애인실태조사.

보건복지부(2024b). 2024 보건복지통계연보.

보건복지부(2024c). 장애인 스스로가 설계하는 서비스 이용계획, 개인예산제 시범사업 현장에 가다.

보건복지부(2024. 5. 31.). 중증장애인자립생활센터 지원 현황.

보건복지부(2025a). 2025년 발달장애인지원센터 사업안내.

보건복지부(2025b). 2025년 발달장애인 활동서비스 사업안내.

보건복지부(2025c). 2025년 장애인복지 사업안내 Ⅱ.

보건복지부(2025d). 2025년 장애인복지시설 사업안내 Ⅲ.

보건복지부(2025e). 2025년 장애인 복지시설 일람표.

보건복지부(2025f). 2025년 장애인연금사업안내 Ⅵ.

보건복지부(2025g). 2025년 장애인활동지원 사업안내.

보건복지부(2025h). 2025년 청소년 발달장애인 방과후활동서비스 사업지침.

보건복지부(2025i). 2025년 최중증 발달장애인 통합돌봄서비스 사업안내.

보건복지부, 중앙장애인권익옹호기관(2024). 2023 장애인학대 현황보고서.

소은영(2024). 성년후견제도에 관한 헌법적 검토. 헌법재판소.

신은경, 이한나(2024). 장애인 개인예산제의 적용을 위한 기초 연구: ICF를 활용한 개인별 지원계획의 수립. 보건사회연구, 44(1), 99-120.

신진호, 홍서윤(2022). 장애인의 여가활동 유형화와 유형별 특성 연구: 여가제약을 중심으로. 한국사회정책, 29(2), 225-253.

양명희, 고은, 김정연, 이대식, 이태훈(2023). 특수교육학개론. 북앤정.

양옥경, 김정진, 서미경, 김미옥, 김소희(2010). 사회복지실천론. 나남출판.

엄명용, 노충래, 김용석(2021). 사회복지실천기술의 이해(4판). 학지사.

엄미선, 김진희(2010). 청각장애인의 사회통합 영향 요인: 장애정체감과 사회환경적 요인을 중심으로. 한국지역사회복지학, 33, 219-242.

엠마우스복지관(2012). 사람중심 개별화 교육 프로그램 계획.

오정수, 류진석(2024). 지역사회복지론(6판). 학지사.

우주형, 김준환, 안우상, 오영훈, 최세영(2022). 장애인복지론. 어가.

유동철(2023). 인권 관점에서 보는 장애인복지(3판). 학지사.

유엔인권정책센터(2013. 5. 31.). 장애인권리협약과 성년후견제도의 문제점.

유정원, 박지영(2023). 장애인 개인예산제 도입에 따른 사회서비스 개발. 복지이슈 FOCUS, 21, 1-11.

윤가현(2006). 성, 억압과 진보의 역사. 살림출판사.

이경준(2005). 장애인의 자기결정과 보장원리. 재활복지, 9(2), 114-141.

이경준(2011). 장애아동의 인권보장을 위한 법적, 정책적 대안. 한국장애아동인권학회 창립기념 학술대회 자료집, 55-69.

이경준, 오봉욱, 박선아, 하태선, 김상용, 김경숙(2020). 사회복지실천론(3판). 동문사.

이경준, 최윤영(2020). 최신 장애인복지론(2판). 학지사.

이무숙, 정대영(2020). 특성화고등학교 비장애학생의 장애인식, 장애인권감수성 및 장애수용태도에 관한 연구. 학습자중심교과교육연구, 20(14), 1059-1077.

이문오, 임수정, 서성제, 김보미, 오성훈, 이진영, 신준영(2025). 인지향상로봇(보미)를 활용한 에듀테크 교실이 성인 발달장애인 디지털 탄력성에 미치는 영향, 디지털콘텐츠학회논문지, 25(5), 1-12.

이미경(2011). 자조집단에 참여하는 정신장애인의 회복경험, 2011 한국정신보건사회복지학회 춘계학술대회 자료집.

이민희(2018). 성인발달장애인 평생설계준비지표 개발. 한신대학교 대학원 박사학위논문.

이병화, 박지환(2022). 개인예산제! 무엇인가?. 복지이슈 FOCUS, 8호.

이상도, 김대원(2008). 장애인 성문제와 사회복지실천 개입방안 연구: 장애인 성재활통합

지원서비스 이용자를 중심으로. 재활복지, 12(3), 203-229.

이수봉(2012). 중증장애인의 여가활동에 대한 부모의 인식 연구. 대구대학교 대학원 박사 학위논문.

이원숙, 임수정(2020). 사회복지실천론. 학지사.

이준우(2012). 장애인 복지정책과 실천. 나남출판.

이준우(2021). 통합과 융합의 사회복지실천론. 인간과복지.

이준우, 임원선(2011). 전문사회복지실천론. 정민사.

이태상(2005). 미국의 학업성취도 평가와 저성취 학생지원 프로그램. 한국교육개발원, 외국교육동향, No. 4860.

임종호, 이영미, 이은미(2022). 장애인복지론(5판). 학지사.

이한나(2024). 장애인 개인예산제 추진현황. 청주복지포럼, 22, 14-25.

이한나, 김동기, 김용진, 전지혜(2020). 한국 사회서비스 분야 개인예산제도 도입에 대한 고찰. 한국장애인복지학, 49, 83-118.

이한나, 전지혜, 김동기, 김용진(2020). 한국사회서비스 분야에 대한 개인예산제도 도입에 대한 고찰. 한국장애인복지학, 49(49), 83-118.

이한나, 하태정, 어유경, 김동기, 신권철, 최복천(2021). 개인예산제 운영 모형 수립 연구. 한국보건사회연구원.

이황원(2013). 미국 장애인 교육법(IDEA)상 장애 영유아 교육서비스에 대한 고찰. 특수아동교육연구, 15(4), 143-161.

장인협(1999). 사회복지실천론(상). 서울대학교출판부.

정무성, 양희택, 노승현(2006). 장애인복지론. 학현사.

정연수, 박미진, 오영석, 김찬수, 강수정, 송금열, 김홍주, 김승현, 정은미(2023). 함께 읽는 장애인 평생교육 기본서. 정민사.

정영숙, 이현지(2007). 장애인복지론. 학현사.

정종화(2022). 장애학적 관점에서 본 한국 장애인 운동의 과제. 장애와 사회, 37(2), 15-36.

정종화, 주숙자(2008). 자립생활과 활동보조서비스. 양서원.

조윤경(2024). 장애아동 가족의 특성. 민달팽이사회적협동조합.

조윤화, 이종남, 오윤지, 한기명, 박시은, 이윤경(2023). 고령장애인의 돌봄서비스지원방안 연구. 한국장애인개발원.

조인식(2022). 장애인 평생교육 현황과 개선과제. NARS 현안분석, 제250호(2022. 5. 18.). 국회입법조사처.

조흥식, 김상균, 최일섭, 최성재, 김혜란, 이봉주, 구인회, 홍백의, 강상경, 안상훈(2021). 사회복지개론(개정4판). 나남출판.

주영하(2021). 장애인정책 유형화와 국제비교. 이화여자대학교 대학원 박사학위논문.

최옥채(2006). 사회복지실천론. 양서원.

한국교육개발원(2023). 한국 성인의 평생학습 실태.

한국장애인개발원(2022). 2021 중증장애인직업재활지원사업 운영매뉴얼.

한국장애인개발원(2022. 8. 14.). 통계로 보는 장애인구.

한국장애인개발원(2023a). 2023년 장애인 개인예산제 모의적용사업 안내.

한국장애인개발원(2023b). 장애 감수성 교육 자료집.

한국장애인개발원(2023c). 장애인직업재활시설 실태조사.

한국장애인개발원(2023. 8. 14. 보도자료). 통계로 보는 장애인구–장애인구 고령화 수준, 전체 인구 고령화 수준보다 3배 높아….

한국장애인개발원(2024). 2024 장애통계연보.

한국장애인고용공단(2024). KEAD 사전.

한국장애인고용공단(2025). 2025 기업지원 안내서.

한국장애인고용공단 고용개발원(2024). 한눈에 보는 2023 장애인 통계.

한국장애인단체총연합회(2022). 디지털 정보격차 실태조사 보고서.

한국장애인복지관협회(2022). 장애인복지관 지역사회기반 적극적 역할수행을 위한 모형구축 연구: 사람중심 · 사회모델 · 지역사회 접근 실천 적용.

한국장애인재단(2023). 장애인 디지털 접근성 제고 및 복지기술 도입을 위한 개선방안 정책 토론회 자료집.

한국정보화진흥원(2020). 디지털 포용 정책 현황과 개선방안.

허창덕(2012). 브론펜브레너의 생태학적 체계이론에 의거한 장애인복지정책 및 서비스의 분석. 재활복지, 16(2), 57-80.

홍강의 외 72인(2014). 소아정신의학. 학지사.

황희숙(2021). 장애인 복지론. 형설출판사.

황주희, 김성희, 노승현, 강민희, 정희경, 이주연, 이민경(2014). 장애노인 대상의 통합적 복지서비스 제공을 위한 정책 방안. 한국보건사회연구원.

AAIDD(American Association of Intellectual and Developmental Disabilities). (2012). *Sex and intellectual disability*.

Albrecht, G. L., Seelman, K., & Bury, M. (2001). *Handbook of disability studies*. Sage Publications, Inc.

Appleby, G. A., Colon, E., & Hamilton, J. (2001). *Diversity, oppression, and social functioning: Person-In-Environment Assessment and Intervention*. Allyn and Bacon.

Appleby, L., Shaw, J., Sherratt, J., et al. (2001). *Safety first: Five-year report of the National Confidential Inquiry into Suicide and Homicide by people with mental illness*. Department of Health.

Assembly, U. G. (2006). Convention on the rights of persons with disabilities. *Ga Res*, *61*, 106.

Barker, R. L. (1995). *The social work dictionary*. NASW Press.

Barnes, C., & Mercer, G. (2003). *Disability*. Polity.

Barnett, D., Clements, M., Kaplan-Estrin, M., & Fialka, J. (2003). Building new dreams. *Infantsand Young Children*, *16*(3), 184-200.

Belsky, J. (1984). The determinants of parenting A process model. *Child Development*, 5, 83-96

Bronfenbrenner, U. (1995). Developmental ecology through space and time: A future perspective. In P. Moen, G. H. Elder, Jr., & K. Lüscher (Eds.), *Examining lives in context: Perspectives on the ecology of human development* (pp. 619-647). American Psychological Association.

Bronfenbrenner, U., & Crouter, A. C. (1983). The evolution of environmental models in developmental research. In W. Kessen (Ed.), History, theory, and methods, Volume 1 of P. H. Mussen (Ed.), *Handbook of child psychology* (4th ed., pp. 357-414). Wiley.

Dejong, G. (1979). Independent living: From social movement to analytic paradigm. *Archives of physical medicine and rehabilitation*, *60*(10), 435-436.

Dejong, G. (1981). Environmental Accessibility and Independent Living Direction for Disability Policy and Research. University Center for International Rehability

Action. Michigan State University.

Fleischer, D. Z., & Zames, F. (2001). *The disability rights movement: From charity to confrontation*. Temple University Press.

Flynn, R., & Nitsch, K. E. (Eds.) (1980). *Normalization, social integration and community services*. University Park Press.

Germain, C. B. (1979). *Social work practice: People and environments: An ecological perspective*. Colombia University Press.

Gilbert, N., & Terrell, P. (2002). *Dimensions of social welfare policy*. 남찬섭, 유태균 공역(2007). 사회복지정책론: 분석 틀과 선택의 차원. 나눔의집.

Hallahan, D. P., & Kauffman, J. M. (2003). *Exceptional learners: Introduction to special education*. Allyn and Bacon.

Holland, D. (2006). "Franklin D. Roosevelt's Shangri-La: Foreshadowing the independent living movement in warm springs, Georgia, 1926-1945". *Disability & Society*, *21*, 513-535.

Levinson, D. (1978). *The season of a man's life*. Konpf.

Mackelprang, R. W., Salsgiver, R. O., & Parrey, R. C. (1999). *Disability: A diversity model approach in human service practice*. Oxford University Press.

Nirje, B. (1969). The normalization principle and it's human management implications. In R. Kugel & W. Wolfensberger (Eds.), *Changing patterns in residential services for the mentally retarded*. President's Committee on Mental Retardation.

Nirje, B. (1980). The normalization principle. In R. Flynn & K. E. Nitsch (Eds.), *Normalization, social integration and community service*. University Park Press.

Oakes, P., & Davies, R. (2012). Sexual personal relationships (pp. 503-518). *Learing disabilities toward inclusion*. Churchill Livingstone Elsevier.

Oliver, M. (1990). *The politics of disablement: New social movements* (pp. 112-113). Red Globe Press.

Pulice, R. T., & Miccio, S. (2006). Patient, client, consumer, survivor: The mental health consumer movement in the United States. In J. Rosenberg & S. Rosenberg (Eds.), *Community mental health: Challenges for the 21st century* (pp. 7-14). Routledge.

Rothman, J. C. (2003). *Social work practice across disability*. Allyn and Bacon.

Saleebey, D. (2002). *The strengths perspective in social work practice* (3rd ed.). Allyn and Bacon

Shakespeare, T. (2006). *Disability rights and wrongs*. Routledge.

Taylor, S. J. (1987). *Community integration for people with severe disabilities*. Teachers College Press.

Turnbull, H. R., Beegle, G., & Stowe, M. J. (2001). The core concepts of disability policy affecting families who have children with disabilities. *Journal of Disability Policy Studies*, *12*, 133-143.

WAI(Web Accessibility Initiative). (2023). Guidelines for accessible digital environments.

Wehmeyer, M. L. (1996). Self-determination for youth with significant cognitive disabilities: From theory to practice. In L. E. Powers, G. H. S. Singer, & J. Sowers (Eds.), *On the road to autonomy: Promoting self-competence in children and youth with disabilities* (pp. 115-134). Paul H. Brooks Publishing Co.

WHO. (1980). *International classification of impairments, disabilities and handicaps*. Author.

WHO. (1997). *International classification of impairments, disabilities and handicaps-2: A manual of classification relating to the consequences of disease*. Author.

WHO. (2001). *ICF: International classification of functioning, disability and health*. Author.

WHO. (2006). *Defing sexual health*. Geneva.

WHO. (2010). *Community based rehabilitation: CBR guidelines*. 윤재영, 박종오, 정진옥, 김두영, 홍정표, 박찬오, 안형진 공역(2014). **지역사회중심 포괄개발을 위한 「WHO CBR 가이드라인」**. 삼육대학교.

WHO. (2011). *World report on disability*. 전지혜, 박지영, 양원태 공역(2012). **WHO 세계 장애보고서**. (재)한국장애인재단.

Will, M. (1986). Educating children with learning problems: A shared responsibility. *Exceptional Children*, *52*(5), 411-415.

Wolfensberger, W. (1983). Social role valorization: A proposed new term for the principle of normalization. *Mental Retardation*, *21*(6), 234-239.

Wolfensberger, W. (1985). Social role valorization: A new insight, and a new term, for Normalization. *Australian Association for the Mentally Retarded Journal*, *9*(1), 4-11.

Zastrow, C. (1995; 2009). The practice of social work: A comprehensive worktext. Cengage Learning.

〈기사〉

뉴시스(2025. 4. 23.). "우리들의 블루스 속 그 화가" 정은혜, 대구서 첫 배리어프리 전시회.

더인디고(2025. 7. 1.). 재활협회, 창립 70주년 맞아 'RI Korea 전국연합대회' 개최. https://theindigo.co.kr/archives/57303

비마이너(2021. 4. 21.). 장애인에게 평생교육은 권리다, '장애인평생교육법안' 발의. https://www.beminor.com/news/articleView.html?idxno=21200

비마이너(2022. 9. 13.). 유엔 "성년후견제도 폐지하라" 권고에도 정부 수용 거부. https://www.beminor.com/news/articleView.html?idxno=23903

비마이너(2025. 1. 10.). 장애인과 '일반인' 분리하는 현실… 장애인평생교육법 제정 언제?. https://www.beminor.com/news/articleView.html?idxno=27420

소셜포커스(2025. 3. 12.). 장애인자립지원법 후폭풍 어쩌나. https://www.socialfocus.co.kr/news/articleView.html?idxno=21303

연합뉴스(2023. 8. 14.). 장애인 절반 이상은 고령자…고령화 일반인구 3배 수준.

조선일보(2014. 8. 1.). 장애인 마크, 역동적으로 46년 만에 교체한 뉴욕주.

한국일보(2024. 1. 19.). 장애아 출산 후 살해 · 유기한 부모와 외할머니… 징역 4~6년.

〈웹사이트〉

국가장애인평생교육진흥센터 https://www.nise.go.kr/lifelong (2025. 5. 1. 검색)

국립국어원 표준국어대사전 https://stdict.korean.go.kr/main/main.do (2025. 5. 1. 검색)

국립특수교육원 https://nise.go.kr/onmam

국제장애인연맹(DPI) http://dpi.org

국제재활협회(RI) https://www.riglobal.org

국제재활협회 한국위원회(RI KOREA) https://rikorea.or.kr

미국의 국가 사람중심 실천 및 시스템 발전 센터(NCAPPS) https://nacapps.acl.gov (2024. 4. 1. 검색)

보건복지부–장애인연금개요 https://www.mohw.go.kr/menu.es?mid=a10710030100 (2025. 7. 1. 검색)

보건복지부 재정지원 장애인일자리사업 https://www.mohw.go.kr/menu.es?mid=a10710030300 (2025. 5. 1. 검색)

보건복지부–중증장애인생산품 우선구매제도 및 생산품 판매시설 안내 https://www.mohw.go.kr/menu.es?mid=a10710030400 (2025. 5. 1. 검색)

(사)장애인의길벗–서울중구길벗장애인자립생활센터 http://www.jgcil.kr

(사)한국장애인단체총연합회 한국웹접근성인증평가원 https://www.wa.or.kr/index.asp (2025. 5. 1. 검색)

서울특별시교육청 특수교육과 https://buseo.sen.go.kr/buseo/bu21/index.do (2025. 7. 10. 검색)

서울특별시립장애인종합복지관(2025. 3. 18.). **가족(지원자) 지원**. https://seoulcbid.or.kr

서울특별시 홈페이지 '내 손안에 서울' https://mediahub.seoul.go.kr/news/newsMain.do (2025. 4. 11. 검색)

유엔장애인권리협약(UNCRPD)

https://social.desa.un.org/issues/disability/crpd/convention-on-the-rights-of-persons-with-disabilities-crpd

이상한 변호사 우영우 공식홈페이지 https://ktena.co.kr/bbs/board.php?bo_table=drama&wr_id=25&page=4

장애인고용공단 https://www.kead.or.kr (2025. 6. 10. 검색)

장애인문화예술판 https://www.artpan.net

조선일보 특별세션 https://www.chosun.com/special/special_section

종로장애인복지관(2025. 3. 18.). **생애주기별 사업안내**. https://www.jpurme.org

질병관리청(2024). https://www.kdca.go.kr

한국장애인개발원(2025). **장애물 없는 생활환경**. https://www.koddi.or.kr/bf/state/resultDataList.do (2025. 7. 1. 검색)

한국장애인고용공단–장애인고용장려금 https://www.kead.or.kr/edsysdesc/cntntsPage.do?menuId=MENU0684 (2025. 5. 1. 검색)

한국장애인고용공단–중증장애인지원고용 https://www.kead.or.kr/emplyspsvd/cntntsPage.do?menuId=MENU0174 (2025. 6. 10. 검색)

한국장애인연맹(DPI KOREA) https://dpikorea.org

The Accessible Icon Project 홈페이지 https://accessibleicon.org/#an-icon-is-a-verb (2025. 8. 6. 검색)

https://www.hubbe-cartoons.de (2025. 5. 1. 검색)

https://www.red-dot.org/ko

United States Holocaust Memorial Museum. https://collections.ushmm.org/search/catalog/pa1148262 (2025. 5. 1. 검색)

찾아보기

인명

내용

저자 소개

RI KOREA 사회서비스 전문위원회

이경준(Lee Kyong Jun)
현 중부대학교 사회복지학전공 교수

정준수(Jeong Jun Su)
현 초당대학교 사회복지상담학과 교수
무안군가족센터 센터장

주영하(Ju Youngha)
현 한국복지사이버대학교 사회복지학과 교수
전 국가인권위원회 장애차별조사1과 조사관

김승용(Kim Seung-Ryong)
현 가톨릭관동대학교 교직과 초빙교수
함께가자 아동발달센터 심리운동사

박선아(Park Sun Ah)
현 건양사이버대학교 사회복지상담학과 교수
전 대전발달장애인지원센터 센터장

부성은(Boo Seongeun)
현 유진단기거주시설 원장

최선자(Choi Seon Ja)
현 서울시립발달장애인복지관 관장
서울시장애인복지관협회 회장

정종화(Jeong Jong Hwa)
현 삼육대학교 사회복지학과 교수

임수정(Lim Soo Jeong)
현 한신대학교 재활상담학과 겸임교수
(사)한국복지교육연구소 대표

김성태(Kim Sungtae)
현 송파구장애인직업재활지원센터 센터장
전 백석예술대학교 겸임교수

김희수(Kim Heesu)
현 한국장애인평생교육복지학회 사무국장
케어기버 마음살림 사회적협동조합 PTC
클래스 리더

박영숙(Park Yeong Sook)
현 영등포노인종합복지관 관장
전 서대문장애인종합복지관 사무국장

최미영(Choi Mi Young)
현 서울장애인종합복지관 관장
전 원광장애인종합복지관 사무국장

허수경(Heo Soo Kyung)
현 주몽재활원 원장
전 두원공과대학교 외래교수

최신 장애인복지론

–새로운 패러다임의 전개–

Social Welfare with People with Disabilities

–New Paradigm Shift–

2025년 9월 5일 1판 1쇄 인쇄
2025년 9월 10일 1판 1쇄 발행

지은이 • 이경준 · 정종화 · 정준수 · 임수정 · 주영하 · 김성태 · 김승용
김희수 · 박선아 · 박영숙 · 부성은 · 최미영 · 최선자 · 허수경
펴낸이 • 김진환
펴낸곳 • ㈜학지사
04031 서울특별시 마포구 양화로 15길 20 마인드월드빌딩
대표전화 • 02-330-5114 팩스 • 02-324-2345
등록번호 • 제313-2006-000265호

홈페이지 • http://www.hakjisa.co.kr
인스타그램 • https://www.instagram.com/hakjisabook

ISBN 978-89-997-3513-4 93330

정가 25,000원